豊島悠果著

高麗王朝の儀礼と中国

汲古書院

高麗王朝の儀礼と中国　目　次

高麗王朝の儀礼と中国

序　章　朝鮮における中国儀礼の受容――古代から中世へ――

朝鮮半島に興亡した諸王朝は中国との外交関係を継続し、官僚制や法制、礼制といった王朝支配の根幹をなす制度において中国制を参酌しつつ、支配体制の枠組みの形成にいかしてきた。高麗時代はそれが一段と深化した時期であるといえる。これらの諸制度はある時は主体的に導入、運用され、ある時は国際秩序内における自国の立場にもとづく改制を余儀なくされた。国内における王権の位相や国際秩序における自国の位相を可視化する王権儀礼において、こうした面はより顕著であったといえよう。これまで朝鮮の儀礼に関する先行研究の多くが、儀礼に投影された対中国関係を中心とした国際秩序に言及している所以である。

高麗時代、王朝の支配層による中国礼制の研究や、中国的な王権儀礼の導入は、残存する史料の多寡の問題を加味しても、前代に比して顕著に質・量的な増加をみせる。これによって、仏教や山川信仰、風水地理説といった、すでに社会に浸透し、濃淡はあれど王朝の支配体制とも結びついていた思想に加え、儒教がその比重を増したと言えようし、また支配層の認識する王朝の体裁が中国のそれに近づいたことも想定される。

むろん「中国」といっても、四七五年間におよぶ高麗王朝の存続期間には、中原とその東北・西北地域では幾たびも王朝が交代した。高麗はそのうち後唐・後晋・後周・宋・遼・金・元・明の冊封を受けたが、各王朝との宗属関係の内容は均質でなく、各王朝との関係が高麗にもたらした影響も別個の考究対象である。[1]また、例えば『高麗史』巻七二輿服志の序文では「毅宗朝、平章事崔允儀、祖宗の憲章を裒集し、唐制を雑采して古今礼を詳定す」と述べ、高麗前期の礼制の集大成として『高麗史』礼志にも多く引用される『詳定古今礼』には、唐の制度が取り入れられているという理解を示している。高麗の諸制度に唐・宋の影響が大きいことは、麗末の官僚李穀が、わが国は「法唐体宋」[2]であると表現しているように、高麗人自身も認識していた事実である。しかし、こうした史料上の言及は大略を伝えるにとどまり、高麗に影響を及ぼした中国礼制が、どの時期のどのようなものであり、どのような国際状況を背景に導入されたのかは、自明ではない[3]。

本書は、以上のような点をふまえ、中国的な王権儀礼の導入と運用の具体的様相に関する究明を主軸として、高麗儀礼の形成を社会的、国際的背景とともに考察するものである。もとより朝鮮半島地域の文化形成を、中国文化の受容・展開という側面のみから論じるつもりはないが、社会・文化史関連史料が豊富とはいえない高麗時代史研究の環境を考慮すれば、中国文化の受容における高麗的特徴を分析することによって、高麗社会の特徴を論ずる手掛かりを得られるということは大きな利点である。さらに、中国儀礼の受容という現象が朝鮮のみならず東アジアの他地域でもみられることを考えれば、高麗王朝の事例を検討することは、他地域との比較の視点を提供し、東アジア諸地域の共通性と独自性を把握するための土台を構築することになろう。

第一節　高麗王朝以前の礼制受容

では、高麗以前の朝鮮における中国儀礼の受容状況は、どのようであったのか。朝鮮古代の礼制に関しては、基本的な史料として高麗仁宗代（一一二二〜四六）に金富軾が撰した『三国史記』の巻三二雑志一祭祀志をあげることができる。『三国史記』祭祀志では、新羅・高句麗・百済の項目に分け、それぞれで行われた（或いは行われたとされる）祭祀に関する記事を載せる。ただし高句麗・百済については、金富軾も「祀礼不明」としてまとまった記述を行うことができず、中国史書および「古記」の引用をもって替えており、中国制との関連をうかがうことも容易ではない。また史料にあらわれる中国的な用語について、その実質をどう評価するかも論者によって見解が異なるが、従前の研究をふまえて概観すると以下のように考えることができるだろう。

まず、祭祀志の高句麗の条には「後漢書に云う」として「好く鬼神・社稷・零星を祠る」とあり、またその『後漢書』高句麗伝の原史料である『三国志』巻三〇魏書三〇東夷 高句麗には[4]

其俗節食、好治宮室、於所居之左右立大屋、祭鬼神、又祀霊星・社稷。……本有五族、有涓奴部・絶奴部・順奴部・灌奴部・桂婁部。……涓奴部本国主、今雖不為王、適統大人、得称古雛加、亦得立宗廟、祠霊星・社稷。（以下、本書引用史料中の中略、傍線、傍点、（ ）内に補った年・月や王代等の挿入は全て筆者による。また史料原文で細字になっている部分には〈 〉を付すこととする）。

と記されている。これによると、三世紀半ば頃、高句麗では宮室の左右に大屋をたてて「鬼神」および「霊星」、「社稷」をまつっており、五族のうち、もと国主であった涓奴部も「宗廟」を立て、「霊星」や「社稷」もまつることができた、ということになる。また『三国史記』高句麗本紀五には東川王二一年のこととして

春二月、王以丸都城経乱、不可復都、築平壌城、移民及廟社。

という記事を載せる。戦乱で荒廃した丸都城から平壌城に民と「廟社」を移した、といい、『三国志』の記事とあわせて、三世紀半ばの高句麗都城における「宗廟」「社稷」の存在が議論されている。『三国志』にいう「鬼神を祭る」施設とはすなわち宗廟であり、支配層の住居空間の近辺におかれた、とみなす見解[5]や、当時高句麗ではすでに中国王朝の宗廟と社稷に比肩する祭儀施設を建立していたとする見解もあるが[6]、やはりこれらの記事にいう「霊星」「社稷」および「宗

廟」の祭祀が、実際に中国祭祀を模したものであったか否かの判断には、慎重にならざるをえない。

なお、『三国史記』祭祀志高句麗の条には、「古記」からの引用として、「始祖廟」を祀った記事が一六八（新大王四）年以降、故国川・東川・中川・故国原・安臧・平原・栄留王代に各一回ずつ記されている。(7) この「始祖廟」の性格については、早くに井上秀雄氏が「高句麗本紀では始祖を東明王と記し、高句麗の開国神話では東明王の諱である朱蒙を中心に語られて」いるから「始祖廟の始祖は東明王＝朱蒙であり朱蒙は血縁的な系譜（父母は天神と水神）より、農耕神の機能が重視され、穀霊信仰の対象であったと見てよかろう」とすると同時に、この「始祖廟」へ親祀が即位儀礼の一環として行われたと推測している。(8) この見方は大体においてその後の研究においても認められており、さらに近年では、「始祖廟」をまつったとする記事が見えなくなる故国原王二（三三二）年以降、安臧王三（五二一）年までの間の「始祖廟」の性格の変化も論じられている。すなわち、この間、四世紀後半には高句麗において太学の創建や律令の頒布、仏寺の建立など、中国の文物制度を受容する姿勢が顕著にみられ、『三国史記』巻一八高句麗本紀六には、故国壌王九年のこととして(9)「三月、教を下して、仏法を崇信して求福せしむ。有司に命じて、国社を立て、宗廟を修す」という記事が掲げられる。(10) こうした四世紀後半の動きによって宗廟が祖先崇拝の中心を占めるようになり、「始祖廟」の位置づけが変化したというものである。(11) また井上氏はこの故国壌王九年の記事をもって、仏教の受容と発展によって固有信仰や儒教的な祭礼にも影響がもたらされたとみており、(12) たしかに同時期の中国制度受容の施策と考えあわせれば、宗廟の整備時期として不自然ではない。前述の三世紀半ばの記録で言及される「宗廟」「社稷」との関連については明らかにしがたいが、宗廟・社稷の中国的祭祀施設の整備と、それによる「始祖廟」祭祀の変容という点に注目すれば、四世紀末を一つの画期と考えることができるだろう。

百済の祭祀儀礼における中国制の影響に関しては、次のような考察がなされている。まず、『三国史記』祭祀志の百済の条を掲げておく。

冊府元亀云、百済毎以四仲之月、王祭天及五帝之神。立其始祖仇台廟於国城、歳四祠之。……古記云、温祚王二十年春二月、設壇祠天地。三十八年冬十月、多婁王二年春二月、古爾王五年春正月、十年春正月、十四年春正月、近肖古王二年春正月、阿莘王二年春正月、腆支王二年春正月、牟大王十一年冬十月、並如上行。多婁王二年春正月、謁始祖東明廟。責稽王二年春正月、汾西王二年春正月、契王二年夏四月、阿莘王二年春正月、腆支王二年春正月、並如上行。

はじめに「冊府元亀に云う」として『冊府元亀』巻九五九外臣部 土風一百済の記事を引用しているが、この『冊府元亀』の記事は左の『隋書』巻八一列伝四六東夷 百済の記事

毎以四仲之月、王祭天及五帝之神。並其始祖仇台廟於国城、歳四祠之。

を採ったものである。さらにこの『隋書』百済伝の記事の情報は、既に概ね次の『周書』巻四九列伝四一異域上百済の記事に出ていることが確認できる。

其王以四仲之月、祭天及五帝之神。又毎歳四祠其始祖仇台之廟。

つまり、北周代（五五七～八一）頃以降の百済では、「天」と「五帝の神」と「始祖仇台の廟」に対する祭祀が行われていたことになる。ここでいう「天」とは、五方帝と考えられる「五帝の神」と共に記されていることから昊天上帝である可能性が高いとみられており、(13) この可能性を認めるとすれば、少なくとも六世紀後半の百済においては、中国の神格に対する祭祀が行われていたと見做し得るであろう。(14)

新羅では、唐と連合して高句麗や百済と競合していく過程で、中国制を取り入れ国内の制度を整備したことが知られる。礼制についても、次の史料の傍線部にみられるように六四八（真徳王二）年、百済の侵攻に窮し出兵を請うた

め唐に派遣された金春秋（後の武烈王）が国学において釈奠儀礼・講論を観覧し、唐制に則った衣服を授与されたことが確認できる。

遣伊湌金春秋及其子文王、朝唐。太宗遣光禄卿柳亨郊、労之。既至、見春秋儀表英偉、厚待之。春秋請詣国学、観釈奠及講論。太宗許之、仍賜御製温湯及晋祠碑幷新撰晋書。嘗召燕見、賜以金帛尤厚。……春秋又請改其章服以従中華制。於是内出珍服、賜春秋及其従者。

（『三国史記』巻五新羅本紀五真徳王二年冬）

こうして持ち帰られた章服はただちに新羅制に反映され、左の記事に見えるように翌年一月には中国の衣冠を用いることとしている。そして同王五年一月には百官朝賀が行われ、賀正の礼がはじめられたとあり、この時期には唐の正旦の賀礼も取り入れられた。

三年春正月、始服中朝衣冠。

五年春正月朔、王御朝元殿、受百官正賀。賀正之礼始於此。

（『三国史記』巻五新羅本紀五真徳王）

新羅の場合、このように外交を通じて唐制が導入されていった過程が史料上に見えるが、儀礼の面でその一層の進展が看取されるのが神文王代である。

遣使入唐、奏請礼記幷文章。則天令所司、写吉凶要礼、幷於文館詞林採其詞渉規誡者、勒成五十巻、賜之。

（『三国史記』巻八新羅本紀八神文王六年）

右の史料にあるように、六八六（神文王六）年には入唐した新羅使が「礼記」と文章を請い、これに対して則天武后は「吉凶要礼」と、『文館詞林』のうち規誡に関する部分を採り写した五〇巻を与えて帰国させた。このとき新羅が唐に請うた「礼記」については次の『旧唐書』新羅伝のように「唐礼」とする史料もあり[15]、具体的に何を指すものかは明らかでない。

垂拱二年、政明遣使来朝、因上表請唐礼一部幷雑文章、則天令所司写吉凶要礼、幷於文館詞林採其詞渉規誡者、勒成五十巻、以賜之。

（『旧唐書』巻一九九上列伝一四九上東夷 新羅国）

この請に応えて唐側が下賜した「吉凶要礼」について、新川登亀男氏は「『礼記』はすでに新羅に流布しており、新羅がこのときに唐に求請したのは「唐礼」であり『貞観礼』や『顕慶礼』その他の礼の中から吉・凶礼に限って抄出かつ再編集したもの」と解しており[16]、一方濱田耕策氏は、新羅が唐に請うたのは『礼記』であると見る立場から「則天武后時代に併せ用いられた『貞観礼』と『顕慶礼』をはじめとして礼典の根本たる『礼記』等のなかから肝要な部分を抄って下賜した書がこの「吉凶要礼」ではなかろうか」とする[17]。いずれにしても、この時新羅に将来された「吉凶要礼」は、『貞観礼』『顕慶礼』およびその他の礼典から抄出し編集された礼書と考えるのが妥当であろう。そしてこの「吉凶要礼」を得た翌年には、次のように大臣を遣わして祖廟に五祖王の霊を祀っており、ここから天子七廟・諸侯五廟[18]の制に則った諸侯国としての廟制の定立がみられるのである[19]。

（四月）遣大臣於祖廟致祭曰、王某稽首再拝、謹言太祖大王・真智大王・文興大王・太宗大王・文武大王之霊。……謹遣使某官某、奉陳不腆之物、以虔如在之霊。

（『三国史記』巻八新羅本紀八神文王七年）

さらに神文王代には、六八三年に王が金欽運の女を娶った際、次の史料に見られるように定期・納采の手順を踏み、臣下を遣わして親迎の礼に替えるなど、儒教儀礼に則った婚姻儀礼を行っている。祭祀儀礼だけでなく国王の婚姻儀礼についても中国儀礼の導入がみられるという点で注目される。

（二月）納一吉飡金欽運少女為夫人。先差伊飡文穎・波珍飡三光定期、以大阿飡智常納采。幣帛十五輿、米・酒・油・蜜・醬・鼓・脯・醢一百三十五輿、租一百五十車。……五月七日、遣伊飡文穎・愷元抵其宅、冊為夫人。其日卯時、遣波珍飡大常・孫文・阿飡坐耶・吉叔等、各与妻娘及梁・沙梁二部嫗各三十人迎来。夫人乗車、左右侍従官人及娘嫗甚盛。至王宮北門、下車入内。

（『三国史記』巻八新羅本紀八神文王三年）

この時行われた婚姻儀礼が何に依拠したものかは右の短い記述からは判断し難いが、ひとまず定期、納采の後、夫人に冊立し、使者とその妻・娘、それに梁部・沙梁部の女性等を遣わして宮中に迎える、という順序を読み取ることができる。これを試みに『開元礼』巻九三・九四納后に記された皇帝が皇后をむかえる際の婚姻儀礼の手順「卜日・告圜丘・告方澤・臨軒命使・納采・問名・納吉・納徴・告期・告廟・冊后・命使奉迎・同牢・皇后謝表・朝太后・皇后受群臣賀・会群臣・外命婦朝会・群臣上礼・皇后廟見・車駕出宮」と照らし合わせると、卜日・納采・冊后・命使奉迎に概ね該当するとみられ、一部に唐礼の影響を受けたものであった可能性も考えられる。

また『三国史記』巻三二雑志一祭祀の新羅の条に「第三十七代宣徳王に至り、社稷壇を立つ」とあり、宣徳王代（七八〇～四）に社稷壇を設けたことが記されている。この記事には続けて

又見於祀典、皆境内山川、而不及天地者。蓋以王制曰、天子七廟、諸侯五廟、二昭二穆与太祖之廟而五。又曰、天子祭天地・天下名山大川、諸侯祭社稷・名山大川之在其地者。是故不敢越礼而行之者歟。然其壇堂之高下、壝門之内外、次位之尊卑、陳設登降之節、尊爵・籩豆・牲牢・冊祝之礼、不可得而推也。但粗記其大略云爾。

とあるが、傍線部に「又祀典を見るに、皆境内の山川にして天地に及ばず」というように、新羅で祀典が編纂されていたことが知られ、またその内容は天地や域外の山川の祭祀には及んでおらず、諸侯国の礼制に則ったものと考えられるという。ただしそれを見たという金富軾も破線部に「壇堂の高下、壝門の内外、次位の尊卑、陳設登降の節、尊爵・籩豆・牲牢・冊祝の礼は得て推すべからず」というように、祭祀施設や神位の序列、儀式の陳設や次第、祭器・いけにえ・神々に奉る文章の作法についてはほとんど残されていなかったようである。

祀典の編纂時期に関しては、次のような推測が可能である。祭祀志では右の引用部分に続けて、祀典から概略引用

したものと推定される内容が載せられており、その中で名山大川に対する祭祀が大・中・小祀に分類されている。このうち中祀の末尾に挙げられている清海鎮が八二八年に置かれたものであることから、[20]祭祀志で取り上げている祀典は八二八年以降に成立したものとみられる。ただし、このことは、九世紀前葉以前に新羅に祀典が存在しなかったことを意味するのではない。これ以前にも名山大川に対する祭祀は行われているし、前述のように宗廟・社稷の運営もそれぞれ七・八世紀から始められているのであるから、九世紀前葉以前からすでに祀典の編纂が行われていた蓋然性は高いと考えられる。濱田氏は新羅の祀典を性質上第一期と第二期に分けて考え、六八七年の唐からの「吉凶要礼」受容をその境目とし、第一期の祀典は「中国礼制の影響からは比較的自由な性格」であり、第二期の祀典は「中国の礼制と関係の深い性格」とみる。[21]氏によれば、第二期の祀典は「吉凶要礼」の受容を契機に整備が着手され、七一三年に礼部の下に祭祀を掌る典祀署が置かれる頃には整えられたが、[22]その後これを運用していく過程で、先に見たような宣徳王代の社稷祭祀の追加や、代毎に増える王の神主を五廟制を保守しながら祀っていくための改制が加えられていったという。[23]この可能性を認めるならば、「吉凶要礼」受容以後、新羅では中国礼制の影響を強く受けると同時に、それを反映した祀典が編纂され、時折改定されながら運用された。そして八二八年以降に改定されたものが『三国史記』祭祀志に取り上げられている、と考えることができる。

なお祭祀志には、宗廟・八䄍・先農・中農・後農・風伯・雨師・霊星および名山大川の祭祀、城門祭等の祭場や一部期日が記されているが、このうち八䄍・先農・風伯・雨師・霊星の祭日および祭場は、『開元礼』のそれと一致する。このように唐礼の影響が色濃くみえる一方で、弁祀には唐礼との明らかな違いが看取される。すなわち、唐制で大祀とされている宗廟や中祀とされている先農および社稷、小祀とされている風伯・雨師・霊星に対する祭祀を行っていながらも、これを大中小祀の枠外に置き、名山大川の祭祀のみを対象に大祀・中祀・小祀に弁じているのであり、これが新羅の礼制あるいは祀典の特徴の一つといえる。

また新羅では、右のように先農だけでなく中農・後農なる祭祀もあったことがわかるが、これに関しては祭祀志中に「諸礼典を検ずるに、只先農を祭るのみ、中農・後農は無し」と注記されているように中国の礼典に見えず、新羅独特のものとみられる。この中農・後農祭祀は、次の史料が示すように高麗に受け継がれた。(24)

夏四月辛亥、祭仲農。　（『高麗史』巻六世家六靖宗一一年）

（六月）丁亥、祭後農。　（『高麗史』巻七世家七文宗二年）

以上で概観してきたように、新羅では唐との外交を通じて中国礼制の受容が進展した様子がみられ、故にその受容の方針は天子七廟・諸侯五廟の制に則り五廟制を保守するなど諸侯国の立場に基づいたものであったが、弁祀の特殊性などに見られるように中国制を独自に援用している面もある。また中農・後農の例からも明らかなように、新羅の祭祀の一部は高麗に継承され、高麗礼制に影響を与えたことが確認される。ただし『三国史記』祭祀志の内容は文字通り「祭祀」志であって、吉・凶・軍・賓・嘉の五礼のうち吉礼、中でも祖先や農耕関係の神を祀る祭祀にほぼ終始している。正旦の賀礼の導入や国王婚姻儀礼における中国礼の影響はみられるものの(25)、中国儀礼の体系的な受容には及んでいなかったと見るべきであろう。(26)

第二節　高麗の礼制整備と本書の課題

高麗儀礼に関する最も基本的な史料である『高麗史』礼志は、朝鮮王朝の一四五一年に完成した『高麗史』の一部である。その序文に「今、史編及び詳定礼に拠り、周官六翼・式目編録・蕃国礼儀等の書を旁采して、吉・凶・軍・

賓・嘉の五礼を分纂し礼志を作す」といい、高麗王朝の間には五礼に相当する儀礼が行われるようになったとみられる。礼志の儀式次第の部分に関しては、大部分が高麗毅宗代（一一四六～七〇）に成立した『詳定古今礼』[27]に基いたものであることが知られている。『詳定古今礼』については、礼志序文に「毅宗の時に至り、平章事崔允儀、詳定古今礼五十巻を撰す」（『高麗史』巻五九礼志一序文）とあり、また高宗の一二三四～四一年の間にこれが重版された際[28]、李奎報が晋陽公崔瑀の代わりに撰述したあとがきには

至仁廟朝、始勅平章事崔允儀等十七臣、集古今同異、商酌折中、成書五十巻、命之曰詳定礼文。

（『東国李相国後集』巻一一新序詳定礼文跋尾 代晋陽公行）

というように仁宗代に崔允儀ら一七名の臣下が勅命を受けて編纂したとある。允儀は一一六二年に門下侍郎平章事で死去するので[29]、仁宗の命を受けて編纂に取り掛かり、毅宗代の一一四六～六二年の間に完成させたものと考えられる[30]。しかしこの『詳定古今礼』は伝存しないうえ、『高麗史』礼志の記載内容は高麗王朝の国家儀礼を網羅的に伝えたものとはいえず、記述にもかなりの省略がみられる。そのため、高麗時代の礼制の全容はもとより、『詳定古今礼』の反映する一二世紀半ば頃までの礼制に限っても、具体像を把握するには一つ一つの項目について高麗史料・中国史料をあわせた総合的な検討を重ねていかなくてはならない。

そうした『高麗史』礼志のあつかいにくさ故か、あるいは「そもそも儀礼史料から何が言えるのか」と研究対象としての魅力に疑いをもたれていたためなのか、長いあいだ高麗儀礼研究はほぼ等閑視されてきた。そうした中、奥村周司氏は一九七〇年代以降、八関会、そして遼使迎接儀礼の内容を検討して同時期の国際環境と併せて論じ、高麗の天下観や外交姿勢について研究史上注目される見解を提示した[31]。氏はまた圜丘祀に関しても、唐・宋の制との詳細な比較を通して、高麗の圜丘祀制度が中国との宗属関係に配慮しながら定められたものであったことを明らかにし[32]、さ

らに燃灯会や八関会における謁祖真儀の検討から高麗王朝における太祖崇拝の様相と王権にとっての意義を論じた[33]。また桑野栄治氏も、高麗圜丘祀が豊作と雨沢を祈るという農耕社会における現実的機能を有していたことを指摘している[34]。儀式次第を読み込み、儀礼の内容自体に焦点を当てた研究がこうして七〇年代から開拓されはじめた。

また李範稷《イ・ボムジク》氏は、一九九一年に刊行された『韓国中世礼思想研究』で、『高麗史』礼志・『世宗実録』五礼・『国朝五礼儀』の内容を概観し、編纂過程を跡付けるとともに、朝鮮初期の礼制整備過程を検討した。同書はしばらくの間、高麗儀礼を主要テーマの一つとした唯一の研究書であったが、二〇〇〇年代に入ると、八関会・燃灯会を含む国家的仏教儀礼の内容や由来、社会的機能について詳細に論及した安智源《アン・ジウォン》氏の研究[35]や、『高麗史』礼志の吉礼雑祀に載録された醮礼や山川・城隍祭の意義、およびその朝鮮前期における変容を論じた金澈雄《キム・チョルン》氏[36]、儒教的重農理念の定着とあわせて祈穀的性格をもつ諸儀礼を検討した韓政洙《ハン・ジョンス》氏の研究[37]が上梓された。

さらに近年は、王太子冊立儀礼[38]や元旦・冬至・節日の朝賀儀礼[39]の研究、および景霊殿の位置や運用に関する研究[40]が出されたほか、高麗国王の即位儀礼や葬礼のようにまとまった儀注が伝存しない儀礼に関しても、断片的な記録から概容の復元が試みられるなど[41]、考察対象の広がりが実感される。またこうした儀礼研究への関心の高まりとともに、『高麗史』礼志・『詳定古今礼』の史料的性格も再検討されるようになった[42]。

むろん未だ分野として〝活況を呈している〟とまでは言えまいが、各儀礼や関連制度を、政治や思想、国際関係といった切り口から論じた有意義な議論が蓄積されてきている。特に国際関係に関していえば、『詳定古今礼』が成立する一二世紀半ばまでの高麗前期は、冊封を受けていた唐との関係の中で礼制を受容していった統一新羅時代や、元との関係が礼制にまで影響を及ぼした高麗後期、さらに明が高麗国内の山川・城隍神に対する祭祀を行ったり高麗が挙行すべき儀注を下賜するなど、直接的な礼制指導に乗り出してくる高麗末期[43]とは異なっている。高麗前期の礼制整備の様相を明らかにすることは、単に高麗の王朝文化の一側面を論ずるのではなく、北東アジアの国際情勢や高麗の国際認識に対する理解を深化させ、当時の文化交渉の具体像を描く作業でもある。その魅力が、研究の進展によって認められるようになってきたのではなかろうか。筆者が高麗儀礼を研究テーマとしてきた理由もそこにある。

本書の構成は以下のようになっている。まず一章では、高麗の都開京に設置された儒教的祭祀儀礼の施設の位置を比定し、また仏教や風水地理説が都城の建設に及ぼした影響を論じる。高麗時代には、儒教的祭祀が王権によって挙行され、儒教はたしかに王の権威を支える思想として一定の役割を担っていたが、国家儀礼としての仏教儀礼の比重は、それに決して劣らないものであった。開京に投影された思想を多角的に検討することによって、本書で扱う王朝儀礼の担い手である高麗王室と官僚たちの意識により近づくことができるだろう。

二章では、三章で扱う高麗后妃の冊立儀礼と関連する、高麗后妃の称号体系や、王の婚姻形態を解明する。史料中では、高麗王と婚姻関係にある女性について様々な称号が用いられており、これらが全体でどのような体系をなしているのか、時期的変遷とともに把握しておく必要がある。また、中国の后妃制度では皇帝の嫡妻は皇后一人、その他は妾とする一夫一妻多妾制であり、このことは儒教の諸経典で夫婦を一体とみなしていることと対応するが、高麗王の婚姻形態はどのようであったのか、儒教的夫婦観念の受容という問題を含めて検討する。

三章では、前章で得られた高麗の后妃制度に対する理解を基礎として、『高麗史』礼志にみえる王太后と王妃を冊立する儀礼すなわち冊太后儀と冊王妃儀に関して、これらの儀礼を整備する土台となった中国の該当儀礼と対照しながら考察を進める。この過程において、まず高麗における中国儀礼の受容の仕方を実例をもって提示するとともに、中国制の変遷と照合することによって、高麗における同儀礼の成立時期とその背景を知ることができる。また王太后は聴政を行うことができ政治的権力を行使しうる地位であったのに比べ、王妃の地位にはそれほどの政治的権威が付されていなかったとみられるが、こうした両者の地位の差異が儀礼にどのように表れているか、冊立儀礼を比較しながら確認する。

続いて四章では、王が臣下に賜った宴会儀礼の一つの型である「大宴」を取り上げる。その儀式を復元して政治的・社会的意味を把握するとともに、高麗が参照したと考えられる宋朝の関連儀礼の史料を整理し、宋の大宴を復元する。また、燃灯会・八関会の際に宮中で催された宴会儀礼をあわせて検討することによって、高麗における大宴の導入時期を考察する。さらに、高麗王朝がこの宋朝の宴会儀礼を何によって導入したのか、宋の礼典を参照した可能性、あるいは実際の人の往来、例えば入宋した使節等の見聞によって情報が伝えられた可能性について関連史料を整理する。

五章では、孔子廟祭祀について論じ、特に配享・従祀神位の変遷を中心に中国制とのかかわりを考察する。孔子廟に配享・従祀される神位は、中国王朝においても当時の礼論の結果を受けて幾度も変更されたが、高麗でも中国における変更を時間差で受けいれ、ある程度反映させている。その過程が比較的詳細に追跡できるという点、さらに元朝での改定が高麗後期の孔子廟に及ぼした影響までも確認できるという点で、孔廟祭祀制度の検討は非常に有意義である。また四章で言及するように、高麗の礼制整備には外交使節、あるいは留学生による文化接触や情報収集が一定の役割を果たしていたと考えられるが、孔子廟祭祀制度の変遷にも、そうした様相が反映されていると推測される。

五章までの考察をふまえ、六・七章では、中国の王朝文化を直接体験し、高麗への中国儀礼の導入においても重要な役割を果たしたと考えられる外交使節について、中国での活動内容を中心に論じる。高麗使節の使行路を図示するとともに、中国でどのような待遇を受けてどのような活動を行い、どのような体験をしたのか検討していく。まず六章では、一一一六年に宋に派遣された高麗使節の宋滞在中の体験を復元する。一一一六年の使節を取り上げたのは、高麗人崔瀣の編纂した文集『東人之文四六』および朝鮮初期に王命によって編纂された『東文選』の中に計四〇編の表・状・詩といった関連史料が残されており、これと宋側の史料を合わせて活用することによって詳細な検討が可能だからである。また周知のように一一一五年には女真族が金国を創建して北東アジアの情勢変動はいよいよ本格化しつつあり、高麗でも一一一六年四月、金使の訪問を受け、遼年号の使用を止める。その三か月後に出発したのがこの入宋使節なのであり、麗宋通交史上非常に興味深い時期にあたる。

七章では、金朝に派遣された外交使節について、その具体像を把握する。主に一二〇四年の賀正使節人員、金克己の撰述した文章を手掛かりとして、金朝の儀礼関連史料、および宋人の使金記録から把握される金の外交使節迎接制度に照らし、使節の行程を復元する。六・七章の成果によって、高麗が王朝儀礼の整備時期に、宋や金に派遣していた使節によってどのような情報を得ていたのか、また諸国の使節が参集した宋や金の都において高麗使節はどのような待遇を受けたのか、当時の国際秩序が反映された外交舞台の様子を描くことができるだろう。

以上の七章の考察を踏まえ、終章では高麗における王権儀礼の整備について、さらに若干の考察を加えて本書の成果を整理する。また、高麗の儀礼整備の姿勢を当時の国際環境との関連の中でどのように捉えることができるのか、併せて述べることとしたい。

注

（1）建国後九四七年まで、および九八三年から一〇六六年にかけては契丹、それ以外の時期には遼の国号を用いていたが、本書においては史料の引用を除いて便宜上遼に統一している。

（2）『稼亭集』巻九「賀崔寺丞登科詩序」。

（3）金海栄《キム・ヘヨン》氏は『高麗史』礼志吉礼の圜丘・太廟・社稷・籍田・先蚕の祭祀規則を唐・宋の制度と比較し、その内容が多くの点で宋制と類似すると指摘している。『高麗史』礼志を通して見ると、『詳定古今礼』は……実質的には宋制をほとんど大部分援用したものとみられる。この点は、唐・宋の制度が差異をみせる場合、『詳定古今礼』がほぼ宋制に一致あるいは類似するということから確認される。しかし唐制と宋制が制度的に差異をみせる場合というのは多くなく、制度の本質においてあまり差異がないので、『詳定古今礼』の祭祀儀式は唐制と宋制を参酌・折衷したものとみて差し支えない」という（『朝鮮初期祭祀典礼研究』集文堂、二〇〇三年、ソウル、九八頁）。但し氏は「唐・宋の制」をほぼ『明集礼』によって検討しており、何をもって「唐制」「宋制」とするか、また唐・宋代における変遷やその背景については考察していないため、例えば、宋のどの時期の制度に『高麗史』礼志の制度が一致・類似しているのか、といった疑問に答えてはいない。近年、高麗礼制に関する研究は増えてきているが、こうした問題意識をもって唐・宋制との綿密な比較検討を行った研究は少ない。

（4）『後漢書』高句麗伝の記事が『三国志』高句麗伝の記事の要約であることについては井上秀雄『古代朝鮮史序説――王者と宗教――』第三章「高句麗・百済の祭祀儀礼」寧楽社、一九七八年、九二～九三頁。

（5）趙宇然《チョ・ウヨン》「高句麗의 王室祖上祭祀――四～五世紀 始祖 朱蒙의 位相과 意味 変化를 中心으로――」（『韓国古代史研究』六〇、二〇一〇年、五〇頁）。

（6）余昊奎《ヨ・ホギュ》「高句麗 都城의 儀礼空間과 王権의 位相」（『韓国古代史研究』七一、二〇一三年、七五～七六頁）。

（7）原文は以下のとおり。

新大王四年秋九月、如卒本祀始祖廟。故国川王元年秋九月、東川王二年春二月、中川王十三年秋九月、故国原王二年春二月、安臧王三年夏四月、平原王二年春二月、建武王二年春四月、並如上。

この祭祀志の記事は『三国史記』高句麗本紀の各王代に対応する記事があるが、新大王と故国川王代の記事については高句麗本紀ではそれぞれ三年九月（『三国史記』巻一六高句麗本紀四新大王）、二年九月（『三国史記』巻一六高句麗本紀四故国川王）のこととなっている。なお、武田幸男氏は史実として信頼できる「始祖廟」記事は東川王二年以降のものであると指摘している（「「始祖廟」記事と高句麗王系」〈『東方学論集』東方学会、一九九七年〉）。

（8）前掲注（4）井上氏著書一〇七～一〇九頁。

（9）『三国史記』高句麗本紀では故国壌王は同王九年五月に死去したことになっているが、広開土王碑によれば前年の三九一年に広開土王が即位したことになっており、一年の誤差のあることが知られている（井上秀雄訳注『三国史記〈二〉』平凡社、一九八三年）。そのため、同年の施策が故国壌王によってなされたものなのかどうかについては検討の余地がある。

（10）祭祀志には『唐書』からの引用として「故国壌王九年春三月、立国社」とある。

（11）姜辰垣《カン・ジノン》「高句麗 始祖廟 祭祀 研究――親祀의 成立과 変遷을 中心으로――」（『韓国史論』五四、二〇〇八年）。

（12）前掲注（4）著書一一五頁。

（13）井上秀雄「百済の律令体制への変遷――祭祀志・色服志を通じて――」（唐代史研究会編『律令制――中国朝鮮の法と国家』汲古書院、一九八六年、一三八頁）。

（14）また本文に引用した祭祀志百済条では、「古記」からの引用として、始祖温祚王二〇年以降、壇を設け天地を祀ったとし、牟大王代まで一〇件の祭祀挙行記事を載せるが、『三国史記』百済本紀には、これらの一〇件に比流王代の一件を加えた次の一一件の祀天地記事が存在する。

春二月、王設大壇、親祠天地、異鳥五来翔。（『三国史記』巻二三百済本紀一温祚王二〇〈二〉年）

冬十月、王築大壇、祠天地。（『三国史記』巻二三百済本紀一温祚王三八〈二〇〉年）

二月、王祀天地於南壇。（『三国史記』巻二三百済本紀一多婁王二〈二九〉年）

春正月、祭天地、用鼓吹。（『三国史記』巻二四百済本紀二古爾王五〈二三八〉年）

春正月、設大壇、祀天地山川。（『三国史記』巻二四百済本紀二古爾王一〇〈二四三〉年）

春正月、祭天地於南壇。（『三国史記』巻二四百済本紀二古爾王一四〈二四七〉年）

春正月、祀天地於南郊、王親割牲。（『三国史記』巻二四百済本紀二比流王一〇〈三一三〉年）

春正月、祭天地神祇。（『三国史記』巻二四百済本紀二近肖古王二〈三四七〉年）

春正月、謁東明廟、又祭天地於南壇。（『三国史記』巻二五百済本紀三阿莘王二〈三九三〉年）

春正月、王謁東明廟、祭天地於南壇、大赦。（『三国史記』巻二五百済本紀三腆支王二〈四〇六〉年）

冬十月、王設壇、祭天地。

（『三国史記』巻二六百済本紀四東城王一一〈四八九〉年）

これらの祀天地記事について、井上氏は、近肖古王以降は文字による記録もはじまり、百済本紀の記事はかなり信憑性も高いとして、天地を祭る祭祀が四、五世紀に施行されていたことは認めてよいとする（前掲注〈13〉論文一三九頁）。一方で、この祀天地記事が東明廟の祭祀記事とともに五世紀までで途切れることに注目し、また左の『日本書紀』の記事から五世紀後半に百済において祭祀体系の変化が起こったと推測して、右の南壇での祀天地記事は、『周書』や『冊府元亀』などに記されている六世紀後半以降の中国的祭天祭祀とは別物であると見ている（前掲注〈13〉論文一四八～一四九頁）。『日本書紀』の五五五（欽明天皇一六）年の条には、前年に聖王を新羅との戦闘で失った百済が王子恵を遣わしてきた際、蘇我卿が王子に語った言葉として次のように記されている。

十六年春二月、百済王子余昌遣王子恵〈王子恵者、威徳王之弟也〉。奏曰、聖明王為賊見殺。〈十五年為新羅所殺。故今奏之〉。天皇聞而傷恨。廼遣使者迎津慰問。……蘇我卿曰、昔在天皇大泊瀬之世、汝国為高麗所逼、危甚累卵。於是天皇命神祇伯、敬受策於神祇。祝者廼託神語報曰、屈請建邦之神、往救将亡之主、必当国家謐靖、人物乂安。由是請神往救、所以社稷安寧。原夫建邦神者、天地株判之代、草木言語之時、自天降来造立国家之神也。頃聞、汝国輟而不祀、方今悛悔前過、脩理神宮奉祭神霊、国可昌盛、汝当莫忘。

（『日本書紀』巻一九欽明天皇）

傍線部分に「昔雄略天皇の御世に、汝の国（百済）は高句麗の圧迫を受け、非常に危険な状況にあった。そこで天皇が神祇伯に命じて、慎んで天神地祇に策をお受けになった。祝が神託を伝えていった。建邦の神に跪請し、往って窮地にある国主を救え、そうすれば必ず国家はやすらかに治まり、人民は平和になろう、と。そこで建邦の神に請うて往って百済を救い、百済の国は安定した。もともと建邦の神とは天地が分かれ、草木が話し合っていた時代に、天から降臨し国家を創造した神である。しかし聞くところによると汝の国では廃して祀っていないそうではないか」とある。井上氏はこの『日本書紀』の記事を挙げて、百済の「建邦の神」が廃された時期について「『日本書紀』ではこれを四五七年から四七九年の間としている」とするのであるが、右の記事では特に四五七年から四七九年すなわち雄略天皇年間に百済の「建邦の神」が廃されたとは書いていない。おそらく、記事中で語られている雄略天皇代に百済を救うために往った「建邦の神」は日本の建邦の神であろうと推測されるから、この時点で百済の「建邦の神」は廃されていたと解釈したものと思われる。井上氏はこの『日本書紀』の記事に加え、百済が四七五年に漢城から熊津に遷都し地域神の再編成を余儀なくされることになったであろうと推測されることから、四七五年頃に百済の国家祭祀制度が混乱し「建邦の神」が廃されたと考えているようである。しかし、『日本書紀』の記事の正確性に配慮すべきはもちろんのこと、この記事から雄略年間までに百済の建国神が廃止されていた可能性を指摘できたとしても、雄略天皇代に廃止されたと読み取るのは不可能であり、百済で「建邦の神」への祭祀が廃されているという話が六世紀半ばまでに日本に伝わっていた、ということを読み取るにとどめるべきである。もちろん「建邦の神」が廃されたことによって何らかの祭祀体系の変化があった可能性は考えられるが、そのことが即座に南壇での天地祭祀の性格の変容（中国化）を意味するものではない。よってここでは、五世紀以前の祀天地記事と六世紀後半以降の祭天祭祀の施行を記した記録との関係については、再考を要する問題として保留したい。

(15)「唐礼」とするのは本文中の『旧唐書』のほか『新唐書』巻二二〇列伝一四五東夷 新羅、「礼記」とするのは本文中の『三国史記』のほか『冊府元亀』巻九九九外臣部 請求・『唐会要』巻三六蕃夷請経史。

(16)「新羅における立太子――新羅における調と別献物（二）――」（黛弘道編『古代国家の歴史と伝承』吉川弘文館、一九九二年）。

(17)『新羅国史の研究――東アジア史の視点から――』第一部第二章「祀典と名山大川の祭祀」吉川弘文館、二〇〇二年、六九頁。この問題に関しては同第一章「神宮と百座講会と宗廟」五九～六〇頁に整理されている。

(18)『礼記』王制篇に「天子七廟、三昭三穆与大祖之廟而七、諸侯五廟、二昭二穆与大祖之廟而五」とある。

(19)新羅で五廟の運営がはじめられた時期については、神文王代ではなく武烈王代、あるいは文武王代とみる研究もある。神文王代とみるのは辺太燮《ピョン・テソプ》「廟制의 変遷을 通하여 본 新羅社会의 発展過程」（『歴史教育』八、一九六四年）：濱田耕策前掲注（17）著書第一章「神宮と百座講会と宗廟」など、武烈王代とみるのは李丙燾《イ・ビョンド》『国訳三国史記』乙酉文化社、一九七七年、四九五～九六頁など、文武王代とみるのは盧明鎬《ノ・ミョンホ》「百済의 東明神話와 東明廟」（『歴史学研究』一〇、一九八一年、八一頁）など。神文王代以前に新羅が五廟を設置していた可能性も否定できないが、本文では史料上確実に認められる時期として神文王七年を提示した。なお『三国史記』祭祀志には「第三十六代恵恭王に至り、始めて五廟を定め、味鄒王を以て金姓の始

祖と為し、太宗大王・文武大王は百済・高句麗を平らぐに大功徳有るを以て、並びに世世不毀の宗と為し、親廟二を兼ねて五廟と為す」とあり、五廟制が恵恭王代に始められたとするが、五廟に関する記事はこれ以前の神文王・元聖王・哀荘王代にも見えており、「始定」ではなく改編が行われたと考えるのが妥当であろう。

(20) 夏四月、清海大使弓福、姓張氏〈一名保皐〉、入唐徐州為軍中小将、後帰国謁王、以卒万人鎮清海。〈清海、今之莞島〉。

(『三国史記』巻一〇新羅本紀一〇興徳王三年)

(21) 前掲注(17)著書七一頁。なお辛《シン》鍾遠《ジョンウォン》氏も新羅における祀典編纂は八二八年よりさらに古くから行われていたと考えている(『新羅初期仏教史研究』第一章「仏教受容 以前 新羅社会의 思想的 基盤」民族社、一九九二年、ソウル)。ただし、大中小祀の編成がなされた時期については大きく見解を異にしている。濱田氏は「大・中・小祀制の基本は、「吉凶要礼」を得て翌年(六八七)に五廟制が定立した頃から、おそらく、典祀署が設置された聖徳王十二年(七一三)頃までには出来ていた」とし、『三国遺事』巻二景徳王 忠談師 表訓大徳に「王御国二十四年、五岳・三山神等、時或現侍於殿庭」すなわち「景徳王が国を治めて二四年になるが、五岳・三山の神々が時折り宮殿に現れた」とあるのは、景徳王代には五岳・三山に代表される大・中・小祀が運営されていたことの反映であるとする(前掲注〈17〉著書八一頁)。辛鍾遠氏は、左の『三国遺事』の記事に真平王即位(五七九)年に中国から下賜された玉帯を「郊廟・大祀には、皆之を服」したとあるから真平王代(五七九〜六三二)には大祀という範疇が存在し、よって中・小祀も存在したとする(前掲著書九三頁)。

第二十六白浄王、謚真平大王……即位元年、有天使降於殿庭、謂王曰、上皇命我伝賜玉帯、王親奉跪受。然後其使上天。

凡郊廟・大祀、皆服之。

(『三国遺事』巻一紀異一天賜玉帯)

またさらに智証王代に国号・王号・謚号・喪服法・郡県制度といった中国の制度が受容されたことに注目し、「智証王代に中国の祭祀制度を受けいれ名山大川と鎮・海・瀆を中心に統一以前の大・中・小祀が整備された」とする(前掲著書九四頁)。しかし中国で皇帝祭祀が大・中・小祀の三段階に分かれるのは隋の開皇令であるということを考え合わせると(高明士「論武徳到貞観礼的成立——唐朝立国政策的研究之一——」〈中国唐代学会主編『第二届国際唐代学術会議論文集 下』文津出版社、一九九三年、台北〉)、三韓統一以前から新羅域内の山川等に対する祭祀が行われていたにしろ、大・中・小祀という範疇が智証王代まで遡るとは考えにくい。

（22）典祀署、属礼部、聖徳王十二年置。（『三国史記』巻三八雑志七職官上）

（23）前掲注（17）著書、第二章「祀典と名山大川の祭祀」。

（24）なお李奎報の『東国李相国集』巻四〇に「仲農祭祝 神農」という祝文が載録されていることから推すと、中農、あるいはまた後農でも先農と同じく神農氏を祀っていた可能性がある。韓政洙「高麗時代 籍田儀礼의 導入과 運営」（『歴史教育』八三、二〇〇二年、ソウル、一四八～一四九頁）参照。および濱田氏前掲注（17）著書第二章「祀典と名山大川の祭祀」七五頁：韓亨周《ハン・ヒョンジュ》『朝鮮初期国家祭礼研究』第四章「中祀의 成立과 運営」、一潮閣、二〇〇二年、ソウル：羅喜羅《ナ・ヒラ》『新羅의 国家祭祀』第一章「『三国史記』祭祀志 新羅条를 通해 본 新羅의 国家祭祀体系」、知識産業社、二〇〇三年、ソウル。

（25）このほか、羅喜羅氏は王の即位儀礼にも唐礼の影響が及んでいた可能性を指摘している。儀礼の内容は伝わらず検討することはできないが、文武王が死去する際、太子に柩前で即位するよう遺詔をのこし、それに従って即座に神文王が襲位したことは、唐の太宗が遺詔で後嗣の高宗に柩前即位を命じた例を踏襲したものと考えられ、また元聖王の即位時に国人がみな万歳を唱えたことは、中国皇帝の即位時の「称号万歳」と通じるという（「新羅의 即位儀礼」〈『韓国史研究』一一六、二〇〇二年〉）。

（26）こうした見方とは反対に、蔡美夏《チェ・ミハ》氏は近年、著書（『新羅의 五礼와 王権』慧眼、二〇一五年、ソウル）で、新羅は七世紀以降唐礼を体系的に導入し、五礼を運用していたと主張している。まず氏は、六八六年に唐からもたらされた「吉凶要礼」の内容が吉凶礼だけでなく五礼全体に及ぶものと考えており、その上で吉・賓・軍・嘉・凶礼に相当する儀礼が新羅で行われていたと論じている。その内容を概略すると、まず吉礼に関しては、真徳王代以後釈奠礼について関心を抱きはじめ、国学が整備される神文王二年以降に釈奠礼が受容され、聖徳王・景徳王代に整備された、としている（七一頁）。賓礼に関しては、六二一（真平王四三）年以後、唐に使臣を派遣しまた唐使臣を迎えるようになり、唐の賓礼を経験し受容した、とする（三一九頁）。軍礼に関しては、日月食や伝染病の流行の記事が存在することから、唐礼にある救日月食儀や季冬大儺儀といった軍事儀礼が新羅社会でも行われた可能性が考えられるとし、また七三一（聖徳王三〇）年・七四一（孝成王五）年に観射・

閲弩兵の記事がみられることから、これらが『開元礼』の皇帝講武、皇帝射于射宮、皇帝観射于射宮と関連するものであろうと推測している（一二八～一三〇頁）。嘉礼に関しては、新羅中代に頻繁にみえる赦免は、『開元礼』嘉礼の宣赦書の儀礼との関連が考えられるとし（一五五頁）、また、史料にみえないものの唐や高麗・朝鮮の場合から類推して新羅王のみならず王后や太子も朝賀礼を受けた、とする（一七二～一七四頁）。凶礼に関しては、『開元礼』の喪礼のみならず『開元礼』の凶年振撫・労問疾患、『高麗史』凶礼の重刑奏対儀の内容も包含されていた、と考えている（一八一頁）。使節往来が重ねられる中で、唐の外交儀礼の影響を受けたことはおそらく事実であろうし、恵恭王・景文王・憲康王代にみえる国学への行幸記事が二月に固定されていることから、「釈奠」とは記されていないものの何らかの儀式が行われた可能性は高いと考える。ただ、その他の事項に関しては、説得的な根拠となる史料が示されておらず、また高麗や朝鮮の礼制から類推するという方法論にも問題がある。本文で述べたように、嘉礼に属する儀礼である賀正礼の導入や、中国礼の影響を受けた国王の婚姻儀礼の挙行が確認されることから、吉礼以外の存在を否定するにはあたらないが、これまでの研究成果をもって、新羅において唐礼が体系的に導入され五礼が運用されていたとみなすことは難しい。

(27) この書の題名については、『高麗史』礼志序文には「詳定古今礼」「詳定礼」、李奎報の文章には「詳定礼文」、また前出の『高麗史』輿服志序文には「古今礼」と記されており、表記が一定していない。金昌賢《キム・チャンヒョン》氏によると、朝鮮王朝実録では「詳定古今礼」の表記が二四回、「古今詳定礼」が三回、「詳定礼」が四回、「古今詳定録」「古今詳定」が一回ずつ確認されるから、朝鮮時代には主に「詳定古今礼」の称が用いられたと考えられ、そのため『高麗史』礼志序文に「詳定古今礼」と表記されたのであろうという（「『高麗史』礼志의 構造와 性格」〈『韓国史学報』四四、二〇一一年、四一頁〉）。

(28) 崔瑀が晋陽公となったのは一二三四年、李奎報が死去したのが一二四一年であることによる。

(29) 『高麗史』巻一七世家一七毅宗一六年八月壬辰。

(30) 金澈雄氏は、『高麗史』巻七〇楽志一雅楽軒架楽独奏節度の明宗一八（一一八八）年二月壬申条で史臣の意見に引用された識者の言において、宋の大晟楽受容を非難する文脈で「況んや辛巳年に本朝の儒臣狂瞽して擅に改め」とあることに注目し、この「辛巳年」の改制が『詳定古今礼』の成立によるものであると考え、「辛巳年」すなわち一一六一年に『詳定古今礼』

が成立したと推定している（『韓国中世의 吉礼와 雑祀』景仁文化社、二〇〇七年、ソウル、二九頁）。その可能性も考えられるが、確実な論拠とは言い難いため、本書では一一四六～六二年の間とした。

(31)「八関会儀礼に於ける外国人朝賀——高麗初期外交の一面」（『研究紀要〈早稲田実業学校〉』一一、一九七六年）：「高麗における八関会的秩序と国際環境」（『朝鮮史研究会論文集』一六、一九七九年）：「高麗の外交姿勢と国家意識——『仲冬八関会儀』および『迎北朝詔使儀』を中心として」（『歴史学研究』別冊特集「民衆の生活・文化と変革主体」、一九八二年）：「使節迎接礼より見た高麗の外交姿勢——一一・一二世紀における対中関係の一面」（『史観』一一〇、一九八四年）。

(32)「高麗の圜丘祀天礼について」（『早実研究紀要』二一、一九八七年）、および「高麗の圜丘祀天礼と世界観」（武田幸男編『朝鮮社会の史的展開と東アジア』山川出版社、一九九七年）。

(33)「高麗における謁祖真儀と王権の再生」（『早実研究紀要』三七、二〇〇三年）：「高麗の燃灯会における「如奉恩寺」の意味」（『早実研究紀要〈早稲田実業学校〉』三八、二〇〇四年）：「高麗における燃燈会と王権」（記念論集刊行会編『福井重雅先生古稀・退職記念論集　古代東アジアの社会と文化』汲古書院、二〇〇七年）。

(34)「高麗から李朝初期における円丘壇祭祀の受容と変容——祈雨祭としての機能を中心に」（『朝鮮学報』一六一、一九九六年）。

(35)『高麗의 国家 仏教儀礼와 文化』ソウル大学校出版部、二〇〇五年。

(36)『韓国中世의 吉礼와 雑祀』景仁文化社、二〇〇七年。

(37)『韓国 中世 儒教政治思想과 農業』慧眼、二〇〇七年。

(38)金澈雄「高麗時代의 太子 冊封과 冊封礼」（『歴史와 境界』八〇、二〇一一年）。

(39)桑野栄治「高麗末期の儀礼と国際環境——対明遥拝儀礼の創出」（『久留米大学文学部紀要〈国際文化学科編〉』二一、二〇〇四年）：崔鍾奭《チェ・ジョンソク》「高麗時代 朝賀儀 儀礼 構造의 変動과 国家 位相」（『韓国文化』五一、二〇一〇年）。

(40)金澈雄「高麗 景霊殿의 設置와 運営」（『精神文化研究』三二―一、二〇〇九年）：張東翼《チャン・ドンイク》「高麗時代의 景霊殿」（『歴史教育論集』四三、二〇〇九年）：洪栄義《ホン・ヨンイ》「高麗 宮闕内 景霊殿의 構造와 運用」（『韓国史論叢』三七、二〇一二年）。

(41)金澈雄「高麗時代 国王의 即位儀礼」（『精神文化研究』三八―二、二〇一五年）：金仁昊《キム・インホ》「高麗時代 国王의 葬礼節次와

特徴」（『韓国中世史研究』二九、二〇一〇年）：朴晋勲《パク・チヌン》「高麗前期 国王 殯殿의 設置와 儀礼」（『韓国中世史研究』四三、二〇一五年）。

(42) 金昌賢「『高麗史』礼志의 構造와 性格」（『韓国史学報』四四、二〇一一年）。金昌賢氏は、ここで「『詳定古今礼』が五礼から構成されていたかは疑問」であり、「『高麗史』礼志は五礼から成るが、高麗時代に五礼が本格的に施行された証拠はない」と主張している。たしかに、高麗時代に五礼分類にもとづいて儀礼が運用されたことは確認できないが、五礼に該当する儀礼が存在していたことは事実であるから、五礼の概念が機能していなかったと性急に断ずるのは避けるべきであろう。氏はまた、同論文で「『詳定古今礼』は特定の思想や宗教を超越した書籍であったのに対して、『高麗史』礼志は基本的に儒教儀礼集であった。そのため礼志は『詳定古今礼』の内容をある程度載せつつも、儒教から逸脱したものは多く削除・編集された」とし、それが「『高麗史』礼志の限界である」と結論付ける。『高麗史』礼志が儒教的儀礼を偏重しており、高麗時代に挙行された儀礼を網羅的に載録していないのは事実である。ただ、それは『高麗史』が朝鮮王朝によって編まれた正史の体裁を有する史料である以上当然のことであって、むしろ『詳定古今礼』が、儒教的儀礼に偏らず高麗前期の国家儀礼を網羅的に載録した儀礼集であったのか、その性格を論じる必要があろう。

(43) 『高麗史』巻四二恭愍王一九年四月庚辰・七月壬寅。終章において詳述する。なおこうした明朝の直接的な関与による高麗礼制の変化に関しては、専論として前掲注（39）桑野論文および崔鍾奭「麗末鮮初 明의 礼制와 地方 城隍祭 再編」（『歴史와 現実』七二、二〇〇九年）がある。

第一章　高麗開京の都城空間と思想

はじめに

高麗太祖王建は、九一八年に君主であった泰封国の弓裔を打倒して泰封の都鉄円で高麗を建国し、その翌年に開京を新王朝の都と定めた。以降、朝鮮王朝が一三九四年に漢陽に遷都するまで、モンゴル軍の侵入による江華島遷都時期（一二三二～七〇）を除く、およそ四三七年間にわたり開京は都として機能した。その重要性のわりに、長い間あまり研究が活発になされなかったのは、やはり十分な発掘調査成果が提供されてこなかったことに原因があろう。しかし二〇〇〇年代以降、韓国歴史研究会（韓国）が開京史研究班を組織して企画した研究「高麗時代開京の構造と機能」[1]、禹成勲《ウ・ソンフン》氏の一連の研究[2]、韓国中世史学会（韓国）の企画研究「高麗時期開京の景観」[3]、および国立文化財研究所による高麗都城保存・研究のための基礎資料集成[4]などの成果が発表され、寺院の役割や行政区画・市場・官人の住居地、軍事施設など、都城空間に関する様々な観点から、開京の姿を立体的に捉える試みがなされている。また金昌賢《キム・チャンヒョン》氏[5]は城門や宮城内建物等の位置比定を行い、それらの構造や名称を風水地理説・陰陽五行説に重点を置いて理解しようとした。もちろんこれらの研究は、先学による着実な研究蓄積、すなわち開城の現地踏査を踏まえた高裕燮《コ・ユソプ》氏[6]、発掘調査成果に基づく城門の位置比定を行った전룡철《チョン・リョンチョル》氏[7]、築城経緯や行政体系など開京に関する包括的考察を行った朴龍雲《パク・ヨンウン》氏[8]、전룡철氏らの研究成果を受け再度丹念に城門の位置比定を行った細野渉氏[9]等の研究の存在によってはじ

めて可能となったものである。[10]

なお特に宮闕址に関しては、二〇〇七～一一年に南北の合同試掘調査が行われ、報告書が刊行された。[11]こうした調査と成果公表が進むことにより、『高麗図経』『高麗史』などの文献史料と一九七〇年代から北朝鮮が行った発掘調査の報告に全面的に頼らざるを得なかったという、これまでの研究の制約から開放され、宮闕内建物群の配置をはじめとした国王の執務・生活空間の解明が大きく進展すると期待される。[12]

一方、主に平面プランの比較を通じて、東アジア都城史における開京の位置付けを検討するという巨視的な研究において、すでに次のような興味深い指摘がなされている。李愚鍾《イ・ウジョン》氏は、高麗時代以前までは高句麗の長安城、渤海の上京龍泉府、新羅の王京が中国都城の影響を強く受けた方形の平面プランを有していたのに対し、高麗時代以降は自然の地形地勢に順応しようとする風水地理思想の影響を受けた形態となり、高麗時代のこうした都城プランは朝鮮時代の諸都市の一つの典型となった、という。[13]また妹尾達彦氏は、一〇世紀以降の朝鮮半島や日本列島では、中国都城の影響から脱し、方格状の街割を利用しない自由な街並みの形成が進み出したと論じている。[14]

こうした先行研究の成果を土台として、本章では、開京の都城空間に投影された思想について、風水地理説・仏教・儒教の順に取り上げ、その影響を俯瞰することとしたい。あわせて、開京が皇帝の都城としての位相を有していた、という見解についても具体的な論拠と関連史料を挙げて再検討を試みる。

第一節　開京の城郭

高麗時代、開京には、**図1**に見られる宮城・皇城・羅城の三つの城が築かれた。その大きさは、宮城が東西三七五メー

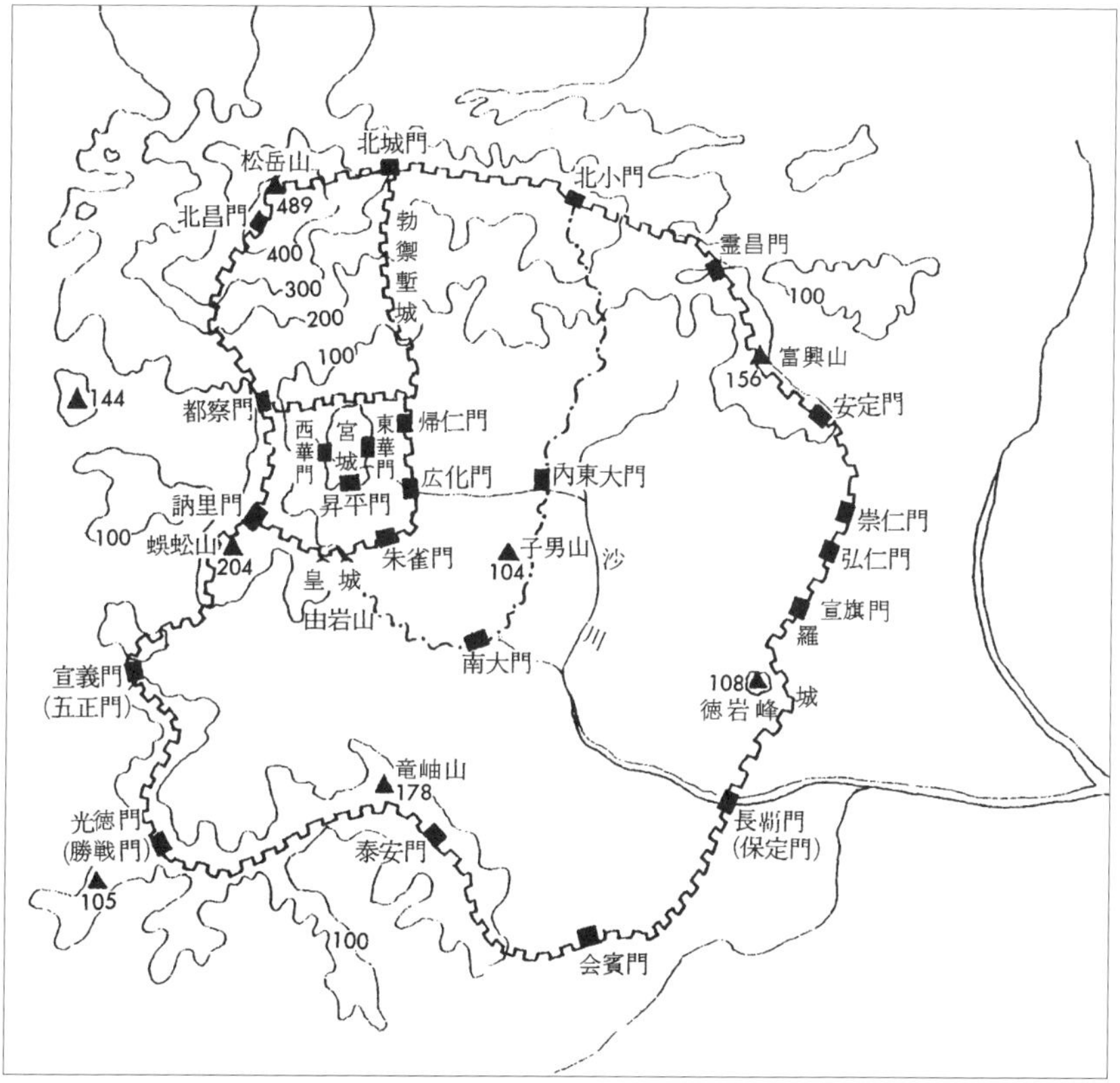

図１　朴龍雲『高麗時代開京研究』一志社、1996年、25頁〈地図１：開京の城郭と門〉を土台とし、細野1998の研究成果を参考に宣旗門の位置を修正して霊昌門を書き加え、勃禦塹城・宮城・皇城・羅城の名称を挿入した。

トル・南北七二五メートル・周囲二一七〇メートル、皇城が東西一一二五メートル・南北一一五〇メートル・周囲四七〇〇メートル、羅城が東西五二〇〇メートル・南北六〇〇〇メートルである。[15]この三城の築城時期はそれぞれ異なる。『高麗史』によると、八九六年に王建の父が自らの本拠地である松岳郡を以て弓裔に帰し、弓裔は二十歳の建をして松岳に勃禦塹城を築かせ、城主としたという。[16]そして、八九八年には松岳に都を定め、九〇五年に鉄円に遷都するまでの七年間、この城を用いた。[17]勃禦塹城は、**図1**の北城門・帰仁門・広化門・朱雀門・訥里門・都察門・北昌門を結ぶ城であると考えられており、[18]高麗を建国した王建が九一九年に鉄円より都を遷して来た際、その内部に宮城が築造された。すなわち、皇城の大部分は、王建が高麗建国前に弓裔の配下として築いた勃禦塹城の一部を利用したものであり、宮城の北壁に近接する北側部分のみが高麗時代に入ってから宮城の建築にともなって築かれたものと考えられる。なお皇城の北側部分に位置したとみられる宣仁門の名が『高麗史』一〇〇九年の記事[19]に見えるから、遅くとも穆宗代までには皇城の北壁が完成していたはずである。そして続く顕宗代には契丹の侵入を受けて一〇一〇〜二九年にかけて羅城が築造された。その完成にともない、宮城・皇城・羅城の三城によって構成される城郭構造と、開京の範囲が確定されたのである。ただし、羅城自体、自然地形を利用し盆地である開京を囲む稜線に沿って築かれたのであるから、必ずしも開京の範囲を認識する上で羅城の存在が不可欠であったわけではないだろう。

開城は、王氏が拠点とし海上交易で勢力をたくわえた地であり、[20]高麗建国以前から城が築かれ、一時は後高句麗・摩震の都が置かれていた。九一九年に高麗王朝が定都して以降、宮闕や官庁、市場などが整備され、本格的に都としての体裁を整えていったが、それ以前からすでに一部の城郭と都市施設は建設された状態であった。次節で言及するように、高麗王都の選地と都城プランに風水地理説が影響していることは、『高麗史』等でも述べられているところであるが、一方で、建国時の右のような状況を考慮すれば、開城が最有力都城候補地であったことは明らかである。

第二節　都城空間と思想

（一）　風水地理説の影響

開京の地が、風水地理説によって都城地としての正当性を認められた地であるという認識は、宋人にも伝わっていた。一一二三年に高麗を訪れた宋使節の一員徐兢の『高麗図経』には次のようにある。

高麗素知書、明道理、拘忌陰陽之説、故其建国、必相其形勢、可為長久計者、然後宅之。

（『高麗図経』巻三形勢）

高麗人はもともと書を知り道理に明るいが、陰陽の説にこだわり、そのため建国する際には必ずその地の形勢をみて、長久の計をなすべき場所であるとなれば、その地に定めるのである、と記している。

毅宗朝（一一四六～七〇）の金寛毅が撰した『編年通録』を引用した『高麗史』世系は、開京の地と風水地理説の関連についてまとまった記事を載せるが、その中の一つに次のような逸話がある。王建の先祖が、郡を松岳の南に遷し松を植えて岩肌が露出しないようにすれば三韓を統合する者が出る、という新羅の風水家監于八元のすすめに従ったところ、後に王建があらわれ高麗が建国された、というものである。風水地理説によって開京の地勢条件を考察した村山智順氏によれば、開京の地は山水が都合し四砂（青龍・白虎・朱雀・玄武）の完備した蔵風の典型的大局を成すが、その主山（玄武）が禿山では生気の蓄積をなすことができない。国域風水からすれば朝鮮は水根木幹の地であり、色に配すると黒を父母とし青を体とする地勢であるため、常緑にして色が青である松を植えれば、水根木幹、黒親青子の国域風水に適合し水生木の五行和生に順応する、という[21]。すなわち『高麗史』世系の上記の逸話は、実際風水地理説の理論に符合しているということである。ただ、村山氏は「高麗の国都開城は、その建設が全く風水信仰に依ったものであることだけは確実である」[22]とするが、前述のように、王建が開城に都を置いたのは現実的な条件が整っていたからであり、風水地理説の役割は主に他の都市との差別化や正当化にあったとするのが妥当であろう。このことは、当時において風水地理説がそうした正当性を付与しうる影響力を有していたことを意味する。

また風水地理説は、都城地の選定だけでなく、城内の建築や景観にも影響を及ぼした。左の史料によると、一二一五年、重房は、風水地理説の理論上悪い影響があるという進言をきっかけとして、独断で尚薬局・尚衣局・礼賓省の凡そ四十余楹を壊して移転させ、その場所に重房を移築し、さらに千齢殿の側らに新たに道をつくった、という。

秋七月、有人言於重房曰、尚薬局在闕西、常擣杵、恐損山西旺気。乃擅毀尚薬局・尚衣局・礼賓省凡四十餘楹、移構重房、又開新路於千齢殿側、以通往来。

（『高麗史』巻一二一世家二二高宗二年）

また、一二七七年には観候署が次のような上言を行っている。

（七月丙申）謹按道詵密記、稀山為高楼、多山為平屋。多山為陽、稀山為陰、高楼為陽、平屋為陰。我国多山、若作高屋、必招衰損。故太祖以来、非惟闕内、不高其屋、至於民家、悉皆禁之。今聞造成都監、用上国規模、欲作層楼高屋、是則不述道詵之言、不遵太祖之制者也。天地剛柔之徳不備、室家唱随之道不和、将有不測之災、可不慎乎。……

（『高麗史』巻二八世家二八忠烈王三年）

すなわち、「「道詵密記」によると、山が少なければ高楼を、山が多ければ平屋をつくる。多山は陽、稀山は陰、高楼は陽、平屋は陰である。我が国は山が多いので高屋をつくれば必ず衰弊を招くであろう、といいます。そのため太祖以来、宮闕から民家にいたるまで高屋の建設を禁じていました。今聞くところによると、造成都監が上国（元）の規模を用いて層楼高屋を建設しようとしているそうですが、これは道詵の言を継承せず太祖の制に遵わないことです」

として高屋の建設計画に反対し、王はこの上言に従ったという。なお、ここで「太祖以来、宮闕から民家にいたるまで高屋の建設を禁じていた」というが、必ずしも太祖代から忠烈王代まで徹底されていたとは言えない。『高麗図経』には次のようにあり、「王城内には昔は楼観がなかった」が、宋の建築物を見物した高麗使節によって高麗に伝わり、楼観が造営されるようになったのだという認識を示している。

王城、昔無楼観、自通使以来、観光上国、得其規模、稍能太上御名治。初惟王城宮寺有之、今官道両旁、与国相富人、稍稍僭侈。入宣義門、毎数十家、則建一郎。（『高麗図経』巻三楼観）

そして当初は王城の宮闕と寺にのみ楼観が建てられたのが、一二世紀初め頃には、六部などの官庁が並ぶ広化門外の官道や宰相・富豪の家に楼観が建てられ、開京の東西のメインストリートである宣義門と崇仁門を結ぶ道には、数十家ごとに一楼がみられたというのであるから、国初から忠烈王代に至るまで高屋建築が厳密に禁止されていたわけではあるまい。先の忠烈王代の上言は、「上国の規模を用いて」高楼を建設することを止めようとする意図から、若干の誇張が含まれている可能性を考えるべきであろう。しかしながら、新羅の風水師道詵の言によって太祖代より宮闕から民家に至るまで高屋の建設を禁じてきた、という発言が忠烈王代にも観候署によってなされているということは、風水地理説およびその大家道詵のものとされる言説が、官庁施設や民家の建設にまで規制をくわえる根拠となりえたことを示していよう。「王城内には昔は楼観がなかった」ことが高屋建築の禁制によるものか否かは判じがたいものの、風水地理説が宮闕や官庁、民家などの建築にも影響を及ぼしていた事実は認められる。

（二）　仏教寺院の役割

護国仏教としての地位を確固たるものとしていた高麗時代の仏教の様々な影響に関しては、すでに支配層の思想や社会習俗等の側面から多く論じられているが、開京の都城空間へはどのように投影されているのであろうか。まず、特徴的と言えるのは開京に建設された寺院の多さであろう。朝鮮中期の史料に、高麗時代には開京内に名刹三百が存在したとも述べられているが[23]、開京の規模を考えれば相当に密集した状態であったと言えるだろう。

開京の寺院が、単に仏教信仰の施設としてだけでなく、政治的・軍事的な性格を有する場合があったこと、また国家儀礼の場としても機能したことはすでに指摘されている[24]。寺院はしばしば国王の短期・長期の滞在所となったから、それにともない政務空間として利用されることもあった。これは特に、江華島からの還都後、かつての宮闕の姿を復旧できず一部のみを修復し、国王が別宮で過ごすことの多くなった高麗後期に顕著である。また高麗王朝で最も重視された年中行事に数えられる燃灯会・八関会の国王行事の一環として、奉恩寺・法王寺への行幸が定着しており、さらに祈雨などの国家的祭祀が寺院で行われることもあった[25]。

ここで、国家行事の一例として、王の誕生節行事のあり方を見てみよう。

十一月丙午朔、百官詣乾徳殿、賀成平節、宴宰枢給舎・中丞以上侍臣于宣政殿。成平節王生日也。毎遇節日、国家設祈祥迎福道場於外帝釈院七日、文武百寮於興国寺、東西両京・四都護・八牧各於所在仏寺行之、以為恒式。

（『高麗史』巻七世家七文宗即位年）

右のように一〇四六年には、国王の誕生節にあたって、乾徳殿での百官賀礼、宣政殿での宰枢と給舎・中丞以上の侍臣への賜宴が行われたが、それに加えて、祈祥迎福道場を外帝釈院で七日間設け、文武百官は興国寺で、東西両京・四都護・八牧の長官も各任地の仏寺においてこれを行うことが恒例化された。つまり国王の誕生節には、宮闕内での賀礼・賜宴と、寺院で王の祥福を祈る法事がセットで行われたのであった[26]。

なおこうした誕生節行事のあり方は、高麗独自のものというわけではない。宋の皇帝の誕生節にも次のように仏寺において祈寿の法事が行われた。

建隆元年、群臣請以二月十六日為長春節。正月十七日、於大相国寺建道場以祝寿、至日、上寿退、百僚詣寺行香。真宗以十二月二日為承天節。其儀、帝先御長春殿、諸王上寿、次枢密使副・宣徽・三司使、次使相・次管軍節度使・両使留後・観察使、次節度使至観察使、次皇親任観察使以下、各上寿……。既畢、咸赴崇徳殿叙班、宰相率百官上寿、賜酒三行、皆用教坊楽……。前一月、百官・内職・牧伯各就仏寺修斎祝寿、罷日以香賜之、仍各設会、賜上尊酒及諸果、百官兼賜教坊楽。

（『宋史』巻一六二礼志一五嘉礼三聖節）

宋が建国されると、太祖の生日である二月一六日を長春節として、その一か月前である一月一七日から大相国寺に道場を設けて太祖の長寿を祈り、長春節当日になると、長寿を祝賀して撤し、百官は寺に詣でて行香した。また真宗代にも、生日である承天節の一か月前から仏寺で法会を設けて真宗の長寿を祈り、最終日には香を賜い、またそれぞれ食事を設けた、とある。なお承天節に関する記事では、節日当日には皇帝が長春殿において諸王・枢密以下の上寿を受け、次に崇徳殿において宰臣以下百官の上寿を受けて、賜宴したことが記されている。

法事の期間は高麗が七日、宋では一か月と相違するが、宋でも皇帝の誕生節行事として宮廷で賀礼・賜宴を行うことしていたから、(27)誕生節行事が、宮闕における儀礼と仏寺における法事の両方で構成されることは共通する。さらに、次のように高麗寺院で宋帝の誕生節の祝賀行事を行っている事例も見られるが、これは、宋での皇帝誕生節行事のあり方を知っていた高麗側がそれに合わせて行ったものであろう。

（四月）甲子、以宋帝節日、設祝寿斎于東林・大雲二寺。

（『高麗史』巻九世家九文宗三文宗三二年）

（十月）丙辰、以宋帝天寧節、命太子設斎于奉恩寺、医官牟介等往観之、賜牟介等酒幣。

（『高麗史』巻一二世家一二粛宗八年）

こうした状況を勘案すれば、誕生節に宮闕における儀礼と併せて寺院における法事を挙行する行事構成自体、宋制を参照したものと考えられ、寺院の役割の形成に中国制度の導入という要素が介入している様相が垣間見える。

なお寺院は、このように国王権力によって用いられるだけでなく、例えば武臣政権期には奉恩寺に臣下が集まって政策決定を行った事例がみられるほか[28]、事元期には瀋王派の主導により官僚が慈雲寺に会し、瀋王暠を高麗王に就けるよう元に要請することを決定している[29]。また僧兵の拠点となっている事例[30]が確認できることも、高麗寺院の性格を考える上で重要である。

開京に存在した多くの寺院の中でも、特に都城空間と思想という観点から見る際に重要な位置を占めるのが、前節で述べた風水地理説と結び付き、開京の地徳を補う裨補の役割を担っているとされた寺院、そして王室の祖先祭祀の施設であった真殿寺院である。王建は九一九年に松岳山のふもとに都を定めると、同年に法王寺・慈雲寺・王輪寺以下の十寺を創建した[31]。その後も寺院の建設を進め、太祖代に開京に建設された寺院は、史料にみえるだけで二五に上る。太祖代にこれだけ多くの寺院を開京に創建した理由の一つとして、韓基汶《ハン・ギムン》氏は、慶州が中心となっていた仏教の基盤を開京に移転し再編するためであったという見解を提示しているが[32]、妥当であろう。

一方、『高麗史』等の史料中では、これらの寺を創建した所以について次のように言及されている。まず、九四三年のものとされる太祖訓要十条の二条では、太祖代に創建した寺院について、みな道詵が山水の順逆を占い開創したもので、後世にこれ以外の寺院を乱造すれば地徳を損うとして禁じている[33]。

> (四月)御内殿、召大臣朴述希、親授訓要曰、……其二曰、諸寺院、皆道詵推占山水順逆而開創。道詵云、吾所占定外、妄加創造、則損薄地徳、祚業不永。朕念、後世国王公候后妃朝臣、各称願堂、或増創造、則大可憂也。新羅之末、競造浮屠、衰損地徳、以底於亡、可不戒哉。
>
> (『高麗史』巻二世家二太祖二六年)

そして太祖創建の寺を地徳を裨補するものと見做す認識は、高麗末期まで継続されたようである。[34]

（辛禑十四年）七月、大司憲趙浚等上書曰……一、寺社田、祖聖以来五大寺・十大寺等国家裨補所、其在京城者廩給、其在外方者給柴地。道詵密記外、其新羅・百済・高勾麗所創寺社及新造寺社不給。

（『高麗史』巻七八食貨志一田制 禄科田）

右のように、一三八八年に趙浚等によってなされた上書の一部に「太祖以来の五大寺・十大寺等は、国家の裨補所であるから、京城にあるものは田地・柴地を給し、地方にあるものは柴地を給する。「道詵密記」に記載されていない、新羅・百済・高句麗が創建した寺社や、新造された寺社については支給しない」とあるから、当時、風水地理説によって国家の裨補所と認められた太祖創建の五大寺・十大寺等の寺院があり、それらが寺社田の支給を受けたこと、また開京だけではなく地方の裨補寺院とあわせて編成されていたことがわかる。

ところで、この史料の存在自体が示すように、太祖が遺したとされる訓要の第二条は結局守られず、以後、王室や官僚らは故人の冥福を祈るための願堂を多く構え、開京内にも寺院が乱造された。なかでも歴代国王や王妃の肖像を奉安する真殿寺院は、王室の祖先崇拝の場として機能し、国から職員や宿衛兵が配備され重要性が認められていた。[35] 国王・王妃の肖像は、葬礼の手続の中で真殿寺院に安置されるものである。国王・王妃の葬礼の儀式次第は伝存しないため、その詳細な内容は明らかにしえないが、『高麗史』巻六四礼志六凶礼 国恤を中心に残されている年代記録を見れば、反哭・挙哀・成殯・成服・釈服・虞祭などの儒教的葬送儀礼の手順を踏んだことは明らかである。また徳宗が顕宗の葬儀を唐徳宗代に営まれた代宗の葬儀を参考にして行ったことも確認される。[36] この一連の葬礼の手続において、被葬者の神主と肖像が殯殿に安置され、次のように小祥[37]で神主は魂殿へ、肖像は寺院へ移される。[38]

（六月）丙寅、以小祥、移安高宗木主於魂殿、神御于天寿寺。

（『高麗史』巻二五世家二五元宗元年）

そして『高麗史』巻六四礼志六凶礼 先王諱辰真殿酌献儀にあるように、先王の命日には真殿寺院への行幸・酌献が行われることとされていた。すなわち、王室の祖先崇拝においては、神主を奉安する太廟、および景霊殿や陵とともに、肖像を奉安する真殿寺院が重要な位置を占めたのである。(39) 次節で述べるように、太廟は一〇世紀末に儒教的祖先祭祀の施設として設置され、以後、国家祭祀の最も重要な拠点の一つとして存在したが、真殿寺院もまた、王室の篤い仏教信仰を背景として、高麗王室の祖先崇拝の中核をなしていたということができる。

（二）　儒教的祭祀施設の整備

では、太廟や社稷檀など、儒教的国家祭祀の施設はどのように開京に設置され、儒教的王権理論が投影されていったのであろうか。周知のように、開京には方格状街割が用いられておらず、中国都城の影響は新羅の王京に比して限定的であったとみられている。一方で、高麗王朝は中国礼制の導入と整備に関しては、新羅よりはるかに体系的かつ精力的に行っており、儒教の王権理論に基づく都を構成する諸施設も次第に設置されていく。

高麗において、中国制を導入した礼制整備が大きく進展したのは、宋の冊封を受けていた六代成宗朝（九八一～九七）である。成宗代には、九八三年に圜丘・籍田の祭礼を初めて挙行し、(40) 九九一年に社稷壇を設け、(41) また九八八年に五廟を定めて翌年に造営をはじめ、九九二年に完成させたことが確認できる。(42) また九九二年に国子監を創建しているから、(43) 同時に孔子を祀る廟が設置された可能性が高いが、遅くとも「崔致遠を先聖廟庭に従祀した」という記録(44)の存在する一〇二〇年までには、孔子廟が置かれた。顕宗代（一〇〇九～三一）には宋にならって景霊殿を創設しており、(45) また方沢祭祀の挙行を示す記事の初見も顕宗末年の一〇三一年にあるから、(46) 遅くとも顕宗代までには方沢の祭祀施設が設けられたことも確認できる。さらに靖宗代（一〇三四～四六）には、風師・雨師、(47) 雷神、(48) 霊星、(49) 馬祖祭祀の(50)初出記事が確認され、これらの祭祀が整備され祭祀施設が置かれたと推測される(51)。以上から、高麗における儒教的諸祭祀儀礼の成立時期について次のように整理できる。すなわち、概ね吉礼大祀・中祀にあたる重要な祭祀については成宗代にはじめられ、その後さらに、宋で新たに設けられた景霊殿や、小祀の諸祭祀に関しても次第に施設や儀式次第が定められていったと考えられる。よって開京に儒教的祭祀施設が建設され、儒教的王権理論を体現する都としての側面が強化されていった画期として、まず成宗朝があげられ、それ以降逐次整備が進められて、靖宗代には小祀に弁じられる祭祀にも及んだとみることができるだろう。

これらの祭祀施設の位置については、すでにいくつかの先行研究で比定されている(52)。それらを参照し、再検討を加え、圜丘・社稷・太廟・景霊殿・先農・文宣王・風師・雨師雷師の祭祀施設について一一世紀後半〜一三世紀前葉頃の推定位置を示したのが図2である。

まず景霊殿および先農・文宣王・風師・雨師・雷師の祭祀施設の位置比定について、主要な根拠史料を以下に掲げる。景霊殿に関しては、李資謙の乱の際、景霊殿に奉安されていた肖像を内帝釈院の井戸の中に入れて避難したという左の記事から、内帝釈院と近いことが知られていたが、二〇〇七〜一一年に行われた発掘調査の結果を受けて、宮闕の西北建築群内の、内帝釈院の西南にある建物址に比定された(53)。

王歩至景霊殿、命内侍白思清、奉祖宗真納諸内帝釈院眢井中、乃出西華門、乗馬至延徳宮。

（『高麗史』巻一二七列伝四〇叛逆一李資謙）

先農壇については、左の記事によって東郊、具体的には長覇門（後の保定門）の外にあったことがわかる。

春二月壬子、左補闕兼知起居注李陽上封事……其二曰……方今上春祈穀於上帝吉日耕籍于東郊。

（『高麗史』巻三世家三成宗七年）

西籍田〈在保定門外甑池之東〉

（『世宗実録』巻一四八地理志 旧都開城留後司）

文宣王廟は創建後、一一世紀半ば頃と江華島遷都時、還都時、さらに一四世紀初めに移転しているが、次の記事にみえるように、一〇六一年には文宗が奉恩寺に行幸した際についでに参詣しており、一一世紀後半～一三世紀前葉頃には奉恩寺の近くにあったと推測される。なお文廟の位置の変遷については五章で詳述する。

（六月癸丑）王如奉恩寺、遂詣国子監。謂侍臣曰、仲尼百王之師、敢不致敬。遂再拝。

（『高麗史』巻八世家八文宗一五年）

風師壇については『高麗史』礼志に次のようにあり、霊昌門外（「令」と「霊」は音通）に置かれていたことがわかる。

風師壇……在国城東北令昌門外。

（『高麗史』巻六三礼志五吉礼小祀 風師雨師雷神霊星）

雨師・雷師壇は、『高麗史』礼志によれば「国城内」西南の月山にあったというが、一方で一〇四五年の雷師の祭祀記事では「西南郊」で祭ったとされ、城内にあったのか城外であったのか定かでない。図2では礼志にしたがって仮に城内に設定した。

雨師及雷神同壇……在国城内西南月山。

（『高麗史』巻六三礼志五吉礼小祀 風師雨師雷神霊星）

（四月戊申）祭雷師於西南郊。

（『高麗史』巻六世家六靖宗一一年）

次に圜丘・社稷・太廟の施設の位置や詳細についてみよう。『高麗史』礼志によると、高麗では、圜丘壇において孟夏に雩祀が行われることとされており、挙行記事もみられる[(54)]。そして『新増東国輿地勝覧』巻五開城府下 古跡に「円丘〈会賓門外に在り、高麗郊祀の地なり〉」とあることから、圜丘壇は会賓門外にあったとみて問題ない。成宗代に創設されて以降、移転を示す史料はなく、当初からこの地にあったと考えるのが妥当である。そうであれば、顕宗代に羅城が築かれる以前から、すでにこの場所が南郊と認識されていたことになるが、先にも指摘したように、羅城は

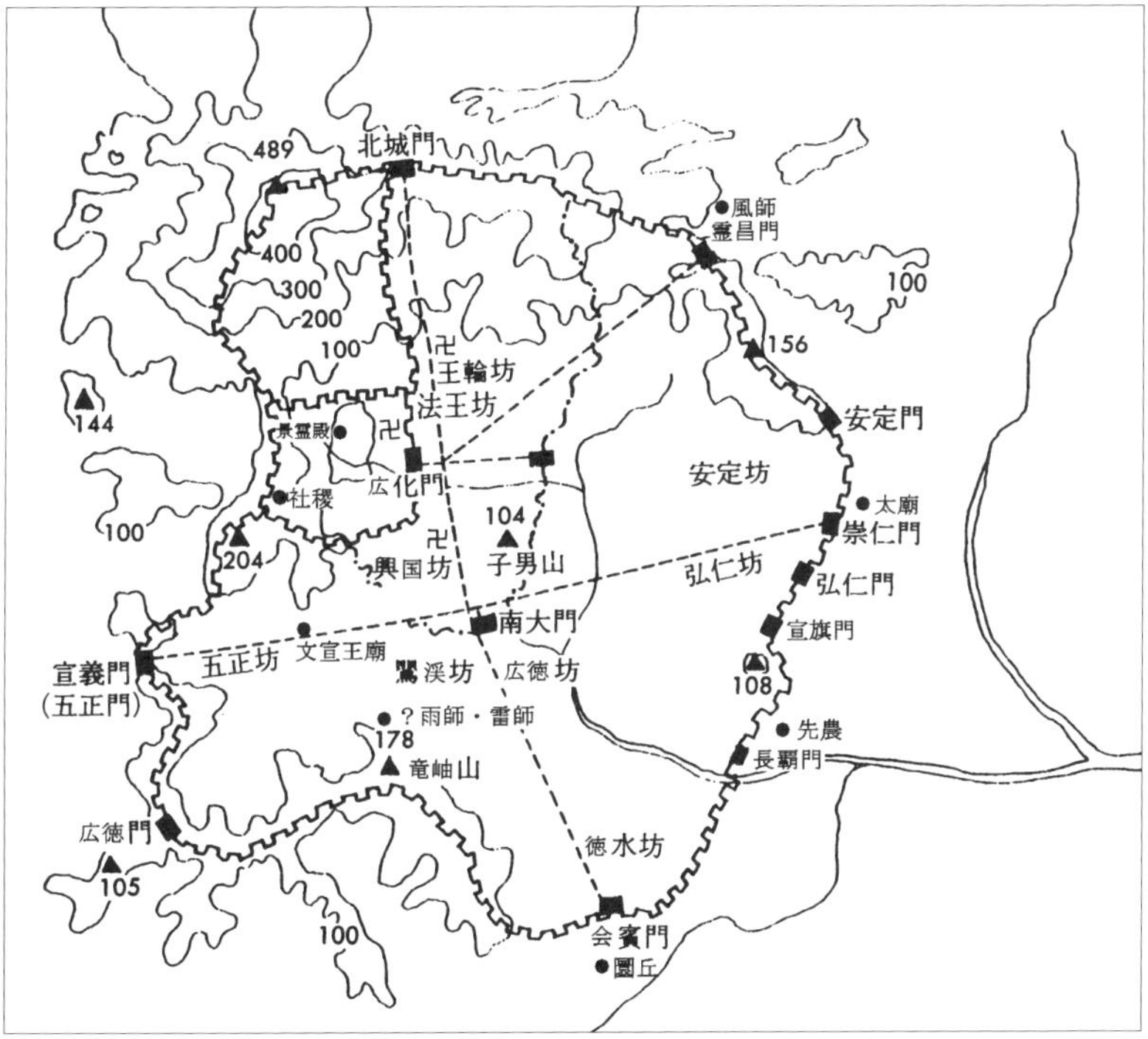

図２　朴龍雲『高麗時代開京研究』98頁〈地図５：開京の五部と坊〉を土台とし、細野1998の研究成果を参考にして宣旗門の位置を修正、霊昌門・長覇（保定）門を挿入し、圜丘・社稷・太廟・景霊殿・先農・文宣王・風師・雨師雷師の祭祀施設の位置を書き加えた。

自然地形を利用し開京を囲む稜線に沿って築かれたから、羅城の築城以前から、開京の範囲はほぼ自明であったとみるべきであろう。

社稷檀に関しては、成宗代に創設された際の位置は不明であるが、一〇五二年の「社稷壇を皇城内の西に新築した」[55]という記事によれば、この時に皇城内の西部に再築されたことが明らかである。そのため図2には一〇五二年に築かれた檀の位置を示した。

また太廟に関しては、『高麗図経』巻一七祠宇に「其祖廟は、国東門の外に在る」と記録されており、『高麗図経』では崇仁門を「国城の東門」とみなしているから、崇仁門外の地にあったと推定できる。よって社稷檀と太廟の位置は、ひとまず『周礼』の「左祖右社」に符号しているといえる。

ところで、このように成宗代以降、中国制を参照しながら整備が進められていった儒教的祭祀施設を中国のそれと比較した場合、どのような特徴がみられるであろうか。圜丘祭祀に関しては、すでに先行研究において、冬至の祀天礼は行わず孟春上辛の祈穀・孟夏の雩祀のみを挙行していたこと、また圜丘壇に日月以下の衆星神座を配列せず、治暦明時をつかさどる中華帝国の皇帝が行う、宇宙の秩序を具現する祭祀としての性格を有しないことが明らかにされている。また壇の規模についても、唐に比べてはるかに小規模で高さは六分の一程度であったことが指摘されており、これらのことから高麗の圜丘祀制度が中国との宗属関係に配慮しながら定められたことが論じられている。[56]

また太廟制度は次のような変遷をたどった。[57]高麗王朝は前述のように九八八年にはじめて五廟を定めたが、これは『礼記』王制「天子七廟・諸侯五廟」の諸侯国の立場にしたがった運営であった。そしてその後の神位の増加に伴って兄弟を同昭穆として一廟となし、また靖宗代には世室を用いることによって五廟九室という形式を整え、粛宗・睿宗・仁宗代にも一部の神主を遷廟しながら五廟九室を維持した。しかし毅宗代（一一四六～七〇）になると、従前の五廟に固執せず、親尽した神主を遷さずに三昭三穆七廟九室とした[58]。その後、江都期には宗廟も建築したがその廟制は明らかでなく、還都後には臨時に一堂五室に二十二王の神主を一列に祀ったという。本格的に廟制が改定されたのは、忠宣王代に入ってからのことであった。一三一〇年、忠宣王は元朝の影響下で宗廟制を再整備し、太祖廟・二昭二穆・東西夾室を設ける五廟の構成とした[59]。すなわち高麗王朝は、宋の冊封を受けていた成宗代に太廟を設置し、それ以降、諸侯国の立場に則って五廟を運営していたが、金の冊封下にあった毅宗代には、天子と同じ七廟を置くこととなった。しかし忠宣王代には、元朝の強い政治的影響下に置かれた状況で七廟を維持することはできず、五廟に復したのである。

籍田についても、次のような興味深い史料がある。一一四四年一月に仁宗が籍田を親耕した際に「王五推、諸王・三公七推、尚書・列卿九推[60]」したという。また『高麗史』巻六二礼志四吉礼中祀 籍田 耕籍の儀式次第中では、「王五推、王太子七推、三公・尚書・卿各九推」とされる。両者では三公の鍬を入れる数に違いが見られるが、王が五推とすることは共通している。これは『礼記』月令に「天子三推、三公五推、卿諸侯九推」とあり、かつ唐で「皇帝三推、三公・諸王五推、尚書・卿九推[61]」、また宋で「皇帝三推、三公・諸王各五推、餘従耕官各九推[62]」とされていたことと対照すれば、明らかに皇帝より一段格を下げたものといえる。また先農壇の規模についてみると、唐で「高五尺、広五丈[63]」、宋で「高五尺、周四十歩（＝方五丈）[64]」であったのに対し、高麗では「方三丈、高五尺[65]」とされているから、中国皇帝の設置した先農壇よりも小規模に造営されたことがわかる。なお、『礼記』祭義に「天子為藉千畝、冕而朱紘、躬秉耒、諸侯為藉百畝、冕而青紘、躬秉耒」とあり、皇帝の田は千畝、諸侯の田は百畝と述べられているが、『高麗史』礼志では「司農少卿帥庶人、以次耕于千畝[66]」というように「千畝」を耕すと記されている。これについて韓政洙氏は、高麗王朝が対内的には皇帝国体制を志向したことと関連すると述べる[67]。しかし一方で、『高麗史』巻七二輿服志一冠服 祭服に引く『詳定古今礼』では、先農祭祀の際の冕に青紘を用いることが規定されており、右の『礼記』祭義に天子の冕は朱紘、諸侯の冕は青紘とあるから、祭祀の際の王の冠冕については諸侯の立場によるものといえる。以上のように、親耕の際に王が五推すること、先農壇の規模が中国よりも小規模であること、また祭祀の時に用いる冕が、諸侯が用いるとされる青紘であることを考慮すれば、高麗王朝の籍田は、概ね諸侯の立場に則って整備されたとみるのが妥当であろう。

右のように圜丘壇・太廟・先農壇とその祭祀について中国制と比較してくると、祭壇の規模や廟制、および祭祀儀礼の内容、祭祀で使用される冠冕といった面において、基本的には対中関係に配慮し諸侯国としての立場で整備されていたとみられる。しかし一方で、毅宗朝以降の一時期、太廟が皇帝と同じ七廟制を採っていたこと、また、祭祀儀礼の内容はさておき圜丘・方沢が設置されたこと自体は、諸侯国の礼制とは相容れないものである。このように開京に置かれた儒教祭祀施設が皇帝の礼制に基づいたものであったのか、あるいは諸侯の礼制に基づいたものであったかという問題は、どちらか一方の姿勢を選択し貫徹したとはみなしがたい。この問題と関わる論点として、次節では、高麗王朝の「皇帝国体制」と開京の関連性について検討したい。

第三節　「皇帝国体制」と開京

高麗時代の史料中には、高麗王を「天子」や「皇帝」等と称したものがあり、また王の廟号に「祖」「宗」が使用され、王の母や王位継承者の称号に「太后」「太子」を用いるなど、高麗国王を皇帝に擬した用語がみられる。こうした事例は、高麗が皇帝国としての体裁を有していたとみる見解の中でその論拠として挙げられており(68)、或いはまた高麗王朝にみられる多元的天下観のうちの自国中心の天下観の発現として取り上げられている(69)。

そして高麗王朝の皇帝国体制を論じる研究の中では、開京の呼称や構造に関する次の三点をあげて、その体制の一環とみなしている。まず左の九六〇年に開京を皇都と改称した、という記事である。

（三月）改開京為皇都、西京為西都。（『高麗史』巻二世家二光宗一一年）

光宗は九五〇年に高麗独自の年号「光徳」を建てており[70]、金基徳氏・金昌賢氏は建元と「皇都」への改称が光宗の皇帝国意識のあらわれであるとする[71]。次に、開京の三重の城のうちの一つである皇城の名称も「皇帝国体制を志向した高麗国家の一面を反映したもの」とされる[72]。そしてもう一点は、開京の門が天子五門の制に符号するという見方である。金昌賢氏は「松岳の大闕が天子の闕であることは、正殿前に展開する門が会慶殿門・閶闔門・神鳳門・昇平門・朱雀門の五つであることからもわかる」[73]として、皇城の正門である朱雀門（ただし実際に正門としての役割を担っていたのは東の広化門）から会慶殿門まで五つの門が存在することから、「天子五門諸侯三門」の天子の制に該当すると述べている。これらの指摘は、東アジア都城史における高麗開京の位相、および高麗人の国際秩序認識と開京の関係を考える上で非常に重要なものであるが、先行研究では一部の根拠史料の提示にとどまっているのが惜しまれる。確かに関連史料は限定されるが、以下ではできる限り言及しながら検討を加えておきたい。

まず「皇都」の呼称について、九六〇年の改称以降どの程度用いられたのか、確認しておく必要があろう。管見の限り、『高麗史』『高麗史節要』には、この改称記事以外に開京を「皇都」と称した記録はなく、ほとんどの場合、開京・王京・松京・松都などと称している。用例としては、李奎報（一一六八～一二四一）の文集『東国李相国集』巻一四に載せる「登鵠嶺有作」中で開京を「皇都」と呼んだ例が見つかるのみである。なお同詩中では宮闕を「帝闕」とも表現している[74]。こうした状況を見ると、九六〇年の「皇都」への改称が単なる呼称の変更であり、行政上の意義を持たなかったのではないかという疑問も生じるが、同時に「西都」に改められた西京の名称の変遷を併せて見る限り、おそらく九六〇年の改称は行政単位の名称の改定としての意義を伴ったものであったと思われる。『高麗史』地理志によると、「西都」

への改称の後、九九五年には留守府の長官を「西京留守」と称することとしているから「西都」から「西京」に復されたと考えられ、その後九九八年にはふたたび「鎬京」と改められたという。そして一〇六二年には長官の称を「西京留守官」に復したというから、行政上の名称としてまた「西京」に戻されたと推測される[75]。

このように西京の名称が九六〇年以降あまり時を経ずして「西都」から「西京」、「鎬京」と改称されていることを考慮すると、開京も光宗代に「皇都」とされた後、ほどなく「開京」に復された可能性が考えられる。そのため「皇都」の称が『高麗史』『高麗史節要』ではみられないのではなかろうか。『高麗史』によると、高麗では九六三年に宋の冊封を受け宋年号が施行されたから[76]、「皇都」が皇帝の都という意味を有し高麗の自尊意識を表す、事大関係に抵触しうる名称であったならば、受冊を契機として公式には用いられなくなった可能性も十分考えられるであろう。

ただし右の仮定のように公式に「皇都」を用いた時期がごく短かったとしても、それが高麗人の開京に対する意識をそのまま反映したものと言うことはできない。前述のように、李奎報が詩作において「皇都」という表現を用いており、また鄭穆墓誌銘[77]（一一〇五年）および張文緯墓誌銘[78]（一一三四年）で「帝京」と呼んでいる例を確認できる。さらに『東国李相国集』では、開京の宮闕を指して、先に挙げた「帝闕」の他、「九門」と呼んだ例[79]、また殿庭を「帝庭」と呼んだ例[80]が見られる。これらの事例は、高麗人が高麗王を皇帝に擬し、都開京を皇帝の都という意味を込めて呼んだ、自尊意識の表れとみることができる。

次に、皇城という名称が高麗の皇帝国体制への志向を表したものであるという見解については、残念ながら筆者は現在のところ検討する術を持たない。君主の執務・生活空間を囲む宮城、その外側に築かれた皇城、さらにその外側に築かれた外郭城である羅城、という三重の城を有する構造とその名称は、唐長安城と共通し、影響関係を想定することも可能である。ただ、皇城という名称が、中国皇帝の城に付されるべき名称として用いられていたかどうかについては明らかにし得なかった。学兄諸氏の教示を請う次第である。ここでは、高麗王朝は一〇一一年に西京平壌にも皇城を築いており(81)、開京にのみ皇城が存在したわけではないことを確認しておく。

最後に開京の門制と「天子五門諸侯三門」の関連についてみよう。この西周の王朝の門について天子は五門、諸侯は三門とする説は、後漢の『周礼』の注釈家鄭司農によって説かれ、その五門とは外側から順に皐門・雉門・庫門・応門・路門（あるいは畢門）であったとされた。ただし西周の史料である『詩』と『尚書』に出てくるのは皐門・応門のみであり、天子五門については幾たびも異論が提示されている。たとえば宋の劉敞は、『詩』『尚書』『礼記』『春秋』をもとに考えれば、天子も諸侯も三門であったと主張した(82)。では高麗王朝は、この「天子五門諸侯三門」の説を正当と認識し都城の門制に反映させたのであろうか。仮に金昌賢氏が述べるように、皇城の正門である朱雀門、あるいは広化門から、宮闕の正殿である会慶殿の前の殿門までの門がこの天子五門の説に則って造られたとするならば、宮城・皇城の建設と同時に、開京は天子の都としての性格を有することになったといえよう。ただし、広化門から会慶殿門まで五つの門を数える氏の見解には若干の留保が必要である。『高麗図経』には、迎詔の日の順天館から会慶殿までの道のりについて次のように記録している。

至王府、入広化門。次入左同徳門、至昇平門外、上中節下馬、引接指使等馬前歩行、上節後従。入神鳳門、至閶闔門外、使副下馬。国王与国官、以次迎詔、再拝訖、采輿入、止会慶殿門外。

（『高麗図経』巻二五迎詔）

すなわち広化門→左同徳門→昇平門→神鳳門→閶闔門→会慶殿門の六門を経て会慶殿に至ったとしているのである。同書巻四門闕 同徳門によると、左・右同徳門が昇平門を挟んで相対していたというから、左同徳門と昇平門を別に数える必要はないのかもしれない。しかし、『高麗図経』では開京の門制について、また次のように述べている。

臣聞、……後世聖人、又差尊卑而為之等。故天子之門、曰皐曰庫曰雉曰応曰路凡五、諸侯則去其二焉、曰庫曰雉曰路而已。……高麗門闕之制、亦頗遵古侯礼。雖其屢聘上国、亦頗効顰学歩、然材乏工拙、終以朴陋云。

（『高麗図経』巻四門闕）

「後世の聖人は、また尊卑によって（門闕の数に）差等をつけた。故に天子の門は、皐・庫・雉・応・路の全部で五つであり、諸侯はこれから二つを除き、庫・雉・路のみなのである」としつつ、「高麗の門闕の制は、すこぶる古の諸侯の礼に遵っている。しばしば上国（宋）を訪れむやみに真似をしているが、資材に乏しく技工が拙劣で、結局のところ質素で粗末だという」と記す。「天子五門諸侯三門」の説を挙げながら、その上で高麗の門闕の制は古の諸侯の礼にしたがっていると評価しているのである。何を以てそのように判断したのかは不明だが、少なくとも宋人には高麗開京の門闕は諸侯の礼に則ったものと認識されており、麗宋関係において問題にならなかったことは明らかである。こうした認識はあくまで宋人のものであり、高麗人が開京の門制をどのように意識しどのような意味を付していたかはまた別に検討されるべきであるが、本章で提示しうる一つの手がかりとして挙げておく。

以上のように本節では、開京に反映された高麗王朝の皇帝国体制の一環として指摘されている三つの点について再検討を試み、「皇都」への改称が一時的であった可能性を指摘し、また高麗の門闕の制は、宋人には諸侯の制度に則っていると認識されていたことについて述べた。しかし一方で、開京を「皇都」「帝京」、宮闕を「帝闕」「九門」、宮庭を「帝庭」などと表現した高麗人自身の手による記録も存在し、これらの表現からは開京を皇帝の都とみなす自負意識が認められる。制度的側面から開京の中に皇帝国体制を確認することはできなかったが、こうした高麗人自身の意識も開京をとりまく思想の一つである。

おわりに

本章では、風水地理説・仏教・儒教それぞれの、開京の都城空間への影響を考察し、また先行研究で論究されている「皇帝国体制」と開京の関係について再検討を行った。二節（三）で述べたように、儒教的国家祭祀の施設の設置に本格的に取り掛かったのは成宗代であるから、それ以前の開京は、儒教的王権理論の都という性格はほぼみられず、仏教や風水地理説等の思想が色濃く反映された都であったのだろう。この成宗代以降の儒教的祭祀施設の整備には、当然中国制が参照されたと考えられるが、次のように成宗代初めには太廟・社稷・文宣王廟の図が宋よりもたらされており、宋制の直接的な影響も考えられる。

（五月）甲子、博士任老成至自宋、献大廟堂図一鋪幷記一巻・社稷堂図一鋪幷記一巻・文宣王廟図一鋪・祭器図一巻・七十二賢賛記一巻。

（『高麗史』巻三世家三成宗二年）

また三節で掲げたように、『高麗図経』では、高麗の門闕の制について「しばしば上国（宋）を訪れむやみに真似をしている」とする。具体的にどのような点で、高麗門闕が宋を模倣しているとみなしたのかは不明であるが、たとえば開京の羅城の南門である南薫門の名は、宋開封の外城の南門と同名である。また睿宗が宋徽宗から賜った親製の詔書や書画を収蔵するために建てた天章閣も、[83] 宋宮闕に同名の建物がある。また高麗宮闕の常用の正殿の名称は乾徳殿、一一三八年以後は改称されて大観殿であるが、これらも宋年号を冠したものであることは興味深い。断片的な例に過ぎないが、高麗人の志向の一端を示しているといえよう。

開京が、朝鮮王朝の都漢城を建設していく際にも前朝の都城として大きな影響を与えたことはすでに指摘されているところであり、開京の都城空間の性格をさまざまな角度から明らかにしていくことは、朝鮮半島の都城史の変遷を把握する上で欠かせない作業である。ここでは開京のみを考察対象としたが、西京や南京など他の都市との比較を通じて、都城の特殊性を論じることも後稿の課題として付記しておきたい。

注

（1）洪栄義《ホン・ヨンイ》「高麗前期 開京의 五部坊里 区画과 領域」：申安湜《シン・アンシク》「高麗前期의 築城과 開京의 皇城」：朴鍾進《パク・チョンジン》「高麗時期 開京 절의 位置와 機能」：徐聖鎬《ソ・ソンホ》「高麗時期 開京의 市場과 住居」（『歴史와 現実』三八、二〇〇〇年、ソウル）。また二〇〇二年に、これらの論考をもとに一般向けに整理し、さらに開京の寺や仏教行事（姜好鮮《カン・ホソン》）、宮闕・官庁や太廟・社稷といった祭祀施設（張志蓮《チャン・ジヨン》）、交通路（鄭枖根《チョン・ヨグン》）、風水（金基徳《キム・ギドク》）などに関する文章を追加した『高麗의 皇都開京』（創作과 批評社、ソウル）を刊行している。

（2）「国家権力の都市支配装置としての開京寺院」（『日本建築学会計画系論文集』五八四、二〇〇四年）：「高麗の首都、開京の都市商業施設に関する基礎的検討――「居肆」と「虚」を中心に――」（『同』五九六、二〇〇五年）：「開京の都市商業施設の建築形式と役割」（『同』五九八、二〇〇五年）：「高麗正宮の配置に関する復原的検討」（『建築歴史研究』四七、二〇〇六年）：「高麗太祖代の開京への遷都と都城空間化に関する研究」（『日本建築学会計画系論文集』六一九、二〇〇七年）：「韓国の前近代都市史研究史」「高麗の首都開京の市場――設置とその後の変化に対する政治的・経済的背景と目的――」（『年報都市史研究』一三、二〇〇五年）。以上は東京大学工学研究科二〇〇六年度博士学位論文『高麗の都城開京に関する都市史的研究』に収録されている。また「開京」（吉田伸之・伊藤毅編『伝統都市Ⅰイデア』東京大学出版会、二〇一〇年）。

（3）朴鍾進「開京 資料整理의 方法과 利用」：申安湜「高麗時期 開京 都城의 範囲와 利用」：洪栄義「高麗時期 開京의 宮闕造営과 運営」：鄭学洙《チョン・ハクス》「高麗時期 開京 行政区画과 ‘里’ 의 様相」：全慶淑《チョン・ギョンスク》「高麗時期 開京의 軍事施設과 防衛区域」が『韓国中世史研究』二八、二〇一〇年に掲載された。

（4）『高麗都城 基礎学術研究Ⅰ』二〇一三年。以下の三篇の論文を収録している。박지훈《パク・チフン》「高麗都城 古地形 分析」：洪栄義「高麗都城의 形成과 変化」：禹成勲「日帝強占期의 高麗都城과 調査資料」。

（5）『高麗開京의 構造와 그 理念』新書苑、二〇〇二年、ソウル。また後に、開京内に置かれた各別宮ごとに関連する記事を整理したほか（『高麗 開京의 編制와 宮闕』景仁文化社、二〇一一年）、開京一帯の寺院について関連史料を時期別に列挙する作業を行っている（『高麗의 仏教와 上都 開京』新書苑、二〇一一年）。

（6）『松都古蹟』博文出版社、一九四六年、ソウル。

（7）「高麗 首都 開城城에 対한 研究一・二」（『歴史科学』二・三、一九八〇年、平壌）。

（8）『高麗時代 開京研究』一志社、一九九六年、ソウル。

（9）「高麗時代の開城——羅城城門の比定を中心とする復原試案——」（『朝鮮学報』一六六、一九九八年）。

（10）これら研究史については、前掲注（2）禹成勲「韓国の前近代都市史研究史」や注（9）細野論文で整理されているほか、朝鮮王朝の都漢城に関する研究動向を紹介した桑野栄治「韓国における近世都城史研究の動向——都城空間をめぐる諸問題——」（『久留米大学文学部紀要〈国際文化学科編〉』二八、二〇一一年）でも言及されている。

（11）国立文化財研究所『開城——高麗宮城 試掘調査報告書』二〇〇八年、大田、および同『開城 高麗宮城——南北共同 発掘調査報告書Ⅰ』二〇一二年。

（12）前間恭作「開京宮殿簿」（『朝鮮学報』二六、一九六三年）、李東旭《イ・ドンウク》「十一・十二世紀 高麗正宮의 建物構成과 配置」（『建築歴史研究』六—三、一九九七年、ソウル）、および前掲注（2）禹成勲「高麗正宮の配置に関する復原的検討」、注（5）金昌賢著書、注（8）朴龍雲著書などにおいて、文献史料の細密な検討に基づいて宮闕内建物の配置推定が行われている。

（13）「中国과 우리나라 都城의 計画原理 및 空間構造의 比較에 関한 研究」（『서울学研究』五、一九九五年、ソウル、二一四・二三四頁）。

（14）「中国の都城とアジア世界」（鈴木博之他編『都市・建築・歴史1記念的建造物の成立』東京大学出版会、二〇〇六年、一一三頁）。

(15) 前掲注（7）전룡철「高麗 首都 開城城에 対한 研究一」一九頁。

(16)『高麗史』巻一世家一太祖一。なお『三国史記』巻五〇列伝一〇弓裔 光化元年二月では勃禦塹城を「松岳城」と記す。

(17)『三国史記』巻一二新羅本紀一二孝恭王二年七月・九年七月。

(18) 前掲注（9）細野論文六四～六五頁など。

(19)『高麗史』巻三世家三穆宗一二年二月己丑。

(20)『高麗史』高麗世系によって知られる。また朴漢卨《パク・ハンソル》「王建世系의 貿易活動에 対하여」（『史叢』一〇、一九六五年、ソウル）など。

(21) 朝鮮総督府編・村山智順著『朝鮮の風水』第三編第二章「国都風水」および第四章「開城の風水」国書刊行会、一九七二年。このほか、李丙燾《イ・ビョンド》『高麗時代의 研究――特히 図讖思想의 発展을 中心으로』乙酉文化社、一九四七年、ソウルや張志蓮「開京과 漢陽의 都城構成比較」（『서울学研究』一五、二〇〇〇年）、金基徳「高麗時代 開京의 風水地理的 考察」（『韓国思想史学』四〇、二〇〇一年）などでも論究されている。

(22) 前掲注（21）著書七二二頁。

(23) 高麗王氏、事仏甚謹、城中名刹三百。（『大東野乗』巻五五山説林草稿）

(24) 朴胤珍《パク・ユンジン》「高麗時代의 開京 一帯 寺院의 軍事的・政治的性格」（『韓国史学報』三・四、一九九八年、ソウル）、注（1）朴鍾進二〇〇〇、注（2）禹成勲二〇〇四。

(25) 例えば以下の事例があげられる。

（文宗三十六年）五月旱、癸巳、醮九曜堂禱雨、庚子、又禱于興国寺。（『高麗史』巻五四五行志二金）

(26) なお『高麗史』巻六八礼志一〇嘉礼 大観殿宴群臣儀によると、国王の誕生節の行事として、宮闕内の大観殿（一一三八年以前は乾徳殿と称した）において、宋の大宴を導入した宴会儀礼を行うこととされている。大宴については本書四章で詳述する。

(27)『宋史』巻一一三礼志一六嘉礼四宴饗。儀式次第は『政和五礼新儀』巻一九九集英殿春秋大宴儀。

(28)（七月）宰枢・台諫・重房会奉恩寺、定市価平斗斛、犯者配海島。（『高麗史節要』巻一二明宗一一年）

(29) （八月丙戌）前賛成事権漢功等、欲請立瀋王暠、会百官慈雲寺、上書中書省。己丑、漢功等復会慈雲寺、署呈省書……。
（『高麗史』巻三五世家三五忠粛王九年）

(30) （十二月）辛未、鄭筠、密誘従軍僧宗昆等、斬李義方、分捕其党殺之。僧徒遂聚普済寺。
（『高麗史』巻一九世家一九明宗四年）

(31) 『三国遺事』巻一王暦、および『高麗史』巻一世家一太祖二年正月。

(32) 「高麗太祖時의 寺院創建」（『高麗寺院의 構造와 機能』民族社、一九九八年、ソウル）。

(33) 太祖訓要については、太祖の作ではなく顕宗末年に崔沆等によって偽作されたものという見解がある（今西龍「高麗太祖訓要十条に就きて」〈『東洋学報』八―三、一九一八年〉、および同「新羅僧道詵に就きて」〈『東洋学報』二―二、一九一二年〉）。いずれにしろ一〇世紀半ばあるいは一一世紀初めに、このような風水地理説に基いた国の方針が示されたということである。

(34) 本文に掲げた禑王代の記事の他、『高麗史』巻一八世家一八毅宗一二年三月戊子、巻三八世家三八恭愍王元年二月丙子、巻八四刑法志一公式 職制 忠烈王二四年などがあり、また『東文選』巻六九に載せる李斉賢の「重修開国律寺記」も、開国寺は太祖代に「山川陰陽逆順之勢」をみて建てられた寺であると述べている。

(35) 『高麗史』巻七七百官志二諸司都監各色・巻八三兵志三囲宿軍。なお許興植《ホ・フンシク》『高麗의 文化伝統과 社会思想』集文堂、二〇〇四年、ソウル、三九〇～三九二頁に歴代国王・王妃の真殿寺院が整理されている。

(36) （徳宗）元年五月己丑、王以皇考中祥祭、斎七日居翼室、凉闇・反哭・挙哀、一如唐徳宗故事。
（『高麗史』巻六四礼志六凶礼 国恤）

なお高麗国王の葬礼に関する専論として、金仁昊《キム・イノ》「高麗時代 国王의 喪礼節次와 特徴」（『韓国史研究』一二九、二〇一〇年）が参考になる。

(37) 本来は一年経過した一三か月目に行うものであるが、高麗では九八一年に、一日を一月として数え一三日で小祥、二七日で大祥とすることが定められている（『高麗史』巻六四礼志六凶礼 国恤 景宗六年七月）。

(38) 本文に掲げた記事の他に、『高麗史』巻一二世家一二睿宗元年一〇月庚申・壬戌、巻二八世家二八忠烈王元年六月戊午などの事例がある。

(39) 王室の仏教的祖先崇拝に関しては、許興植『高麗仏教史研究』一潮閣、一九八六年など、これまで多く論及されている。

(40) 『高麗史』巻三世家三成宗二年正月辛未。

(41) 『高麗史』巻三世家三成宗一〇年閏二月癸酉。

(42) 『高麗史』巻六一礼志三吉礼大祀 太廟。

(43) 『高麗史節要』巻二成宗一一年一二月。

(44) 『高麗史』巻四世家四顕宗一一年八月丁亥。

(45) 景霊宮は宋で一〇一二年に創設されたが（『宋史』巻八本紀八真宗 大中祥符五年閏一〇月戊寅）、高麗で一〇三一年にはすでに徳宗が「景霊殿」に謁して即位を告げるという記事がみえている（『高麗史』巻五世家五徳宗即位年六月庚子）。景霊殿の導入時期については、金澈雄《キム・チョルン》氏が、「霊鷲山大慈恩玄化寺之碑銘」の分析によって、一〇二一年までに建立されたことを明らかにしており（「高麗 景霊殿의 設置와 運営」〈『精神文化研究』三二―一、二〇〇九年〉）、一〇一二～二一年の間と考えられる。宋の景霊宮は、創建当初には聖祖を祀った道観であり、各皇帝皇后の神御が奉安されていたが、元豊年間（一〇七八～八五）に帝室第二の宗廟へと変質したことが論じられている（山内弘一「北宋時代の神御殿と景霊宮」〈『東方学』七〇、一九八五年〉）。

(46) 『高麗史』巻五世家五顕宗二二年正月乙亥。

(47) 『高麗史』巻六世家六靖宗五年正月辛丑。

(48) 『高麗史』巻六世家六靖宗一一年四月戊申。

(49) 『高麗史』巻六世家六靖宗一一年六月庚辰。

(50) 『高麗史』巻六世家六靖宗一二年二月壬申。

(51) 前掲注（47）～（50）に掲げた靖宗代の記事は史料上の初見であって、即事実上の初例を意味するものではないが、『高麗史』の纂修凡例には、「円丘・籍田・燃灯・八関会など恒例行事に関しては初見を記し、国王が自ら行えば必ず記した」とある。『高麗史』巻六三礼志五吉礼小祀の風師・雨師・雷神・霊星および馬祖の儀式次第では、全て国王の親祭ではなく臣下の代行の形式で規定されているから、少なくとも『高麗史』編纂の時点において、これらの祭祀儀礼に関して、靖宗代以前の記録は存在しなかったと考えられ、実際に初例であった可能性は高いと考えられる。

(52) 韓政洙《ハン・ジョンス》「高麗時代 開京의 祀典整備와 祭祀空間」(『歴史와 現実』六〇、二〇〇六年、ソウル)、前掲注(1)張志蓮「国家의 象徴、太廟와 社稷」、前掲注(5)金昌賢著書等。

(53) 前掲注(11)。特に『開城 高麗宮城——南北共同 発掘調査報告書Ⅰ』の二七四～二八四頁。そのほか張東翼《チャン・ドンイク》「高麗時代의 景霊殿」(『歴史教育論集』四三、二〇〇九年)や洪栄義「高麗 宮闕内 景霊殿의 構造와 運用」(『韓国史論叢』三七、二〇一二年)で論及されている。

(54) たとえば『高麗史』巻一〇世家一〇宣宗五年四月丙申に「以旱甚、王率百寮如南郊再雩」とある。

(55) 『高麗史』巻七世家七文宗六年二月辛巳。

(56) 奥村周司「高麗の圜丘祀天礼について」(『早実研究紀要』二一、一九八七年)、および「高麗の圜丘祀天礼と世界観」(武田幸男編『朝鮮社会の史的展開と東アジア』山川出版社、一九九七年)。また桑野栄治「高麗から李朝初期における円丘壇祭祀の受容と変容——祈雨祭としての機能を中心に」(『朝鮮学報』一六一、一九九六年)でも論及されている。

(57) 『高麗史』巻六一礼志三諸陵の後にまとまって記されている。また金澈雄「高麗時代 太廟와 原廟의 運営」(『国史館論叢』一〇六、二〇〇五年)、崔順権《チェ・スングォン》「高麗前期 五廟制의 運営」(『歴史教育』六六、一九九八年、ソウル)などの論考がある。

(58) 毅宗時、禘祫、太祖東向、恵・文・睿、並南向、為昭、顕・順・宣・粛・仁、並北向、為穆。(『高麗史』巻六一礼志三)とあり、このうち順宗・宣宗・粛宗は兄弟で同昭穆とされるから、三昭三穆となり、太祖を加えた七廟となったことがわかる。七廟を置く体制は少なくとも煕宗代までは維持されている(『高麗史』巻六一礼志三煕宗二年二月・四年一〇月)。

(59) 忠宣王二年九月、太廟五室、東西置夾室、安恵・顕二宗于西室、文・明二宗于東室。(『高麗史』巻六一礼志三)

(60) 『高麗史』巻六二礼志四吉礼中祀 籍田。

(61) 『開元礼』巻四六吉礼 皇帝孟春吉亥享先農耕籍 耕籍。

(62)『政和五礼新儀』巻一二七吉礼 皇帝耕籍儀 耕籍。

(63)『新唐書』巻一四礼楽志四吉礼四耕籍。

(64)『政和五礼新儀』巻一序例 壇壝。ただし『宋史』巻一〇二礼志五籍田に、「雍熙四年、始詔、以来年正月択日有事於東郊行籍田礼、所司詳定儀注、依南郊置五使、除耕地朝陽門七里外、為先農壇、高九尺、四陛、周四十歩、飾以青」とあり、九八七年当初は高さが九尺であったとみられる。

(65)『高麗史』巻六二礼志四吉礼中祀 籍田。

(66)『高麗史』巻六二礼志四吉礼中祀 籍田。

(67)「高麗時代 籍田儀礼의 導入과 運営」(『歴史教育』八三、二〇〇二年、ソウル)。なお氏は同論文で、先農壇の規模は唐宋とほとんど同じ規模であったとしており、また李範稷《イ・ボムジク》『韓国中世 礼思想 研究』(一潮閣、一九九一年、ソウル)八五頁でも、高麗先農壇の全体の設計は唐制と等しいとするが、一辺の長さが五分の三であるから面積は唐制の約三分の一強であり、壇の規模が同じとはいえない。

(68)金基徳《キム・ギドク》「高麗의 諸王制와 皇帝国体制」(『国史館論叢』七八、一九九七年、果川)、秦栄一《チン・ヨンイル》「高麗前期 耽羅国 研究」(『耽羅文化』一六、一九九六年、済州)など。

(69)多元的天下観については盧明鎬《ノ・ミョンホ》「東明王篇과 李奎報의 多元的 天下観」(『震檀学報』八三、一九九七年、ソウル)：同「高麗時代의 多元的 天下観과 海東天子」(『韓国史研究』一〇五、一九九九年、ソウル)：同「高麗 太祖王建 銅像의 皇帝冠服과 造形象徴」(国立中央博物館編『북녘의 文化遺産』二〇〇六年、ソウル)：同『高麗国家와 集団意識』第五章「海東天子의 〝天下〟와 藩」서울大学校出版文化院、二〇〇九年：同『高麗 太祖王建의 銅像』知識産業社、二〇一二年。および朴宰佑《パク・チェウ》「高麗 君主의 国際的 位相」(『韓国史学報』二〇、二〇〇五年、ソウル)、Remco E. Breuker. "Tracing legitimation". *Establishing a Pluralist Society in Medieval Korea, 918–1170.* Leiden: Brill, 2010.など。森平雅彦「朝鮮における王朝の自尊意識と国際関係——高麗の事例を中心に——」(『九州大学二一世紀COEプログラム「東アジアと日本：交流と変容」統括ワークショップ報告書』二〇〇七年)および同「朝鮮中世の国家姿勢と対外関係」(森平雅彦・岩崎義則・高山倫明編『東アジ

ア世界の交流と変容』九州大学出版会、二〇一一年）で整理されている。

(70) 『高麗史』巻二世家二光宗元年正月。

(71) 金基徳前掲注（68）論文、金昌賢前掲注（5）著書二八・一四九・一九〇頁。

(72) 金基徳前掲注（68）論文一六九頁、また金昌賢も「皇城の本来的な機能は高麗国王の皇帝としての位相をあらわすもの」とする（前掲注（5）著書一四九頁）。

(73) 金昌賢前掲注（5）著書一九三頁。

(74) 欲謁霊祠主岳君、時躋絶頂望軒軒、城中万屋如蜂綴、路上千人似蟻奔、靄靄卿雲囲帝闕、葱葱王気擁天門、鵠山形勢龍盤屈、自此皇都固蔕根。

(75) 光宗十一年、改称西都。成宗十四年、称西京留守。穆宗元年、又改鎬京。文宗十六年、復称西京留守官、置京畿四道。（『高麗史』巻五八地理志三西京留守官）

(76) 『高麗史』巻二世家二光宗一四年一二月。なおこのことと関連して、金昌賢氏は、一〇二五年の「原城居頓寺円空国師勝妙塔碑」（許興植編著『韓国金石全文・中世上』亜細亜文化社、一九八四年、ソウル、四六四頁）に「峻豊二年」（九六一年）の年号が見えることから、九六〇年に光宗が高麗独自の「峻豊」年号を建てたとし、開京の「皇都」改称と同年にあわせておこなわれたと考えている。しかし「峻豊」は宋太祖代の年号建隆の避諱であることが今西龍「正豊峻豊等の年号」（『東洋学報』一―一、一九一一年）によってすでに明らかにされている。

(77) 『高麗墓誌銘集成』第四版、二〇〇六年、五八頁。

(78) 『同』三六頁。

(79) 巻一〇「灯夕入闕有感」・巻一三「己巳年灯夕翰林奏呈・文機障子詩」・巻三二「為陵城倅賀羅州大守到官状」・巻三九「春例高灯醮礼文」。

(80) 巻一〇「灯夕入闕有感」。

(81) （顕宗）二年、増修松岳城、築西京皇城。（『高麗史』巻八二兵志二城堡）

（82）『貝塚茂樹著作集第一巻』第一章「朝と闕」、中央公論社、一九七六年、二四頁。
（83）『高麗史』巻一四世家一四睿宗一二年六月癸亥。

第二章　高麗前期の后妃・女官制度

はじめに

高麗后妃に関する研究が活気を帯びてきたのは、最近十年ほどのことである。世子であった忠烈王が世祖クビライの女を妻とし元帝室の駙馬となって以降は、代々の高麗王が元皇族の公主を妻に迎え通婚関係を結んだことが外交・政治上多大な影響を及ぼした。そのため高麗が元の強い政治的影響下に置かれた高麗後期の研究では、高麗に降嫁した元公主に関心が向けられてきたが、それ以前の高麗前期の后妃に関する研究はかなり低調であったと言ってよい。一九八〇年代から鄭容淑《チョン・ヨンスク》氏によって王室の通婚関係に主眼を置いた一連の研究が発表され、しばらくの間、高麗后妃に対する理解は概ね氏の研究成果に依っていた。[1] その後、李貞蘭《イ・ジョンナン》氏によって称号体系に関する研究や、身分の低い妾妃とその所生子女の待遇に関する研究、および后妃府に関する研究などが発表され、[2] 后妃に関連する諸制度の解明が進められた。このようにごく少数の研究者によって担われていた状況は、二〇〇〇年代半ば以降、顕著な拡大を見せる。政界において女性の存在感が増した現代韓国社会の世相を反映するかのように、王母として聴政を行った景宗妃献哀王太后（千秋太后）や宣宗妃思粛太后、あるいは元公主・高麗王妃として政治的活動を行った斉国大長公主らに焦点をあわせた人物史的研究を中心に、后妃の政治関与に関する論及が多くなされてきた。[3] また、高麗后妃の称号について再検討し新羅制の継承を指摘した金昌賢《キム・チャンヒョン》氏の論文[4]と拙論[5]が二〇〇九年に刊行されるなど、議論の集中も見られるようになった。本章の内容はこの二〇〇九年に発表した論文に依るが、初出時に言及できなかった金昌賢氏の見解についても検討を加えつつ論じていきたい。

そもそも女性に関する記事の豊富でない『高麗史』を主要史料とせざるを得ないという制約も影響して、高麗の宮廷女性に関する理解は模糊とした印象を与えがちであった。本章では后妃の称号体系や国王の婚姻形態、および女官制度といった基礎的な制度について正確に把握し、続く三章における后妃関係儀礼の考察、さらには他国との比較を含めた后妃論の展開の一助としたい。

なお、高麗時代を通じて后妃の在り方自体にも当然変化が生じてくるが、特に元公主の登場によって大きな変革がもたらされる。そのため、本章では元宗代までを高麗前期として主な考察の対象とし、変革の前段階を理解することによって、今後通時代的な議論に発展させるための基礎としたい。以後の文中では、后妃の名称は基本的に『高麗史』后妃伝の各后妃の項目の冒頭に挙げられている后妃名を用い、必要があれば適宜別称等について言及していく。

第一節　高麗前期の后妃の称号体系

后妃制度に関するまとまった記事として挙げられるのは、次のA『高麗史』后妃伝の序文とB同書百官志の内職条であろう。

A高麗之制、王母称王太后、嫡称王后、妾称夫人、貴妃・淑妃・徳妃・賢妃是為夫人、秩並正一品。自余尚宮・尚寝・尚食・尚針皆有員次。靖宗以後、或称宮主、或称院主、或称翁主、改復不常、未可詳也。

（『高麗史』巻八八后妃伝一序文）

B内職、国初未有定制、后妃而下以某院某宮夫人為号。顕宗時有尚宮・尚寝・尚食・尚針之職、又有貴妃・淑妃等号。靖宗以後、或称院主・院妃、或称宮主。文宗定官制、貴妃・淑妃・徳妃・賢妃並正一品。〈外命婦……〉忠宣王改宮主為翁主。忠恵以後、後宮女職、尊卑無等、私婢・官妓亦封翁主・宅主。

（『高麗史』巻七七百官志二内職）

Aには「高麗の制度では、王の母は王太后と称し、嫡妻は王后、妾妻は夫人と称した。貴妃・淑妃・徳妃・賢妃が夫人であり、品秩は皆正一品であった。その他の尚宮・尚寝・尚食・尚針は皆員次があった。靖宗以後、ある者は宮主、ある者は院主、ある者は翁主と称した。制度の改変が頻繁で、よくわかっていない」とあり、Bには「内職については、高麗初期には定制がなく、后妃以下は某院夫人・某宮夫人と号した。顕宗の時、尚宮・尚寝・尚食・尚針の職があり、また貴妃・淑妃などの号があった。靖宗以後は、ある者は院主・院妃と称し、ある者は宮主と称した。文宗の官制の制定に際して、貴妃・淑妃・徳妃・賢妃を並びに正一品とした。……忠宣王の時、宮主を翁主に改めた。忠恵王以後、後宮の女職は尊卑の秩序がなくなり、私婢や官妓も翁主や宅主に封ぜられるようになった」という。しかしこれらの記事はともに曖昧さが目立ち、Aで「靖宗代（一〇三四～四六）以後、ある者は宮主、ある者は院主、ある者は翁主と称した」とするのに対し、Bでは「忠宣王（一二九八・一三〇八～一三）の時、宮主を翁主に改めた」とするなど、かみ合わない部分もある。(6) またA・Bとも宮主・院主と称したのは靖宗以後としているが、次のように宮主号の初見は成宗代（九八一～九七）である。

善州人贈侍中元崇之女、初称延興宮主、或称玄徳宮主。

（『高麗史』巻八八后妃伝一成宗 文和王后金氏）

このようにA・Bには矛盾する記述が含まれており、『高麗史』編纂者たちが編纂時に記した見解であることを考えても、これらの記事をそのまま受けいれることはできない。よって以下では必ずしもこれらの記事にとらわれず、関連史料を網羅的に解析しながら后妃の称号体系とその変遷を明らかにしていく。その結果として、むしろA・Bに批判的検討を加えることになろう。なお太祖～元宗の后妃について、各人の父・所生子・称号等を表1に作成した。表の記載順は后妃伝により、内容も多くは后妃伝の記事に基づくが、異なるものは【　】内に典拠を示した。

（一）　王の母と嫡妻の称号

まず王母の称号からみると、Aで「王の母は王太后と称」するとあった通り、表1においても確かに王の生母は王太后となっている。[7] 次に王の嫡妻の称号については、Aでは王后と称した、とされている。しかし、高麗時代の諸史料を通見すると、王后のほかに王妃の称号も用いていたことは明らかである。[8] ここで留意すべきは、王妃・王后の称号は死後に追贈されることも多く、生存中に付された場合とは区別して考察せねばならない点である。『高麗史』后妃伝には王后の称号をもつ后妃が多く記載されているが、死後の追贈によるものが少なくない。生存中に王妃・王后であったか否か、できる限り弁別した上で、以下では、生存中に、すなわち実際に王妃・王后となりその待遇を受けた場合を中心に考察を加える。

まず、王妃・王后の称号の何たるかについて、若干頁を割いて確認しておくことにしたい。中国の史料をみてみると、王妃は、次の『唐会要』にもあるように王の妻を指すのであるから、高麗王の嫡妻が王妃を称するのは中国側から見ても理に適っている。

開元八年五月十八日勅、準令、王妻為妃、文武官及国公妻為国夫人、母加太字、

（『唐会要』巻四七封建雑録下）

では王后はどうであろうか。王后とは『周礼』にいう周王の后であり、後漢以降の中国王朝においては皇帝の妻、つ

表1　太祖～元宗の后妃

※【世】は『高麗史』世家、【智蔡文伝】は『高麗史』智蔡文伝、【節要】は『高麗史節要』の略。

	后妃名	父名	所生子	夫人・主・諸妃号	備　　考
太祖	神恵王后柳氏	天弓			河東郡夫人（後唐冊）
	荘和王后呉氏	多憐君	恵宗		
	神明順成王太后劉氏	兢達	定宗・光宗など ５男２女		
	神静王太后皇甫氏	悌恭	戴宗・大穆王后	明福宮大夫人	
	神成王太后金氏	億廉	安宗		
	貞徳王后柳氏	徳英	文恵・宣義二王后など ４男３女		
	献穆大夫人平氏	俊	１男	献穆大夫人	
	貞穆夫人王氏	景	１女	貞穆夫人	
	東陽院夫人庾氏	黔弼	２男	東陽院夫人	
	粛穆夫人	名必	１男	粛穆夫人	
	天安府院夫人林氏	彦	２男	天安府院夫人	
	興福院夫人洪氏	規	１男１女	興福院夫人	
	後大良院夫人李氏	元		後大良院夫人	
	大溟州院夫人王氏	乂		大溟州院夫人	
	広州院夫人王氏	規		広州院夫人	
	小広州院夫人王氏	規	１男	小広州院夫人	
	東山院夫人朴氏	英規		東山院夫人	
	礼和夫人王氏	柔		礼和夫人	
	大西院夫人金氏	行波		大西院夫人	
	小西院夫人金氏	行波		小西院夫人	
	西殿院夫人			西殿院夫人	
	信州院夫人康氏	起珠	１男	信州院夫人	
	月華院夫人	英章		月華院夫人	
	小黄州院夫人	順行		小黄州院夫人	
	聖茂夫人朴氏	智胤	４男１女	聖茂夫人	
	義城府院夫人洪氏	儒	１男	義城府院夫人	
	月鏡院夫人朴氏	守文		月鏡院夫人	
	夢良院夫人朴氏	守卿		夢良院夫人	
	海良院夫人	宣必		海良院夫人	
恵宗	義和王后林氏	曦	１男２女		
	後広州院夫人王氏	規		後広州院夫人	
	清州院夫人金氏	兢律		清州院夫人	
	宮人哀伊主	連乂	１男１女		

	后妃名	父名	所生子	夫人・主・諸妃号	備　　考
定宗	文恭王后朴氏	英規			
	文成王后朴氏	英規	1男1女		
	清州南院夫人金氏	兢律		清州南院夫人	
光宗	大穆王后皇甫氏	太祖	景宗など2男3女		
	慶和宮夫人林氏	恵宗		慶和宮夫人	
景宗	献粛王后金氏	新羅敬順王			
	献懿王后劉氏	文元大王貞			
	献哀王太后皇甫氏	戴宗	穆宗		穆宗即位、應天啓聖静徳王太后、千秋太后
	献貞王后皇甫氏	戴宗	顕宗（父安宗）		顕宗即位、謚孝粛王太后
	大明宮夫人柳氏	元荘太子		大明宮夫人	
成宗	文徳王后劉氏	光宗			
	文和王后金氏	元崇	元貞王后	延興宮主、玄徳宮主	顕宗20年4月大妃
	延昌宮夫人崔氏	行言	元和王后	延昌宮夫人	
穆宗	宣正王后劉氏	弘徳院君圭			
	宮人金氏	融大			
顕宗	元貞王后金氏	成宗			玄徳王后
	元和王后崔氏	成宗	2女	大明宮主	恒春殿王妃、常春殿王妃 大明王后【智蔡文伝・節要】
	元成太后金氏	殷傅	徳宗・靖宗・仁平王后など2男2女	延慶院主、延慶宮主	7年5月宮人金氏生王子【世】 13年10月冊延慶宮主金氏為王妃【世】 徳宗即位追尊王太后
	元恵太后金氏	殷傅	文宗・孝思王后など2男1女	安福宮主、延徳宮主	16年4月追贈王妃 18年5月加謚平敬王后 文宗追尊太后
	元容王后柳氏	敬章太子			
	元穆王后徐氏	訥		淑妃 興盛宮主	
	元平王后金氏	殷傅	1女		
	元順淑妃金氏	因渭	敬成王后	徳妃、淑妃 景興院主	
	元質貴妃王氏	可道		貴妃	
	貴妃庾氏			貴妃	宮人
	宮人韓氏	藺卿	1男		22年3月以宮人韓氏為尚宮、金氏為尚寝、韓氏為尚食、徐氏為尚針【世】
	宮人李氏	彦述			
	宮人朴氏	温其	1女		

	后妃名	父名	所生子	夫人・主・諸妃号	備　考
徳宗	敬成王后金氏	顕宗			３年２月王后
	敬穆賢妃王氏	可道	１女	賢妃	
	孝思王后金氏	顕宗			
	李氏	稟焉			
	劉氏	寵居			
靖宗	容信王后韓氏	祚	１男	恵妃 延興宮主	元年生子冊為恵妃、後封定信王妃 文宗２年３月謚容信王后
	容懿王后韓氏	祚	３男	麗妃 昌盛宮主、 玄徳宮主	４年４月冊宮人韓氏為麗妃【世】 ６年２月王后
	容穆王后李氏	稟焉	１女	昌盛宮主	昌盛宮主
	容節徳妃金氏	元冲		徳妃 延興宮主	粛宗７年３月追封徳妃、謚容節
	延昌宮主盧氏				
文宗	仁平王后金氏	顕宗			
	仁睿順徳太后李氏	子淵	順宗･宣宗･ 粛宗など 10男４女	延徳宮主	３年９月延徳宮妃生子【世】 ６年２月冊延徳宮主李氏為王妃【世】 宣宗３年２月太后
	仁敬賢妃李氏	子淵	３男２女	淑妃 寿寧宮主	
	仁節賢妃李氏	子淵		崇敬宮主	
	仁穆徳妃金氏	元冲	１女	崇化宮主	
順宗	貞懿王后王氏	平壌公基			
	宣嬉王后金氏	良倹		延福宮主	
	長慶宮主李氏	顥			
宣宗	貞信賢妃李氏	預	敬和王后		
	思粛太后李氏	碩	献宗など １男２女	延和宮主	５年11月賜延和宮元子名昱【世】 ９年４月冊宮人李氏為王妃【世】 献宗即位年６月太后【世】
	元信宮主李氏	頲	１男		元禧宮妃
粛宗	明懿太后柳氏	洪	睿宗など ７男４女	明福宮主、 延徳宮主	２年生子 ４年３月王妃 睿宗即位年10月王太后【世】 ３年１月王太后冊礼【世】

	后妃名	父名	所生子	夫人・主・諸妃号	備　考
睿宗	敬和王后李氏	宣宗		延和宮主	4年7月王妃延和宮主李氏薨【世】
	文敬太后李氏	資謙	仁宗など 1男2女	延徳宮主	睿宗4年生元子 9年12月王妃 仁宗即位追尊文敬王太后
	文貞王后	辰韓侯愉		貴妃	
	淑妃崔氏	湧		淑妃 長信宮主	
仁宗	廃妃李氏	資謙		延徳宮主	4年2月冊王妃李氏為延徳宮主【世】 6月出李資謙女二妃【世】
	廃妃李氏	資謙		福昌院主	
	恭睿太后任氏	元厚	毅宗･明宗･神宗など 5男4女	延徳宮主	5年4月生元子【世】 7年5月王妃【世】 毅宗即位年3月王太后【世】 2年7月王太后冊礼【世】
	宣平王后金氏	璿		延寿宮主	仁宗5年次妃 毅宗時王太妃延寿宮主
毅宗	荘敬王后金氏	江陵公温	孝霊太子祈など 1男3女	興徳宮主	3年4月王妃王氏生元子【世】
	荘宣王后崔氏	端			
明宗	光靖太后金氏	江陵公温	康宗など 1男2女		義静王后 康宗追冊光靖太后
神宗	宣靖太后金氏	江陵公温	熙宗など 2男2女	元妃	熙宗即位年4月王太后【世】 3年3月王太后冊礼【世】
熙宗	成平王后任氏	寧仁侯稹	安恵太后など5男5女	元妃 咸平宮主	7年元妃任氏を王妃咸平宮主と為す
康宗	思平王后李氏	義方	1女		
	元徳太后柳氏	信安侯瑊	高宗	延徳宮主	高宗26年謚元徳太后
高宗	安恵太后柳氏	熙宗	元宗など 2男1女		19年6月王妃王氏薨【世】 元宗元年追尊王太后 忠宣王2年元武宗追封高麗王妃
元宗	順敬太后金氏	若先	忠烈王	賢妃	敬穆賢妃 3年追封静順王后 忠烈王即位追尊順敬太后 忠宣王2年元武宗追封高麗王妃
	慶昌宮主柳氏	新安公佺	2男2女	慶昌宮主	元年王后 忠烈王3年廃

まり皇后を意味する。(9) 例として、唐中宗代（六八四〜七一〇）に南郊祀の挙行に際して起こった礼論に関する記事を、『新唐書』の褚無量伝から引用しておこう。

中宗将南郊、詔定儀典。時祝欽明・郭山惲建言皇后為亜献。無量与太常博士唐紹・蔣欽緒固争、以為郊祀国大事、其折衷莫如周礼、周礼冬至祭天円丘、不以地配、唯始祖為主、亦不以妣配、故后不得与、又大宗伯、凡大祭祀、王后不与、則摂而薦豆籩、徹、是后不応助祭、……惟漢有天地合祭、皇后参享事、末代黷神、事不経見、不可為法、

（『新唐書』巻二〇〇列伝一二五儒学下褚無量）

この時、祝欽明・郭山惲は皇后が南郊祀を助祭すべきであるとしたのに対し、無量らは、『周礼』に則って「后」は参与すべきでないとし、『周礼』大宗伯条を引用して次のように反論した。すなわち「大宗伯の条には、大祭祀に「王后」が参与しなければ、代理を立てて豆籩の進献と撤去をする、とあり、これは「后」が助祭すべきでないことを表している。……なのに漢の時、天地を合祭し「皇后」が祭享に参与したので、末代まで神を冒瀆することになった」（傍線部）と。このように後漢以降の中国では王后とは皇后を意味するのであるから、当然王妃と同義ではなく、中国から見て高麗王の嫡妻の用いるべき称号ではない。

しかし『高麗史』その他の史料に数多く登場するように、高麗では王妃・王后の両方の称号を使用しており、二つの称号は王の嫡妻を示すという点でほぼ同義で用いられていた。この点について、先行研究では混乱があるように見受けられるから、(10) 冗長のきらいもあるが、まず王妃号の意味について、粛宗妃柳氏が王妃に冊立された際の冊文を掲げて確認しておこう。

（粛宗）四年二月、封為王妃。冊曰、……今遣某官某持節、備礼冊命、為王妃、於戯、糸綸降命、俾正位於璇宮、褕翟加儀、永流芳於彤管、教訓斯在、敬慎勿忘。

（『高麗史』巻八八后妃伝一粛宗 明懿太后柳氏）

右の冊文中では、綸言を下して柳氏を璇宮の「正位」たらしむことを宣言しており、かつ「褕翟」（本来皇后が祭祀の際に用いる礼服）が威儀を加えるとあるから、王妃冊立は明らかに高麗王の嫡妻としての立場を付与するものと言える。

一方、王后に冊立する旨の冊文はのこされていないため、右と比較することはできないが、次のような史料が参考になる。一一一二（睿宗七）年に右の柳氏が死去した際、息子である睿宗は「明懿」を追謚して明懿王太后とし、葬儀を行った。このことに対し、仁宗代に活躍した文臣金富儀は「太后の称は、母后の生時に子が母につかえるという意味で用いる称である。『唐書』に、生時には子に従い廟に入れば夫に従う、とあるから、死後は王后と称するべきであり、今、母后が薨じて太后を謚号としたのは非礼である。礼官の過失であろう」と批判している。

八月丙申、葬崇陵。王祖送于闕庭。史臣金富儀曰、太后之称、蓋母后生時子事母之称也。唐書曰、生則従子、入廟従夫。然則死当称王后。今母后薨而謚以太后、非礼也、蓋礼官之失也。（『高麗史節要』巻七睿宗七年）

金富儀の問題意識は、朝廷内での議論に発展することはなかったようで、生前に王太后に冊立された人物が死後王后と改められることはなかったが、この史料から、王の嫡妻の称号として、少なくともすでに死去した者に対しては、王后を用いるべきであるという認識が読み取れる。

ちなみに王后の称号は、死後にのみ用いられるものではない。また、一人の人物に対して王后・王妃の両方の称号を用いることもあった。例えば、李奎報の『東国李相国集』巻三〇には「公主謝王后表」と題される文章が載録されている。これは康宗女寿寧公主が、一二一二年に河源伯との婚姻に際して康宗王妃柳氏に奉った表である。柳氏はこの表文中で「王后殿下」と呼ばれているが、左の『高麗史節要』『高麗史』によって、同年一〇月に延徳宮主に冊封され「王妃延徳宮主」となっていることが確認できる。「公主謝王后表」では、王妃に対し「王后殿下」と指称しているのである。

冬十月、冊王妃柳氏為延徳宮主。

（『高麗史節要』巻一四康宗元年）

宗室信安侯瑊之女、生高宗。康宗元年、冊為延徳宮主。詔曰……今遣某官某持節、備礼冊命爾為王妃延徳宮主。

……

（『高麗史』巻八八后妃伝一康宗 元徳太后柳氏）

また、次のような例もある。宣宗妃思粛太后李氏について、『高麗史』后妃伝では「宣宗が国原公であったときに納れ、王位についたのちに、王妃に冊立した」と記されており、『高麗史節要』では「宣宗が国原公であったときに李預の娘を納れて妃としたがほどなくして死亡し、祭酒李碩の娘（思粛太后）を納れた。献宗を生み、王后に封ぜられた」とある。

仁州人工部尚書碩之女、号延和宮妃。初宣宗為国原公、納之。生献宗及遂安宅主。宣宗即位、冊為王妃、献宗嗣位、尊為太后。

（『高麗史』巻八八后妃伝一宣宗 思粛太后李氏）

（四月）以思粛王后李氏配宣宗廟。初、宣宗為国原公、納李預女為妃、未幾而卒、是為貞信賢妃。又納祭酒李碩女、生献宗、封王后。及献宗即位、尊為太后。

（『高麗史節要』巻七睿宗二年）

思粛太后李氏が献宗を生んだのは一〇八四（宣宗元）年六月のことであり[11]、王妃に冊立されたのは次のように一〇九二（宣宗九）年四月である。

（四月）戊午、冊宮人李氏為王妃。

（『高麗史』巻一〇世家一〇宣宗九年）

その後宣宗が死亡する一〇九四（宣宗一一）年五月までの約二年の間に李氏が王妃から王后に改封されたという記録はなく、『高麗史節要』にいう「封王后」は、すなわち王妃に冊立したことを指すとみられる。

以上のように、生時に王妃あるいは王后と称した人物については、ともに王の嫡妻として待遇されたとみるべきである。ただし、次のように王妃号の後に王后号を追贈した例があること、また中国では王后は皇后を指すことから斟酌すると、おそらく語感に若干の差異があり、王后の称の方がより尊厳をこめて用いられることが多かったのであろう。

亦殷傅之女、生文宗・平壌公基・孝思王后、……十三年六月卒、謚元恵、葬懐陵、十六年四月追贈王妃、十八年五月加謚平敬王后、文宗時尊為太后。

（『高麗史』巻八八后妃伝一顕宗 元恵太后金氏）

右の元恵太后金氏の場合、顕宗一三年に死亡した後、一六年に元恵王妃、一八年に元恵平敬王后とされており、王妃号の後に王后号を追贈されていることが確認される。

また史料中に残されている、当該后妃の生存中に発された冊文は、みな王妃に冊立するという内容のものであって、王后に冊立するという内容を持つものは見当たらない。全ての冊文史料が伝存するわけではないが、生時には王妃の方がより正式な称号であったろうと推測される。

ところで上掲の『唐会要』によれば、高麗国王の母は王太妃という称号を用いるべきであるが、前述のように高麗では王太后という称号を使用していた。王太后というのは、戦国時代秦の前三〇六年に王母の称号として成立・採用されたものである。そして前二二一年に王号を改め皇帝号を採用すると、皇太后の称号が用いられるようになり、漢代以降に踏襲された(12)。つまり、王太后も中国から見れば高麗国王の母の用いるべき称号ではなく、あくまで王太妃とすべきなのである。しかし高麗における使用例をみると、王太妃は王母である王太后とは別個の称号として用いられている。后妃伝の顕宗妃元穆王后徐氏の条には次のような記事がある。

利川人内史令訥之女。顕宗十三年八月、納為淑妃、称興盛宮主、……文宗十一年五月卒、有司奏、礼庶母有子者緦麻三月、興盛宮主無子、上不宜服。制可、輟朝三日、又制興盛宮主火殯訖、令有司瘞骨、置陵、定侍衛員吏及守陵戸・歳時奉祀。中書省奏、伏審乙未十二月判旨、景興院主貴妃依文和大妃例葬、除其陵号、興盛・景興皆是聖考妃、追孝之礼不宜有異、況興盛無後、上既無服、請除陵号及歳時奉祀。制従之、贈謚元穆王后。

（『高麗史』巻八八后妃伝一顕宗 元穆王后徐氏）

元穆王后徐氏は、一〇二二（顕宗一三）年に顕宗に嫁して淑妃となり、興盛宮主と称した。元穆王后というのは諡号であり、生前には王后という嫡妻の称号を得てはいなかったと考えられる。一〇五七（文宗一一）年に彼女が死亡した時、「子の有る庶母ならば緦麻三か月の喪に服すが、興盛宮主は子が無いので王は喪に服すべきでない」（傍線部）といわれているから、死亡時の立場はあくまで顕宗の妾室であることが分かる。そして中書省の奏によって、徐氏の葬は同じく顕宗の庶妃であった景興院主貴妃と同様に行われることになり、陵号や歳時奉祀を付さないことが決められたのであるが、点線部にみえるように、この景興院主貴妃の葬は「文和大妃」の例に依ったものであった。文和大妃というのは成宗の妃の一人であるが、成宗との間に生まれた女が顕宗の王后となり、顕宗朝に王太妃に封ぜられた人物である[13]。つまり王太妃に対する礼遇が、父王の庶妃で死去した者に準用されているのであって、ここから王太妃が、王の母たる王太后よりも格の低い称号であったことがわかる。また次の史料にみえるように、毅宗は父仁宗の「次妃」であった金氏を王太妃に封じている。自らの生母であり仁宗の王妃であった任氏についてはすでに前年に王太后に冊立しており、高麗前期には王太妃は明らかに王太后の下位に置かれている。

（十一月）戊子、尊仁宗次妃金氏、為王太妃延寿宮主。

（『高麗史』巻一七世家一七毅宗二年）

以上の考察から、高麗前期の王后・王妃・王太后・王太妃の称号について次のように整理することができる。王妃・王后はともに王の嫡妻を意味する称号として用いられたが、そのうちおそらく王妃の方がより正式な称号であり、王后の称の方がより尊厳をこめて用いられたと考えられる。また王太妃は、王母である王太后とは明確に地位が異なり、前王の庶妃のうち所生女が王妃になるなどの特別な要件のある者に付された称号であった。よって、王妃と王后が基本的には王の嫡妻という同一の地位を示したのと異なり、王の実母であり前代の王の王妃でもあった王太后と、前王の庶妃に与えられる王太妃の称号との間には格の違いがあった[14]。なぜ高麗王朝前期においてこのような称号の用法がみられるのか、その背景については後に（三）で論じることにしたい。

（二）　妾の称号

高麗国王の妾の称号については、先のA『高麗史』后妃伝序文やB百官志内職条の記述でも混乱が見られたが、高麗后妃に関して先駆的研究を行った鄭容淑氏の論著においても、正確な見解は示されていなかった[15]。これについて確実に理解を進展させたのが李貞蘭氏である[16]。李貞蘭氏は、A・Bで靖宗代以降とされている宮主・院主等の称号が顕宗代（一〇〇九～三一）から本格的に使用されていること、また同じく顕宗代に貴妃・淑妃・徳妃・賢妃の称号が使用されるようになることを指摘し、この時期に后妃の称号体系が変化したことを明らかにした。また、宮主・院主等の称号は、ある宮・院に居し、そこに付属する経済的権利を与えられたことを意味するもので、王妃や宮・院を与えられた王女等にも付された称号であることを指摘し[17]、A・Bで靖宗以降あらわれた妾妃の称号のように記されているのは正確ではないことを示した上で、高麗前期における后妃の称号体系の変化について次のように説明した。穆宗代（九九七～一〇〇九）以前には、庶妃には基本的に「居宮名」＋宮夫人、「出身地名」＋院夫人[18]、「美字二文字」＋夫人の三つのタイプに区分される＊＊夫人という称号が使用され、身分の低い女性の場合には夫人号を用いず宮人と称した[19]。ただし夫人号は王の庶妃のみに用いられたわけではなく、王と婚姻関係にない王女にも用いられた。それが顕宗代以降、各宮・院の主であることを意味する宮主・院主という「主」系列の称号と、貴妃・淑妃など王の妾妃であることを示す「妃」系列の称号の、二つの系列の称号で把握されるようになり[20]、穆宗代以前の宮人に相当する女性については変わらず宮人とした。つまり王妃―庶妃―宮人という后妃間の上下秩序を表す称号と、居処を示す宮主・院主の称号が併用されるようになったのである。

李貞蘭氏の見解は表1と照らし合わせても首肯できるものであり、また、かつて鄭容淑氏が指摘した顕宗以降の国王の婚姻の変化とも対応する。すなわち、顕宗は即位当時、景宗の妃であった献哀王太后が金致陽との間に儲けた子を王位に就けようとして起こった政変に端を発した政治的混乱の渦中にあって王権は不安定であり、かつ顕宗自身も景宗妃献貞王后と安宗郁との間のいわば不義の子であった。そのため即位するに及び、成宗の娘二人と結婚してその女婿としての立場を整えると同時に、光宗から穆宗まで続けられた近親王族を婚姻対象とした族内婚に縛られず、軍事的・政治的実力者や自らの擁立者の娘など有力貴族家門から数多くの異姓后妃を納れた。このことによって后妃の員数が増加し、出身も多様化したことが鄭容淑氏によって論じられているのであるが、右のような后妃の称号体系の改編は、こうした后妃の構成の変化に対応するものと推測される。

顕宗朝以降本格的に使用されるようになった宮主・院主の称号は、居処を冠する点、また宮・院を与えられた王女等、王との婚姻関係のない者にも用いるという点で、穆宗以前の「＊＊宮夫人」の号と通じることが李貞蘭氏によってすでに指摘されている[21]。では、顕宗朝の改編によって使用が開始される貴妃・淑妃・徳妃・賢妃の称号は、何に由来するものであろうか。それは次の唐・宋代の史料を見れば大略明らかである。

貴妃・恵妃・麗妃・華妃各一人、正一品、掌佐皇后論婦礼於内、無所不統。〈唐因隋制、有貴妃・淑妃・徳妃・賢妃各一人、為夫人、正一品。昭儀・昭容・昭媛・脩儀・脩容・脩媛・充儀・充容・充媛各一人、為九嬪、正二品。婕妤九人、正三品。美人四人、正四品。才人五人、正五品。宝林二十七人、正六品。御女二十七人、正七品。采女二十七人、正八品。……龍朔二年、置賛徳二人、正一品。宣儀四人、正二品。承閨五人、正四品。承旨五人、正五品。衛仙六人、正六品。供奉八人、正七品。侍櫛二十人、正八品。侍巾三十人、正九品。咸亨、復旧。開元中、玄宗以后妃四星、一為后、有后而復置四妃、非典法、乃置恵妃・麗妃・華妃、以代三夫人、又置六儀・美人・才人。……其後復置貴妃〉。（『新唐書』巻四七百官志二内官）

まず右の『新唐書』百官志内官条によって唐制の変遷を概観しよう。唐初、皇后の下には、貴妃・淑妃・徳妃・賢妃各一人、その下に嬪、美人、才人、宝林、御女、采女を置いた(22)（傍線部）。そして六六二（龍朔二）年、咸亨年間（六七〇〜三）(23)の改定を経て、玄宗の開元年間（七一三〜四一）に、后妃は「四星」であるのに、后一人がいる上にさらに四人の妃を置いたのでは法に合わないという見解によって、四妃を廃して恵妃・麗妃・華妃の三妃を置き、その下は六儀・美人・才人とした。しかしまたしばらくして貴妃を復置し（点線部）、結局夫人は内官条冒頭の「貴妃・恵妃・麗妃・華妃各一人、正一品」の四妃となった。ちなみに有名な楊貴妃が貴妃となったのが七四五年のことであるから、貴妃は結局開元年間の改定後それほど時を経ずして復置されたことになる。

続けて、『宋会要輯稿』（以下『宋会要』）によって宋代初期の制度まで見ておくと、

宋朝承旧制、皇后之下有貴妃・淑妃・徳妃・賢妃、昭儀・昭容・昭媛・修儀・修容・修媛・充儀・充容・充媛、婕妤、美人、才人。〈旧有宝林・御女・采女、国朝不置〉。（『宋会要』后妃四―一三）

宋朝では当初、貴妃・淑妃・徳妃・賢妃の四夫人、昭儀以下九嬪、および婕妤、美人、才人を置いていたとある。以上の沿革を見れば、高麗顕宗代から使用され始めた貴妃・淑妃・徳妃・賢妃の称号が、唐初あるいは宋初の制度を導入したものであることは一目瞭然である(24)。ただし昭儀以下の嬪や婕妤・美人・才人等は高麗の史料には全く見えず、おそらく后妃全体の規模の違いのために導入しなかったと考えられる。

また**表1**にあるように、靖宗の容信王后韓氏と容懿王后韓氏は、A后妃伝序文やB百官志内職条で全く触れられていなかった「恵妃」「麗妃」という称号を与えられている。二人が恵妃・麗妃に封ぜられたのは、左の后妃伝の史料

に見えるようにそれぞれ一〇三五（靖宗元）・一〇三八（同四）年であり、靖宗代にこれらの称号が用いられたことがわかる。

　靖宗初為平壌君納以為妃、及即位号延興宮主、元年后生子賜名詷、冊為恵妃。

（『高麗史』巻八八后妃伝一靖宗 容信王后韓氏）

　靖宗四年四月、冊為麗妃。

（『高麗史』巻八八后妃伝一靖宗 容懿王后韓氏）

右で概観した唐代における后妃の称号の沿革を参照すれば、この靖宗代に現れた恵妃・麗妃の称号は言うまでもなく玄宗代の改定で置かれた恵妃・麗妃・華妃の一部であり、靖宗代に、玄宗以降の唐制に従って改称したことがわかる[25]。但しこれは定着せず、**表1**に示されているように次の文宗代には再び淑妃・徳妃・賢妃の称号を用い、旧に復している。

ところで、中国の貴妃・淑妃・徳妃・賢妃、あるいは恵妃・麗妃・華妃は、位はみな正一品であったが、次の傍線部に示されたような序列があった。

　妃三人〈正一品、周官三夫人位也。隋依周制、立三夫人。武徳、立四妃。一貴妃、二淑妃、三徳妃、四賢妃、位次后之下。玄宗、以為后妃四星、其一正后、不宜更有四妃、乃改定三妃之位、恵妃一、麗妃二、華妃三。……〉

（『旧唐書』巻四四職官志三内官）

高麗ではどうだったのであろうか。それを明示する史料は少ないが、やはり各妃号の間には序列がもうけられていたとみられる。

　生敬成王后、初称景興院主、顕宗十五年正月冊為徳妃。

（『高麗史』巻八八后妃伝一顕宗 元順淑妃金氏）

　文宗三十六年正月封淑妃。

（『高麗史』巻八八后妃伝一文宗 仁敬賢妃李氏）

　（正月）己亥、制曰、……今将以辰韓公長女・大卿崔湧季女備之内職、有司宜拠礼典定名以聞。礼司請、以王氏為貴妃、崔氏為淑妃。詔可。

（『高麗史』巻一四世家一四睿宗一六年）

右の例を見ると、顕宗妃金氏は一〇二四（顕宗一五）年に徳妃となっているが、后妃伝には元順淑妃金氏の名で掲載されている。よっておそらく一〇二四年以降に（死後の追贈を含めて）淑妃に封ぜられたのであろう。文宗妃李氏の場合も同様に、一〇八二（文宗三六）年に淑妃に封ぜられた後にさらに賢妃に封ぜられたと推測される。であれば、徳妃よりは淑妃が、淑妃よりは賢妃の方が上の称号であると認識されていた可能性が考えられる。また一一二一年には睿宗が辰韓公愉の娘と崔湧の娘を納れるにあたり「礼典」に則ってその称号を定めさせた際、前者を貴妃、後者を淑妃とすることになった。この時参照された「礼典」が何であったのかは不明だが、二人の出自をみれば辰韓公の長女の方が上位とみられ、淑妃よりも貴妃の方が格上の称号であったと推測される。こうした各妃の称号の序列が各王代で共通していたかは不明であり、また中国制の貴妃・淑妃・徳妃・賢妃の順とも一致していなかったようであるが、やはり高麗においても庶妃の称号の間に上下関係があったと考えられる。

以上の考察から、高麗顕宗代の后妃の称号体系の改編は、次のようなものだったといえるだろう。高麗では顕宗代の改編によって、王妃に次ぐ妾妃の称号として、宋初あるいは唐初の后妃の称号体系を参照し貴妃・淑妃・徳妃・賢妃の四妃の称号が導入された。これらの称号の間には、中国制とは順序が異なるが序列がもうけられていたとみられる。そしてこれらの称号とともに、居宮・院とそれに付随する経済特権を王から与えられたことを示す宮主・院主の号が併用されるようになった。

（二）　新羅制の影響

ところで（一）でみたように、高麗前期においては王妃・王后はともに王の嫡妻の称号として用いられ、また王太后は王の母、王太妃は前王の庶妃のうち特別な要件のある者に用いられた称号であった。こうした后妃の称号の用法は、中国の制度とは相容れない要素を含んでいた。また、顕宗代に妾妃の称号が改編される以前に使用されていた国初の夫人号は、王の妻のみが用いていたのではなく、左の公主伝の史料にみえるように王とは婚姻関係にない王女らも用いた。光宗の妃として后妃伝に載せられている慶華宮夫人のほかに、王ではなく他の王族男子の妻となった千秋殿夫人や、明恵夫人・宝華宮夫人も「居宮（殿）名」+宮（殿）夫人、「美字二文字」+夫人の称号を用いていることが確認される。

恵宗三女。慶華宮夫人、義和王后林氏所生、事見后妃伝。
貞憲公主。
明恵夫人、宮人哀伊主所生。
（『高麗史』巻九一公主伝）

光宗三女。千秋殿夫人、大穆王后皇甫氏所生、適千秋殿君。
宝華宮夫人、亦大穆王后所生。
文徳王后、亦大穆王后所生、事見后妃伝。
（『高麗史』巻九一公主伝）

このように高麗において、一見複雑にも感じられ、中国制と比較しても独自的な面を有する后妃の称号体系が用いられたのはなぜであろうか。その由来を明らかにするために、ここで新羅の后妃の称号を検討してみることにしたい。むろん率直にいって、古代の后妃の称号に関する研究においては、史料的な制約を免れ得ない。『三国遺事』であれ『三国史記』であれ、文中で用いられている称号が、当該記事に叙述されている年代に実際に使用されていたものだったのか、あるいは後世の用語で置き換えられたものなのか、明らかにできない場合が多く、かつ后妃の称号が記された金石文史料はごく限られている。新羅時代の王室女性の称号については、金昌賢氏(26)や李炫珠《イ・ヒョンジュ》氏(27)の考察があるが、やはりこの問題をクリアする有効な方法論の提示には至っていない。ただ『三国史記』を中心に史料を通見すれば、李炫珠氏が指摘するように、王の配偶者について、智証王（五〇〇～一四）頃まではほぼ「夫人」号のみを用いて表記しており、加えて中古期の法興王代（五一四～四〇）頃に「妃」号があらわれ、中代に入り武烈王（六五四～六一）・文武王代（六六一～八一）以降は、「王后」「太后」の称号が用いられるようになり「夫人」号とともに使用された、という変遷を大まかながら把握することができる。また、唐によって新羅国王の嫡妻が「王妃」に冊封されたという記事が残るのは孝成王代（七三七～四二）以降であるが、新羅内で「王妃」の称号が使用されたとみられる記事は、遅くともその前の聖徳王代（七〇二～三七）から見えている。

ところで、このうち王后・王妃の称号に対する理解は、金昌賢・李炫珠氏ともに矛盾をはらんだものとなっている。金昌賢氏は「はじめから王后の称号を与えられる場合もあれば、夫人または王妃・妃の号を有していて王后に昇進する場合もあった[28]」と述べているから、王后は王妃の上位であるとみなしているようであり、また李炫珠氏は、「王后の称号は、王の正式なただひとりの配偶者という位相をもつ」とした上で「王后は王妃より位相の高い称号である[29]」と述べる。ただ王妃号について、「少なくとも聖徳王と景徳王代（七四二～六五）には中国的用法の王妃の称号を使用した[30]」とも述べており、少なくとも聖徳王、景徳王代には、ほかの時期と異なり「中国的用法」すなわち新羅国王の嫡妻としての称号として王妃を用いたと考えているようである。

両者が、王后と王妃の間に格の違いを設定した有効な根拠は、左の記事のみである。

三月、納伊湌順元之女為王妃。……六月、冊王妃為王后。

（『三国史記』巻八新羅本紀八聖徳王一九年）

七三一（聖徳王一九）年三月に伊湌順元の娘を納れて王妃とし、六月に彼女を王后に冊立したという。たしかにこの記事から、王妃から王后に昇進したと読み取ることもできるのであるが、そのように理解すると、後続記事の解釈が困難になる。彼女は王后冊立の四年後に死亡しており、その記事は『三国史記』に次のようにあらわれる。

（十二月）炤徳王妃卒。（『三国史記』巻八新羅本紀八聖徳王二三年）

『三国遺事』王暦の記載「後妃占勿王后、諡炤徳、順元角干之女」（新羅第三三聖徳王）によれば、炤徳は彼女の諡号であり、また息子である孝成王の即位記事に「母炤徳王后」（巻九新羅本紀九孝成王）とあるのをみれば、死亡前に王后から王妃に降格されたとも考え難い。要するに、先の王后冊立の記事は、「王妃」という称号を有していた人物を王后に昇格したという内容ではなく、すでに入宮し王の嫡妻としての待遇を受けていた王の妃を正式に王后に冊立したと解釈するのが妥当であろう。王妃は王后の下位ではなく、同様に王の嫡妻を意味すると考えるべきである。

このように解釈すれば、以下の興徳王妃・景文王妃に関する記事も無理なく理解できる。

冬十二月、妃章和夫人卒、追封為定穆王后。……〈章和姓金氏、昭聖王之女也〉。（『三国史記』巻一〇新羅本紀一〇興徳王即位年）

冬十二月、王薨、謚曰興徳、朝廷以遺言合葬章和王妃之陵。（『三国史記』巻一〇新羅本紀一〇興徳王一一年）

興徳王の妃であった章和夫人は、八二六年に死亡して「定穆王后」に追封され、八三六年に興徳王が死去すると王の遺言によって「章和王妃」の陵に合葬された、という。仮に王妃が王后より下位の称号であれば、すでに「定穆王后」の追封を受けている者に対して王妃の称号を用いるのは不自然である。

さらに景文王の妃の場合には、金石文史料も加えて論ずることができる。『三国史記』において夫王の即位記事に「妃金氏寧花夫人」（巻一一新羅本紀一一）と記される景文王の妃は、前王憲安王の娘であり、次のように八六六年には「文懿王妃」に封ぜられた。

春正月、封王考為懿恭大王、母朴氏光和夫人為光懿王太后、夫人金氏為文懿王妃、立王子晸為王太子。

（『三国史記』巻一一新羅本紀一一景文王六年）

その四年後、左の記事にあるように彼女は死去するのであるが、

五月、王妃卒。

（『三国史記』巻一一新羅本紀一一景文王一〇年）

この間の八六八年に、夫王と王女（後の真聖女王）とともに発願し開仙寺に石灯を奉安している。注目されるのは、その石灯に刻された「開仙寺石灯記」に、「文懿皇后」と表記されている点である(31)。

景文大王主・文懿皇后主・大娘主願灯炷、唐咸通九年戊子中春夕継月光、前国子監卿沙干金中庸送上油糧業租三百碩、霊判建立石灯(32)。

もし王妃が王后より下位の称号であれば、王妃に封ぜられていた彼女に対し皇后と呼称するのは不自然であるから、やはり王后と王妃の間に実質的な格の上下が設けられていたとは考えられない。新羅では王后・王妃はともに王の嫡妻の称号として用いられ、中国での用法をふまえれば語感に差があったことは推測されるものの、実質的に同等の称号であり、一人の人物に対し両方の称号を用いて指称しうるものであったと考えるのが妥当である。

このほか、王太后の称号については、見解が相違する余地はない。高麗への影響という視角から、新羅下代の王の母と嫡妻の称号について作成した**表2**をみておこう。『三国史記』の各王代記の冒頭には、多くの場合「母＊＊、妃＊＊」という記述があって各王の母と正妃を記しており、表の「王代記冒頭」という部分はこれに拠っている。その右の欄は、新羅王と唐皇帝による冊封の記事を『三国史記』『旧唐書』から引用したものである。まず、唐皇帝による冊封についてみると、すべて王の母を太妃、正妃を妃としている(33)。これは先に掲げた『唐会要』に「王の妻は妃と為し、母は太字を加える」とあったように、新羅王の母を新羅王太妃、嫡妻を新羅王妃とすることは唐の立場としては当然のことである。一方、新羅王による冊封を見てみると、王母はすべて王太后、正妃は王后あるいは王妃とされている。

以上の王后・王妃の称号に関する考察結果、および王太后号の使用状況から、新羅下代の后妃の称号に関して次のように整理できる。すなわち、王の母には王太后の称号を付与して王太妃とはせず、王の嫡妻には王后または王妃の称号を用いていた。これは先に検討した高麗前期における王太后・王太妃・王后・王妃の称号の用法と一致するものであり、高麗における王后と王妃の称号の混用、および王母の称号としての王太后の使用は、新羅制を受け継いだものと考えられる。

ここでさらに新羅下代における夫人号の使用についても検討しておこう。再び**表2**をみると、例えば昭聖王の正妃金氏の場合、同王二年に「封妃金氏為王后」と王后に封ぜられているのにも関わらず、昭聖王紀の冒頭では「妃金氏桂花夫人」というように夫人という称号を付して記録されており、それは王太后となった哀荘王代の記事でも同じである。また桂花夫人だけでなく**表2**で確認されるほとんどの事例において、王太后や王后・王妃に封ぜられた人物は＊＊夫人の称でも表記されている。こうした状況を見ると、「夫人」とは称号ではなく単に既婚女性を意味しているようにも感じられるが、次の聖徳王代七一二年の記事を参照すれば、新羅において、何らかの要件を満たした高貴な女性に対して付される「夫人」なる称号が存在したことは明らかである。

秋八月、封金庾信妻為夫人。（『三国史記』巻八新羅本紀八聖徳王一一年）

「金庾信の妻を封じて夫人と為す」とあり、金庾信の妻であった武烈王の娘[34]が、夫人に封ぜられたことが記されている。彼女は金庾信の妻であって王の妻ではないから、夫人号の対象が王の妻以外にも及んでいることがわかる[35]。ごく限られた史料に頼らざるを得ないが、右の状況を整合的に理解しようとすれば、新羅下代の「夫人」とは、王の家族に相当することを認められた高貴な女性に与えられた称号とみるのが適当と考えられる。そしてその授与対象は后妃に限定されておらず、王妃や王太后といった后妃のみを対象とした称号とはいわば別系統であったが故に、一人の女性

表2　新羅下代の王母・王妃

		王代記冒頭	新羅冊封記事	唐冊封記事
37宣徳王	母	金氏四炤夫人	尊母金氏為貞懿太后【9宣徳元年】	
	妃	具足夫人	妻為王妃【9宣徳元年】	
38元聖王	母	朴氏継烏夫人	朴氏為昭文太后【10元聖元年2月】	
	妃	金氏		
39昭聖王	母	金氏	追封母金氏為聖穆太后【10昭聖元年8月】	(貞元16年)母申氏為太妃【旧唐199上新羅伝】
	妃	金氏桂花夫人	封妃金氏為王后【10昭聖2年1月】	(貞元16年)妻叔氏為王妃【旧唐199上新羅伝】
40哀荘王	母	金氏桂花夫人	封母金氏為大王后【10哀荘6年1月】	其母叔氏為大妃【10哀荘6年是年】
	妃		妃朴氏為王后【10哀荘6年1月】	妻朴氏為妃【10哀荘6年是年】
41憲徳王	母			
	妃	貴勝夫人		冊妻貞氏為妃【10憲徳元年8月】
42興徳王	母			母朴氏為大妃【10興徳2年1月】
	妃		妃章和夫人卒、追封為定穆王后【10興徳元年12月】	妻朴氏為妃【10興徳2年1月】
43僖康王	母	包道夫人	母朴氏為順成太后【10僖康2年1月】	
	妃	文穆夫人		
44閔哀王	母		母朴氏貴宝夫人為宣懿太后【10閔哀元年1月】	
	妃		妻金氏為允容王后【10閔哀元年1月】	
45神武王	母		母朴氏真矯夫人為憲穆太后【10神武元年】	
	妃			
46文聖王	母	貞継夫人(一云定宗太后)		
	妃			妻朴氏為王妃【11文聖3年7月】
47憲安王	母	照明夫人		
	妃			
48景文王	母	光和(一云光義)夫人	母朴氏光和夫人為光懿王太后【11景文6年1月】	
	妃	金氏寧花夫人	夫人金氏為文懿王妃【11景文6年1月】	
49憲康王	母	文懿王后		
	妃	懿明夫人		
50定康王	母			
	妃			
51真聖王	母			

		王代記冒頭	新羅冊封記事	唐冊封記事
52孝恭王	母	金氏	尊母金氏為義明王太后【12孝恭２年１月】	
	妃			
53神徳王	母	貞和夫人	母為貞和太后【12神徳元年５月】	
	妃	金氏	妃為義成王后【12神徳元年５月】	
54景明王	母	義成王后		
	妃			
55景哀王	母			
	妃			
56敬順王	母	桂娥太后	母為王太后【12敬順元年11月】	
	妃			

【　】内は記事の所在する『三国史記』の巻数と年月。但し昭聖王代の唐冊封記事は『旧唐書』より引用。

が両方の称号を持ち得たのであろうと推測される。

ここで想起されるのが、高麗国初における夫人号の使用法である。先に述べたように、高麗初期の夫人号は王の妻だけでなく王と婚姻関係にない王女にも用いられていた。少数の事例ではあるが、こうした新羅と高麗国初における夫人号の用法を対照すると、おそらく高麗国初の夫人号は新羅制を受け継いだもの、あるいは新羅制の影響を色濃く受けて成立したものであろうと考えられる。これは前述の王太后・王后・王妃の用法の検討から得られた知見と通じ、やはり高麗初期の后妃の称号体系は、ほぼ新羅制を継承したものであったと推定される。

以上の考察によって、高麗前期の后妃の称号体系について次のように把握することができる。すなわち、高麗初期の制度は新羅制をほぼ受け継いでおり、王の母は王太后として王太妃とはせず、王の嫡妻は王后あるいは王妃とした。また「王の家族に相当することを認められた高貴な女性」に付与される夫人という称号が存在し、后妃だけでなく王と婚姻関係にない王女等にも与えられたが、后妃の中では、夫人号を有する女性は夫人号を持たない宮人よりも上位にあった。そして顕宗代の改編を経た後は、王太后・王太妃・王后・王妃の称号の用法はかわらないものの、改編以前の夫人号が消え、妾妃の称号として、宋初あるいは唐初の后妃の称号体系を参照して貴妃・淑妃・徳妃・賢妃が導入された。これら庶妃号の間には上下の差等が付けられていたと考えられ、またそれ以下の后妃に関しては変わらず宮人と呼んだ。この改編によって王妃―庶妃―宮人という后妃としての地位を示す称号の体系ができ、またこれらの称号とともに、居所とそれに付随する経済特権を示す宮主・院主の号を併用するようになった。

よって顕宗朝の改編は、新羅制を色濃く遺した高麗初期の状態から、中国の后妃の称号体系を導入し中国制に近づけたものという性格を有し、同時期の中国制度導入の流れと軌を一にするものである。先に述べたように、顕宗の即位時には政治的混乱とともに国王の婚姻対象が広く貴族家門に拡大され、后妃の構成に変化が生じた。おそらくこうした変化に対応し、増加した后妃の間に明確な秩序を形成し、かつそこに王の意思を反映させることのできるシステムとして整備されたのであろう。

第二節　高麗の女官制度

王に仕える女性として、后妃の他に挙げられるのが女官である。前節での后妃の称号体系に対する考察をふまえ、本節では高麗の女官制度について若干の検討を加え、概要を把握しておきたい。A『高麗史』后妃伝序文には王の妾である貴妃・淑妃・徳妃・賢妃の次に「尚宮・尚寝・尚食・尚針」が挙げられており、またB百官志内職条にも「顕宗の時、尚宮・尚寝・尚食・尚針の職があり、また貴妃・淑妃などの号があった」と記されていた。しかしこれら尚宮・尚寝・尚食・尚針の存在に関しては、鄭容淑氏が「嬪妾に対する称号」としている(36)ほかはほとんど言及されておらず、十分な考察がなされているとはいえない。まず、尚宮・尚寝・尚食・尚針の何たるかを確認するために、やはり中国の女官制度を見ておく必要がある。

『新唐書』巻四七百官志二宮官によれば、唐では女官として尚宮・尚儀・尚服・尚食・尚寝・尚功の六尚の管理下にそれぞれ四司、合せて二十四司があり、二十四司の下にはそれぞれ典官・掌官・女史らが置かれていた。六尚二十四司を簡略に示すと左のようになる。

尚宮 ― 司記・司言・司簿・司闈
尚儀 ― 司籍・司楽・司賓・司賛
尚服 ― 司宝・司衣・司飾・司仗
尚食 ― 司膳・司醞・司薬・司饎
尚寝 ― 司設・司輿・司苑・司灯
尚功 ― 司製・司珍・司綵・司計

さて、これをみると、高麗の「尚宮・尚寝・尚食・尚針」のうち、尚宮・尚寝・尚食はそれぞれ中国の六尚の一として存在していたことがわかる。尚針は中国の六尚の中には見当たらないが、文字からして裁縫関係を掌ったと推測され、尚功局の司製の職掌が「供御の衣服の裁縫を掌る」こと、司綵の職掌が「錦綵・縑帛・糸枲を掌る」ことであることから、[37]尚針は六尚の尚功に近い職だったのではないかと推測される。

また尚宮・尚寝・尚食の他にも、中国の六尚二十四司の官職名と同じものが高麗史料の中に見えている。それらを列挙すると、まず王太后を冊立する儀礼である冊太后儀の儀式次第中には、儀礼の司会の一部を務める尚儀、王太后の導引と冊の授受に携わる尚宮・司言、宝の授受に携わる尚服・司宝が登場する。[38]冊太后儀については次章で扱うのでここでは儀式の内容について言及しないが、儀式中に登場する尚儀・尚宮・司言・尚服・司宝について、『新唐書』

百官志宮官条に記されているそれぞれの職掌を見ると、尚儀は「礼儀の起居」、尚宮は「中宮の導引」、司言は「承勅・宣付」、尚服は「服用に供する采章の数」、司宝は「神宝・受命宝・六宝及び符契」を掌ることとされており、高麗の尚儀・尚宮・司言・尚服・司宝が冊太后儀の中で果たしている役割と合致する。さらに、王太子の婚姻儀礼である王太子納妃儀の儀式次第では司閨・司賓女史がみえており[39]、女史などの下級女官も備えていたと考えられる。先に示した六尚二十四司の構成のうち、一重線で囲んだのは右のように高麗史料中にその名が見えるものであり、点線で囲んだ尚儀・尚服も、司賓・司宝が置かれていたことから存在したと見做しうる。また高麗では尚功がないかわりに尚針が存在したのであるから、結局六尚が置かれていたことになる。各官の員数は中国より小規模であった可能性が高いが、官職の構成は、尚功が尚針とされたこととその下の四司が不明な他は、ほぼ中国の六尚二十四司を受容していたと考えられる。

以上のように高麗では中国から六尚二十四司の女官制度を導入し、尚功を尚針にかえて運営しており、「尚宮・尚寝・尚食・尚針」は六尚の長官の官名であった。これらの女官名が高麗史料上に初めて現われるのは、左の一〇三一年の補任記事である。

三月甲寅、以宮人韓氏為尚宮、金氏為尚寝、韓氏為尚食、徐氏為尚針。（『高麗史』巻五世家五顕宗二二年）

前節で論じてきたように、中国の庶妃の称号を導入した后妃の称号体系の改編が顕宗朝に行われたことを考慮すると、六尚二十四司の導入による女官の整備もやはり顕宗朝に行われた可能性が考えられる。ただ、先に『新唐書』百官志宮官条によって復元した唐制を、『宋会要』后妃四—二三の記事に見える宋の女官体系と比較してみても、女史の人数が若干異なるのみで六尚二十四司の構成は全く同じであり、高麗が唐・宋制のいずれを参照したかは知ることができない。

なお右のように一〇三一年には宮人たちが尚宮以下に充当されているが、次の一〇八六年の記事には、宣宗妃貞信賢妃の父李預の妻王氏等に尚宮以下の内職を授け、王太后の宮官として俸禄を与えたとあり、ここに現われた「尚宮以下内職」は、王の妾妻ではありえない。

春正月己未、以外戚礼部侍郎李預妻王氏等、授尚宮以下内職、為王太后宮官、賜俸有差。

（『高麗史』巻一〇世家一〇宣宗三年）

尚宮・尚寝・尚食・尚針は、少なくとも理念上は職掌が設定された女官であるが、関連史料が儀式次第にほぼ限定される状況では、日常の職務として担っていたのかどうかは判断しがたい。ただ、明らかに王の妾妻ではない女性が補任されている事例が存することからもわかるように、王の妾妻の一部のように扱っているA后妃伝序文の記述は一面的である。

第三節　国王の婚姻形態

第一節（一）で述べたように、対象者の生存中に与えられる場合、王妃・王后はともに王の嫡妻を示す称号であった。故に王后・王妃の称号を持つ后妃が同時に二人以上生存していれば、その夫王は正妻を複数置く多妻婚姻を行っていたことになる。実際、高麗后妃に関する基本史料である『高麗史』后妃伝を概観すると、一人の王に王妃・王后の称号を有する后妃が複数いる場合が多く（表1参照）、一見ほとんどの高麗国王の婚姻は多妻婚姻であったように見受けられる。しかし『高麗史』后妃伝に記された各后妃の称号は、死後に追贈された諡号が多く、生前の地位と待遇に関しては別に検討する必要がある。このように高麗国王の婚姻形態をここで問題とするのは、三章で取り上げる王妃冊立儀礼の対象である王妃がどのような存在であったのかを検討し、かつ高麗における儒教的夫婦観念の受容について見解を得るためである。中国の后妃制度では皇帝の嫡妻は皇后一人、その他は妾とする一夫一妻多妾制であり、このことは儒教の諸経典で夫婦を一体とみなしていることと対応し、当然、儀礼にも反映されている。では、高麗王の婚姻形態についてはどのように把握することができるのか、以下で検討していきたい。

こうした関心から、高麗前期の歴代王の后妃のうち史料中で王妃・王后・王太后の称号を持つ者について、実際に王妃（王后）の地位にあった期間を調べたのが**表3**である。[40] **表3**の后妃名は、『高麗史』后妃伝の各后妃条の冒頭に記されている名称である。**表3**では各后妃について、生存中に王妃に冊封されたか否か確認できないがその可能性がある者については（　）に入れ、生前の王妃冊封を確認できる場合は（　）を付けずに表示した。王妃在位期間がわかる場合はそれを記し、また夫王の廟室に祔廟されたことが確認される后妃には○を付けた。[41]

史料的制約のため、冊立時期や死亡時期を明らかにできない后妃もいるが、そうした可能性の部分を含め、**表3**に基いて高麗王の婚姻形態について結果を整理すると、次のようになる。太祖・定宗・景宗・顕宗・徳宗・靖宗・文宗・順宗・毅宗は同時に二人以上の嫡妻を置く多妻婚姻を行った可能性があり、その他の歴代王に関しては多妻婚姻を行っていないことが確認できた。また、同時に複数の正妻を置いたことを確かめられるのは顕宗のみである。この顕宗の多妻婚姻については『高麗史節要』に次のような記事がある。

（十二月辛未）夜賊又至、侍従・臣僚・宦官・嬪御皆亡匿。唯玄徳・大明両王后・侍女二人・承旨良叶・忠弼等侍。……蔡文請二后、先自北門脱去、

（『高麗史節要』巻三顕宗元年）

即位して間もない一〇〇九年一二月、契丹兵を避けて昌化県に至っていた王一行は、夜賊に襲われ、従っていた侍従・臣僚らはみな逃亡してしまった。その時残ったのは「玄徳・大明両王后」や智蔡文らだけであったという。「玄徳・

表3　王妃の在位期間

	期間	后妃名	父	所生子
太祖		神恵王后柳氏	天弓	
		（荘和王后呉氏）	多憐君	恵宗
		（神明順成王太后劉氏）	兢達	定宗・光宗等５男２女
		○神静王太后皇甫氏	悌恭	戴宗・大穆王后
		（神成王太后金氏）	億廉	安宗
		（貞徳王后柳氏）	徳英	文恵・宣義王后等４男３女
恵宗		○義和王后林氏	曦	１男２女
定宗		○文恭王后朴氏	英規	
		（文成王后朴氏）	英規	１男１女
光宗		○大穆王后皇甫氏	太祖	景宗等２男３女
景宗		○献粛王后金氏	新羅敬順王	
		（献懿王后劉氏）	文元大王貞	
		（献哀王太后皇甫氏）	戴宗	穆宗
		（献貞王后皇甫氏）	戴宗	顕宗（父安宗）
成宗		○文徳王后劉氏	光宗	
穆宗		○宣正王后劉氏	弘徳院君圭	
顕宗	即位年５月～９年４月	元貞王后金氏	成宗	
	元年12月以前～？	元和王后崔氏	成宗	２女
	13年10月～19年７月	○元成太后金氏	殷傅	徳宗・靖宗・仁平王后等２男２女
		（元容王后柳氏）	敬章太子	
		（元平王后金氏）	殷傅	１女
徳宗	３年２月～末	○敬成王后金氏	顕宗	
		（孝思王后金氏）	顕宗	
靖宗	元年３月以降～２年７月	容信王后韓氏	祚	１男
	６年２月～？	容懿王后韓氏	祚	３男
		（容穆王后李氏）	稟焉	１女
文宗		（仁平王后金氏）	顕宗	
	６年２月～末	仁睿順徳太后李氏	子淵	順宗・宣宗・粛宗等10男４女
順宗		（貞懿王后王氏）	平壌公基	
		○宣嬉王后金氏	良倹	
宣宗	９年４月～末	○思粛太后李氏	碩	献宗等１男２女
粛宗	４年３月～末	○明懿太后柳氏	洪	睿宗等７男４女
睿宗	元年６月以降～４年７月	敬和王后李氏	宣宗	
	９年12月～13年９月	文敬太后李氏	資謙	仁宗等１男２女
仁宗	２年８月以降～４年６月	廃妃李氏	資謙	
	７年５月～末	○恭睿太后任氏	元厚	毅宗・明宗・神宗等５男４女
毅宗	３年４月以前～？	荘敬王后金氏	江陵公温	孝霊太子祈等１男３女
		（荘宣王后崔氏）	端	
神宗		宣靖太后金氏	江陵公温	熙宗等２男２女
熙宗	７年４月～末	成平王后任氏	寧仁侯稹	安恵太后等５男５女
康宗	元年10月？～末	元徳太后柳氏	信安侯珹	高宗等２男
高宗	５年４月以降～19年６月	安恵太后柳氏	熙宗	元宗等２男１女
元宗	元年８月～末	慶昌宮主柳氏	新安公佺	２男２女

大明両王后」というのは、元貞王后金氏と元和王后崔氏のことであり(42)、右の傍線部に二人の王后が同時に存在したことが示されている。

表1の如く『高麗史』后妃伝に王后・王妃の称号で記録された后妃が多数列挙されていることを考えれば、同時に複数の嫡妻を置いたことを確認できるのが顕宗のみであることは、意外というべきであろう。ただし、前述のように太祖・定宗・景宗・徳宗・靖宗・文宗・順宗・毅宗には多妻婚姻の可能性があり、やはり顕宗代以外にも複数の嫡妻の置かれた時期が存したであろうと考えられる。というのも、顕宗以降になると王妃冊立の時期を確認できる事例が増えてくるが、そのうち王族出身、特に王女という最高の出自を持つ后妃の場合は、結婚後間もなく王妃となっているのに対して(43)、貴族出身の后妃の場合は、仁宗廃妃李氏（李資謙三女）を除いてみな長男となる男子を生んだ後に王妃に冊封されているからである(44)。おそらく貴族出身后妃の場合は、所生王子の嫡出子としての立場を整えるために王妃に冊立されたのであろう。このような傾向がありながら、王女と貴族出身女性を両方娶るということは、先に王妃に冊立された王族出身后妃に王子が生まれなければ、複数の王妃を置くことになる可能性が了承されているということであり、多妻婚姻が許容されていたと考えられるのである。

しかし一方で、死亡後の礼遇までを視野に入れた場合、高麗国王の婚姻を多妻婚と見做すこともむずかしくなる。確認されるかぎり、各王の廟室に祔される后妃は一名のみであり、またその祔廟に関して次のような史料がある。

睿宗二年四月、王欲以貞信賢妃祔宣宗、諫官奏曰、貞信為国原公妃年月不久、思粛自嬪公府以至践祚内助居多、及太子継統、臨朝称制者三年、献宗遜位于粛宗、乃退居旧宮、終無失徳、宜以思粛升祔。制曰、嫡庶之分不可不別、更詳礼典以聞。

（『高麗史』巻八八后妃伝一宣宗 思粛太后李氏）

睿宗は自らの王妃である敬和王后李氏の母貞信賢妃を宣宗廟に祔廟したいと考えたが、諫官は、宣宗の即位以前から長く連れ添い献宗の母として称制を行った思粛太后を祔廟すべきであると反対した。そこで王は「嫡庶のけじめははっきりとつけなければならない」（傍線部）として、礼典を詳しく調べて報告するように命じている。ここから、祔廟された后妃が嫡妻であり、嫡庶は区別されるものであるという意識が読み取れる。もちろん祔廟というのは死後に行われるものであり、成宗代以降、中国式の宗廟を模倣したことによって、行われるようになった制度である。しかしそれによって、死後にではあるが、一人の正妃を決めなくてはならなくなったこともまた事実である。先に述べたとおり、国王の婚姻は生存時には複数の王妃を置く多妻婚が可能であった。しかし死後には各王に嫡妃一人が定められ、嫡庶が区別されたという点では、完全な多妻婚姻とも言えないものだったのである。

おわりに

以上、本章ではまず高麗前期の后妃の称号体系について顕宗代の改編を主軸としてその前後の制度を詳細に検討し、さらに新羅期まで遡って考察することにより高麗国初の后妃の称号体系が新羅制を大部分継承したものであったことを指摘した。また女官制度に関しても、顕宗朝あるいはそれ以前に中国の六尚二十四司の女官体系が導入されていたことが明らかとなった。こうした状況を踏まえれば、顕宗代以降の后妃や女官といった宮廷女性関連の制度の大枠は、中国のそれに近づいたものであったといえる。ただし中国と比べて員数は小規模であり、また実質的な役割・存在形態等が異なる可能性は高い。

次に、上記の后妃の称号に対する理解を土台とし、高麗王の婚姻形態について考察した。高麗王朝では生前に正妃とならなかった者に対しても死後に王妃・王后号を追贈する例が多々あり、そのため従来の研究では高麗王が嫡妻を複数置く多妻婚姻を代々行ってきたと捉えられてきた。本章では可能な限り生前の冊封と追贈の場合をふるい分けてみることによって次のような結果を得た。太祖～元宗の歴代王二四名のうち、同時に複数の正妃を置いたことが確認できるのは顕宗のみ、その可能性があるのは太祖・定宗・景宗・徳宗・靖宗・文宗・順宗・毅宗の八名で、それ以外の王は同時に複数の嫡妻を置いたことはない。つまり高麗歴代王の婚姻において、多妻婚姻は多数派とはいえず累世的ではなかったが、多妻が許容されているという点で中国と大きく異なり、儒教的夫婦観念が完全に受容されていなかったといえる。やや先取りして述べれば、このことは、三章で取り上げる王妃冊立儀礼の対象である王妃が、中国の皇后のように一夫一妻制によって唯一の嫡妻の立場を保障された存在ではなかったことを意味する。一方、王太后の場合は、王の生母であるから同じ待遇を受ける王室女性は他に存在しない。両者の地位の違いは王朝儀礼の場においてどのようにあらわれていたのであろうか、章を改めて詳察することにしたい。

注

（1）『高麗王室族内婚研究』새문社、一九八八年、ソウル、および『高麗時代의 后妃』民音社、一九九二年、ソウル。

（2）「高麗 后妃의 称号에 関한 考察」（『典農史論』二、一九九六年、ソウル）：「高麗時代의 小君과 国婿」（『韓国史研究』一二二、二〇〇三年、ソウル）：「高麗時代 后妃府에 対한 基礎的検討」（『韓国中世史研究』二〇、二〇〇六年、ソウル）。

（3）権純馨《クォン・スニョン》「元公主 出身 王妃의 政治権力 研究――忠烈王妃 斉国大長公主를 中心으로」（『史学研究』七七、二〇〇五年、ソウル）：申守楨《シン・スジョン》「高麗時代 恭睿太后의 地位와 役割」（『韓国学報』一一九、二〇〇五年、ソウル）：李淑京《イ・スクキョン》「高麗 忠粛王妃 明徳太后의 政治的 役割」（『韓国人物史研究』六、二〇〇六年、ソウル）：李貞蘭「高麗 粛宗妃 明懿太后의 政治的 位相」（『韓国人物史研究』六、二〇〇六年）：李貞蘭「忠宣王妃 薊国大長公主 改嫁運動」（『韓国人物史研究』九、二〇〇八年）：金賢羅《キム・ヒョルラ》「高麗 忠烈王妃 斉国大長公主의 位相과 役割」（『地域과 歴史』二三、二〇〇八年、釜山）：李炯佑《イ・ヒョンウ》「盧国大長公主와 恭愍王의

政治」（『韓国人物史研究』一二、二〇〇九年）：李恵玉《イ・ヘオク》「高麗 后妃의 政治的 位相과 影響力에 대한 再照明」（『歴史와 現実』七一、二〇〇九年）：金甲童《キム・ガプトン》「高麗 太祖妃 神恵王后와 貞州 柳氏」（『韓国人物史研究』一一、二〇〇九年）：金甲童「千秋太后의 実体와 西京 勢力」（『歴史学研究』三八、二〇一〇年、ソウル）：金蘭玉《キム・ナノク》「忠恵王妃 徳寧公主의 政治的 役割과 位相」（『韓国人物史研究』一四、二〇一〇年）：李貞蘭「高麗 宣宗妃 思粛太后와 仁宗妃 恭睿太后」（『韓国人物史研究』一六、二〇一一年）：李貞蘭「週列王妃 斉国大長公主의 冊封과 그 意味」（『韓国人物史研究』一八、二〇一二年）：李貞蘭「高麗 前期 太后의 理念的 地位와 ‘太后権’ 의 根拠」（『史学研究』一一一、二〇一三年）：韓政洙《ハン・ジョンス》「高麗 後期 王室婚과 恭愍王代 后妃 冊封의 意味」（『韓国史研究』一六五、二〇一四年）。

（4）「新羅王室과 高麗王室의 称号」（『韓国古代史研究』五五、二〇〇九年九月、大邱）。

（5）「高麗前期 后妃・女官制度」（『韓国中世史研究』二七、二〇〇九年一〇月、ソウル）。

（6）これに関しては、『高麗史』巻三三世家三三忠宣王即位（一三〇八）年九月己卯にも「命芸文詞伯呉詞等、改諸宮及内僚官名、又改宮主為翁主」とあり、この時に宮主を翁主に改めたとしている。しかし実例を見ると、宮主を一律に翁主にかえたわけではなく、前代の宮主に相当する后妃は院主とし、宮人にあたる者を翁主としたと見られることを李貞蘭氏が指摘している（前掲注〈2〉、一九九六年論文一八九頁）。注（17）に示したように、院主は宮主より格の低い称号と見做される。

（7）恵宗の母荘和王后呉氏については王太后となったことが確認できないが、太祖は武（後の恵宗）に継続の徳を見出しながらも母の身分が低いために嗣位できないのではないかと憂慮したというから（『高麗史』巻八八后妃伝一太祖 荘和王后）、呉氏は出身が問題となって王太后とされなかったのではないかと推測される。

（8）また一部の史料では「皇后」を用いている事例もある。『三国遺事』では新羅敬順王の娘である高麗景宗妃献粛王后を「憲承皇后」（巻二紀異 金傅大王）、また一一一七年の崔継芳の墓誌では粛宗の王妃であった明懿太后柳氏を「皇后」と呼んでいる（任世権《イム・セグォン》・李宇泰《イ・ウテ》編『韓国金石文集成二八』韓国国学振興院、二〇〇三年、図録編八〇頁）。このほか、金昌賢氏が整理されているように（注〈4〉論文二九七～二九八頁）、一〇七五年に成立した『均如伝』中で光宗妃大穆王后皇甫氏を「大穆皇后」「皇后」と表現している例、『高麗史』巻一二七李資謙伝において李資謙が自らの娘である睿宗妃文敬太后李氏を「皇后」と称している例がみられる。これらに加えて、『高麗史』には次のように一一二三年のこととして「皇太后」を「太皇太后」としたという記事も見える。

冬十月丙子、尊皇太后為太皇太后、大赦。

（『高麗史』巻一二世家一二高宗一〇年）

この時期には金との通交は事実上途絶えており、翌年には金年号の使用が停止される。「皇太后」「太皇太后」を正式に尊号として用いたのであれば、正式な封号ではなく尊敬をこめた呼称という解釈の余地が大きい、右の崔継芳墓誌・『均如伝』・『高麗史』李資謙伝にのこされた事例とは区別して考える必要があろう。背景として当時の国際関係を視野に入れるべきかと思われる。高麗前期には、国内において高麗王を皇帝に擬した用語も用いられており、冊封を受けた中国王朝とは別個の独自の天下観が反映されたものと考えられるが、これらの事例も、同様の文脈で理解できる興味深い例である。ただし、史料中で広範に用いられ明らかに称号として定着している王妃・王后とは異なり、ごく限られた事例であり王の嫡妻の称号として公的に使用されていたとはみなされないため、本文では王妃・王后の称号について検討した。

（9）なお前漢期には諸侯王の嫡妻・母に王后・王太后の称号を用いていたが、後漢になると王妃・王太妃に格下されることが、以下の研究で論じられている。保科季子「天子の好逑――漢代の儒教的皇后論――」（『東洋史研究』六一―二、二〇〇二年）、および安永知晃「「漢家の制」と皇后・皇太后――漢代における皇帝支配の確立過程――」（『史林』九八―六、二〇一五年）。

（10）先に掲げた多くの高麗后妃に関する先行研究では、王后と王妃を同格の地位とみなして論じているが明言はしておらず、金昌賢氏は、「（顕宗～元宗代の）王の配偶者は、生存時を基準とすれば、王后は〇～一名、王妃は一～三名程度、多数の宮主、諸妃、院主、宮人などから構成されていた」（『高麗의 女性과 文化』第一章「高麗時代 后妃의 称号와 宮」新書苑、二〇〇七年、三一頁）、あるいは「国王の配偶者の称号は、国王の母・祖母の称号を含めて、高麗初期には王太后―王后―王大妃―王妃―宮人の段階を有していたが、顕宗代に入り夫人が諸妃となって、王太后―王后―王大妃―王妃―諸妃―宮人の段階に変化した」（同五六頁）としている。このような理解になる根拠が明瞭に示されていないものの、少なくとも王后と王妃を全く別の地位として扱っているようである。

（11）『高麗史』巻一〇世家一〇宣宗元年一〇月乙未。

（12）岡安勇「「皇太后」号成立以前の王母について」（『史観』一一二、一九八五年、三九～四二頁）。そして、前掲注（9）で言及したように、前漢期には諸侯王の母が「王太后」の称号を用いていたが、後漢になると「王太妃」に格下される。

（13）善州人贈侍中元崇之女、初称延興宮主、或称玄徳宮主、生貞元《ママ》［元貞］王后、顕宗二十年四月、封為大妃、……后薨謚文和王后。

（『高麗史』巻八八后妃伝一成宗 文和王后金氏）

（14）ゆえに本来ならば、王太妃の称号については次の（二）の項目で扱うべきであるが、行論の便宜上ここに付した。

（15）前掲注（1）著書。『高麗王室族内婚研究』一「『高麗史』后妃伝의 検討」等。氏の見解はほぼ『高麗史』后妃伝と百官志内職条の記述に従ったもので、再検討を必要とすることは言うまでもない。

（16）前掲注（2）一九九六年論文。

（17）ちなみに、左の史料にみえるように、元城太后金氏は靖宗を生んだ後に院号から宮号に改められており、宮主と院主では宮主の方が格上とみられる。

初顕宗南幸、及賊退還至公州、殷傅時為節度使、使后製御衣以進、因納之称延慶院主。九年七月、生靖宗、改院号為宮、遣使賜礼物。

（『高麗史』巻八八后妃伝一顕宗 元城太后金氏）

（18）太祖の后妃の中には、「月鏡」院夫人や「夢良」院夫人のように「出身地名とは思われない言葉」＋院夫人という名称で持つ者もいる。これに関して李貞蘭氏は、その后妃の一族の出身地における豪族的基盤が弱く、出身地名を冠することができなかったのであろうとしている（注〈2〉一九九六年論文一七八頁）。

（19）后妃の中にも夫人号を持つ者とそうでない者がおり、『高麗史』后妃伝を見る限り宮人は后妃として認められうる最下層の存在であったとみられる。しかしこの宮人の位置づけに関しては、不明な点もある。

（四月）己未、有一小君犯禁、台吏折辱之、王不能禁下街衢獄。国制宮人侍幸而有子、則祝髪為僧称為小君。

（『高麗史』巻二六世家二六元宗六年）

右の一二六五年の史料では宮人の子は出家させることになっていたといい、宮人の所生子は王位継承から隔離されていたとみられる。しかし、次のように徳宗（幼名欽）は元成太后金氏が宮人であった一〇一六年に生んだ子であり、彼が出家した形跡はない。

　五月乙巳、宮人金氏生王子、賜名欽、仍賜延慶院金銀器・匹段・田荘・奴婢・塩盆・魚梁。
　（『高麗史』巻四世家四顕宗七年）

また宣宗妃であった思粛太后李氏の場合、次のように一〇九二年に宮人から直に王妃となっている。

　（四月）戊午、冊宮人李氏為王妃。
　（『高麗史』巻一〇世家一〇宣宗九年）

このように少なくとも一一世紀頃までは宮人の子は王位継承から隔絶されていなかったし、宮人も王妃になり得たのであるから、これ以降元宗代に至るまでの間に宮人の立場が変化したと考えるのが妥当であろうが、詳細に論じることは難しい。李貞蘭氏も前掲注（2）二〇〇三年論文で宮人とその所生子の待遇について論じているが、この点について明確な見解を提示してはいない。

(20) 前掲注（13）の史料で示されているように、宮主の号は成宗代から使用されているが、**表1**に見られる通り、成宗代には「延昌宮夫人」崔氏のように＊＊宮夫人の号も用いられている。こうした夫人号が使用されなくなるのは顕宗以後であり、成宗代の宮夫人・宮主号の混在はいわゆる過渡期的状況として理解できよう。

(21) 前掲注（2）一九九六年論文一八〇頁。

(22) ただし、同条で「隋制によって」貴妃・淑妃・徳妃・賢妃の四妃を置いた、としているのは適切な表現ではない。『旧唐書』巻五一后妃伝上序言でも「隋制によって皇后の下に貴妃・淑妃・徳妃・賢妃各一人を置いた」と記しているが、同じく『旧唐書』の巻四四職官志三内官条には「隋は周制によって三夫人を立てたが、唐初の武徳年間（六一八～二六）に貴妃・淑妃・徳妃・賢妃の四妃を置いた」とある。これについて『隋書』巻三六后妃伝序言をみると「煬帝の時、……貴妃・淑妃・徳妃を三夫人とした」とあり、隋制では周官の三夫人に相当するものとして貴妃・淑妃・徳妃を置いたことがわかる。よって、唐では隋制を踏襲して貴妃・淑妃・徳妃の称号を用いる事とし、武徳年間に賢妃の称号を加えて四妃とした、と解釈すべきであろう。

(23) 『旧唐書』巻五一后妃伝上序言によれば六七一（咸亨二）年である。

(24) このように高麗の后妃の称号として見える貴妃・淑妃・徳妃・賢妃が中国の制度を模倣したものであることは、既に山内弘一氏がB『高麗史』百官志内職条の「文宗定官制、貴妃・淑妃・徳妃・賢妃並正一品」によって「貴妃、淑妃、徳妃、賢妃の品秩は皆正一品というのは、実は中国、唐の制度を取り入れたものと考えられ、その時期が文宗時代とすると……」（「李朝儒教社会の形成――一夫一妻制の定着過程をめぐって――」〈『ソフィア』三九―二、一九九〇年〉、六三頁）と指摘しているところである。ただ、本文で論じてきたようにこれら中国の庶妃の称号の導入はやはり顕宗代とみられ、また唐・宋代における后妃の称号体系の変遷をふまえれば、必ずしも唐制を取り入れたとは言えず、唐初あるいは宋初の制度を導入したと見るべきであると考える。

(25) なお左の記事にあるように、靖宗の容節徳妃金氏が徳妃に封ぜられたのは一一〇二（粛宗七）年であり、靖宗朝の冊封ではない。

粛宗七年三月卒、王降弔慰教書追封徳妃、諡容節。（『高麗史』巻八八后妃伝一靖宗 容節徳妃金氏）

(26) 前掲注（4）論文。

(27) 博士論文「新羅 王室女性의 称号変遷 研究」（成均館大学校大学院、二〇一四年）。なお一部はすでに以下の学術誌に掲載されている。「新羅 中古時期 王室女性의 称号――〈蔚州川前里書石〉銘文을 中心으로――」（『新羅史学報』二七、二〇一三年）:「新羅 中代 王后의 冊封과 位相 定立」（『歴史와 現実』九五、二〇一五年）:「新羅 中代 孝成王代 恵明王后와 正妃의 位相」（『韓国古代史探究』二一、二〇一五年）。

(28) 前掲注（4）論文二八四頁。ただ、「およそ新羅の君主の配匹は、智証王頃までは夫人とよばれ、法興王頃から統一以前までは夫人・妃・王妃、統一以後は夫人・妃・王妃・王后などと称され、下代には皇后と呼ばれたりもした」（二八六頁）とも述べており、必ずしも各称号間の区別を明確にはしていない。

(29) 前掲注（27）博士論文一六八・一五九頁。

(30) 前掲注（27）「新羅 中代 王后의 冊封과 位相 定立」二四五頁。

(31) ちなみに、『三国遺事』王暦にも息子である憲康王の項に「母文資皇后」（新羅第四十九憲康王）とあらわれ、一方、『三国史記』の憲康王の即位記事には「母文懿王后」（巻一一新羅本紀一一憲康王）と記される。新羅王の妃を「皇后」と表した例は、『三国史記』にはみられないが、『三国遺事』にはこれ以外にも閔哀王の妃を「无容皇后」（巻一王暦 新羅第四十四閔哀王）、智証王の妻を「皇后」（巻一紀異 智哲老王）、武烈王の妃を「文明皇后」（巻一紀異 太宗春秋公・巻二駕洛国記）と表した記事が見られるほか、金官伽耶の始祖首露王の妻を「許皇后」（王暦 駕洛国第二居登王・巻二駕洛国記・巻三塔像金官城婆娑石塔）と表記している。むろん、『三国遺事』の智哲老王条に「封じて皇后と為す」とあるからといって、智証王代に皇后の称号を用いていたとはみなされないが、本文に挙げたように金石文で同時代の使用が確認できる事例もある。『三国史記』には全くあらわれず、正式な称号として使用されていたとは考えられないが、尊崇をこめた呼称として皇后を用いることもあったのであろう。注（8）に言及したように、高麗前期の王妃に対しても「皇后」と呼んだ例が確認されるから、用法の連続性を想定することも不可能ではあるまい。

(32) 許興植《ホ・フンシク》編著『韓国金石全文（古代）』亜細亜文化社、一九八四年。

(33) これらの王母・正妃の冊封に関する唐側の史料（『旧唐書』・『新唐書』・『唐会要』・『冊府元亀』）と、『三国史記』の記事とでは各人の姓が符合しないという問題もあるが（末松保和『末松保和朝鮮史著作集一 新羅の政治と社会〈上〉』吉川弘文館、一九九五年、一七二〜一七五頁）、唐による冊封で王太妃・王妃の称号を用いていることは一貫している。

(34)『三国史記』巻四三列伝三金庾信下など。

(35) 李炫珠氏は、「夫人」を「真骨貴族の配偶者」の称号とみているが（前掲注〈27〉博士論文一六九頁）、真骨貴族の配偶者に限定する根拠は十分ではない。

(36)『高麗王室族内婚研究』第一章「『高麗史』后妃伝의 検討」二八頁。これ以外の先行研究では、李水珍《イ・スジン》氏が論文「高麗時代의 女性官人」（『釜山女大史学』一〇・一一合輯、一九九三年、釜山、一六一頁）で論及している。しかし、例えば左の『高麗史』食貨志田柴科条にある「尚食食医」を「尚食、食医」と解釈し、女官の尚食が第十五科の科田二十五結を支給されていたとしてこれを下級女官とみなしているが、尚食食医は左記の百官志にあるように尚食局の正九品官で男性の官人である。このように氏の論文ではかなりの混乱がみられ、また中国制度との照合を行っていない点は鄭容淑氏と同様である。

文宗三十年、更定両班田柴科、……第十五科田二十五結〈都染雑織、都校掌牲、守宮、司儀、典獄、良醞丞、司稟、司庫、太史、司辰、司暦、監候、尚食食医、律学助教、書学・算学・司天博士、大医医正……〉。（『高麗史』巻七八食貨志一田制 田柴科）

司膳署、掌供膳羞。穆宗朝有尚食局、奉御、直長、食医。文宗定、奉御一人秩正六品、直長二人正七品、食医二人正九品、（『高麗史』巻七七百官志二司膳署）

(37)『新唐書』巻四七百官志二宮官 尚功局。

(38)『高麗史』巻六五礼志七嘉礼 冊太后儀。

(39)『高麗史』巻六六礼志八嘉礼 王太子納妃儀より関連する部分を示すと次の通りである。

妃入内。是日、……妃氏升穏輿上鑰以出、行至麗正宮中門内、下鑰降輿、儀衛止於門外、司閨引妃氏入次、扇燭量人従入、少頃王太子出殿庭、司閨引妃氏出次、王太子在東西向、妃氏在西東向、俛伏興各自階升殿相対、又倶俛伏興、司閨前引妃氏、自西入寝筵、……

恭譲王三年四月丙寅、定世子妃朝謁儀、妃夙興斎沐備儀、詣闕、王便服王妃盛服坐殿、女史引妃、侍女奉棗腵脩笄以従、妃入再拝、司賓女史引升殿、進笄降又再拝、宦者酌酒以進、妃啐酒再拝、女史引妃出、……

唐制では司闈は「諸閤の管鑰を掌る」ことになっているが（『新唐書』巻四七百官二宮官 尚宮局 司闈）、右の王太子納妃儀の妃入内の場面（点線部）では、王太子妃が鑰（かぎ）を持って麗正宮（王太子の宮殿）に入宮していることから、これに関係して司閨（閨と闈はともに、宮中の小門や婦人の居処を意味する）が登場しているものとみられる。また、司賓女史が見えるのは一三九一（恭譲王三）年の記事であるが、顕宗代から六尚が存在していた以上、司賓女史も置かれていた可能性は高い。

(40)王太后はほとんどの場合、所生子が即位して王太后に封ぜられる以前に夫王の王妃（王后）に封ぜられている。なお、献宗と明宗は在位中に王妃を置かなかったため表に入れていない。

(41)以下の点について表の補足説明をしておく。まず太祖の場合、祔廟されたのは神静王太后皇甫氏であるが（『高麗史』巻六一礼志三諸陵 顕宗末年六月癸巳）、神恵王后柳氏は後唐から高麗国王妻として冊封されており、かつ太祖陵に祔葬されている（『高麗史』巻八八后妃伝一本人条）。太祖廟に祔廟された后妃は、成宗代に太廟が成立してから定められたであろうから、成宗の父方の祖母である神静王太后が祔廟されたのはおそらく成宗代の判断であり、太祖代頃に正妻の扱いを受けていたのは神恵王后であろうと考えられる。

靖宗の容信王后韓氏については、『高麗史』世家六巻六靖宗二年七月庚子に「恵妃韓氏薨」という死亡記事があるが、『高麗史』巻八八后妃伝一本人条には「冊為恵妃、後封定信王妃、二年七月薨、八月葬玄陵。文宗二年三月追謚容信王后」とあり、かつ『高麗史』巻七世家七文宗二年三月癸卯条に「尊靖宗定信王妃、為容信王后」とあるため、死亡前に王妃になっていたと考えた。

また、后妃伝には王后・王太后の称号で記載されているが、生前には王妃の地位になかったと考えられるため表にあげていない后妃が七名いる。以下にそうみなした理由を簡略に述べておく。

（一）成宗妃文和王后金氏…『高麗史』巻八八后妃伝一本人条に「顕宗二十年四月封為大妃。……后薨謚文和王后」とある。本文七〇～七一頁で論じたように、金氏が封ぜられた王太妃の礼遇は、後に顕宗の庶妃の葬儀の際に準用されており、金氏が成宗代には庶妃の立場であったことがわかる。

（二）顕宗妃元恵太后金氏…『高麗史』巻八八后妃伝一本人条に「（顕宗）十六年四月追贈王妃」とある。

（三）顕宗妃元穆王后徐氏…（一）参照。

（四）睿宗妃文貞王后…『高麗史』巻八八后妃伝一本人条に「仁宗七年封貴妃、十六年薨……謚文貞王后」とある。睿宗の次の仁宗代にも貴妃という庶妃の立場であるから、睿宗代に王妃でなかったことは明らかである。

（五）仁宗妃宣平王后金氏…『高麗史』巻八八后妃伝一本人条に「仁宗五年納為次妃、毅宗尊為王太妃延寿宮主、明宗九年卒謚宣平王后」とあり、毅宗代に王太妃に封ぜられている。（一）参照。

（六）康宗妃思平王后李氏…明宗四年三月に太子妃となったが、同年に父李義方が殺害され、黜出される（『高麗史』巻一二八叛逆伝李義方）。

（七）元宗妃順敬太后金氏…元宗が王太子であった時に結婚し、高宗三一年以前に死亡している（『高麗史』巻二三世家二三高宗三一年二月丁丑）。

（42）『高麗史』巻八八后妃伝一元貞王后金氏に「称玄徳王后、元年王避契丹兵南幸、后従行」とある。元和王后崔氏が大明王后と呼ばれていたことを直接示す記事はないが、史料上、元貞・元和王后の他に顕宗元年以前に顕宗と結婚した人物は見当たらず、后妃伝にも二人が王の南幸に従行したことが記されているため、元和王后＝大明王后と考えて問題ない。

（43）顕宗妃元貞王后金氏および元和王后崔氏・徳宗妃敬成王后金氏・睿宗妃敬和王后李氏がこれである。元貞王后金氏は『高麗史』巻八八后妃伝一本人条に「顕宗即位、納為后、称玄徳王后」とあるように結婚と同時に王后になっており、元和王后崔氏も同じく「初称恒春殿王妃」というように結婚当初から王妃であった。敬成王后金氏も『高麗史』巻八八后妃伝一本人条に「（徳宗）三年二月、納為王后」とあって結婚と同時に王后になっている。敬和王后李氏は正確な王妃冊封時期はわからないものの、睿宗元年六月に結婚し、四年七月の死亡記事に「王妃延和宮主李氏薨」（『高麗史』巻一三世家一三睿宗四年七月壬申）とあるので、これ以前に王妃になったことがわかる。

（44）顕宗妃元成太后金氏・靖宗妃容信王后韓氏・文宗妃仁睿順徳太后李氏・宣宗妃思粛太后李氏・粛宗妃明懿太后柳氏・睿宗妃文敬太后李氏・仁宗妃恭睿太后任氏。元成太后金氏は顕宗七年五月に後の徳宗、容信王后韓氏は靖宗元年一月に王子詞、仁睿順徳太后李氏は文宗元年一二月に順宗、思粛太后李氏は宣宗元年六月に献宗、明懿太后柳氏は文宗三三年一月に睿宗、文敬太后李氏は睿宗四年一〇月に仁宗、恭睿太后任氏は仁宗五年四月に毅宗を生んでいる。

第三章　高麗前期の冊立儀礼と后妃

はじめに

本章では、二章で得られた高麗の后妃制度および国王の婚姻形態に対する理解を土台とし、后妃の冊立儀礼を題材として取り上げ、高麗王朝における中国儀礼の導入様相、および高麗儀礼に表れた后妃の地位について考察を加えていくことにしたい。具体的には王の母である王太后と嫡妻である王妃を冊立する儀礼、すなわち冊太后儀と冊王妃儀を取り上げる。両儀礼の分析を通じて、高麗における中国儀礼導入の時期や背景、また王権の重要な構成要素である王妃と王太后の地位がどのようなものであったか考察できるからである。(1)

さて、『高麗史』礼志所載の儀式次第は大部分が毅宗朝の一二世紀半ばに成立した『詳定古今礼』に依拠していることはすでに序章で述べたが、本章で扱う冊太后儀と冊王妃儀についても、登場する殿舎の名称や官職名等から判断して、その儀式次第はやはり毅宗朝頃の儀礼を反映していると考えられ、『詳定古今礼』によっているとみてよい。さらにやや先走って述べてしまえば、史料上、高麗における冊王妃儀の初見は一〇四二年、冊太后儀の初見は一〇八六年である。そして周知のように忠烈王以降、代々の高麗王は元公主と婚姻関係を結び、それによって高麗の后妃のあり方には大きな変化がもたらされることになる。本章との関連で言えば、元公主に対しては、その生存中に高麗王が王妃に冊立することがなかったため、必然的にそれまでのような冊王妃儀が行われなくなったことが挙げられる。

結局、冊王妃儀が復活するのは恭譲王の順妃盧氏を中宮とした一三九一年のことであり[2]、冊太后儀に関しても、恭愍王の一三七二年に王母洪氏を王太后とした冊礼が行われるまで長らく挙行されていない[3]。よってひとまず両儀礼が継続して行われたとみられる一一世紀以降事元期以前を考察の対象とし、論じていくことにしたい。

第一節　中国儀礼との比較を通じて見た高麗冊王妃儀の特徴

（一）　高麗の冊王妃儀と中国の冊皇后儀

高麗王朝では儀制を整えるにあたって、唐・宋制を参考にしていたとみられ、冊王妃儀を分析するにつけても、当然これらの影響関係を念頭におかなくてはならない。まず具体的にどのような影響を受けていると見られるか、中国儀礼と比較しながら検討していくこととするが、それでは中国側の比較対象を何に求めたらよいだろうか。

当該期の中国における礼典編纂の沿革を概観しておくと、唐七三二年に完成した『開元礼』以降、宋代に入って『開元礼』をもとにした建国初期の制度である『開宝通礼』（九七一年成立）、それに続いて、実際の行礼に際して作られた儀注や関連記録を整理・載録した『礼閣新編』（一〇二七年成立、一〇二一年までの記事を載録）や『太常新礼』（一〇四四年成立、一〇四三年までの記事を載録）などが編纂され、一〇六五年には『開宝通礼』を基として宋初以来の沿革を記した『太常因革礼』が成った。そして一一一三年には北宋の礼制の集大成ともいうべき『政和五礼新儀』が頒行されている[4]。しかし『開宝通礼』『礼閣新編』『太常新礼』はいずれも散逸しており、『太常因革礼』も冊王妃儀に対応すると考えられる「冊命皇后儀」の部分が欠巻となっているため、高麗冊王妃儀との比較にあたって礼典として参照できるのは『開元礼』と『政和五礼新儀』であり、これに加えて『宋史』『宋会要』等に残された儀注や関連記事をみていくことになる。

そこで実際、『開元礼』の臨軒冊命皇后儀（以下、冊皇后儀とよぶ）と『政和五礼新儀』の冊皇后儀を照らし合わせてみると、この間にほとんど差異はなく、『開元礼』の冊皇后儀は宋代に受け継がれているといってよい。[5]『高麗史』礼志の依拠する『詳定古今礼』が毅宗朝に編纂されたことを考えれば、成立年代が近いのは『政和五礼新儀』の方であるが、『開元礼』と『開宝通礼』は『高麗史』にもその名が見えており、礼制整備に用いられたとみられるのに対し、[6]『政和五礼新儀』に関しては高麗史料にあらわれず、それを確認することができない。またはじめに述べたように、史料上、高麗における冊王妃儀の初見は左の一〇四二年の記事である。

（靖宗）八年三月戊申、尚書礼部奏、今四月当行禘祫、而二十一日将行王后冊封礼、其禘祫請行摂事。内史門下奏、禘祫固有定期、封冊自可従宜、請先行禘礼。従之。（『高麗史』巻六一礼志三）

右の記事によれば、一〇四二年四月二一日に王妃冊封の儀礼を行う予定であったが、同月に宗廟を祀る禘礼も行われることになっていたため、内史門下省の上奏により禘礼の挙行が優先されたという。ただし、この時の王妃冊封の儀礼が結局どうなったのかは史料にあらわれず不明である。冊王妃儀の挙行が確認される最も早い記事は、次の一〇五二年の文宗妃李氏の冊礼の記事になる。

文宗六年二月、封為王妃。冊曰……、令遣使某官某持節備礼冊為王妃。（『高麗史』巻八八后妃伝一文宗 仁睿順徳太后李氏）

右の史料より、李氏を王妃に冊封するにあたって、冊が発せられ、節を携え、[7]礼を整えて冊封使が遣わされたことがわかる。冊王妃儀の具体的な行礼記事は残されておらず、右の記録をもって礼志に載せられているような王妃冊立の儀が行われたかどうか判断するのは心許無いが、少なくとも礼を整え、節を持たせて冊封の使を発遣する、中国制の影響を受けた冊立儀礼が行われたことは示されている。一〇五二年の時点では『政和五礼新儀』は存在しておらず、それを高麗が参照することはできず、また散逸した『開宝通礼』は『開元礼』を踏襲していたとされるから[8]、以下では『開元礼』冊皇后儀をもって高麗との比較の対象とする。

『高麗史』礼志と『開元礼』は、冊王妃儀と冊皇后儀について、それぞれ次のような構成で記している（表1）。両者を比較してみると、明らかに全体の流れが似通っており、やはり高麗の冊王妃儀は中国の冊皇后儀を参照し土台にして作られたと考えられる。ただしここで注意しておかなければならないのは、儀式次第をそのまま引き写した、というような参照の仕方ではないということである。双方の儀式次第では部分的に同じ表現が使われている箇所もあるが、大部分はそうではない。例として一部を示すと、次のようである。

『高麗史』礼志冊王妃儀　②臨軒発冊

　冊日、有司陳仗衛於殿庭内外、如常儀。

『開元礼』冊皇后儀　❷臨軒命使

　其日、諸衛勒所部列黄麾大仗、如常儀。

これは双方とも、王［皇帝］が冊使を発遣する儀である②臨軒発冊［❷臨軒命使］に先立ち、儀衛を配置することを記した部分であるが、全く同じ字句が使われているわけではなく、やや表現が異なっている。『高麗史』巻六七礼志九に載せられた明の宮闕を遙拝する儀礼（元正冬至上国聖寿節望闕賀儀）に関しては、高麗末期に明帝より与えられた「本国朝賀儀注一冊」に則って創出されたものであり、現存する『大明集礼』所収「蕃国正旦冬至聖寿率衆官望闕行礼儀注」と儀式次第の文自体酷似することが、すでに桑野栄治氏によって指摘されているが[9]、冊王妃儀の場合は、そのような導入の仕方はされていない[10]。

表1　『高麗史』礼志 冊王妃儀・『開元礼』冊皇后儀の構成

『高麗史』礼志冊王妃儀（巻六五）	『開元礼』臨軒冊命皇后儀（巻九三・九四・一〇五）
①告太廟・別廟・景霊殿…有司があらかじめ国王の祖先の霊等に王妃冊立を報告する。	❶卜日・告圜丘・告方澤・告太廟…日取りを選定し、天や祖先の霊に報告する。
②臨軒発冊…王が大観殿に出御、百官の前で王妃冊封を詔し、詔書・冊書・璽綬を冊使に授けて王妃宮に発遣。	❷臨軒命使…皇帝が出御し、皇后を冊封する冊使を発遣する。
③宮庭受冊…冊使が王妃宮に至り、王妃に冊封する旨を伝え、詔書・冊書・璽綬を伝授する。	❸皇后受冊…冊使が皇后正殿に至り、冊文や琮璽綬等を伝授する。（内外命婦の賀が含まれている）。
④会賓…③の後、王妃宮において冊使らを饗応する。この宴には王から勧花使らが遣わされ、花や酒が下賜される。	❹皇后受群官賀…皇后が群臣の賀を受ける。
⑤附表…王に冊封や花酒を感謝する表を冊使・勧花使に渡し、冊使らが本闕に帰還する。	❺皇后表謝…皇后が皇帝に冊封を感謝する書を発する。 ❻朝皇太后…皇后が皇太后に見える。 ❼皇帝会群臣…皇帝が群臣を宴す。
⑥百官朝賀…翌日、大観殿において百官が王妃冊封を賀す。	❽群臣上礼…群臣が皇后冊封を賀す。 ❾皇后会外命婦…皇后が外命婦を宴す。
⑦王妃受百官朝賀…⑥の後、百官が王妃殿門外で冊封を賀す。	❿皇后廟見…皇后が廟に参詣する。
⑧王会群臣…王が群臣を宴す。	

また、同じく冊使発遣の儀から、参列する官人や冊使が入場する手順を見ておきたい。

『高麗史』礼志冊王妃儀　②臨軒発冊

(1)量時刻、宰臣枢密以下文武百官・冊使副及応行礼官、各服朝服、倶就大観殿門外位、以俟。……(2)閣《ママ》〔閤〕門各引宰臣枢密文武百官入、就聞辞位。……王服黄袍、至殿。……(3)通事舎人引冊使副以下行礼官、初入門。楽作、入就拝位、北向立、楽止。

高麗の冊王妃儀では、(1)「宰臣枢密以下文武百官・冊使副及応行礼官」がみな大観殿[11]門外に待機し、そこからまず(2)百官が入門し、王が出御した後に、(3)冊使以下行礼官が入門する、とある。一方『開元礼』では次のようである。

『開元礼』冊皇后儀　❷臨軒命使

(1)群官等依時刻集朝堂、倶就次。各服朝服。通事舎人各引、就朝堂前位。……(2)通事舎人引群官入、就位。(3)又引冊使入立於太極殿中門外道東西面、黄門侍郎引主節奉節立於左延明門内道北。中書侍郎帥令史奉冊案立於節南、倶西面。……皇帝服袞冕、御輿以出。……(4)通事舎人引冊使主副入就位。太尉初入門、舒和之楽作、至位、楽止、立定。

中国（唐）の冊立儀礼では、(1)群官は承天門外に位置する朝堂に集合した後に朝堂前の位に就いて待機し、そこから(2)承天門を入り、位に就く。(3)冊使は太極門外道、黄門侍郎や中書侍郎などの行礼官は左延明門内道に移動し、皇帝が出御した後に、(4)冊使らは太極門を入り儀場の位に就く、となっている。このように、『開元礼』の方では冊使や行礼官が一度太極門や左延明門に移動してそこから入場するとしているのに対して、高麗の冊王妃儀では文武百官・冊使・行礼官全てが大観殿門から入場することになっているのは、儀場の構造の違いによるのであろう。高麗では唐のような広大な儀場をそなえていなかった。

右の例のように高麗では、中国の冊皇后儀を土台とし、自国での行礼に合わせた改変を加えて王妃冊立儀礼をととのえた。その際、先に述べたように全体的な儀式のプロセスはほとんど模倣されたのであったが、それぞれの儀式次第を詳読していくと二つの相違点に気付く。(12)言い換えれば高麗において中国の儀礼を大幅に改めて作成している点である。その一つは、王［皇帝］が発遣した冊使によって王妃［皇后］の冊書や璽綬がもたらされる③宮庭受冊［❸皇后受冊］の儀が、他の部分の相似にもかかわらずかなり異なった儀式次第となっていることである。もう一つは、『開元礼』では❸皇后受冊の儀で内外命婦の称賀が行われ、また皇后の外命婦に対する賜宴として❾皇后会外命婦が存在するのに対し、高麗の冊王妃儀においてはどちらも欠けており、内外命婦の参加が全く見られないことである。これらの相違点が内包する問題について、以下で詳しく考察していきたい。

図１　『開元礼』冊皇后儀 受冊

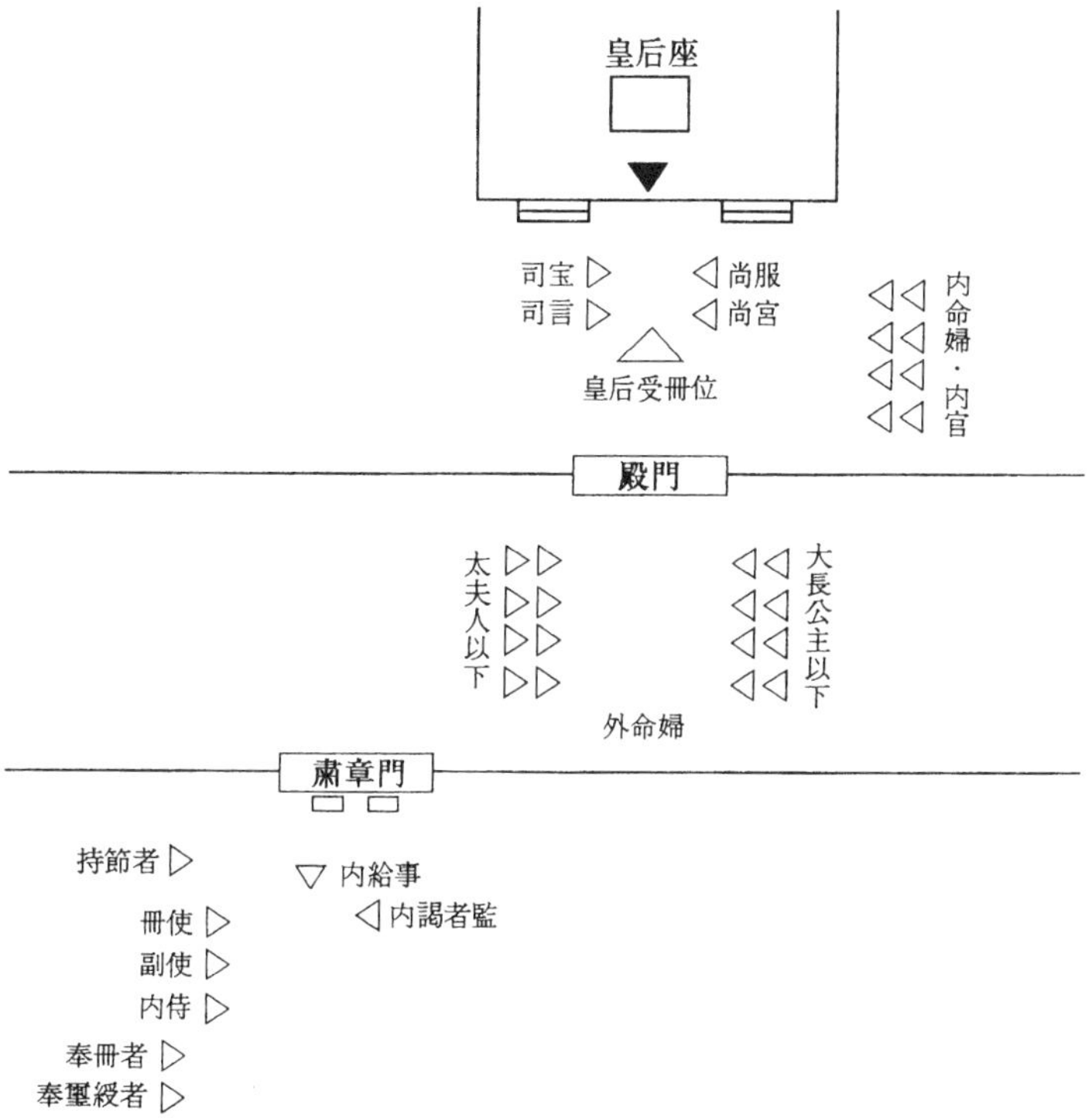

ア　受冊儀における違い

ではまず一つめにあげた受冊の儀における違いとは、どのようなものであったろうか。この次第を『開元礼』では以下のように規定する[13]。行頭の番号は注掲の原文史料に対応している。また、『開元礼』をもとに皇后が受冊した時の様子を**図1**に作成した[14]。

②④冊使・副使[15]一行が粛章門外の位に就く。内給事と内謁者監[16]も位に就く。

⑥皇后が受冊殿に出御する（▼の位置）。

⑦⑧冊使が内給事の前に進んで北面して跪き、皇帝の命により皇后の冊璽等をもたらしたことを称す。内給事は粛章門に至って司言[17]に伝告し、司言は皇后の前に行き奏す。

⑨奉冊者・奉琮璽綬者は順に冊・琮璽

綬（冊書と印）を副使の前に置き、副使はそれを冊使に渡す。すると内侍が冊使の前に進んで冊・琮璽綬を受け取って内謁者監に渡し、内謁者監らは冊と琮璽綬を持って粛章門に至り、門外の案（机）に置く。

⑩⑪司言の奏を受け、皇后は受冊殿庭の北面位に就く。尚宮と尚服が粛章門に至り、尚宮が冊、尚服が琮璽綬を取って受冊殿に戻り、殿庭の位に就く。

⑫⑬尚宮は冊を宣した後に皇后に授け、次に尚服が琮璽綬を皇后に授ける。おわると皇后は昇殿して南向きの座に就く。

このように冊皇后儀では、冊と琮璽綬は粛章門外において冊使から宦官である内謁者監に渡され、粛章門外の案に置かれる。そしてそれを尚宮と尚服がそれぞれ取って受冊の殿に戻り、尚宮・尚服から皇后に伝授されるわけである。つまりこの冊皇后儀においては、冊使らが直接皇后に授けるのではないし、彼らが受冊殿の殿門を入ることもない。

一方、高麗の冊王妃儀における王妃受冊の儀は、どのように行われることになっていたのだろうか。先と同様に『高麗史』礼志に記載された儀式次第[18]の要約を左に示し、また参考に図2を付した。行頭の番号が注掲の原文史料に対応するのも同様である。なお高麗時代には、王妃をはじめ高位の后妃はそれぞれに充てられた別宮を居処としたが、以下王妃の居処を便宜的に王妃宮と呼ぶ。

②冊使が王妃宮の宮門に至ると、「受冊者」は宮門外に出て再拝する。

③宮門外において「受冊者」と冊使・副使がお互いに揖し、ともに宮庭に入る。

⑤冊使が王妃に冊立する旨を宣した後、「受冊者」は北向きに跪いて詔書を受ける。

⑥⑦次に読冊官が冊文を読み上げ、冊使と副使が冊函を「受冊者」に授けると、「受冊者」はそれを宮官に渡す。同様に璽綬も授けられる。

図２　『高麗史』礼志 冊王妃儀 受冊（於王妃宮）

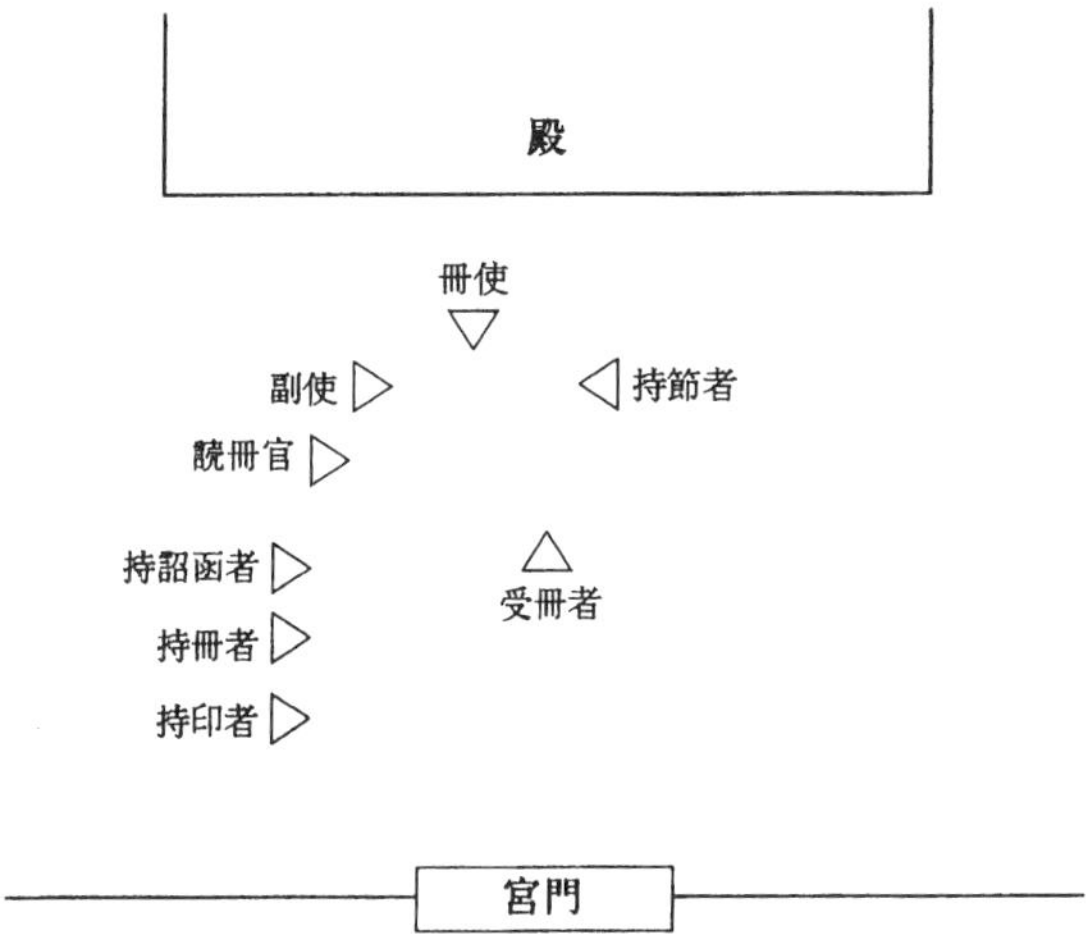

⑨冊使らが宮門を出ると、「受冊者」は伴行して門を出、門外においてお互いに揖す。

高麗では、冊使らが王妃宮の門を入り、宮庭において直接「受冊者」に冊宝等を授けるという形をとっており、先に見た中国の冊皇后儀とはだいぶ様相を異にしている。高麗の冊王妃儀の冊使・副使も中国同様太尉・司徒が任命されることになっているから、『開元礼』の皇后受冊の儀では厳然と粛章門を境として男官を入れていないこと[19]と対照的である。また「受冊者」は、冊使の到着と帰還に際して宮門外まで出迎え、見送るよう規定されている。王妃受冊儀におけるこうした「受冊者」や冊使らの動きは、土台となった中国の儀礼と比較してみるとき、高麗に特徴的なものとして浮かび上がってくると同時に、不自然にも感じられる。

ここでこの「受冊者」の動きと関連して、疑問点として注目されることがある。それは、なぜ儀式次第中で「王妃」ではなく「受冊者」という表現を使っているのかということである。[20] 例えば、同じ『高麗史』礼志に収められている冊王子王姫儀のように、王子と王女を冊立する儀礼として規定され

図3　『高麗史』礼志 冊王妃儀 附表

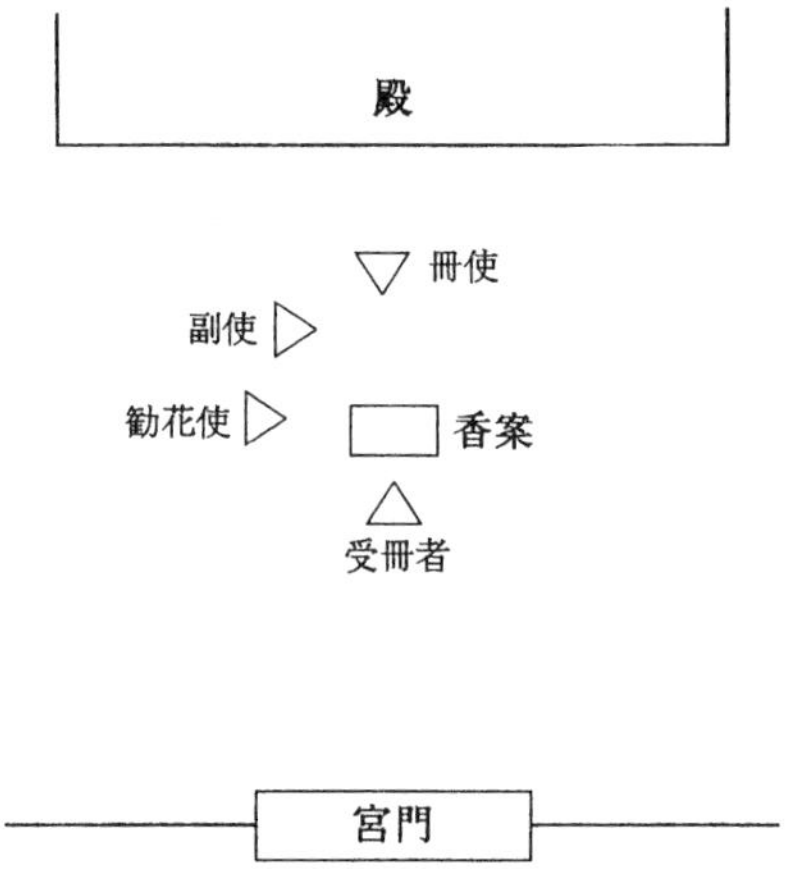

ているものであれば、その文中に「受冊者」とされていても王子・王女のいずれかを特定できないからであろうと納得することもできる。しかし、冊王妃儀で冊立されるのは当然王妃だけであるからその必要はないし、実際『高麗史』礼志は、王太子を冊立する冊王太子儀[21]の儀式次第中では「受冊者」という言葉は用いず「王太子」と呼んでいる。さて、ではこの冊王妃儀の儀式次第に登場する「受冊者」は、単純に王妃と理解してよいのだろうか。

この問題は、受冊後の宴礼（会賓）に続いて行われる附表の儀（王に冊封を謝する表と花酒の下賜を謝する表がそれぞれ冊使と勧花使に渡される儀）の分析により解決される。図3に示したように、冊王妃儀の附表の儀では、まず王妃宮庭の香案の上に表が置かれ、表は「受冊者」に渡された後、「受冊者」から冊使と勧花使にそれぞれ授けられる。その授与の手順は次のようである。

受冊者は表を取って冊使の前にいたり、北向きに跪進する。冊使は少しすすんで、南向きに立って表を受け、退いて位に戻る。受冊者はふたたび花酒を謝する表を取って勧花使の前にいたり、跪進する。勧花使は少しすすみ、東向きに立って表を受け、退いて位に戻る[22]。

このように「受冊者」が跪進したのに対し、冊使・勧花使は立って表を受け取った。

これと比較したいのが、全体的に冊王妃儀とよく似た構造を持つ冊王太子儀における附表の儀である。王太子を冊立する冊王太子儀でも、受冊儀、会賓が行われた後、王太子から冊使・勧花使に謝表が渡される附表の儀があった。

冊王太子儀の受冊は王太子の宮（麗正宮）[23]で行なわれたが、附表の儀における王太子・冊使・勧花使らの配置は、冊王妃儀の附表の儀の場合と同じである。そして王太子による表の授与は次のように行われた。

王太子は表を取って冊使の南にいたり、北向きに跪進する。冊使は少しすすみ、南向きに跪いて表を受け、退く。

また王太子は花酒を謝する表を取り、勧花使に授ける。勧花使は跪いて表を受け、退いてともに位に戻って立つ。[24]

この手順をみると、王太子の行動は冊王妃儀における「受冊者」と全く同じであるが、冊使・勧花使は、跪進する王太子に対して自らも跪いて表を受け取っている。しかし先にみたように、冊王妃儀の附表の儀では冊使・勧花使は「受冊者」から立って表を受け取ることになっており、また冊王妃儀・冊王太子儀ともに冊使・副使には太尉・司徒をあてることになっていて、表を受け取る側の身分は両儀の間で差はない。つまり、このことから、冊王妃儀における「受冊者」は、王太子よりも低い扱いを受けていることがわかるのである。

そうすると、冊王妃儀の「受冊者」を王妃と解することはできなくなる。なぜなら、冊王太子儀において、冊礼の後に王太子が王妃殿前に赴き王妃に対して拝礼を行っているように[25]、王の嫡妻である王妃は王太子の下に位置づけられる存在ではなく――それはほとんどの場合王妃が王太子の生母であったという事実からも理解できる――、冊王妃儀の「受冊者」は、王妃本人ではなく代理と考えざるをえないからである。

以上のように、冊王妃儀の受冊儀の部分は、土台となった中国の冊皇后儀と異なるものとなっており、特に王妃自身が儀に参加しないという相違点が存在した。[26]

イ　命婦の参加に関する違い

次にもうひとつの中国の冊皇后儀との相違点について述べる。前掲注（13）には『開元礼』冊皇后儀　皇后受冊の次第を載せたが、そこには皇后冊立を賀すために参列した内外命婦の行動についての規定が記されており（①③⑤）、その様子は**図1**にも示したとおりである。受冊後、皇后が殿上に昇って座につくと、先に内命婦、続いて外命婦の称賀が行われた〈注〈13〉⑭～⑱〉。また**表1**にも示したように、中国の冊皇后儀では皇后の外命婦に対する賜宴（❾皇后会外命婦）があった。このように冊皇后儀には命婦の参加が規定されており、皇后は彼女等から拝礼を受け、賜宴を行った。

これに対して高麗の冊王妃儀では、命婦の参列や王妃への称賀、王妃の命婦に対する賜宴がなく、全体を通して命婦の姿が全く見られない。『高麗史』礼志の冊王妃儀はこの点においても中国の冊皇后儀と異なっていた。

（二）　高麗冊王妃儀の特徴

前節では、高麗王朝が儀礼整備の際に参照したと考えられる『開元礼』の冊皇后儀との比較を通じて、高麗における王妃冊立儀礼の特徴を検討してきた。両者は全体的な構成や儀式次第の内容が似通っており、高麗の冊王妃儀は中国の制度を参照し、これを土台としていることが確認されたが、高麗は中国の儀式次第を完全に模倣したわけではなく、自国での行礼にあたって改定を加えていた。それによって、王妃宮に冊使が赴いて行われる受冊の儀は、中国の冊皇后儀と相当異なっており、王妃自身が儀に臨んで受冊するのではなく、代理によって行礼されるようになっていた。また、高麗の冊王妃儀では、命婦の参列・称賀、及び外命婦に対する王妃の賜宴などが一切みられなかった。

ここで、右のような中国制との比較から看取される高麗の冊王妃儀の特徴について、若干の補足をしながらその意義を考えていきたい。まず触れておかなければならないのは、朝鮮王朝初期に編纂された『世宗実録』五礼、及び『国朝五礼儀』にある冊妃の儀についてである。なぜなら、こと女性と儀式といった問題に関係する場合、『高麗史』を編纂した朝鮮王朝の官僚たちによる作為、つまり彼らの価値観によって儀式次第の省略などの操作が加えられた可能性も考慮しておく必要があると考えられるからである。しかし『世宗実録』五礼所載の冊妃の次第を見てみると[27]、その受冊の儀の手順は全く先に見た『開元礼』の皇后の受冊の手順と同じと言ってよい。すなわち、冊使が直接受冊殿庭に入らず、宦官と女官を媒介として、王妃自身が儀に立って冊璽を受け取るという次第である。また内命婦・外命婦の称賀、及び命婦に対する王妃の賜宴も規定されており、高麗冊王妃儀に特徴的であった王妃・内外命婦の不参加という現象は全く見られなくなっている。これよりやや下る成宗代の一四七四年に完成した『国朝五礼儀』巻三嘉礼にある冊妃儀の次第も同様であり、以上のことから、『高麗史』礼志冊王妃儀にあらわれた中国礼との違いが、朝鮮朝の官僚の作為でないことは明らかである[28]。

次に、高麗前期において内外命婦というものが存在していたのか、つまり、それに相当する女性を内命婦・外命婦として把握していたのだろうかという疑問が想定される。内命婦・外命婦とは、唐制では内命婦は皇帝の妃嬪、六尚以下の女官及び皇太子良娣以下を指し、外命婦は公主及び王妃以下、五位以上の官人の母妻をいう[29]。高麗の内命婦に関する明文規定は伝わらないが、二章で考察したように、顕宗代（一〇〇九～三一）までには、中国の体系を導入して王の妾妻のうち上位の者には貴妃・淑妃など諸妃の称号を与え、また尚宮・尚服など六尚以下の女官が置かれているから、高麗においても彼女らは内命婦として把握されていたと考えられる。また外命婦に関しては、高麗前期から相当数の冊封記事や称号を、『高麗史』はじめ墓誌などの史料中に見つけることができる[30]。高麗前期において内命婦・外命婦が実態を伴って存在したことは明らかであり、冊王妃儀に命婦の参加が規定されていないのは、その対象となる内外命婦自体が存在していなかったからではない。

ではこの王妃・命婦の不参加という高麗の冊王妃儀にみられた特徴をどのように理解したらよいだろうか。すぐに

表2　唐・高麗の元日・冬至・節日受賀儀礼における受賀者と称賀者

	『開元礼』	『高麗史』礼志
元正冬至	皇帝元正冬至受皇太子朝賀（皇帝←皇太子）95	元会儀（王←王太子・群臣）67
	皇帝元正冬至受群臣朝賀幷会（皇帝←群臣）97	元正冬至節日朝賀儀（王←群臣）67
	皇帝元正冬至受皇太子妃朝賀（皇帝←皇太子妃）96	
	皇后元正冬至受皇太子朝賀（皇后←皇太子）95	
	皇后正至受群臣朝賀（皇后←群臣）98	
	皇后元正冬至受皇太子妃朝賀（皇后←皇太子妃）96	
	皇后正至受外命婦朝賀幷会（皇后←外命婦）98	
	皇太子元正冬至受群臣賀（皇太子←群臣）112	王太子元正冬至受群官賀儀（王太子←東宮官・群官 67）
	皇太子元正冬至受宮臣朝賀幷会（皇太子←東宮官）113	
節日	皇帝千秋節受群臣朝賀幷会（皇帝←群臣）	元正冬至節日朝賀儀（王←群臣）67
		元太子節日受宮官賀幷会儀（王太子←東宮官）67

※末尾の数字は巻数。『高麗史』礼志では王太子が個別に王に朝賀する儀としては記載されていないが、「元会儀」すなわち元日の朝会の儀において王太子が群臣とともに出席し称賀を行うため、これを「皇帝元正冬至受皇太子朝賀」と対応させた。また『高麗史』礼志の「王太子元正冬至受群官賀儀」では、はじめに東宮官の賀、次にそれ以外の文武群臣の賀が行われるため、「皇太子元正冬至受群臣賀」と「皇太子元正冬至受宮臣賀」の両方に対応させた。

見出されるのは女性という共通項である。つまり高麗の冊王妃儀は女性の参加がみられないものとなっている、と捉えられるのであるが、これは他の儀礼を含めた高麗儀礼の傾向と照らして合致するものであろうか。元々中国においても女性の参加する国家儀礼は少なく、また『高麗史』礼志に載録された儀礼を網羅的なものとは考えられないため[31]、高麗儀礼の傾向を把握するのは難しい。そこでこうした状況に配慮した上で、元正（元日）・冬至・節日（国王等の誕生日）に催される受賀儀礼について、『開元礼』と『高麗史』礼志に規定された儀礼の対応関係を**表2**に作成した。このうち『高麗史』礼志に相当するものがない儀礼に注目すると、それらに共通するのは朝賀を受ける側か行う側、あるいはその両方が女性であるということになろう。もちろんこれらの朝賀礼については個別の検討を要するであろうが、ひとまず高麗儀礼の特徴として女性の参加の縮小傾向を指摘することができよう[32]。冊王妃儀における王妃・命婦の不参加もこの傾向の一面として捉えられる。

以上の考察結果を踏まえて、次節ではさらに王太后を冊立する冊太后儀について検討を加える。王妃と王太后の冊立儀礼の違いとそこに表れた両者の立場の違いを見ていくとともに、冊太后儀がいつ、どのように導入されたのかを明らかにすることによって高麗における儀礼の成立の一例を提示し、その意義についても言及していく。

第二節　高麗冊太后儀の特徴とその成立について

（一）　冊太后儀・冊王妃儀の違いと王太后・王妃の地位

まず、王が自らの母である王太后を冊立する高麗の冊太后儀について、前節で分析してきた王の嫡妻を冊立する冊王妃儀と比べることによってその特徴を把握し、儀礼に表れた両者の立場の違いについて考察していくことにする。

冊太后儀の儀式次第は『高麗史』礼志に冊王妃儀の前に載せられており、次のような三部構成になっている。

Ⅰ【麗正宮遣使】麗正殿に王が出御し、王太后に奉る冊・宝等を使者に授け、発遣する。

Ⅱ【大観殿上冊】冊使が麗正殿から大観殿に至り、王の臨御の下で太后に冊・宝等を奉る。

Ⅲ【宴群臣】王が群臣を宴す。

このうち冊儀で中心的意義を持ったであろうⅠ【麗正宮遣使】・Ⅱ【大観殿上冊】の次第を要約して**表3**に載せ[33]、またⅡ【大観殿上冊】については**図4**に受冊時の様子を示した。**表3**の行頭番号は注（33）の原文史料に対応する。なお、次節で対照させるため**表3**の右側には中国の冊太后儀も併記している。

表3の儀式次第から明らかなように、冊王太后儀は、麗正殿での冊使発遣、大観殿での王太后受冊ともに百官の参列のもとに行われ（殿門内に入るには資格の制限があったが）、地方からの進献や、表賀も行われる盛大なものであった。

図４　『高麗史』礼志 冊太后儀 受冊

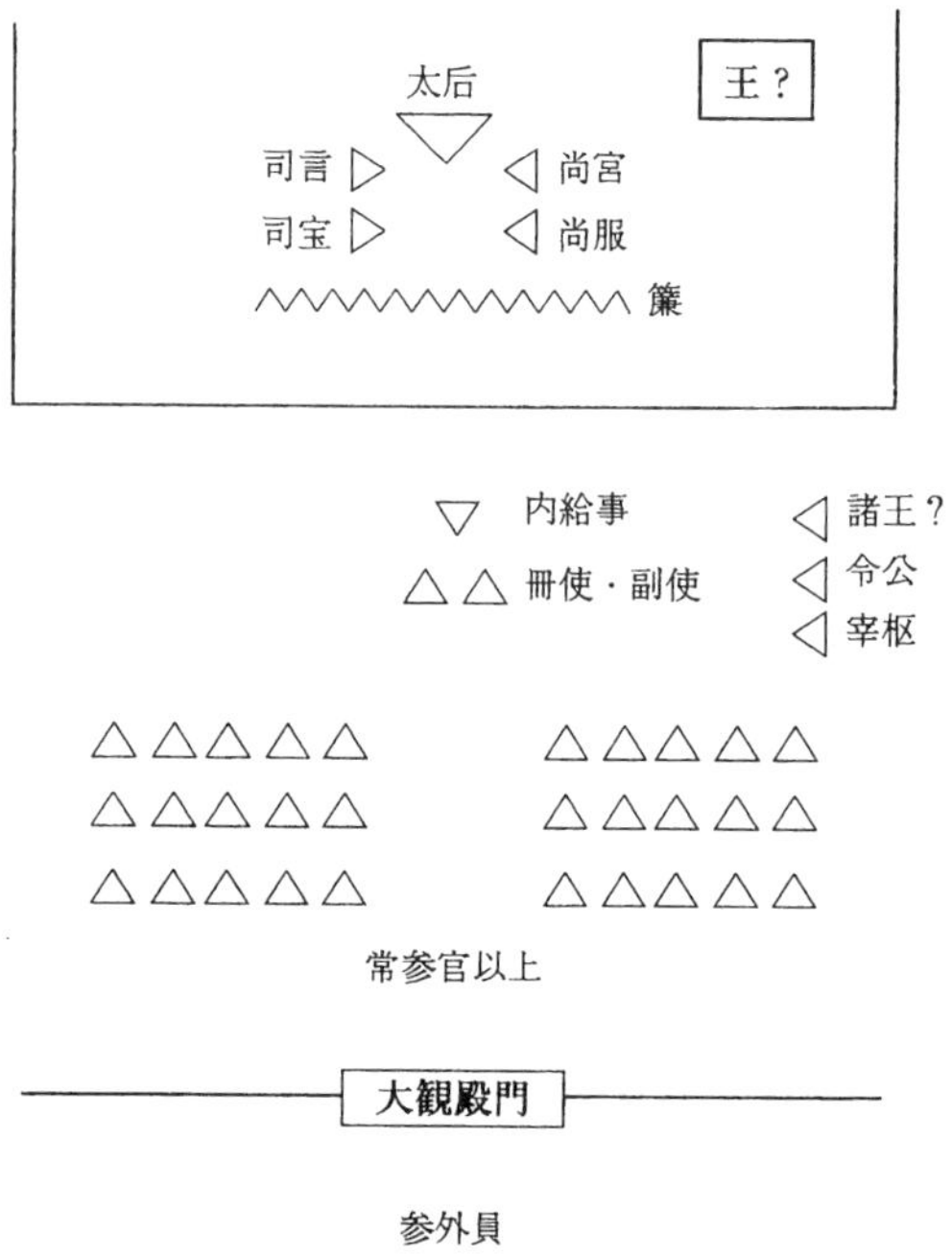

では、図４・表３によって、冊王妃儀との相違点をもう少し詳細に取り上げていこう。

まず冊使発遣の儀すなわちⅠ【麗正宮遣使】の部分について、冊王妃儀のそれと比べると、表３および注（33）の原文史料③のように冊太后儀では殿上において王が自ら冊使・副使である太尉・司徒に冊・宝・物状を渡すのに対して、冊王妃儀では詔書の入った詔函は侍中が、冊・宝は中書侍郎がそれぞれ殿庭において冊使に渡すことになっていた[34]。このように王太后の冊・宝が冊王妃儀（冊王太子儀・冊王子王姫儀も同様）と違い、王によって直接冊使に渡されたのは、王の母という立場によるのであろうことは容易に察せられる。

次に受冊の儀Ⅱ【大観殿上冊】についてみてみると、一見して冊王妃儀と異なるのは、冊太后儀では王が受冊殿に出御する点、さらに王太后自身も受冊殿簾内の座に就いて儀に参加する点である。前節で明らかにしたように、冊王妃儀では、王妃自身が受冊の儀に姿を現して冊・宝を受けたのではなかった。これに対して、冊太后儀の場合は王太后が受冊の殿に出御しており、しかも次第②にあるように冊太后儀の受冊儀には冊王妃儀のそれと違って百官が参列したから、王太后は少なくとも殿門内に入った常参官以上の官人[35]、及び男性王族たちと空間を共有したことになる。

表3　高麗と宋の冊太后儀

『高麗史』巻六五 礼志七 冊太后儀	『宋会要』礼五〇 后妃尊号
【麗正宮遣使】	【冊使発遣：於天安殿】
①王が麗正殿に座し、令公・宰枢・侍臣は殿庭、それ以外の官人は殿門外に就く。次に都監員が殿庭に入り、その後冊使（太尉）・副使（司徒）及び執事官が殿庭の位に就く。	①百官が列立する。皇帝が出御し、殿庭に降りる。
②太尉・司徒は殿上に上り、位に就く。	②太尉・司徒は受冊宝位に就く。
③枢密が王太后に冊立する旨の制を承って宣した後、王は殿上において太尉に冊、司徒に宝・物状（貢物の目録）を授ける。	③皇帝は跪いて冊を太尉に授け、宝を司徒に授ける。
④太尉・司徒ら冊使一行が退出すると、王は入御する。（そして王太后の受冊の殿である大観殿に向かう）。	④皇帝は御幄に戻り、皇太后の受冊の殿である文徳殿に向かう。百官が退出する。
⑤冊使一行は大観殿に至り、待機する。	⑤太尉・司徒は冊宝を捧げ持って文徳殿に至り、待機する。
【大観殿上冊】	【皇太后受冊：於文徳殿】
①②王が大観殿に出御し、執礼官が入庭する。文武三品以下常参官以上は殿庭に入り、参外官は殿門外に立つ。次に宰枢、令公・諸王が入庭する。	⑥文武群官・宗室・客使が文徳殿に集い、中書門下・翰林学士・両省・御史臺は文徳殿の香案前に並ぶ。
③④王太后が正殿の簾内に座し、王以下百官が粛拝する。	⑦皇太后が出御し、南向きの座につく。
⑤～⑦冊使一行が殿庭に入り、王太后の許可を得て大尉・司徒等は殿に上がり簾外に就く。	⑧皇太后の座前に冊を進める。
⑧⑨読冊官が読冊し、太尉・司徒は冊・宝を尚宮・尚服らを通じて奉る。	⑨⑩中書令が読冊、侍中が読宝する。冊・宝を皇太后の座前に置く
⑩進物が庭を並べられた後、太尉以下の冊使は退出。	
⑪王が殿上で王太后に賀礼を行う。	⑪⑫皇帝が皇太后の座前で称賀礼を行い、尚宮が宣答する。
⑫令公・宰枢以下王太后に称賀し、内給事が宣答する。	⑬太尉が百官を率いて皇太后に称賀し、侍中が宣答する。
⑬戸部の官人と西京・溟州の押物員が物状を、外官の持表員が表を奉り、殿門外に退出する。	
⑭儀が終わると太后は座を降り、入御する。王が入幕する。令公・宰枢・文武班は賀礼を行い退出する。	⑭太后が座を降りて幄に還り、百官は再拝して退出する。皇帝・皇太后が還御する。
	⑮内外命婦が皇太后・皇帝に内殿で称賀し、在外の命婦と両京留司官は表を奉って称賀する。

王太后と王妃を冊立する儀礼の間にはこのような基本的な違いがあり、これと関連して、冊太后儀の受冊儀では王太后に対する王や百官の称賀が行われたことも注目される（⑪⑫）。

また冊太后儀の受冊の儀の特徴としてもうひとつ取り上げておきたいのが、地方からの貢進、表賀である。次第⑬にあるように、儀の終盤には戸部の官人と西京・溟州の貢物輸送官が貢物の目録を、地方から賀表を持参した外官持表員がその表を奉ることになっていた。この貢進は非常に大規模で全国的なものであったらしく、一〇八六年に行われた宣宗の母文宗王妃仁睿順徳太后李氏の冊太后儀では、左のように諸州県からの献布がおよそ十万余匹にも及び、さらに耽羅からも貢物が献じられたという。

A宣宗三年二月、冊封為太后。諸道皆表賀、州県並献布無慮十万余匹、乇羅亦来賀献方物。

（『高麗史』巻八八后妃伝一文宗 仁睿順徳太后李氏）

ここで、今見てきた冊太后儀と冊王妃儀の違いについて簡単にまとめておくと次のようになる。まず、冊太后儀の冊使発遣の儀では、王が冊使に直接冊・宝を渡すという点で冊王妃儀と異なっていた。次に受冊の儀においては、王が受冊殿に出御する点、百官が参列する点、また王太后自身も出御し儀に参加する点で冊王妃儀と異なっている。そして王太后は、官人らと儀礼空間を共有し、王と百官の拝礼を受けて受冊したが、このことは、冊王妃儀の受冊では王妃でなく代理が冊・宝を受け取り、また百官の参列もなかったことと比べれば、格段に大掛かりで、いわば政治的な色彩の濃いものといえよう。特に王から王太后に対する称賀礼が行われることは、王の孝心とともに王に並び立つ王太后の存在を百官の前に示す事になる。また、冊太后儀には全国から賀表及び貢物が奉られ、ひときわ盛大で挙国的な冊立儀礼であった。

以上のような冊立儀礼の比較を通してみれば、王太后と王妃の地位には明らかな差があったことが想定され、端的にいえば、王太后は王妃に比して政治的権威の強い地位であったと考えられる。ここで、高麗前期において穆宗代（九九七～一〇〇九）と献宗代（一〇九四～九五）の二度にわたり、王太后による垂簾聴政が行われていることを想起すべきである。

生穆宗。穆宗即位、冊上尊号曰、応天啓聖静徳王太后。穆宗年已十八、太后摂政。居千秋殿、世号千秋太后。

（『高麗史』巻八八后妃伝一景宗 献哀王太后皇甫氏）

初宣宗為国原公納之、生献宗及遂安宅主。宣宗即位、冊為王妃。献宗嗣位、尊為太后、殿号中和、置府曰永寧。王幼弱不能聴決機務、太后称制、凡軍国大小事咸取決焉。献宗薨、有司奏罷永寧府及中和殿号。薨謚思粛太后。睿宗二年四月、王欲以貞信賢妃祔宣宗、諫官奏曰、貞信為国原公妃年月不久、思粛自嬪公府以至践祚内助居多、及太子継統、臨朝称制者二年、献宗遜位于粛宗、乃退居旧宮、終無失徳、宜以思粛升祔。

（『高麗史』巻八八后妃伝一宣宗 思粛太后李氏）

当時の情勢や王太后の個性も当然影響するが、傍線部にあるように、王太后は王に執務能力が無いと見做される場合、王に代わって政務を執り「軍国大小事咸取決」しうる地位であった。ただし、献宗の母思粛太后李氏は粛宗即位と同時に永寧府と中和殿の号をとどめられ旧宮に退居したといい、このことは親子関係にない粛宗の即位によって彼女の政治的権力が失われたことを意味するとみられる。つまり王太后が専権をふるい得たのはあくまで現王の母という立場によると考えられる(36)。一方王妃の政治参与に関しては、元公主の登場以前には高麗初期の光宗代（九四九～七五）に、その妻大穆王后が奴婢按検に反対したものの聞き入れられなかったという例(37)があるのみで、聴政を行ったというような例は全く見られない。

上記の冊立儀礼の検討から得られた理解は、このように儀礼関係以外の史料とも一致する。高麗前期の王太后・王妃の地位について両者を比較するならば、王太后が政治的権力を行使しうる地位であったのに比べ、王妃の地位にはそれほどの政治的権威が付されていなかったと言うことができよう。

（二）『高麗史』礼志冊太后儀の成立と中国の冊皇太后儀

では高麗の冊太后儀は、いつごろ、どのように整備されたのだろうか。高麗儀礼に関して、その成立時期や背景がわかる事例は少ないが、冊太后儀については中国史料などの活用により大部分解明することができる。

ア　中国の冊皇太后儀との関係

前節では、高麗の冊王妃儀が中国の冊皇后儀を土台とし、独自の改変を加えて作成されたことを論じたが、この冊太后儀に関してはどのようなことがいえるであろうか。そこでまず唐代の冊皇太后儀について見ると、史料上その儀注を確認することはできない。が、かといって行われなかったわけではなく、皇太后の冊礼が行われたことを示す例をいくつか確認することができる(38)。ただし『開元礼』に冊皇太后儀の記載がないことを考えても、唐代に皇太后冊礼の儀式次第が整備されていたかは疑問であり、少なくとも高麗がそれを参照できるような体裁を有していたとは考えにくい。また北宋代には、次の史料にあるように初代太祖（九六〇～七六）二代太宗（太祖同母弟・九七六～九七）三代真宗（九九七～一〇二二）の間は、皇太后の冊礼は行われていなかったようである。

建隆元年、詔尊母南陽郡太夫人為皇太后、仍令所司追冊四親廟、後不果行。至道三年四月、尊太宗皇后李氏為皇太后、宰臣等詣崇政殿門、表賀皇帝、又詣内東門、表賀皇太后。乾興元年、真宗遺制尊皇后劉氏為皇太后、淑妃楊氏為皇太妃、亦不果行冊礼。（『宋史』巻一一〇礼志一三嘉礼一太皇太后・皇太后・皇太妃冊礼(39)）

ただし四代仁宗の時の劉皇太后に関しては、一〇二二（乾興元）年には行われなかったものの結局二年後の一〇二四（天聖二）年には冊礼が挙行されてその比較的詳細な儀注が右の『宋史』の後部及び『宋会要』に載録されており、『宋史』儀注の末尾には「是より上皇太后尊号礼皆之の如し」とあって、以後の皇太后冊礼の規範となったことがわかる。[40] その次第は前掲表3の右半分に示したとおりである。[41]

これを高麗の冊太后儀（表3左半分）と比較すると、次のようにいえるであろう。まず最も重要なのは、全体的な儀の進行手順がほとんど共通していることである。ただし、冊王妃儀でもそうであったように、儀式次第の文そのものが同じというわけではない。次に、相違点として目に付くのは、宋で受冊の儀の後に行われている内外命婦の称賀、および在外命婦の奉表称賀（⑮）は高麗では見られないことである。また冊使発遣の儀においては、高麗では王が殿上で冊・宝を冊使らに授けているのに対し、一〇二四年の宋の冊皇太后儀では皇帝が殿庭に降りて跪いて授けている（①〜③）。[42] しかし王あるいは皇帝が冊使等に冊・宝を親授する点は共通している。このように、皇帝が冊使に冊・宝を親授して発遣すること、受冊の殿に皇帝・皇太后がともに出御していること、また百官も参列すること、さらに皇帝・百官による皇太后への称賀、およびそれに対する皇太后の答辞があること、という、先に高麗の冊太后儀と冊王妃儀との相違点として考察した点が、逐一この天聖二年の儀注で表れていることが指摘できる。

以上のように両者を対照してみれば、高麗の冊太后儀は、宋一〇二四年の冊皇太后儀、あるいは後にこれに基づいて行われた北宋代の冊皇太后儀に則って作られたものとみて問題ない。また、宋代において冊皇太后儀の儀注が初めて定められ、挙行されたのはこの一〇二四年の劉皇太后の時とみられるが、劉皇太后は仁宗代において、皇帝の生母ではないが長期間に渡って垂簾聴政を行い、特に専権を振るった皇太后として知られる人物である。[43] 宋の冊皇太后儀の整備は、このように強大な権力を持つ皇太后の出現と重なることを付け加えておきたい。

イ　『高麗史』礼志冊太后儀の成立

アの考察の結果を踏まえれば、冊太后儀の成立について——少なくとも『高麗史』礼志所載の儀式次第の成立について——ほぼ見きわめることが可能である。『高麗史』礼志の冊太后儀には次のような記事が付されている。

B宣宗三年二月丙寅、王上冊于王太后、御乾徳殿受中外賀、賜群臣宴。自祖宗以来冊礼多廃、至是復之。
（『高麗史』巻六五礼志七嘉礼 冊太后儀）

この時の冊礼の対象となったのは宣宗の母である文宗王妃李氏であるが、史料Bによれば、「祖宗より以来、この宣宗三（一〇八六）年の冊太后儀に至るまで、冊礼は多く廃されてほとんど行われなかったが、ここに至ってこれを復活させた」というのである。

一〇八六年の時点から『高麗史』礼志にあるような、つまり穀宗朝に編纂された『詳定古今礼』に規定されていたのと同じ儀式次第であったかどうかは定かでない。が、一〇八六年の冊太后儀ですでに礼志の規定にあるように諸道からの表賀および諸州県からの貢進が行なわれていることは、史料Aに示されていた通りである。ついで一一〇八（睿宗三）年一月には明懿太后柳氏の冊礼が行なわれたが、(44)翌月これに関連して赦が発せられ、関係者に賜物や加級などの恩恵が与えられている。

（二月）辛卯、御神鳳楼肆赦曰、……故特講冊礼、尊崇親母王妃、封為王太后。庶幾恩沢広及三韓。……上冊都監員加職事、人吏超一等同正職、掌固・書者初入仕、造冊函儀仗官吏・書冊文員及殿中行礼・安楽道場都監及大廟等告祭享官・道俗員吏各加師銜、諸執事官吏及雑類賜物有差、西京押物使及外官持表員等加級、
（『高麗史』巻一二世家一二睿宗三年）

赦文中には、地方からの奉表の人員や冊函や儀仗および冊文の作成に携わった人々、また「上冊都監員」（傍線部）な

どが挙げられている。**表3【麗正宮遣使】**①にあるように、礼志の規定では儀式中、都監員が殿庭に位置を占めており、冊太后儀の挙行に際して都監が立てられ庶務を扱うことになっていたことがうかがわれるが、一一〇八年の冊太后儀でも同様だったことがわかる。手がかりは少ないが、冊太后儀は一〇八六年の時点から『高麗史』礼志と同じ、あるいはかなり近い形態で催行されていたのではないかと考えられる[45]。

とすれば、**ア**で明らかになったように『高麗史』礼志にある冊太后儀は宋一〇二四年の冊皇太后儀、あるいは後にそれに基づいて行われた宋の冊皇太后儀に則って作られたと考えられ、且つ高麗において一〇二四〜八六年の間に冊太后儀は行われていないから、史料Bで「宣宗三年に復された」といっているものの、高麗において少なくとも礼志の次第に則った冊太后儀が行われたのは一〇八六年が初めてだったのである。ちなみに宣宗代以前に冊太后儀が行われたという記録は見当たらず、高麗初期に実際に行われていたかどうかは疑わしいが、いずれにしろ一〇八六年は画期であった。高麗ではこの時の王太后冊立に際して宋の一〇二四年の儀注、あるいは後にそれを参照して作成された冊皇太后儀の儀注をもとに、内外命婦の称賀以外はほぼそのままに導入し、冊太后儀を作成したのである。

（三）　宣宗三年の冊太后儀を取り巻く政治状況と儀礼の意義

ではなぜ一〇八六年に冊太后儀を作成し、挙行する必要があったのだろうか。この時の冊礼の対象は、前述のように一三代高麗王宣宗の母、文宗王妃仁睿順徳太后李氏であるが、彼女はまた即位後三か月で薨じた一二代順宗、および宣宗の嫡子一四代献宗のあとを継いだ一五代粛宗の母でもあった。本来なら順宗のときに王太后冊立が行われるところであったろうが、順宗が早逝したために次の宣宗まで持ち越されたのであろう。一〇八六年の時点ではすでに死去しているが、彼女の父は文宗朝の重臣李子淵である。

結論から言ってしまえば、このように貴族出身の彼女が王太后の地位についたことは高麗后妃の変遷上まさに画期であり、当時においても注目すべき出来事であったといえる。

それはこの時期の王室婚姻の形態と関係がある。高麗前期の王の婚姻が大きく四つの段階を経ていることは先行研究で指摘されているが[46]、行論上、ここでその変遷について概観しておきたい（以下、囲い数字は王代数を示す）。

Ⅰ、①太祖（位九一八～四三）～③定宗（九四五～四九）

①多数の各地豪族出身后妃→②③その内の一部の家門と再度婚姻、婚姻対象が収束される。

Ⅱ、④光宗（九四九～七五）～⑦穆宗（九九七～一〇〇九）

父系、母系あるいは両方が四親等以内の王族に婚姻対象を求めるいわゆる族内婚。

Ⅲ、⑧顕宗（一〇〇九～三一）～⑰仁宗（一一二二～四六）

族内婚も継続されるが、婚姻の対象が広く貴族出身女性に開かれる。

Ⅳ、⑱毅宗（一一四六～七〇）～㉔元宗（一二五九～七四）

父系、母系ともに近親ではない王族との婚姻。

建国初期には、婚姻関係を通じて各地の豪族、有力者との協力関係を構築、維持していったが、Ⅱの時期には、近親王族との婚姻を主体として他の貴族出身の女性を王の妃として納れること自体少なく、王室の血統を純粋化し、他の貴族集団との差別化を図ろうとしたことがうかがわれる。この時期の王位継承においてはいまだ父系継承は確立しておらず、母系の血統が父系と同様に重要視された。⑤景宗の妃であった献哀王太后が、景宗の没後金致陽との間に儲けた子を王位に就けようと画策し得たのもそれゆえであった。この献哀王太后のスキャンダルに端を発した政変の後に王位に就いた⑧顕宗は、⑥成宗の娘と結婚してその女婿という立場を調えると同時に、支援勢力を幅広く求めて貴族出身女性と多く婚姻関係を結び、Ⅲの時期以降、王の婚姻対象が広く貴族家門に求められることとなった。結果的に王族出身后妃との間には王子が生まれず、貴族出身后妃所生の王子が王位を継承していくことになったが、そこで重要となったのは王の嫡出子であるということであり、母系も王族の血統を有している必要はなくなった。つまり、ⅡからⅢへの変化によって貴族出身后妃の存在意義が強化され、勢力が拡大するとともに王位の父系継承が定着する方向へと進み、同時に王と血縁関係を結んだ門閥貴族[47]の擡頭をもたらしたのである。仁睿順徳太后李氏の生家である李子淵（慶源李氏）の家系も、顕宗に娘を嫁がせ⑨徳宗⑩靖宗⑪文宗の外戚となった金殷傅（安山金氏）と縁戚関係を結んで登場した最も代表的な門閥貴族であり、宣宗代はまさにこの李子淵系慶源李氏が繁栄した時代であった。

　そして、その徳宗～文宗代の王太后となるはずであった金殷傅の娘たちは息子の即位を待たず没したため、太后李氏は、光宗が異腹姉妹と婚姻関係を結び、王族の血統を他貴族から隔絶し純粋化していくⅡの時期に入って以来、はじめての実在する貴族出身の王太后となったのである。本章第一節で述べたように、王太后は王に代わって政務をとり、百官に命令できる立場になりうる存在であったから、その地位に臣下である貴族出身の女性が就くということが持つ意味は大きい。李氏の王太后冊立は、このように貴族出身后妃・外戚貴族の隆盛期にあって重要な意味を持つものだったのである。

　また彼女の王太后冊立に伴い、次のように王太后の生辰および元日・冬至・八関会に百官が王太后に表賀することが定められている。

　冬十月甲辰、命内外官表賀太后生辰、且於正至・八関亦如之、永為定制。

（『高麗史』巻一〇世家一〇宣宗二年）

こうした王太后の権威を顕示するような儀礼、制度の施行は、貴族出身の王太后の権威を確固たるものにしようという意図によるものと考えられるが、それは当然、彼女をとりまく外戚勢力の働きによるところが大きかったであろう。また、国王自身の意志が働いた可能性も考えておくべきである。『高麗史』后妃伝は宣宗の妻として三人の女性を載せるが、その三人とは貞信賢妃李氏＝李子淵の弟子祥の子である預の娘（宣宗即位以前に死去）、思粛太后李氏＝李子淵の子である碩の娘、元信宮主李氏＝李子淵の子である頲の娘である。(48)このような家族関係の中にあって、宣宗が自らを外戚勢力と切り離して意識していたとは考えにくい。

以上の考察を整理すれば次のようになる。一〇八六年には、王太后冊立儀礼が整備・挙行され、高麗前期においては全体的に女性の儀礼への参加が縮小傾向にあったにもかかわらず、中国制を模倣した形、すなわち王太后が受冊殿に出御して百官の前で冊・宝を受け、王と百官の拝賀を受ける形で行われた。それは、王太后が王に並び立つ存在であり、また百官の賀を受ける存在でもあることを明確に印象付け、光宗以来初めて実在することになる貴族出身の王太后の権威の確立と認知を目的としていたからである。

このことはまた、当時の政治社会における儀礼の役割、あるいは儀礼に対する意識の一端を表しているといえよう。冊太后儀は、効果的に王太后の権威を誇示できる行事として、宋の皇太后冊礼を導入し、整備・挙行された。すなわち、冊立儀礼は、当時の社会においてそのような政治的装置としての機能を期待されていたのである。

おわりに

以上、冊王妃儀・冊太后儀という高麗時代の二つの后妃冊立儀礼を取り上げ、高麗における儀礼の導入についてその特徴と政治社会的背景を明らかにし、また冊礼の対象となった王妃と王太后の地位について論じてきた。これまでの内容をまとめながら若干論じ残した事柄について触れて、結文に替えたい。

本章では、『高麗史』礼志の冊太后儀が、外戚勢力の隆盛期のさなかである宣宗朝一〇八六年に、光宗以来はじめてとなる貴族出身王太后の就位に際し、その権威を確固たるものにすべく宋の皇太后冊礼を導入して挙行されるようになったものであることは明らかにしえたが、史料的制約のため冊王妃儀の成立について詳論することはできなかった。ただし、一節で述べたように王妃冊立儀礼の初見は一〇四二年、儀礼の挙行が確認されるのが一〇五二年であり、ちなみに一〇五二年の冊礼の対象は仁睿順徳太后李氏つまり冊太后儀整備の契機となった人物である。前述のように、顕宗代（一〇〇九～三一）以降王の婚姻対象が拡大し、増加した貴族出身后妃の一部は王子を生み王妃となり、さらに息子が即位すれば王太后となった。冊王妃儀もこうした背景のもとに顕宗～靖宗代（一〇三四～四六）頃に成立した可能性が高いのではないだろうか。

そして、中国礼との比較を通じて明らかになったように、冊王妃・太后儀ともに中国の儀礼を参照し、改定を加えて高麗に導入されたのであったが、特に冊王妃儀では、王妃が儀に参加せず代理者によって受冊儀が進められ、また命婦の参列や称賀も全く行なわれない儀式次第となっていた。命婦の参加は冊太后儀でも削られていたが、これは他の高麗儀礼でも見られた女性の参加の縮小傾向と通じるものであった。ただし、ここで即座に女性が儀礼という公の場に出ることに対する忌避観念のようなものを想定する必要はないように思う。高麗の儀礼では、女性の参加が完全に排除されているわけではない。むしろ留意すべきは、王妃・命婦の不参加によって、冊立儀礼の中で王妃・王太后―命婦間の上下関係を確認する場面が全くなくなってしまっていることである。そもそも中国において命婦が儀に参列し、皇后あるいは前皇后である皇太后に拝礼を行うのは、後漢初期以降確立した、皇后は皇帝の対偶として女性秩序の頂点に立ち統括する立場であるという理念に依拠している[49]。この儀をあえて欠いているということは、王の対偶として女性を統御する理念的役割を体現する場が削られているということであり、『高麗史』礼志の反映する高麗王朝前期の王妃にはそれが馴染まなかったのであろう。ここで、二章において考察した高麗王の婚姻形態を思い返してみると、複数の嫡妻を置く多妻婚姻が許容されているという点で中国の一夫一妻多妾制と異なり、儒教的夫婦観念が完全には受容されていなかった。つまり高麗前期の王妃は、王の唯一の嫡妻という立場が保証されていたわけではなかったのであり、こうした差異が儀礼の上でもあらわれていると見られるのである。

また最後に付け加えておくと、二節の（一）で述べたように、高麗の冊王妃・太后儀の間には、冊太后儀の方が政治的権威を強調した大規模で挙国的な儀礼であったという違いがあり、そこには両者の地位の持つ性質の違いがあらわれていた。王太后とは王が幼年・病弱等の場合には聴政を行いうる立場であり、王妃より格段に政治的権力を行使しやすい地位であったといえる。こうした王太后＝王の母の地位に対する理解は、高麗の外戚政治の本質を探る上で要となろうが、また東アジアにおける王権と母権の実態を考える上でも興味深い。高麗が参照した宋代の冊皇太后儀が、長く垂簾聴政を行なった皇太后の時に始められたことは既に触れたが、同時代の遼や金においても母后の政治的支配という現象はより特徴的に観察される(50)。その中で高麗をどのように位置づけることができるのか、本章の考察は、その議論の一布石となるものであろう。

注

（1）二章で論じたように高麗では王の嫡妻の称号として「王后」も用いられたが、本章以降では王の嫡妻を示す用語としては基本的に「王妃」を用いる。なお、二章と同様、文中で登場する后妃名は、基本的に『高麗史』后妃伝の各后妃条の冒頭に掲げられた名を用いた。

（2）（恭譲王）三年三月、都評議使司奏曰、殿下受命中興以正大位、奉承宗廟社稷之祀、中宮所以助祭祀、東宮所以重国本、宜令有司挙行冊礼以正名号。……八月、授妃竹冊金印。（『高麗史』巻八九后妃伝二恭譲王 順妃盧氏）

（3）（恭愍王）二十一年正月、王上尊号、赦二罪以下。冊曰、……考本朝之旧典、遵歴代之通規、謹率百官奉金宝玉冊、上尊号曰崇敬王太后。（『高麗史』巻八九后妃伝二忠粛王 明徳太后洪氏）

（4）『太常因革礼』序、『政和五礼新儀』巻首、『宋史』礼志序文等。『開元礼』の成立や流伝等については池田温「大唐開元礼解説」（『大唐開元礼』汲古書院、一九七二年、八二二〜八三二頁）、また北宋の礼典編纂の沿革については山内弘一「北宋時代の郊祀」（『史学雑誌』九二―一、一九八三年、五四〜五七頁）参照。

（5）細部の改制として、皇后に冊・璽綬を授ける役が『開元礼』では女官であったのが『政和五礼新儀』では内侍（宦官）になっている、といった変化は見られる。が、高麗の冊王妃儀に関する規定の中にはこうした違いと対照できる記述がなく、『開元礼』と『政和五礼新儀』のどちらに近いのか検討することはできない。また、宋で一〇一二年に景霊宮が創建され（『宋史』巻一〇九礼志一二吉礼一二景霊宮）、有事の際の奏告の対象に加えられたことによって『政和五礼新儀』では告儀の対象に景霊宮が追加されている。高麗では、一〇二一年までには「景霊殿」を建立しており、宋での創建後あまり時を経ずして導入したことがわかる。『高麗史』礼志の冊王妃儀では告儀の対象に景霊殿が挙げられているが、もちろんこの導入をうけたものである。宋の景霊宮と、高麗における導入については一章注（45）参照。

（6）国初制、用柘黄袍。文宗十二年四月、礼司奏、……開元礼云、皇帝、祈穀・円丘、服絳紗袍。（『高麗史』巻七二輿服志一冠服 視朝之服）

（十一月）丙申、賜礼部宋朝開宝正礼一部。（『高麗史』巻一一世家一一粛宗三年）

またもちろん『開元礼』や『開宝通礼』のような礼典のみならず、具体的な儀注や使節等の見聞といった情報源によっても、高麗儀制は影響を受けたであろう。例えば注（5）で触れた景霊殿などは後者の例とみることができる。この点については後に六章で詳論する。

（7）節は、王［皇帝］が遣使する際、王［皇帝］の使者であることを示すために与えるしるし。

（8）『太常因革礼』序、『政和五礼新儀』巻首、『宋史』巻九八礼志一序文、『朱子語類』などによる。

（9）「高麗末期の儀礼と国際環境――対明遙拝儀礼の創出」（『久留米大学文学部紀要〈国際文化学科編〉』二一、二〇〇四年）。

（10）『高麗史』礼志を通見すると、「元正冬至上国聖寿節望闕賀儀」のような例はむしろ特殊といえ、その儀礼の性質や導入時の情勢を反映していると考えられる。

（11）大観殿は常用の正衙殿で、正式の視朝や朝会などに用いられた宮殿である。もと乾徳殿といい、一一三八年の宮闕再建時の改称によってこの名がつけられた。『高麗史』巻一六世家一六仁宗一六年五月庚戌、前間恭作「開京宮殿簿」（『朝鮮学報』二六、一九六三年、一〇頁）。

（12）**表1**にあるように、高麗の冊王妃儀には③受冊儀の後に④会賓という冊使を饗応する宴礼がもうけられている。またその会賓に際して王から勧花使が遣わされ花酒を賜ったため、後の⑤附表の儀（『開元礼』の❺皇后表謝と対応）において、冊封のみならず花酒の下賜を謝する表も奉っている。こうした受冊後の会賓や勧花使は中国の冊皇后儀ではみられず、三つめの相違点として挙げるべきところではある。会賓や勧花使は『高麗史』礼志の冊王太子儀や冊王子王姫儀、王太子加元服儀などでも見られ、王から遣わされた使者を賓客とした饗宴が行われることは、高麗における嘉礼の特徴といえるかもしれない。

（13）原文は以下の通り。なお、次章以降では儀式次第原文を左のように載せることはしないが、本章では高麗と唐・宋の儀式次第の記述自体を比較する目的から、原文史料を掲載する。

①内侍版奏、皇后請中厳。外命婦依時刻俱赴集命婦朝堂次、各服其服。内謁者監預置二案于粛章門外近限。②太尉・司徒既受命出至朝堂。……至永安門外降輅、謁者引入。持節者前導、持案者次之、掌次者俱引入。③次内典引引外命婦就朝堂位。……内典引各引外命婦両行以次進至粛章門内、司賓接引進入立於皇后正殿閤外、如朝堂之位。④謁者引太尉以下就粛章門外位、持節者立於太尉之北少退東面、内謁者監引内給事就南面位、内謁者監退復位。⑤内命婦等応陪列者各服其服、司賓引就陪列位。⑥尚儀版奏外弁。皇后首飾褘衣、司言引尚宮、尚宮引皇后出自正殿西房。……皇后至両楹間南向立定、楽止。⑦初内給事既就南面位。太尉進内給事前北面跪称、太尉封臣某・司徒封臣某奉制授皇后備物典冊、訖俛伏興退復位。⑧内謁者監引内給事詣粛章門、伝告司言。司言入詣皇后前跪奏、訖興還侍位。⑨初司言入。奉冊・琮璽

綬者以次進、当司徒前、司徒取冊・琮璽綬以次進授太尉、挙案者以次退、司徒授訖退復位。内侍進太尉前西面以次受冊・琮璽綬、東面授内謁者監。……内謁者監等持冊・琮璽綬等、進立於粛章門外、跪置冊・琮璽綬於案、俛伏興。⑩初司言奏訖、尚儀賛皇后降。司言引尚宮、尚宮引皇后降就庭中北面位。……⑪初皇后将降、又尚宮詣門跪取琮璽綬興進、倶入立於皇后之右少前西向。司言・司宝各一人進立於皇后之左少前東向。⑫尚宮称有制、尚儀賛皇后再拝、皇后再拝。尚宮宣冊、訖尚儀又賛皇后再拝、皇后再拝。尚宮奉冊進授皇后、皇后受以授司言。尚服又奉琮璽綬、以次授皇后、皇后受以授司宝。⑬訖尚儀賛皇后升座。……皇后升初行楽作、即御座南向坐、司宝奉琮璽置於御座、楽止。⑭司賓引内命婦等陪列者、以次進就北面位、為首者初行、典楽挙麾、舒和之楽作、至位立楽止。司賛曰再拝、掌賛承伝、内命婦皆再拝。⑮司賓引為首者一人詣西階、初行楽作、至階楽止。為首者脱舄升進、当御座前、北面跪奏称、某妃妾姓等言、伏惟殿下坤象配天徳昭厚載、凡厥兆庶不勝慶躍、訖起。……⑯司言前承令、降自西階詣内命婦西北、東面称令旨、内命婦等皆再拝、宣令訖、在位者再拝。⑰司賛曰再拝、典賛承伝、在位者皆再拝。司賓以次引従随便門出、各還其寝。……⑱司賓又引外命婦以次入、為首者初入門。……外命婦皆再拝。訖司賓引為首者一人進升、奉賀・復位・拝・楽作止及宣令・拝辞等、皆如内命婦之儀。

（『大唐開元礼』巻一〇五臨軒冊命皇后 皇后受冊）

(14)『開元礼』冊皇后儀には皇后受冊の儀を「皇后正殿」で行うとあるが、佐藤和彦氏はこの「皇后正殿」を両儀殿に比定しており、そうであれば図中の「殿門」は両儀門ということになろう。佐藤和彦「唐代における皇后・皇太后の冊位に関する一問題――『大唐開元礼』所見の「皇后正殿」を手がかりに――」（『立正大学大学院年報』一七、二〇〇〇年）。図1の殿舎や門の配置は、紙幅の都合上、方角・距離感を縮めて描かれているが、実際には粛章門と殿門（両儀門）の間には宣秋門があり、両儀門はさらに粛章門の北東に位置する。渡辺信一郎『天空の玉座』柏書房、一九九六年、四七頁および妹尾達彦『長安の都市計画』講談社、二〇〇一年、一二三頁の唐長安宮城・皇城図を参照。

(15)冊使には太尉、副使には司徒を任命した。

(16)給事・内謁者監はともに内侍省の役職で宦官。

(17)司言のほか、尚宮・尚服・司宝は六尚に属する女官。一章二節を参照。

(18) 原文は以下の通り。
①冊日、有司陳儀衛於宮門内外如式。②詔冊将至宮門、執礼官引受冊者、出宮門外詣拝詔位。詔冊至、執礼賛拝、受冊者再拝。③執礼引受冊者、詣宮門外之左、南向立定。賛引引冊使副・持節者前導而入、持詔・冊函案・璽綬者相次入、就位。謁者引冊使副、至門外之右、北向立。執礼賛揖、冊使副与受冊者相揖、伴行入宮庭位立定。④執礼喝、受冊者再拝、奏聖躬万福、再拝舞蹈、又再拝。⑤訖冊使称有制、受冊者再拝躬身。冊使口宣訖、副使取詔函、以授冊使。冊使奉詔函、少前南向立。受冊者進冊使之南、北向跪、受詔書、以授持函者。持函二人跪受、退立於受冊位之右稍南、北向立。受冊者興復位、冊使退復位。受冊者再拝舞蹈、又再拝、執笏跪。⑥持節者脱節衣、持冊函案者置褥位上、去函覆、訖退復位。読冊官就宣冊位、東向跪読、受冊者跪聴。宣冊訖、受冊者俛伏興、読冊官退復位、持節者加節衣、持冊還置函覆、挙冊函、以授冊使副。使副対挙、少進跪、伝受冊者。持冊函案者援衛、受冊者少前跪接授宮官。⑦訖冊使奉璽綬、伝受冊者。受冊者跪受、以授宮官、宮官持冊印者叙立於詔書之東。受冊者復位、冊使副倶復位、立定。執礼喝、受冊者再拝舞蹈、又再拝、措笏跪。⑧押物領宣頭物担過庭東入西出。受冊者再拝。⑨訖賛引引使副・持節者前導、出宮門。執礼引受冊者伴行、出門、相揖分位。
（『高麗史』巻六五礼志七嘉礼 冊王妃儀 宮庭受冊）
(19) 粛章門は前宮と後宮を分ける門であり、粛章門を入ることは後宮に入ることを意味した。楊鴻年『隋唐宮廷建築考』陝西人民出版社、一九九二年、三二五頁。
(20) 『高麗史』巻六七礼志九嘉礼 冊王子王姫儀。
(21) 『高麗史』巻六六礼志八嘉礼 冊王太子儀。
(22) 『高麗史』巻六五礼志七嘉礼 冊王妃儀 附表。
(23) 麗正宮は本来王太子の宮殿として使用される宮殿である。もと左春宮といい、一一三八（仁宗一六）年の宮闕再建時の改称によってこの名がつけられた。前掲注（11）前間論文、二〇頁参照。
(24) 『高麗史』巻六六礼志八嘉礼 冊王太子儀 附表。
(25) 『高麗史』巻六六礼志八嘉礼 冊王太子儀 朝謁。

(26) このように王妃自身が儀に参加せず代理によって進行されるということは、冊王妃儀の受冊の儀に限った事ではない。例えば、元子（長男）を生んだ后妃のもとに王から賀使が遣わされる「元子誕生賀儀」（『高麗史』巻六五礼志七嘉礼）においても、当の后妃ではない者が賀使を迎え詔書を受け取っており、儀式次第中で「受命者」と表記されている。

(27) 『世宗実録』巻一三三五礼 嘉礼儀式 冊妃儀。

(28) 慎重を期するなら、さらに高麗が冊封を受けていた遼あるいは金の礼制の影響を受けた可能性を考えておく必要があろう。両国の冊皇后儀については別に検討を加えて論じるべきであるが、ここでは本章の内容と関連する部分について述べておく。まず遼の冊皇后儀（『遼史』巻五二礼志五嘉礼上）を見てみると、受冊儀に際して、受冊殿である端拱殿に命婦が参列し、さらに皇后に対する称賀を行っている。また皇后も出御している。つまり、高麗の冊王妃儀において王妃や命婦が姿を現さないのは遼礼に倣ったわけではない。金の冊皇后儀（『金史』巻三七礼志一〇）においても明らかに皇后および内外命婦の参加が規定されており、金礼の影響とも考えられない。

(29) 『唐令拾遺』内外命婦職員令第七および封爵令第一二による。

(30) 例えば『高麗史』百官志や選挙志には、

文宗定官制、貴妃・淑妃・徳妃・賢妃並正一品。〈外命婦、公主・大長公主正一品、国大夫人正三品、郡大夫人・郡君正四品、県君正六品〉。

（『高麗史』巻七七百官志二内職）

（恭譲王）三年八月、……都評議使司上言、……文武一品正妻封小国夫人、二品正妻封大郡夫人、三品正妻封中郡夫人、母並大夫人、四品正妻封郡君、母郡大君、五六品正妻封県君、母県大君、……。

（『高麗史』巻七五選挙志三銓注 封贈之制）

といった記述があり、高麗時代に外命婦制のあったことは確実である。

(31) 例えば国王の納妃や即位儀礼などが『高麗史』礼志には載録されていない。礼志に載せられていないということがどのような意味を持つのか（あるいは持たないのか）という問題については未だ手付かずであり、今後の課題としたい。

(32) ただし、もちろん女性の参加が完全に排除されたわけではなく、「王太子納妃儀」（『高麗史』巻六六礼志八嘉礼）では婚礼の主役である王太子妃が儀式次第に登場しているし、「老人賜設儀」（『高麗史』巻六八礼志一〇嘉礼）では八〇歳以上の命婦の座が設けられ、酒食を賜っている。

（33）原文は以下の通り。

麗正宮遣使①上冊日、王将坐殿、閣《ママ》〔閤〕門引令公・宰枢・侍臣就殿庭、百官就殿門外、粛拝、左右分立。次都監員服便服、入殿庭、粛拝。訖閣《ママ》〔閤〕門引太尉・司徒及執事官就位、粛拝。②持節者立於殿左右階上、脱節衣。閣《ママ》〔閤〕使奉宣曰、太尉・司徒上殿、祗候。賛者喝、再拝。訖遂引太尉・司徒由東階就殿上両楹之南、北向、俛伏興。③枢密奉制曰、朕若稽古尊母為王太后、今遣卿等備礼物上冊者。宣訖内侍挙冊函・印宝・物状。宰枢伝奉前跪、王親伝、太尉跪受冊函、司徒跪受印宝・物状。……④訖持節者引冊・宝・物状、執事官擡挙前導出自中門、安於楼子。太尉・司徒従出。王入内。⑤進物担床前行、次行炉・茶担、次絞床・水灌子、次散・馬鞍、次紫繍大蓋・紅小蓋・延平輦、次引冊・楽官、次玉冊・印璽・物状楼子、持節、次太尉・司徒以下備儀衛動楽入自麗景門（※）。……太尉・司徒入幕次、以俟。（※亜細亜文化社版影印本〈韓国学文献研究所編、一九九〇年、底本は乙亥字印本〉では「入自景門」となっているが、他の儀礼の次第等からわかる麗正殿から大観殿へ至る道程を考慮して「入自麗景門」に改めた）。

大観殿上冊①王将御大観殿、執礼・内給事・内侍・内常侍・謁者・内謁者・典謁・典儀賛者先入殿庭分左右立。②閣《ママ》〔閤〕門引文武三品以下参以上、由東西門入庭、中心為頭、異位重行、北向立。参外員立於殿門外。引宰枢由東門入庭、次引令公・諸王入庭、倶北向東上立、祗揖侍奉。……③太后入幕、尚儀奏外弁、司言引尚宮、尚宮引太后、将坐正殿。尚服就簾内之左、西向立。司言・司宝就簾内之右、東向立。協律郎挙旗、楽作、太后坐殿、楽止。王於殿上粛拝。訖賛者喝、令公・宰枢・文武班粛拝。④閣《ママ》〔閤〕門引令公・宰枢就庭東辺、西向北上立。次都監判官以下服便服粛拝、還出。⑤引冊・両部楽官自東西門入。押冊官入自正門、引冊・宝・物状前導入殿庭之右立定。典謁引太尉以下行礼員及押冊官由東門入、粛拝。⑥訖太尉・司徒就内給事前跪称、太尉臣某・司徒臣某等承遣備物典冊。訖内給事上殿俛伏受令、下殿曰可。……⑦擡冊・持璽物状者前導升、就簾外。太尉・司徒上殿北向東上立。……⑧読冊官就位俛伏跪。太尉以下皆跪。読冊官読訖俛伏興。⑨太尉・司徒奉冊授尚宮、尚宮授司言。司徒以璽及物状授尚服、尚服授司宝。訖太尉以下降自西階還本位。⑩以延平輦及紫繡大蓋・紅小蓋・絞床・水灌子・行炉・茶担由中門入庭列立、進物過庭後還出。典謁引太尉以下行礼員随班。訖令公・宰枢横行東上北向立。⑪王於殿上行賀礼。⑫賛者喝、令公・宰枢以下再拝、訖致辞、賛者喝再拝。内給事受令称有令。賛者喝再拝。内給事宣令曰、公等推崇宝位深用感愧。賛者喝再拝。⑬戸部員及西京・溟州押物員進物状。舎人引外官持表員入殿庭、取表伝授殿府員、引出殿門外。⑭行礼訖、典儀就太后前、奏礼畢。太后降座。……王入幕。令公・宰枢・文武班遙賀、再拝、進歩致賀拝・舞拝、訖閤使引出。

（『高麗史』巻六五礼志七嘉礼 冊太后儀）

（34）『高麗史』巻六五礼志七嘉礼 冊王妃儀 臨軒発冊。

（35）高麗の常参官についてはこれを明示する史料はないが、矢木毅氏は、唐制常参官の範囲を考慮した上で「「五品以上」の官人と「供奉官」、「員外郎」、「監察御史」などは常参官に属し、さらには「閤門祇候」や「六局奉御」、「殿中内給事」などの内廷の近侍の官も常参官に属していた」と推定している。（『高麗官僚制度研究』三六二頁および第五章「高麗官僚制度の概観――外官への例調を中心に――」京都大学学術出版会、二〇〇八年）。

（36）二章の注（3）で挙げたように、近年、高麗の王妃や王太后に関する論考が相次いで上梓された。中でも王の称臣を受ける王太后の地位に関して詳論した李貞蘭《イ・ジョンナン》氏の論考は、本書と関心の重なる部分がある（「高麗 前期 太后의 理念的 地位와 '太后權' 의 根拠」〈『史学研究』一一一、二〇一三年〉）。また林恵蓮《イム・ヘリョン》氏は、高句麗や新羅、高麗では現王との母子関係という私的な関係に基づいて王の生母のみが垂簾聴政を行っていたのに比べ、朝鮮時代には、主に王室の最年長者である大王大妃が、先王の嫡妻という立場に依って垂簾聴政権を行使するようになったと論じている（「韓国史에서 摂政、垂簾聴政権의 変化 様相」〈『韓国思想과 文化』六二、二〇一二年〉）。

（37）太祖之女、生景宗・孝和太子・千秋・宝華二夫人・公主一。光宗七年、命按検奴婢弁其是非。奴背主者甚衆、陵上之風大行、人皆嗟怨。后切諫之、光宗不納。

（『高麗史』巻八八后妃伝一光宗 大穆王后皇甫氏）

（38）たとえば左の七八〇（建中元）年の皇太后沈氏（本人は安禄山の乱の際に洛陽に拉致され史思明の乱以降は消息不明）、八二〇（元和一五）年の皇太后郭氏の冊礼等。

建中元年十一月、遙尊聖母沈氏為皇太后。陳礼于含元殿庭、如正至之儀。

（『旧唐書』巻五二后妃伝下代宗 睿真皇后沈氏）

元和十五年正月、穆宗嗣位。閏正月、冊為皇太后。陳儀宣政殿庭。冊曰……。是日、百僚称慶、外命婦奉賀光順門。

（『旧唐書』巻五二后妃伝下憲宗 懿安皇后郭氏）

(39)『宋会要』礼五〇―一后妃尊号にもほぼ同じ記事がある。

(40)北宋において、この後もほぼ皇太后冊立ごとに冊礼は行われており、皇太后が受冊する殿舎などの変更はあるものの（一〇二四年の劉皇太后は外朝に属する文徳殿で受冊しているが、後にはほぼ内朝で受冊すべきとされる）、確かに一〇二四年の儀注を基本的に踏襲している。また『太常因革礼』巻八六には「新礼」（『開宝通礼』に無く、それ以降に作られた儀礼）として「皇帝上皇太后尊号冊宝」「天安殿発皇太后冊宝」「上冊宝」「内外命婦称賀」という皇太后に尊号を奉る一連の儀の次第が載せられている。これは一〇二二年に皇太后となり一〇二四年に冊礼を行った劉皇太后に対して、一〇三三年二月、更に尊号を加え応元斉聖顕功崇徳慈仁保寿皇太后とした時の儀式次第である。一〇二四年の儀注の方がやや簡略な記述になっているが、対照できる限りにおいてはほとんど同じということができる。ただし明道二年の尊号を加上した際の儀と、皇太后冊立後初めて行われた儀との関係が明白でないことから、本章では一〇二四年の儀注を専ら比較の対象とすることにした。

(41)仁宗天聖二年……十一月十三日、郊祀礼畢、帝御天安殿受冊。①百僚称賀畢、再序班。侍中奏外弁。礼儀使奏請発皇太后尊号冊宝、皇帝服承天冠・絳紗袍、以出。……礼儀使与閤門使前導皇帝、随冊宝、降自西階。……②再拝訖、太尉・司徒就受冊宝位。③皇帝搢圭跪、捧冊授太尉、太尉搢笏東向側身跪受。冊文曰、……。又捧宝授司徒、如授冊儀。④皇帝帰御幄、改常服、乗輿赴文徳殿後幄。百官班退、並赴朝堂幕次。⑤太尉・司徒奉冊宝、至文徳殿門外幄次奉安。⑥文武群官・宗室・客使並集於文徳殿。中書門下・翰林学士・両省・御史台並立於殿階下香案前。⑦侍中奏中厳・外弁。皇太后服儀天冠・袞衣以出。奏隆安之楽。行障・歩障・方団扇、侍衛垂簾。即御坐、南向。楽止。⑧太常卿前導冊案、至殿西階下、太常卿以下各帰位。典儀曰再拝、在位者皆再拝。分班東西序立。吏部侍郎押冊案、礼部侍郎押冊、升進至褥位、当御座前。⑨訖太尉跪奉冊案、稍前、中書令読冊。訖奉冊函北向進置於御座前。訖中書令・挙冊官倶降還位。太尉降階、納舄帯剣。⑩訖侍中押宝案、司徒捧宝、侍中読宝。並如読冊之儀。畢置於御座前冊之南。訖司徒・太尉詣香案前、分班東西序立。⑪尚宮詣皇帝座前、奏請皇帝詣皇太后御座前行称賀之礼。皇帝服靴袍、簾内詣皇太后御座前、奏請再拝、訖跪賀曰、嗣皇帝臣禎言、皇太后陛下顕崇徽号、昭煥寰瀛、伏惟与天同寿、率土不勝欣抃。俛伏興、又再拝。⑫尚宮詣御座、承旨、答曰、皇帝孝思至誠、貫於天地、受茲徽号、感慰良深。宣答訖、皇帝再拝、帰御幄。⑬太尉率文武百僚詣皇太后御座前、称賀。侍中承旨宣答。訖在位官倶再拝。礼畢、奏隆安之楽。⑭皇太后降座還幄次、楽止。侍中奏解厳、所司放仗。文武百僚並再拝訖退。皇帝・皇太后還内。⑮応内外命婦称賀皇太后・皇帝於内殿、在外命婦及両京留司官並奉表称賀。　（『宋会要』礼五〇―一～三后妃尊号）

原史料では冊使発遣と皇太后受冊の部分を明確に分けておらず、便宜上筆者が分割したため、番号は通し番号にしている。また、同日には圜丘祀と真宗の追号が行われたため冒頭部分が多少変則的になっているが、①の「再序班」以降が皇太后冊礼の次第とみられる。

（42）　宋の冊皇太后儀でも必ずしも皇帝が殿庭に降りて冊使に冊・宝を授けたわけではない。

是日辛丑、三省同奉聖旨、将来太皇太后受冊依章献明粛皇后故事、皇太后受冊依熙寧二年故事、皇太妃与皇太后同日受冊、皇帝於殿上発冊、令礼部・太常寺詳定儀注聞奏。　（『続資治通鑑長編』巻三九五哲宗 元祐二年二月辛丑）

右の一〇八七年の記事で哲宗は、「皇帝が殿上で発冊する形式で」太皇太后高氏・皇太后向氏・皇太妃朱氏の冊礼の儀注を作成するように命じている。

（43）　例えば、平田茂樹「宋代の垂簾聴政について」（『柳田節子先生古稀記念中国の伝統社会と家族』汲古書院、一九九三年）。

（44）　『高麗史』巻一一世家一一睿宗三年正月戊寅等。

（45）　『高麗史』巻六五礼志七嘉礼 冊太后儀の末尾には、本文で史料Bとして挙げた一〇八六年の記事に続いて次の一二〇七（熙宗三）年・一三七二（恭愍王二一）年・一三九〇（恭譲王二）年の三つの年代記が収録されている。

熙宗三年三月庚子、王御乾徳殿（※）遣使上冊宝於王太后、遂宴諸王・宰枢。

（※注〈11〉で述べたように、乾徳殿は一一三八年の宮闕再建にともなって大観殿と改称されており、ここは大観殿の誤りとみられる）。

恭愍王二十一年正月乙丑、王服黄袍遠遊冠詣太后殿、奉玉冊・金宝、上尊号曰、崇敬王太后。恭譲王二年四月乙巳、冊恭愍王定妃。王以絳紗袍・遠遊冠御大殿南、視朝、降立路台上、動楽、向北再拝、親奉冊・宝授使副、向南再拝。使副奉冊・宝出大門外、王乃入。執事皆公服、各司一員侍冊・宝進定妃殿粛拝。上尊号曰、王太妃。丙午、王以絳紗袍・遠遊冠親伝国太妃冊宝、礼与冊王太妃同。

一〇八六年と一二〇七年の間にも、本文で取上げた一一〇八年および一一四九年（『高麗史』巻一七世家一七毅宗三年正月癸卯）に冊太后儀が行われている。高宗の母である康宗妃元徳太后柳氏に関しては王太后冊礼の挙行記事を確認できないが、これを除けば、宣宗代以降事元期以前の高麗においては王太后が存命していれば冊太后儀が行われたといえる。また、一三九〇年に王太妃に冊立された恭愍王定妃は恭譲王の母ではなく、その称号も王太后ではなく王太妃であって、高麗前期と比べると変質がみられる。ちなみに昌王・恭譲王および李成桂の即位に際してはみなこの恭愍王定妃の教を奉じる形式をとっており、興味深いが、高麗末期の后妃についての考察は別稿に譲る。

(46) 鄭容淑『高麗王室族内婚研究』第二章「王室族内婚의 成立過程」・第三章「王室 族内婚의 強化와 変質」새문社、一九八八年、ソウル、および『高麗時代의 后妃』第二章「高麗 初期 王室婚姻과 異姓后妃」・第三章「高麗 王室 族内婚과 后妃」・第四章「高麗 中期 異姓后妃와 貴族家門」民音社、一九九二年、ソウル、参照。

(47) 何を以て門閥貴族とするか、またその権力が何に由来するとみるかについては未だ議論の余地が多分に残されているが、とりあえずこの用語を使用しておく。

(48)『高麗史』巻八八后妃伝一宣宗 貞信賢妃李氏・思粛太后李氏・元信宮主李氏。

(49) 保科季子「天子の好逑――漢代の儒教的皇后論――」（『東洋史研究』六一―二、二〇〇二年）および「漢代の女性秩序――命婦制度淵源考――」（『東方学』一〇八、二〇〇四年）。

(50) 島田正郎『遼朝史の研究』第九章「契丹における生母の地位」創文社、一九七九年、および木下鉄矢「朱子学の位置（三〜七）――「母権」の現実（I〜V）――」（『東洋古典学研究』八〜一二、一九九九〜二〇〇一年）。

第四章　高麗の宴会儀礼と宋の大宴

はじめに

本章では、高麗王朝で王が臣下に賜った宴会儀礼の一つである大宴を題材として取り上げ、中国、特に宋朝の儀礼との関係を視野に入れつつ考察する。こうした君主が主催する宴会儀礼は、君主と臣下の交歓の場であるのみならず、参加者や席次、およびその場で行われる行為に政治的・社会的意味が包含されていることは言うまでもない。またそこで繰り広げられる光景は、いうなれば王朝文化の髄とでも呼びうるものであって、どのような宴会儀礼が行われていたのかを把握しておくことは、絵画史料などもあまり残されていない同時代の研究上、資するところがあろう。ここで着目する大宴は、高麗で王の生日や王太后・王太子の冊立、郊祀などに際して催行された宴会儀礼である。よって年に一度以上、例年行われるものであり、かつ国に大きな慶事があった際の一連の儀式の一部を構成したことから、高麗王朝で行われた諸儀礼の中で重要な位置を占めたと考えられる。また予め述べておくと、この儀礼は宋でも催行されていたものであり、宋朝草創期に行われるようになって儀式次第が作成され、その後高麗に導入されたものであった。さらに、高麗に受容された大宴は、高麗の他の宴会儀礼の儀式次第にも影響を与えたとみられる。以下ではまず、この大宴という宴会儀礼についてその内容を復元し、中国における整備の沿革とともに理解することによって、高麗における中国儀礼の受容の様相を具体的に考察していくことにしたい。

第一節　高麗と宋の大宴

（一）　高麗の大宴

高麗王朝において、大宴とはどのような時に行われる、どのような位置づけの宴会儀礼だったのであろうか。高麗の大宴の儀式次第として現在参照できるものは、『高麗史』巻六八礼志一〇嘉礼に大観殿宴群臣儀として載録されているものである。大観殿は、開京の本闕にある常用の正衙殿で、朝会や百官の進賀・賜宴などが行われ、正式の視朝の際には王がここに出御した。一一三八（仁宗一六）年に宮闕再建にともなってこの名に改称される以前は、乾徳殿と称されていた宮殿である。この大観殿宴群臣儀の中では、侍宴者の代表が奏上する辞について、次のように記されている。

大宴。其日、……太子跪奏称、臣某等伏値某節日、聖節日則云某節日、冊太后則云聖上尊奉慈闈封崇礼畢、郊天則云郊祀礼畢、冊太子則班首云冊立儲位、臣等不勝大慶、謹上千万歳寿酒、伏候聖旨。

（『高麗史』巻六八礼志一〇嘉礼 大観殿宴群臣儀）

儀式の冒頭において、王太子が「臣某等伏して某節日に値たり……」と跪奏するが、この部分は、聖節(1)にあたって行われる大宴であれば「某節日に値たり」、王太后の冊立に際して行われる大宴であれば「聖上が慈闈(2)を尊奉し封崇する礼畢わりて」、郊天礼に際して行われるものであれば「郊祀の礼畢わりて」、王太子の冊立に際して行われる場合は王太子ではなく班首が「儲位を冊立して」と称し、続けて「臣等大慶に勝えず、謹んで千万歳の寿酒を上りたく、伏して聖旨を候つ」と奏称する、という。つまり大観殿宴群臣儀は、少なくともこれら王の誕生日や王太后・王太子等

の冊立、および郊祀に際して行われたのである。(3)

　郊祀の場合、一連の儀礼は次のような順序で進められた。すなわち、王は圜丘壇において親祭し（『高麗史』巻五九礼志一吉礼大祀 圜丘）、その後に斎宮において王太子以下扈従した群官の賀を受け（『高麗史』巻六七礼志九嘉礼 親祀円丘後斎宮受賀儀）、宮闕に還御すると儀鳳門において赦が行われ（『高麗史』巻六八礼志一〇嘉礼 親祀円丘後肆赦儀）、その後大観殿において大宴が行われた。聖節の場合は、大観殿における朝賀礼（『高麗史』巻六七礼志九嘉礼 元正冬至節日朝賀儀）の後に大宴が行われた。また前章で詳述した王太后冊立の一連の儀式を載せる『高麗史』巻六五礼志七嘉礼 冊太后儀には、麗正宮における冊使発遣、大観殿における王太后への上冊の後に、同殿で行われる宴会儀礼の次第が載せられている。この冊太后儀に記載された大観殿における宴会儀礼の次第は幾分簡略であるが、礼志一〇の大観殿宴群臣儀に相当するものである。また王太子冊立に際して行われる大宴についても、『高麗史』巻六六礼志八嘉礼 冊王太子儀の最後の項目である「王会群臣」がこれにあたる。「王会群臣」には上寿の辞が記されているのみで儀式次第は省略されているが、大観殿宴群臣儀を参照せよということであろう。

　ちなみに、大宴が世家の記事に表れる場合は概して次のような記述である。

（正月）戊寅、尊母柳氏、為王太后。翌日、諸王・宰輔・文武常参官以上進賀。賜群臣宴。
（『高麗史』巻一二世家一二睿宗三年）

また、左の一一七〇（毅宗二四）年の記事のように、寿星の出現によって大観殿で受賀し、常参官以上に賜宴が行われたという場合も、大宴が行われたと見るべきであろう。後に儀式次第で確認するが、大宴の侍宴者は文武常参官以上であるから、賜宴の対象と会場からしてこの場合も大宴が行われたとみられる。

（閏五月）丁亥、王還宮、以寿星再見、将受賀也。庚寅、御大観殿、受朝賀、仍宴文武常参官以上。

（『高麗史』巻一九世家一九毅宗二四年）

以上のように、大宴という形式の宴会儀礼は、王の生日・郊祀・王太后等の冊立のほか、寿星の出現など国に重要な慶事があった場合に催されたのである。

そしてその儀式は次のように進行された。『高麗史』巻六八礼志一〇嘉礼 大観殿宴群臣儀によって、表1の左半分に儀式次第を、図1に殿上の座次と殿庭における位次を示した。表1を簡略化して儀式の流れを記すと次のようになる。

Ⅰ、［一部］文武常参官以上の群官が入庭してまず聞辞位につき、王が座につくと、拝位につく。

Ⅱ、太子が祝詞を申し上げ、太子と上公が昇殿して王に酒盞を献ずる。

Ⅲ、群官が各々の座につき、王・群官の酒食を行う。教坊が致語、口号(4)を呈する。

Ⅳ、三盞に至ると、王と太子以下群官は退席し、休会する。この間、王と群官が花を簪す。

Ⅴ、［二部］王が座につき、再び枢密以上が昇殿して王に酒盞を献じ、回賜の盞を受ける。

Ⅵ、太子以下群官が座につき、王・群官の酒食が行われる。文武三品官あるいは三品官・侍臣が王に酒盞を献ずる。

王が便次に入り、群官も退出する。

Ⅶ、［三部］再び王太子以下群官が入庭し、王が着座する。枢密以上が王に酒盞を献じ、王と群官の酒食が行われた後、群官が殿庭におりて再拝舞蹈再拝し、退出する。

右のⅣとⅤ、ⅥとⅦとの間では、王以下参加者がいったん退座して休会し、しばらく後に再び着座して宴を再開するため、Ⅰ～Ⅳを［一部］、ⅤⅥを［二部］、Ⅶを［三部］と便宜上表現した。賜宴の対象は常参官以上であり、王太子が侍宴者の代表として祝詞を奏上し、王に酒盞を献じた後、侍宴者が着座して宴を賜る。また三盞が終わるといったん休会して王と侍宴者は冠に花を簪し、宴が再開されると王太子・諸公・宰枢が王に献盞し、王からの回賜を受けた

図１　高麗大宴：大観殿

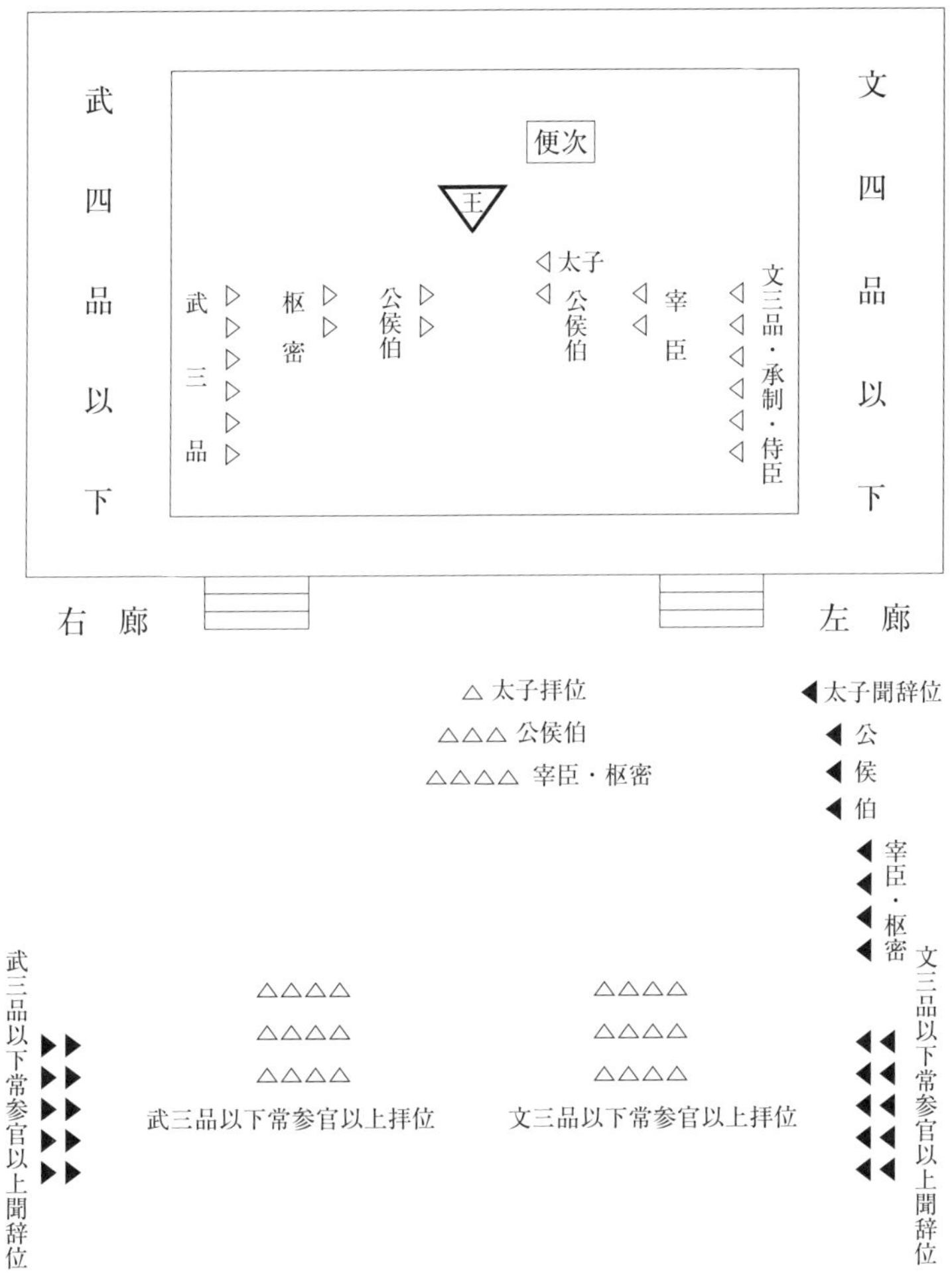
武四品以下
文四品以下
便次
王
太子
公侯伯
宰臣
文三品・承制・侍臣
武三品
枢密
公侯伯
右廊
左廊
太子拝位
公侯伯
宰臣・枢密
太子聞辞位
公
侯
伯
宰臣・枢密
武三品以下常参官以上聞辞位
武三品以下常参官以上拝位
文三品以下常参官以上拝位
文三品以下常参官以上聞辞位

表１

『高麗史』礼志　大観殿宴群臣儀	『五礼新儀』　春秋集英殿大宴儀
〈一部〉	〈一部〉
①太子・公侯伯・宰臣・枢密・文武常参官以上が聞辞位につく。	①文武官僚が集英殿庭に東西向かい合って列立する。
②王が大観殿に出御する。	②皇帝が需雲殿に出御し、閤門、内侍・管軍等の起居の後、集英殿に出御する。
③太子・公侯伯・宰臣・枢密・文武群官が拝位につく。太子が致詞する。	③群官が北向して横並びに列立する。班首が進み出て致詞する。
④太子と上公が昇殿して殿上の拝位につき、太子が「(節日の場合) 臣某等伏して某節日に値い、臣等大慶に勝えず、謹んで千万歳の寿酒を上りたく、伏して聖旨を候つ」と跪奏する。	④群官が昇殿し、集英殿の本殿・東西朶殿・廊の各々の席次につき、東西に向かい合って立つ。 ⑤殿侍が酹酒し、東上閤門官が班首以下が酒をたてまつることを奏す。殿上の臣僚が北向して横並びに列立する。
⑤太子と上公が洗所で手を洗う。酹酒（※）の後、殿中監が盞、近侍官が注子を捧げ持って先に昇殿し、太子・上公は王座の東南にいたって跪き、太子が盞、上公が注子を捧げ持って酒を酌み、奉る。王が挙盞する。太子が虚盞を受け近侍官に渡す。太子・上公が殿を降りて殿庭の拝位につき、太子以下文武群官が再拝舞蹈再拝する。	⑥班首が進み出て、御座の東に北向きに立って盤・琖を受け取り、殿中少監が琖に酒を注ぐと、酒琖を捧げ持って御座の前にいたり、躬進する。皇帝が挙酒した後、班首が進み出て御座の前にいたり、虚琖をいただき、殿上の位に戻る。群官に再拝する。
⑥太子・公侯伯・宰臣・枢密・文武三品と諸侍臣は殿上、両班四品以下は左右廊（文東、武西）の座につく。太子以下群官に茶、次に酒を賜う。王・群官の食を設ける。	⑦群官の酒を行う。その際、先に宰臣、次に百官が酒を受ける。 ⑧皇帝が二盞を挙酒し、次に群官に酒を賜う。三盞の後、皇帝・群官の食を設ける。
⑦殿中監が王に酒を進め、王が挙盞する。次に群官の酒を賜い、順に王の酒・食を進め、群官の酒・食を設ける。教坊が致語、口号を呈す。	⑨四盞の後、楽工が致語をする。五盞の後、楽工が殿上で演奏する。庭中の舞隊が致詞する。演奏の後、舞隊は退出する。
⑧三盞に至ると、王が便次に入り戴花する。太子・公侯伯・宰臣・枢密は各々の控えの幕次で、両班三品以下常参以上は殿門外で戴花する。群官が入庭し殿庭の拝位につく。	⑩東上閤門官が再開の時刻を奏し、皇帝が入御し、群官が退出する。参加者に花を賜う。宴再開の二刻前、戴花して、殿庭に北向横並びに列立する。

(※) 酒礼のはじめに酒を地面に垂らすこと。

『高麗史』礼志　大観殿宴群臣儀	『五礼新儀』　春秋集英殿大宴儀
〈二部〉 ⑨しばらくして王が再び座につくと、枢密以上は昇殿して殿上の拝位につき、太子が酒盞を献ずることを跪奏する。＊枢密以下が洗所で手を洗い王座の東南にいたり、太子は盞、公侯伯・宰臣・枢密は順に注子を捧げ持って跪いて酒を酌む。王が挙盞する。太子・公侯伯・宰臣・枢密が殿庭の拝位につき、群臣が再拝舞蹈再拝する。 ⑩別盞の回賜が伝宣され、枢密以上が昇殿し、太子が玉座の左に跪く。承制が注子、近侍官が盞を奉じて酒を酌み、太子は盞を受け、殿上東壁の太子飲位に立つ。公侯伯・宰臣・枢密も順に盞を受け、王座に向かって揖し、飲む。 ⑪太子以下群官が座につくと、群官に酒盞を賜う。また侍立員将・両部楽官に花・酒、把門軍人に酒・果を賜う。王の酒・食を進め、群官の酒・食を設ける。以後、三品あるいは三品・侍臣が⑨の＊以下のように王に酒盞を献ずる。 ⑪王旨があれば、近侍官が王に湯薬を進め、群官に薬を賜う。おわると王は便次に入り、太子・公侯伯・宰臣・枢密も各出て幕次につき、群官も退出する。 〈三部〉 ⑬しばらく後、太子・公侯伯・宰臣・枢密と群官が入庭し、殿庭位につく。王が再び座につく。太子・公侯伯・宰臣・枢密が昇殿し、酒盞を奉ることを請う。王旨があれば近侍官が酒を進める。 ⑭太子・公侯伯・宰臣・枢密・群官が殿庭の拝位につき、太子が致辞し、太子以下群官が再拝舞蹈再拝する。王が入御し、太子以下の文武群官は順に退出する。	〈二部〉 ⑪皇帝が出御する。群官・軍官・教坊等が賜花を謝す。 ⑫群官が昇殿し各々の席次につく。 ⑬皇帝が挙盞し、楽工・舞隊の演奏が行われる。四盞行う。 ⑭班首以下群官が殿を降り、北向して横並びに列立し、再拝舞蹈再拝して退出する。東上閤門官が宴の終了を奏し、皇帝が座を降りる。

後、侍宴者が着座して酒食を賜ることになっている。

なお王は大宴に際し、元旦・冬至・節日の朝賀や宣赦、八関会や燃灯会大会等の場合と同じく、赭黄袍という君主としての服を着して臨んだ。

毅宗朝詳定。凡正至・節日朝賀、大観殿大宴、儀鳳門宣赦、奉恩寺謁祖真、八関会、燃灯大会、祈穀円丘出宮、王太子納妃醮戒、冊王妃・王太子臨軒発冊、服赭黄袍、燃灯小会則服梔黄衣。

（『高麗史』巻七二輿服志一冠服 視朝之服）

ではそもそも高麗において、聖節・郊祀・王太后等の冊礼など、重要な慶事に際して右のような宴会儀礼が行われることになった、その起源はどこに求められるのであろうか。この疑問を解くためには、まず中国の関連儀礼を把握しておかなければなるまい。項を改めて検討することにしたい。

（二）　宋の大宴

はじめにも述べたように、大宴は宋朝で行われていた。左の『宋史』の記事では大宴の開催機会について端的に説明している。

宋制、嘗以春秋之季仲及聖節、郊祀・籍田礼畢巡幸還京、凡国有大慶皆大宴、遇大災・大札則罷。天聖後、大宴率於集英殿、次宴紫宸殿、小宴垂拱殿、若特旨則不拘常制。

（『宋史』巻一一三礼志一六嘉礼四宴饗）

宋制では、春秋の季仲月と聖節、(5)郊祀や籍田の礼を終えて還京した際など、国に大きな慶事があれば大宴を行うことになっていたという。また、天聖年間（一〇二三～三一）以降は基本的に集英殿で催されたとある。

宋の大宴の儀注で現在参照できるものとしては次のようなものがある。まず北宋初期と考えられる年代を記さない簡略なもの一件があり、また一一〇九（大観三）年に儀礼局によって春秋季仲月の大宴の儀注が「集英殿春秋大宴儀」として上奏され、『宋史』に抄録されている（『宋史』巻一一三礼志一六嘉礼四宴饗）。そして一一〇九年の「集英殿春秋大宴儀」を参考に礼官が整理したものが、一一一三（政和三）年に成立した『政和五礼新儀』巻一九九に同名でおさめられている。[6] さらに南宋に入り、一一四三（紹興一三）年に若干の修正を加えられた儀注が『宋会要』礼四五に存する。また官製の儀注とは性格が異なるが、『東京夢華録』巻九には徽宗の誕生日（天寧節）に際して行われた大宴について記され、より生き生きとした描写がなされており、また『夢粱録』他にも関連史料がある。

以下ではこれらの儀注と関連史料を用い、宋朝で挙行された大宴がどのようなものであったのか、またいつ頃成立したのか検討していくが、まず取り上げたいのが左の宋建国期の記事である。これらの記事によれば、大宴という形式の宴会儀礼が行われるようになり、儀式次第が定められたのは北宋のごく初期の段階であったとみられる。それは一つには、春秋・聖節および郊祀後の大宴が、全てこの時期に始められていることが確認されるからである。『続資治通鑑長編』の記事によってみてみよう。

（二月）辛卯、大宴於広徳殿。凡誕節後択日大宴、自此始。

（八月丙戌）広政殿大宴。自是大宴皆就此殿。上以長春節在二月故、毎歳止設秋宴。

（『続資治通鑑長編』巻一太祖　建隆元年）

九六〇（建隆元）年二月、太祖の生日に際し広徳殿において大宴が行われ、この時から誕節後に大宴を行うことが始められた。そして同年八月に広政殿[7]において秋の大宴が行われ、これ以降大宴はみな同殿で行われたという。春の季仲月（二・三月）に行う春宴は、太祖の誕生日である長春節の大宴と時期が重なるため太祖代には行われず秋宴のみが設けられ、太宗の九七八（太平興国三）年三月になってはじめて行われている。[8] さらに左の史料で述べられているように、九六三（乾徳元）年一一月には、南郊で祭祀が行われた後に広徳殿において大宴が行われ、これは飲福宴と呼ばれて、以後恒例とされた。

（十一月）壬申、以南郊礼成、大宴広徳殿。号曰飲福宴、自是為例。（『続資治通鑑長編』巻四太祖 乾徳元年）

このように、聖節と（春）秋、郊祀後の大宴は、宋朝草創期の九六〇年および九六三年にはじめられ、恒例とされているのである。

また、さきほど述べた北宋初期と考えられる簡略な儀注も、大宴の成立を考える上で重要である。これは『文献通考』巻一〇七王礼考二・『宋朝事実』巻一二儀注二・『宋史』巻一一三礼志一六嘉礼四宴饗に載録されているもので、『文献通考』の記事をもってその大体を示すと次のようである。

御賜宴之儀。宋朝、常以春秋之季仲月及誕聖節択日、（ア）大宴群臣於広徳殿。（イ）有司預於殿庭設山楼……設御茶床[9]、酒器於殿東北楹間、群官盞斝於殿下幕屋。（ウ）分設宰相・使相・三師・三公・参知政事……坐於殿上、文武四品以上・知雑御史郎・中郎将・禁軍都虞候、坐於朶殿、余升朝官・諸軍副都頭以上・諸蕃進奉使・諸道進奉軍将以上、分坐於両廊……。（エ）其日、枢密使以下先起居訖、当侍立者升殿、宰相率百官入。宣徽・閤門通喚[10]。致詞訖、宰相升殿進酒、各就坐。……中飲更衣、賜花有差。宴訖、舞蹈拝謝而出。

（『文献通考』巻一〇七王礼考二、傍線部については二節〈二〉で言及する）

宋朝では常に春秋の季仲月及び誕聖節に際して日をえらび、（ア）群臣に広徳殿で大宴を賜う。（イ）有司は予め殿庭に山楼を設け……茶酒器を殿の東北の楹間に、群官の盞・酒器を殿下の幕屋に設ける。（ウ）宰相・使相・三師・三公・参知政事……は殿上に坐し、文武四品以上・知雑御史郎・中郎将・禁軍都虞候は朶殿（挾殿）に坐し、その他の升朝官・諸軍副都頭以上・諸蕃進奉使・諸道進奉軍将以上は、両廊に分かれて坐す……。（エ）当日、枢密使以下が起居し終わった後、皇帝に侍立する者は升殿し、宰相が百官を率いて入庭する。宣徽・閤門使が通喚し、賀詞の奏上が終わると、宰相が升殿して皇帝に酒を進り、各人は坐に就く。……宴の途中で皇帝が更衣し、また参加者に差等をつけて花を賜う。宴がおわると舞蹈拝謝して退出する。

右のように、『文献通考』の記述の内容は、（ア）広徳殿で大宴を行うこと（イ）山楼や酒器などの陳設（ウ）参加者の座次（エ）当日の儀式次第、で構成されている。なお『宋朝事実』は（ア）（ウ）（エ）、『宋史』は（イ）（ウ）（エ）の部分のみを収録しており、『宋史』の記述は他の二つと若干異同がある。さて、ここで注目されるのが、（ア）「群臣を広徳殿に大宴す」という部分である。というのも、広徳殿は九六四（乾徳二）年一〇月に崇政殿と改称されるから、[11]右の儀注は九六〇年から九六四年の間に作られたものと考えられるのである。先に述べたように聖節の大宴が九六〇年二月、（春）秋の大宴が同年八月、郊祀後の大宴が九六三年にはじめられているのであるから、この儀注は九六〇～四年の間に行われた聖節・秋宴・郊祀後のいずれかの大宴に際して作成されたものであることは疑いない。さらに一歩進んで、宋朝大宴の嚆矢である九六〇年二月の太祖生日の大宴にあたって儀式次第が定められ、こうして伝存したものであろうと推測することも可能であろうと思う。

では、このように宋建国期に儀注が作成され恒例化した大宴は、どのような宴会儀礼だったのであろうか。右の『文献通考』の儀注は簡略なもので儀式次第の詳細を追うには適さず、また一一〇九年以降の儀注は比較しうる限りあまり変化がみられないため、最も内容の豊富な『政和五礼新儀』巻一九九集英殿春秋大宴儀の次第を用いて検討してみよう。高麗の大宴の場合と同様に、前掲**表1**の右側に儀式次第を、**図2**に殿上の座次を示した。儀式の流れを簡略に記すと次のようになる。

i、［一部］群官が集英殿庭の東西に分かれ向かい合って列立する。皇帝が集英殿に出御すると、北向き・横並びに列立する。

ii、班首が祝詞を申し上げた後、群官は昇殿してそれぞれの席次について立つ。班首が皇帝に酒盞を献ずる。

iii、皇帝・群官の酒食を行う。楽工・舞隊の致語、演奏が行われる。

iv、五盞の後、皇帝が入御し、群官が退出する。参加者に花を賜う。各々花を簪す。

v、[二部]皇帝が出御し、群官が各々の座について宴が再開され、四盞まで行った後、群官が殿庭に降りて再拝舞蹈再拝し、退出する。

このようにして宋の大宴の儀式次第や参加者の座次等を見てみると、一見して前節でみた高麗の大宴との類似性が目に付く。が、両者を対照させる前に、右のivにみられる簪花について確認しておきたい。これは高麗の大宴の次第Ⅳでもみられるが、先行研究[12]ですでに論究されている元会のような宴会儀礼では見られないものであり、どのような花を賜い、簪したのか、紹介しておく必要があろう。この簪花は、大宴の光景を想像する際には外せない要素である。

関連する史料として次のものが参考になる。まず『宋史』輿服志には、

簪戴。幞頭簪花、謂之簪戴。中興、郊祀・明堂礼畢回鑾、臣僚及扈従並簪花、恭謝日、亦如之。大羅花以紅・黄・銀紅三色、欒枝以雑色羅、大絹花以紅・銀紅二色。羅花以賜百官、欒枝卿監以上有之、絹花以賜将校以下。太上両宮上寿畢、及聖節、及錫宴、及賜新進士聞喜宴、並如之。

（『宋史』巻一五三輿服志五諸臣服下）

中興、すなわち南宋になってから、郊祀や明堂の儀礼を終えて還御する際には、臣僚・扈従者は幞頭に花を簪したと述べられている。そしてその花について、大羅花は紅・黄・銀紅の三色の羅（うすぎぬ）、欒枝は様々な色の羅、大絹花は紅・銀紅二色の絹で作り、羅花は百官、欒枝は卿監以上、絹花は将校以下に賜ったとある[13]。またこれは皇帝が太上皇帝・皇太后に長寿の賀を申し上げる礼や、聖節、賜宴、および新及第進士に賜う聞喜宴の際にも同様であったと

図２　宋大宴：集英殿

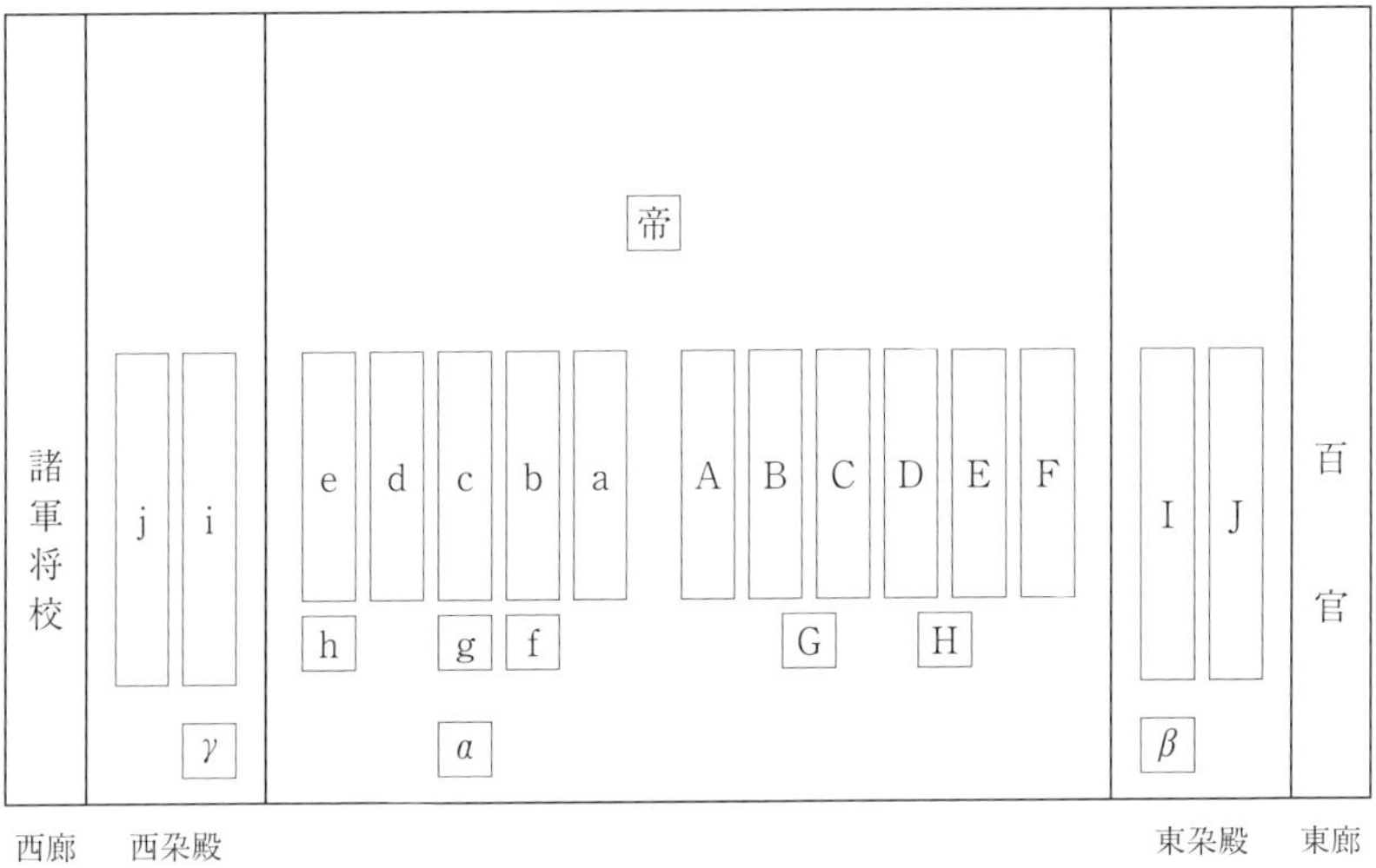

a　親王・使相
b　枢密
c　節度使
d　節度観察使・留後観察使
e　廂都指揮使・軍都指揮使
f　太尉
g　左右金吾衛・左右衛・諸衛上将軍
h　防禦使・団練使・刺使
i　宗室・遙都団練使以上・外官大将軍以下
j　都虞候

α　大遼使
β　夏国使
γ　高麗・交州使

A　三公・三少・左輔・右弼　太宰・少宰
B　門下中書侍郎・尚書左右丞
C　特進・観文殿大学士・太子三少・観文殿学士・資政殿大学士・六曹尚書・金紫銀青光禄大夫・光禄大夫・翰林学士承旨・翰林学士・資政殿学士・端明殿学士・左右散騎常侍
D　開封尹・六層侍郎・直学士
E　宣奉・正奉・正議・通奉大夫・大司成・太子賓客・詹事・給事中・中書舎人・通議大夫・左右諫議大夫・待御太中大夫・太常卿・大司楽・宗正卿
F　廂都指揮使・軍都指揮使
G　太子三師
H　中丞
I　秘書監以下
J　都虞候

しているから、大宴において賜う花は右のようなものであったと解してよかろう。ただし、「南宋になってから、郊祀や明堂の儀礼がおわって還御する際には、臣僚・扈従者は幞頭に花を簪した」とあるものの、北宋期からこうした例は見えているので(14)、必ずしも南宋以降というわけではない。

もう一つ、やや長いが『夢粱録』には次のような関連記事がある。

毎歳孟冬例。於上旬、行孟冬礼、遇明禋、行恭謝礼。……詣景霊宮、行恭謝礼。礼成、就西斉殿、賜平章・執政・親王・百官宴。盞次・食品、並如朝会・聖節。……伝宣、賜群臣以下簪花。従駕衛士・起居官・把路軍士等人、並賜花。検会、嘉定四年十月十九日、降旨、遇大朝会・聖節大宴及恭謝・回鑾、主上不簪花。又條具、遇聖節・朝会宴、賜群臣通草花、遇恭謝親饗、賜羅帛花。且臣寮花朶、各依官序賜之。宰臣・枢密使、合賜大花十八朶・欒枝花十朶。枢密使・同簽書枢密院事、賜大花十四朶・欒枝花八朶。敷文閣学士、賜大花十二朶・欒枝花六朶。知閣官・係正任承宣・観察使、賜大花十朶・欒枝花八朶。正任防禦使至刺史、各賜大花八朶・欒枝花四朶。横行使副、賜大花六朶・欒枝花二朶。待制官、大花六朶・欒枝花二朶。横行正使、賜大花八朶・欒枝花四朶。武功大夫至武翼、賜大花六朶。正使皆欒枝花二朶、帯遙郡、賜大花八朶・欒枝花二朶。閤門宣賛舎人、大花六朶、簿書官、加欒枝花二朶。閤門祇候、大花六朶・欒枝花二朶。枢密院諸房・逐房副使・承旨、大花六朶。大使臣、大花四朶。諸色祇応人等、各賜大花二朶。自訓武郎以下武翼郎以下并帯職人、並依官序賜花、簪。

（『夢粱録』巻六十月孟冬行朝饗礼遇明禋歳行恭謝礼）

孟冬一〇月の上旬には毎年景霊宮で朝饗礼が行われるが、明堂祀の年にあたれば恭謝礼を行い、この恭謝の礼が終わった後に西斉殿において百官に宴を賜る。傍線部ではこの恭謝礼後の宴において百官に賜う花の本数について詳しく記している。恭謝礼後の宴の酒盃の次第や料理はみな聖節の大宴と同じであったとあるから、賜花の本数なども共通していたと思われる。傍線部をみると、宰臣・枢密使は大花一八本と欒枝花一〇本、枢密（副）使・同簽書枢密院事は大花一四本と欒枝花八本、敷文閣学士は大花一二本と欒枝花六本……という具合に、官職によって花の本数が決められていたことがわかる。[15]『宋史』輿服志では大羅花と大絹花の別が記されていたのに対し、こちらではただ大花となっており区別がよくわからないが、要するに、羅・絹製の造花を大量に作り、官職に応じて本数に差等をつけて賜い、それを幞頭に簪したのである。

紅や黄など色とりどりの花を簪し百官が集った様子は、たいそう華やかで壮観であったに違いない。このような賜花が行われる宴会を、当時、花宴と呼んでいる。[16]ここで再び、先ほど『文献通考』から引用した北宋初期の儀注を振り返ってみると、（エ）の大宴当日の儀式次第を記した部分に「花を賜うこと差有り」とある。創成期の大宴からすでに参加者への賜花が行われていたことが確認できる。

（三）　宋の大宴を通してみた高麗の大宴

（一）（二）では、中国側の史料の検討によって大宴という宴会儀礼の起源を明らかにし、かつ高麗と宋の大宴についてそれぞれ『高麗史』礼志の大観殿宴群臣儀と『政和五礼新儀』の集英殿春秋大宴儀の次第を中心に儀式を復元、概観してきた。これまでの検討からも高麗が宋の大宴を導入したことは明らかであり、双方の儀式はよく似通っているといえよう。しかし全く同じというわけではなく、次のような相違点も見られる。以下、前掲の**表1**および**図1・2**を適宜ご参照いただきたい。

ア．宋の大宴では、皇帝に対する献盞ははじめに班首（＝宰相）[17]が一度行うのみであるのに比べ（**表1右**⑥）、高麗では、はじめに王太子が献盞を行った後（**表1左**⑤）、［二部］において王太子・公侯伯・宰臣・枢密（**表1左**⑨）、さらに文武三品あるいは侍臣以上による献盞があり（表1左⑪）、宰枢以上には酒盞が回賜される（表1左⑩）。

イ．宋の大宴では、群官が昇殿して座次に就いた（表1右④）後に、班首が献盞する（表1右⑤⑥）のに対し、高麗の大宴では、王太子・上公が献盞した（表1左④⑤）後に、群官が昇殿して座次に就く（表1左⑥）。すなわち宋では群官が昇殿した状態で班首が皇帝に献盞し、おわると殿上で再拝するのに対し、高麗では群官が殿庭に列立した状態で太子・上公が昇殿して献盞し、殿庭におりて再拝舞蹈再拝することになっている。

ウ．儀式次第の構成はほとんど共通しているが、宋の大宴では五盞の後に一度休会し、しばらく後に宴を再開してさらに四盞を行って終了するのに対し、高麗の大宴は三盞の後に一度休会し、宴を再開してさらに五盞を行った後、もう一度休会をはさんで、都合［三部］まで行なって終了となる。

ア．に挙げたように、高麗では［二部］において王太子以下宰枢、さらに両班三品あるいは侍臣以上の者に王座の前にすすみ献盞する機会がもうけられており、かつ宰枢以上は王の座前で近侍官を介し酒盞の回賜を受けた。これは宋の大宴では行われておらず、高麗で付加されたものということになり、王太子以下両班三品あるいは侍臣以上と王との紐帯を強化、顕示するものであると同時に、宰枢以上の特権性が表現されているとみることができよう。また高麗では王に献盞をする際、献盞者は事前に洗所におもむき洗手することになっているが（表1左⑤⑨）、こうした行為は宋の宴会儀礼で皇帝に献盞を行う際には行われないものである。

イ．ウ．の相違点については現時点でその意義を追及することはできないが、ウ．のような違いが見られることは、高麗における中国儀礼の導入姿勢を考える上で興味深い。何盞の後に休会するか、何回休会するか、などということは、宋の何らかの儀注を参照したにしろ、使臣等の見聞によって儀式の次第が伝えられたにしろ、それほど誤伝しようのないことであろう。[18]にもかかわらずこのようにオリジナルである宋の儀式次第を改変した意義がどこにあるのか、俄かには答えを見出しがたい。あるいは、高麗において必ずしもこの宴会儀礼の忠実な模写を企図して注意を払っていたわけではないことを示しているのかもしれない。この事例のみをもって推論できることはないが、高麗人の中国儀礼導入に対する意識を考察しうる一事象として書きとめておきたい。

宋と比較すれば、参加者の数や儀場の面において、高麗の方がはるかに小規模であったことはいうまでもない。しかしそうした当然の相違のほかにも、右のように、高麗は宋の大宴を土台としながら部分的にアレンジを加えて儀式次第を作成し、催行していた。中国儀礼導入時におけるこうした変更は、先に三章でみた后妃の冊立儀礼においても見られたものである。ところで、このように高麗に導入された大宴は、高麗における他の宴会儀礼の次第にも影響を及ぼしたようである。『高麗史』礼志には、大宴と類似した儀式次第をもつ宴会儀礼が存在している。それが燃灯会・八関会に際して宮中で行われる宴会儀礼であるが、次節ではその分析を通して、大宴という宋の宴会儀礼が高麗儀礼に及ぼした影響についてより具体的な考察を試みたい。

第二節　高麗の宴会儀礼における大宴の影響

燃灯会と八関会は高麗時代に行われた最も重要な年中行事の一つである。燃灯会の期日は基本的に二月一五日[19]、都開城の八関会は一一月一五日であった[20]。その思想的根拠に関しては、九四三（太祖二六）年のこととして記録されている所謂太祖訓要十条[21]の第六項に

夏四月、御内殿、召大匡朴述希、親授訓要曰、……其六曰、朕所至願、在於燃灯・八関。燃灯所以事仏、八関所以事天霊及五岳・名山・大川・龍神也。

（『高麗史』巻二世家二太祖二六年）

とあり、これによると、燃灯会は仏教、八関会は天霊や各地の神・龍神等を祀る土俗的信仰によるものであるという。ただし八関会については、例えば次の『高麗史節要』九一八（太祖元）年の記事では、太祖が仏教の力をかりて国家を安治していることに感謝し、泰封の仲冬八関斎を引き継いで八関会を設け、これ以後恒例となったことが記されており、

十一月、設八関会。有司言、前王、毎歳仲冬大設八関斎、以祈福、乞遵其制。王曰、朕以不徳、獲守大業、盍依仏教、安輯邦家。遂於毬庭、置輪灯一所、香灯旁列、満地光明徹夜、又結綵棚両所、各高五丈余、状若蓮台、望之縹緲、呈百戯歌舞於前、其四仙楽部、龍・鳳・象・馬・車・船、皆新羅故事、百官袍笏行礼、観者傾都、昼夜楽焉。王御威鳳楼、観之、名為供仏楽神之会、自後歳以為常。（『高麗史節要』巻一太祖元年）

この八関会の記録に見られる輪灯・香灯や蓮台形の綵棚の設置などは仏教的要素と見られようし、また「供仏楽神の会」と名付けたということからも、八関会の思想的根拠として仏教が重要な位置を占めていたと考えられる。また一方では次に挙げる一一六八（毅宗二二）年の記事に見られるように、八関会が新羅以来の仙風を反映したものであると言及されることもある。

（三月）戊子、御観風殿、下教曰、……一、遵尚仙風。昔新羅仙風大行、由是龍天歓悦、民物安寧。故祖宗以来、崇尚其風久矣。近来両京八関之会、日減旧格、遺風漸衰。自今八関会、預択両班家産饒足者、定為仙家、依行古風、致使人天咸悦。（『高麗史』巻一八世家一八毅宗二二年）

これらの諸史料が示すように、八関会はあくまで融合的な信仰に基くものと考えておくべきであろう。三品彰英氏は嘗て八関会を民族的収穫祭と表現したが、この理解は的を射ていると思われる[22]。このように燃灯・八関会はそもそも儒教的な行事ではなかったから、成宗代（九八一～九七）に中国礼制の積極的な導入が図られた際には一時廃止され

ている。[23] しかし一〇一〇（顕宗元）年にはともに復活し、その後もほぼ高麗時代を通じて継続された。
また奥村周司氏は、『高麗史』礼志に載録された燃灯会・八関会の儀式次第中、祭祀的な要素としては王による太祖像や太祖真影への拝謁が記されているのみであって、太祖信仰がその要となっていることを指摘している。[24]『高麗史』礼志の儀式次第は基本的に支配層を対象としているから、融合的な信仰を背景とした民族的年中行事である燃灯・八関会に際して国王が支配層を対象に催行した儀礼は、太祖崇拝を中核に据えたものであった、と理解することができよう。

本節では、以上のような性格を有する燃灯会・八関会の際に高麗王が主催した宮廷行事のうち、宴会儀礼の部分に着目し、まずその内容を復元する。そして、それを大宴と対照し、両者の関係を明らかにすることによって、『高麗史』礼志に載せられた燃灯・八関の宮廷宴会儀礼の本質を理解するとともに、高麗における宋の大宴の導入時期および導入方法についても検討を加えることとしたい。

（一）燃灯・八関会の宴会儀礼と大宴の関係

燃灯会と八関会に際し国王が主体となって行う一連の儀礼の儀式次第は、『高麗史』巻六九礼志一一嘉礼雑儀にそれぞれ上元燃灯会儀・仲冬八関会儀として収録されている。上元燃灯会儀によって燃灯会の国王主催行事を概観すると、まず小会の日（一四日）、庭に灯籠や彩山などを設けた康安殿の便次に王が出御して、承制・閤門員、宿衛官や殿中省・六尚局員らといった行事官や近侍・護衛の官の拝礼を受け、百戯雑伎や教坊楽等を観賞する（＝便殿の礼）。その後、王は太子・公侯伯・宰臣・枢密・侍臣の拝礼を受け、輦に乗って奉恩寺に向かう。泰定門にいたると文武群官が拝礼して扈従し、奉恩寺に到着すると、太祖真殿において太祖像[25]に拝礼・酌献を行い、康安殿に還御する。そして翌日大会の日には、前日と同じく便殿の礼を行った後、康安殿において宴会儀礼が行われる。この燃灯会大会の宴会が、本節で大宴の儀式次第との関連を考察する宴会儀礼である。会場となった康安殿は王が起居する常用の便殿であった。(26)

仲冬八関会儀も、燃灯会の場合と同じく小会（一四日）と翌日の大会から成る。また仲冬八関会儀によって八関会の国王主催行事を概観すると、小会の日には宮居の正門である儀鳳門の楼において王が太祖の真影に拝礼、酌献し、その後王太子以下群官の朝賀と献寿を受け、酒食・楽等を賜う宴会儀礼が行われる。翌日の大会の日も王が儀鳳楼に出御し、酌献・行香を行った後に、太子以下群官の起居・献寿、宋商人や耽羅人らの朝賀を受け、酒食・楽等を賜う宴会儀礼が行われる。小会の日と大会の日の宴会儀礼は、小会では群官の朝賀が行われるが大会では起居が行われること、大会では外国人の朝賀が行われること、大会では献花・賜花が行われることを除いて、ほとんど同じ次第で行われる。ここでは燃灯会とともに大会の日の宴会儀礼について詳察するため、両儀式次第を要約して表2に示し、燃灯会大会の宴会儀礼の座次・位次を図3、八関会のものは図4に作成した。以下、これらの図・表を参照しながら論を進めていくこととする。

燃灯会では康安殿、八関会では儀鳳門東殿の前に浮階（臨時に設置される桟敷のようなものであろう）が設けられ、ここには主に枢密・侍臣の座が置かれる。八関会の図4Aは会場となった儀鳳門前の毬庭の全体図であり、このうち儀鳳門東殿とその前の沙墀の部分を拡大し、東殿・浮階の座次と、沙墀の閤辞位・拝位、および浮階上の拝位を描き入れたものが図4Bである。

この表2および図3・4を用い、燃灯会大会と八関会大会の宴会儀礼を比較対照することによって、次のような両者の関係を読み取ることができる。図3・4を見比べても明らかに燃灯会宴会の方が小規模であるが、儀式次第によって、侍衛の官や行事執事官といった人々を除いた主な侍宴者をみてみると、燃灯会の宴会儀礼では王太子・公侯伯・枢密・

侍臣、八関会では王太子以下群官および外国人等である。その座の配置をみると、燃灯会宴会（図3）の参加者の座は、八関会（図4B）の殿上および浮階の上・中階の部分に相当し、ちょうど八関会（図4A）で同楽亭・左右廊に坐す宰臣と文武三品官以下が燃灯会には参加していないことがわかる。さらに表1で儀式次第を比較すると、右側の八関会大会の儀式次第から、③外国人朝賀と、⑩の中の宰臣と文武三品官以下への賜花酒という燃灯会大会には参加しない人々に関する部分、および［四部］で再度行われる太子・公侯伯・宰臣・枢密の献花酒と王からの回賜を除くと、そのまま燃灯会宴会の儀式次第に相当する。つまり、礼志所載の燃灯会大会と八関会大会の宴会の儀式次第の構成は根本的に共通するものであり、燃灯・八関自体の起源や思想的根拠は不明な点もあり同一とは看做されないが、その期日に宮中行事として国王が主催する宴会儀礼は、右のようないうなれば相似的関係にあった。

このことをふまえ、次に表2右・図4によって八関会大会の宴会儀礼を確認しながら、前節で考察した高麗の大宴（表1・図1を参照）と対照してみよう。すると、両宴会儀礼の次第を左の(1)～(10)のように整理することができる。（各項末尾の（八①／大①）は、表2右八関会の①、表1左高麗大宴の①に相当することを示す）。

(1)　王が出御し、侍宴者が拝位につく。王太子が祝詞を奏上し、寿酒を献ずることを請う。（八①／大②③④）

(2)　太子・上公が手を洗い、王に献盞する。（八②／大⑤）

(3)　宋商等の外国人朝賀が行われる（八③）※大宴では行われない。

(4)　王と侍宴者の酒食を設ける。（八④／大⑥⑦）

(5)　王が便次に入り休会する。宴再開の後に太子・公侯伯・枢密が花・酒を献ずる。（八⑤⑥⑦）／※大宴では、休会の間に各々花を簪し、再開後、太子・公侯伯・宰臣・枢密が王に酒盞を献ずる。（大⑧⑨）

(6)　太子・公侯伯・枢密に王から花・酒・薬・果が回賜される。[27]（八⑧⑨）／※大宴では太子・公侯伯・宰臣・枢密

図３　燃灯会大会宴会：康安殿

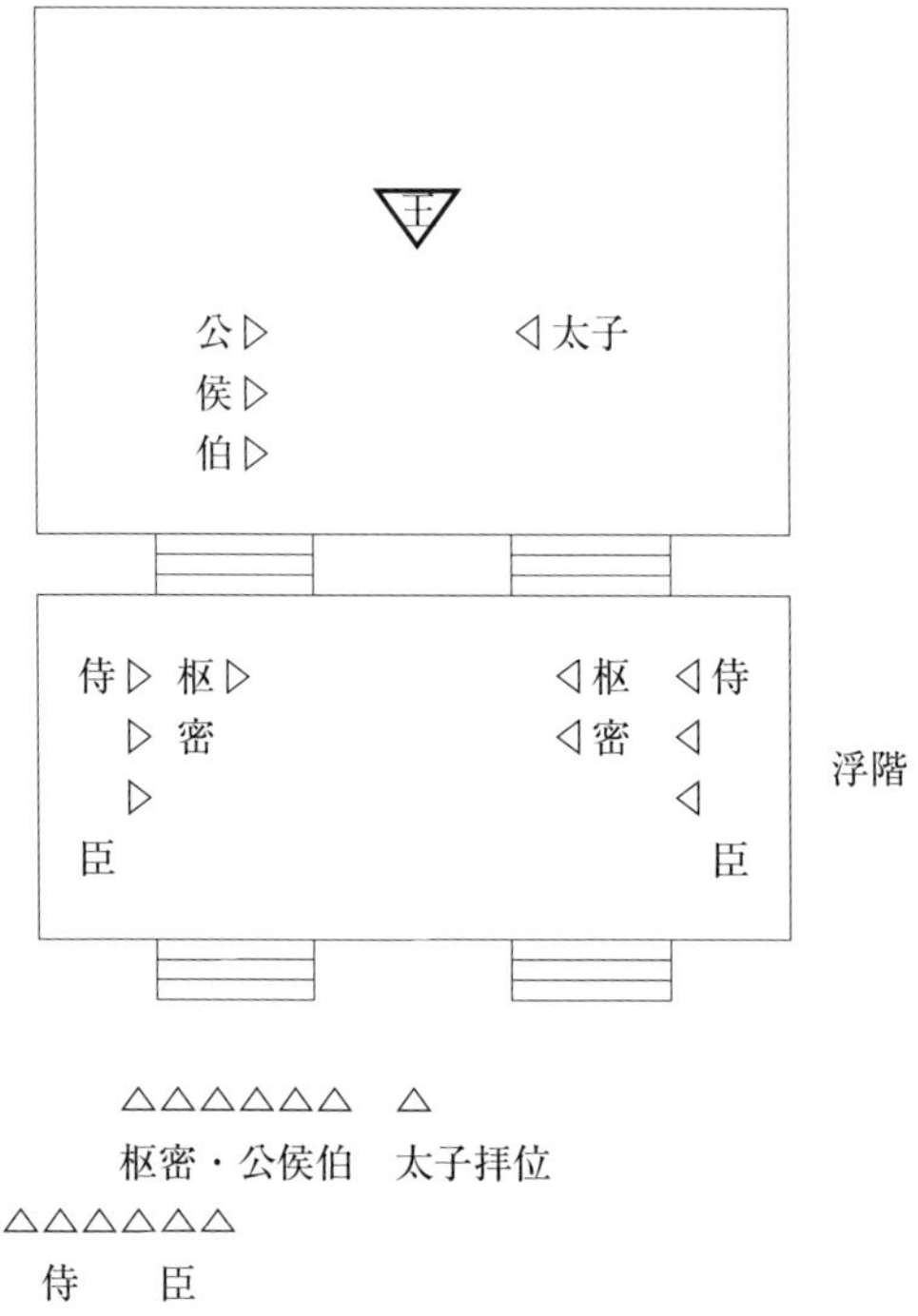

図４A　八関会大会宴会：毬庭

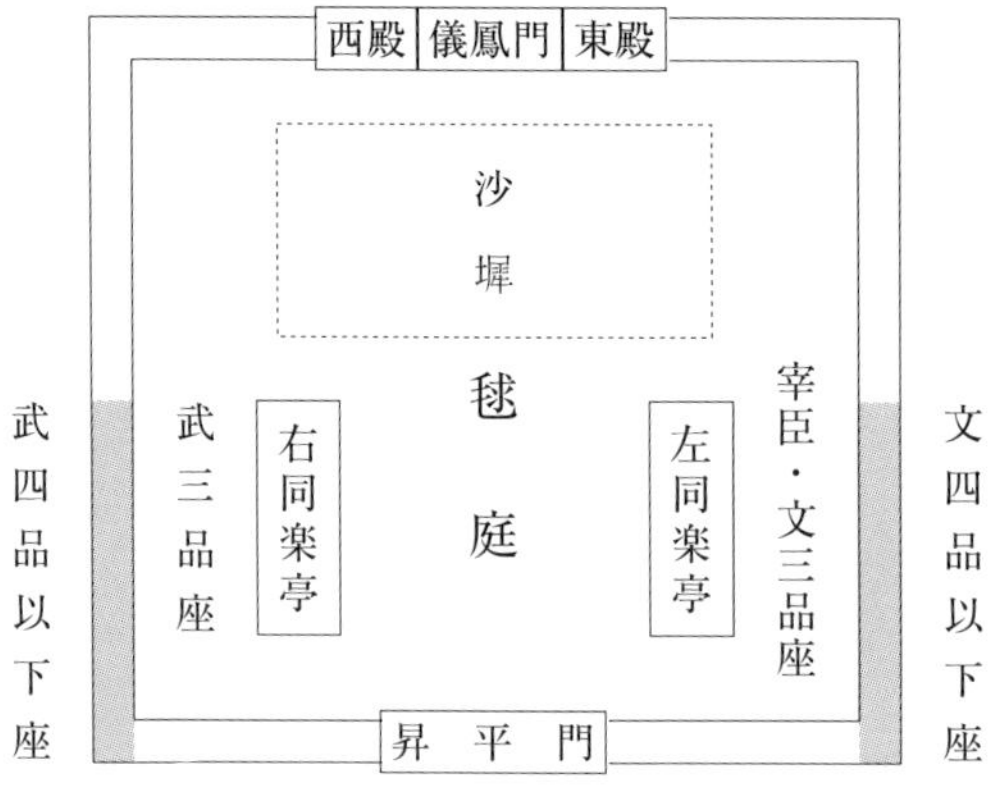

図4B　八関会大会宴会：儀鳳門東殿・浮階・沙墀

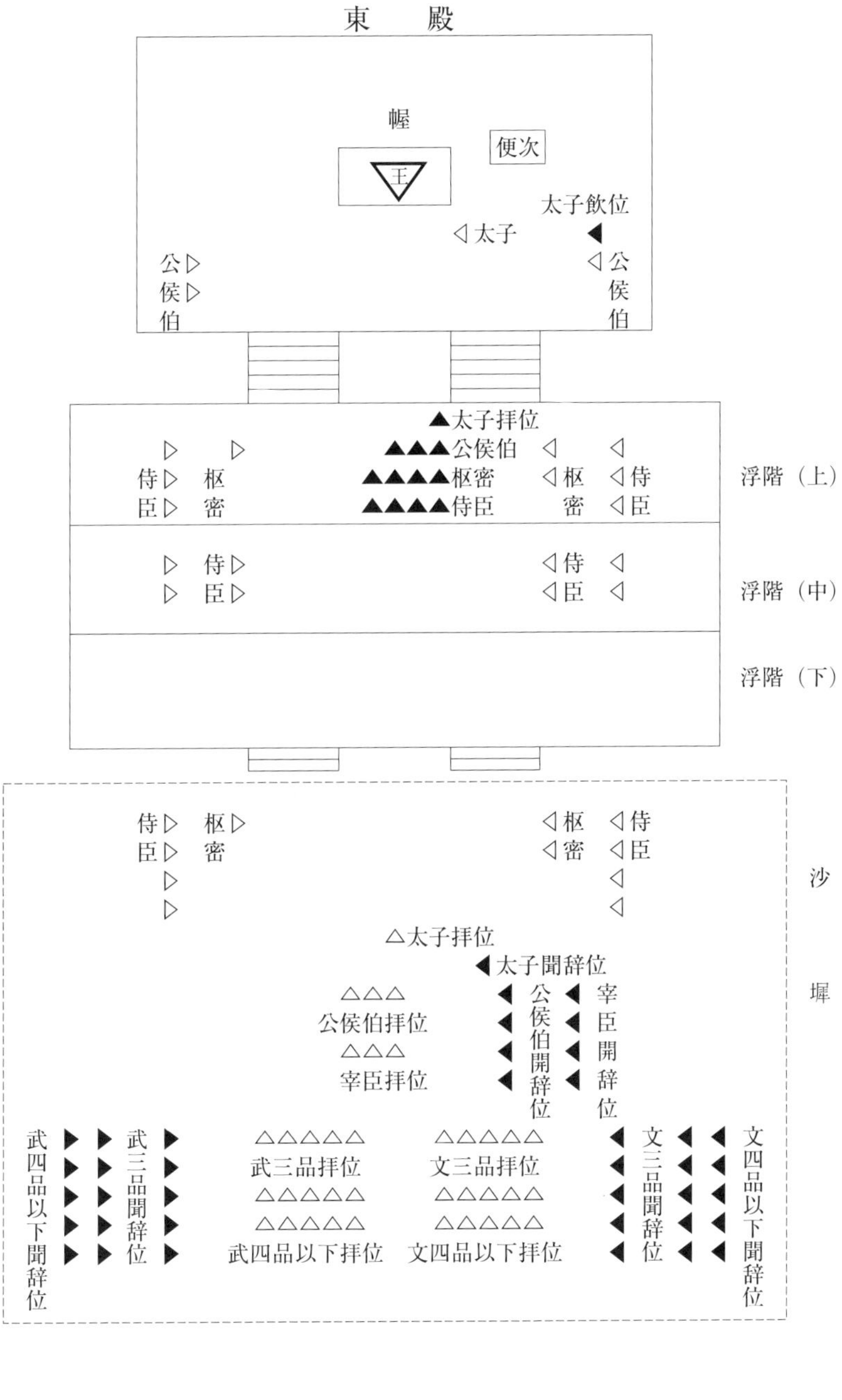

表２

燃灯会大会の宴会儀礼	八関会大会の宴会儀礼
〈一部〉	〈一部〉
①太子・公侯伯・枢密・侍臣が入庭し、拝位につく。太子が致辞謝喚した後、順に昇殿して席につく。近侍官が王に茶を進め、また酒・食をたてまつる。次に太子以下侍臣に茶を賜い、次に酒・食を設ける。	①（王が儀鳳楼に出御して太祖真に酌献・行香を行った後）太子・公侯伯・宰臣・枢密・侍臣・文武群官が沙墀の聞辞位に立つ。王が座につくと、太子以下群官は拝位につき、太子が寿詞を奏上する。
②太子・公侯伯・枢密・侍臣が拝位につき、「臣某等伏して上元盛会に値たり、大慶に勝えず、謹んで千万歳の寿酒をたてまつりたく、伏して聖旨を候つ」と跪奏する。	
③太子と上公が洗所で手を洗う。酹酒の後、近侍官が注子・盞を捧げ持って先に昇殿し、太子と上公が王座に左にいたり、西向に跪いて、太子が盞、上公が注子を捧げ持って酒を酌み、たてまつる。王が挙盞する。太子が挙盞を受け近侍官に渡す。太子・上公が殿を降りて拝位につき、太子以下侍臣が再拝舞蹈再拝する。	②太子と上公が洗所で手を洗う。酹酒の後、近侍官が注子・盞を捧げ持って先に昇殿し、太子と上公が王座の左にいたり西向に跪いて、太子が盞、上公が注子を捧げ持って酒を酌み、たてまつる。王が挙盞する。太子が挙盞を受けて殿中監に渡し、太子・上公は殿を降り沙墀の拝位につく。太子以下群官は再拝舞蹈再拝した後、各座につく。
	③宋綱首等が聞辞位につく。閤門員が大宋都綱等が朝賀に伺候したと奏すると、拝位について物状を跪進し、拝礼を行い、幕次につく。次に東西蕃子、次に耽羅人が同様に朝賀を行う。
④太子以下侍臣に酒を賜う。太子以下が再拝して盞をとり、飲む。次に近侍官が王に酒・食を進める。	④近侍官が王の茶・食を進め、次に太子以下侍臣の茶・食を設け、太子以下侍臣が座につき、受食する。
⑤三盞の後、太子・公侯伯・枢密・侍臣が拝位につき、千万歳の寿酒をたてまつることを請い、太子・公侯伯・枢密が手を洗う。王が便次に入る。	⑤太子以下侍臣が寿酒をたてまつることを請う。太子・公侯伯・枢密は洗所にいたり、手を洗う。王が便次に入る。
〈二部〉	〈二部〉
⑥しばらくして王が再び座につくと、花の入った函、盞・注子を持った近侍官が先に昇殿し、ついで太子以下枢密以上が昇殿する。太子が王座の左にいたり西向に跪くと、承制員が花一枝をとって太子に授け、太子が跪いて王にたてまつる。同様にもう一枝跪進する。王が戴花すると、太子はやや退き、続いて公侯伯・枢密が花を進献する。御花は一二枝をたてまつり、献寿員（太子以下枢密以上）の人数によって二～四枝ずつ分献する。	⑥しばらくして王が再び座につくと、花の入った函、盞・注子を捧げ持った近侍官が先に昇り、ついで太子以下枢密以上が昇殿する。太子が王座の左に西向に跪くと、承制員が花一枝をとって太子に授け、太子が跪いて王にたてまつる。同様にもう一枝跪進する。王が戴花すると、太子がやや退き、続いて公侯伯・枢密が同様に花を進献する。献寿員の人数によって二枝、あるいは三・四枝ずつ御花を分献する。

燃灯会大会の宴会儀礼	八関会大会の宴会儀礼
⑦太子が王座の左にいたり、盞を捧げ持って跪き、公侯伯・枢密が位次によって注子を捧げ持って酒を酌んでたてまつる。王が挙盞し、太子が虚盞を受け近侍官に渡す。太子以下が殿を降り、拝位について太子以下侍臣が再拝舞蹈再拝する。	⑦太子が王座の左にいたり、盞を捧げ持って跪き、公侯伯・枢密が注子を捧げ持ち、酒を酌んでたてまつる。王が挙盞すると、太子が虚盞を受け近侍官に渡す。太子以下は殿を降りて上階の拝位につき、太子以下両階の侍臣が再拝舞蹈再拝する。献花・酒の礼は、以下同様。
⑧別盞の回賜が伝宣され、近侍官二人が回賜の花と封薬・宣果・注子・盞の函を捧げ持って先に昇殿する。太子が王座の左に跪き、承制が花をとり、王が太子に賜う。太子が花を挿して退き、公侯伯・枢密も同様に花を受ける。	⑧別盞の回賜が伝宣され、近侍官が回賜の花・注子・盞の函を捧げ持って先に昇り、枢密以上が昇殿して王座の左にいたる。承制が花をとり、王が太子に賜うと、太子が頭に挿す。公侯伯・枢密も同様に花を受ける。
⑨太子が王座の左に跪き、承制が封薬をとり、王が太子に賜う。次に承制が注子、近侍官が盞を捧げ持って酒を酌み、太子は盞と宣果を受け、殿上東壁の太子飲位に立つ。公侯伯・枢密も順に同様に回賜を受け、太子以下は王座に向かって揖して飲み、おわると殿を降り、拝位について再拝踊蹈再拝する。	⑨太子が王座の左に跪き、承制が注子、近侍官が盞を捧げ持って酒を酌み、太子が盞を受け、殿上東壁の太子飲位に立つ。公侯伯・枢密も順に同様に盞を受ける。太子以下は王座に向かって揖して飲んだ後、殿を降りて上階の拝位につき、再拝踊蹈再拝する。
⑩執礼官が侍臣に宣賜の花・酒を伝授する。侍臣が戴花して盞をとり飲む。次に侍立員将、次に両部楽官と山台楽人に花・酒を伝授し、侍奉軍人に酒・果を伝授する。	⑩次に侍臣に花・酒を賜う。次に侍立員将・両部楽官に花・酒を、侍奉軍人に酒・果を賜う。また承制一人と中階の左右侍臣各一人を左右同楽亭の宰臣幕と文武三品官幕に分遣して、別宣の花・酒と宣果を賜い、閤門二人を文武四品以下の幕に派遣して花・酒を賜う。太子以下侍臣は座に戻り、酒・食を賜う。
⑪執礼官が宴座を賜ることを伝え、太子以下侍臣が座につく。王の酒・食を進め、太子以下侍臣の酒・食を設ける。王が便次に入る。	⑪侍臣が寿酒をたてまつることを請い手を洗う。王が便次に入る。
〈三部〉	〈三部〉
⑫しばらくして王が座につくと、近侍官が注子・盞を捧げ持って先に昇殿し、侍臣が昇殿して順に酒盞を献じ、王が挙酒する。おわると侍臣は殿を降り拝位につき、再拝舞蹈再拝する。	⑫しばらくして王が座につくと、侍臣が昇殿して順に盞を献じ、王が挙酒する。おわると侍臣が殿を降り、上階の拝位について再拝舞蹈再拝する。

燃灯会大会の宴会儀礼	八関会大会の宴会儀礼
⑬別盞の回賜が伝宣され、近侍官が封薬・宣果と盞・注子の函を捧げ持ち、昇殿する。侍臣が昇殿して王座の左に跪き、承制が封薬をとり、王が侍臣に賜う。次に近侍官が酒盞、宣果を侍臣に授ける。侍臣は順に酒と封薬・宣果を受け、飲位について飲み、殿を降りて拝位につき再拝舞蹈再拝する。次に侍立員将・両部楽官・侍奉軍人に酒・果が伝授される。	⑬別盞の回賜が伝宣され、近侍官が封薬・宣果と盞・注子の函を捧げ持ち、昇殿する。侍臣が昇殿して王座の左に跪き、承制が封薬をとり、王が侍臣に賜う。次に近侍官が酒盞、宣果を侍臣に授ける。侍臣は順に酒・封薬・宣果を受け、飲位について飲み、殿を降りて上階の拝位につき、再拝舞蹈再拝する。王が便次に入る。 〈四部〉
⑭近侍官が王に酒・食を進め、太子以下侍臣に酒・食を設ける。おわると王は便次に入り、太子以下が（謝礼免除の王旨があれば揖のみして）退出する。	⑭一刻ほどして王が座につくと、宰臣が上階の拝位につき、班首が致辞・謝喚する。枢密と宰臣が昇殿する。太子・公侯伯が王座の東北にいたって西上南向に立ち、宰臣・枢密が王座の東に北上西向きに立つ。 ⑮楽官が口号を奏す。おわると太子・公侯伯・宰臣・枢密は殿を降り、上階の侍臣とともに拝位につく。中階の侍臣は中階に立つ。王太子が寿酒をたてまつることを請う。太子以下宰臣・枢密が手を洗って昇殿し、王座の左に跪いて順に花・酒を献ずる。王が挙酒すると太子以下は殿を降りて上階の拝位につき、再拝舞蹈再拝する。 ⑯別盞の回賜が伝宣され、太子以下宰臣・枢密が昇殿し、回賜の花・酒と封薬・宣果を受ける。おわると殿を降りて上階の拝位において再拝舞蹈再拝し、太子・公侯伯は殿上、宰臣は左同楽亭の座につく。次に侍臣に別盞の宣賜が伝せられ、上・中階の侍臣が再拝して飲む。次に文武三品官が昇殿し、酒盞を献じ、回賜を受ける。次に侍立員将・両部楽官・侍奉軍人に酒・果を宣賜することを伝す。 ⑰太子以下枢密・左右侍臣が階を降り、宰臣以下文武群官とともに沙墀の位につく。太子が致辞、謝宴する。王が殿を降りて平兜輦に乗り、泰定門を通って大観殿に入る。王が輦を降りて昇殿すると、枢密以下は揖して退出する。

に酒盞が回賜される。（大⑩）

(7)　侍臣、および同楽亭の宰臣以下文武官に花・酒を賜い、侍立員将・両部楽官に花・酒、軍人に酒・果を賜う。（八⑩）／※大宴では群官に酒を賜い、侍立員将・両部楽官、軍人には八関会と同様。（大⑪）

(8)　侍臣が献盞を請い、休会の後に献盞して酒盞・薬・果の回賜を受ける。王が便次に入り休会する。（八⑪⑫⑬）／※大宴では文武三品官あるいは三品官・侍臣が王に酒盞を献じ、王が便次に入る。（大⑪⑫）

(9)　楽官が口号を奏した後に、太子以下宰枢が王に花・酒を献じ、花・酒・薬・果の回賜を受ける。（八⑭⑮⑯）／※大宴では、太子以下宰枢が王に酒盞を献ずる。（大⑬）

(10)　王が入御し、侍宴者は退出する。（八⑰／大⑭）

八関会大会の宴会儀礼の次第を追ってみると、(3)外国人朝賀をのぞいて、大宴の次第とほとんど対応しており、儀式の流れとしてはほぼ同じである。右で※を付して記したのは、八関会大会の宴会と大宴で異なっている部分であるが、これらの相違点は以下の三点に集約される。

イ．八関会宴会では、大宴のように休会中に花を簪すのではなく、儀式中で酒盞とともに花を賜い簪すことになっている。なお、枢密以上は直接王に献花し、賜花を受ける。

ロ．八関会宴会では宰臣および文武三品以下の座が殿から離れており、(4)(5)で枢密以上が王に花酒を献じ回賜を受ける際に、宰臣は行わない。

ハ．八関会宴会の方が回賜が多い。

イ．に挙げたように、八関会大会の宴会儀礼では群官への賜花を儀式の中で行い（表2右⑩）、かつ王太子以下枢密以上は王座の前に伺候して直接花を献じ（表2右⑤⑮）、花を受ける（表2右⑧⑯）。このように儀式の中で酒盞ととももに花が献賜され、王との紐帯および王の賜恩を示す象徴物となっていることが注目される。

　またロ．で指摘したように、同じ宰相である枢密が王座近くに坐すのに比べ宰臣は同楽亭に坐し、儀式における行動も枢密と異なるのであるが、前述のように、燃灯会宴会の儀式次第においても侍宴者は王太子・公侯伯・枢密・侍臣であり宰臣が記されていない。この点については官僚制度の視点から次のように解釈できる。高麗において宰臣と枢密はともに官僚の最上層部たる宰相であるが、中書門下省の宰相（宰臣）と枢密院の宰相（枢密）では、史料に明記されてはいないものの職掌に違いがあったとみられる。すなわち、矢木毅氏が論じたように「国王の正規の行政意思である制勅の発令に際して、その未発の段階で国王の意思決定に参与していくのが宰臣であり、枢密は、国王の個人的意思の発現としての宣（宣旨）の発令に際して、その未発の段階で国王の意思決定に参与する」[28]ものであったならば、二つの官職は異なる性質を有していたとみなければなるまい。明宗代（一一七〇〜九七）の人物宋有仁が「枢密は侍従の官である」といっているように[29]、枢密は宰臣と異なり国王の近侍としての性格が強く、それがこうした儀式の場面にも反映されたのであろう。燃灯会宴会の儀式次第には王太子以下王族や枢密・侍臣といった近親・近侍者が侍宴者として記されていたのであり[30]、八関会宴会は群官参加であったが、やはり王族・枢密・侍臣が王座の近くに坐し、宰臣は三品以下の官人達をひきいて同楽亭に坐したのである。これは、大宴では宰臣と枢密が特に区別されず、座次もほぼ官品に従って並べられていることと比較して、職掌上の王との近侍関係がより明確に反映されていることになろう。

　右のように、八関会に際して王が宮中で主催した宴会儀礼と、王の生日や郊祀、慶事などに際して群官に賜った大宴を対照すると、両宴会儀礼の関係、および八関会宴会の儀式次第の成り立ちについて、次のようなことが指摘できる。八関会大会の宴会儀礼と大宴の儀式次第の流れはほぼ共通しており、献盞・賜盞の手順（表1左⑤⑨⑩／表2右②

⑦⑨）なども逐一同じである。ただし八関会大会の宴会儀礼には王と直接花をやり取りする献花・賜花の次第があり、王との近侍関係が座次・儀式次第上に明確に示されている。両儀礼の次第を分析するかぎり、礼志所載の八関会宴会の儀式次第は、大宴の次第と無関係には成立しえないと考えられる。また、前節で宋の大宴と比較しながら高麗の大宴の特徴ア・イ・ウを指摘したが、これらの特徴は八関会宴会の次第でも同じことが確認できる。よって八関会宴会の儀式次第は、高麗に宋の大宴が導入された後、高麗の大宴の儀式次第を土台として、献花・賜花の次第や侍宴者・会場による変更事項を加味して作られたものと考えるのが妥当であろう。このことは、八関会の宴会儀礼と共通した構成を有する燃灯会宴会の儀式次第の成り立ちに関しても同様に考えられる。燃灯会・八関会自体は、仏教や土俗信仰、新羅から継承した仙風などを背景とした民族的俗節であるが、その際に宮中の行事として国王が主催する宴会は、このように宋の宴会儀礼の影響を受けたものであったと考えられる。

　ところで、前節（二）において、宋の大宴では羅・絹製の造花を官職に応じ本数に差等をつけて賜ったことを述べたが、燃灯・八関会の宴会儀礼ではどうであったろうか。用いられた花の詳細についてはよくわからないが、陰暦一一月半ばの八関会の時期に群官に賜花するとなれば、やはり生花ではなく造花だったのではないかと推測される。また、献花・賜花の本数については次のような史料がある。まず燃灯会宴会の次第によると、王太子以下枢密以上が王に献ずる花は一二本（表2左⑥）であった。さらに一三世紀前半に活躍した文臣李奎報の文集に載せられた燃灯会宴会に関する詩、および『高麗史』礼志所載の老人賜設儀の催行記事によれば、高麗の宴会儀礼において賜花が行われる場合、宰臣・枢密は八本、侍臣・三品官には六本を賜ったようである。李奎報は、友人兪升旦の燃灯宴会初参加を賀して詩を送り、それに対する升旦からの答詩に傍線部のような注をつけている。

　他年侍宴綴枢班、礼絶今時同列客、宣花剰挿八枝春、〈宰枢八挿、侍臣六挿〉。

（『東国李相国集』巻一六古律詩「兪君見和復答之」）

「いつか枢密として侍宴し、礼遇は今回同列であった客に格差をつけて、宣花八枝を挿したいものだ〈宰臣・枢密は八本、侍臣は六本を挿す〉」。この詩を見ると、燃灯会宴会で多数の花を賜り簪すことは当時の官人社会においてステイタスであり、王が下賜する花がこうした象徴性を帯びたものであったことが感じられる。また、『高麗史』礼志所載の老人賜設儀の催行記事とは次のようなものである。

熙宗四年十月乙亥、饗国老・庶老・孝順・節義、王親侑之。丙子、又大酺鰥寡孤独・篤廃疾、賜物有差。……比因国家多難、饗礼久廃、至是、詔立都監、復遵旧制。……命宰枢、坐於左俠庁、各賜酒十盞・果十五楪・味十三器、宴幣幞頭紗二枚・生紋羅一匹・厚羅一匹・衣綾二匹・郷大絹二匹・錬綿二斤・腰帯銀一斤・金一目五刀・紅鞓皮一腰・人参十両・花八枝・紅蠟燭三丁・包裹黄絹複子五。三品員坐於左俠連廊、各賜酒十盞・果十四楪・味十三器、宴幣幞頭紗二枚・生紋羅一匹・厚羅一匹・衣綾一匹・郷大絹二匹・錬綿一斤・腰帯銀十二両・金一目・紅鞓皮一腰・人参十両・花六枝・燭二丁・包裹黄絹複子五。宰枢三品員母妻・三品員節婦坐於右俠庁、酒・果・味与三品員庁同、各賜宰枢母妻及節婦、衣綾二匹・郷大絹四匹・錬綿二斤・人参十両・花六枝・燭二丁・包裹黄絹複子各三。賜三品員母妻、衣綾二匹・郷大絹三匹・錬綿一斤・人参十両・花六枝・燭二丁・包裹黄絹複子三。……

（『高麗史』巻六八礼志一〇嘉礼　老人賜設儀）

老人賜設儀とは、宰枢・三品官や八〇歳以上の老人（女性含む）、孝子や重病者などを対象に賜宴・賜物を行うものである。右の記事から、一二〇八（熙宗四）年に老人賜設儀が挙行された際、賜物の一部として宰枢に花八本、三品員に花六本、宰枢の母・妻及び節婦、三品員の母・妻に花六本を賜ったことが確認できる（傍線部）。

以上のように、宋の賜花と本数は異なるが、高麗のこれらの宴会儀礼においても官職による序列が花の本数として可視的に示されていたのである。

（二） 高麗における大宴の導入

以上の考察をもとに、高麗における大宴の導入時期および導入方法について検討を加えておきたい。『高麗史』礼志において、大宴は王の誕生日や郊祀・冊礼、また寿星の出現のような重要な慶事に際して行われることとされていたが、ではこうした機会に大宴が挙行されるようになったのはいつからなのであろうか。郊祀および王の生日にともなう賜宴の初例をあげるならば、次の九八三（成宗二）年の記事がそれに該当する。

春正月辛未、王祈穀于円丘、配以太祖。乙亥、躬耕籍田、祀神農、配以后稷。祈穀・籍田之礼、始此。丁丑、宴群臣於天徳殿、賜物有差。
（『高麗史』巻三世家三成宗二年）

十二月、以千春節改為千秋節、賜群臣宴。
（『高麗史』巻三世家三成宗二年）

成宗代に中国礼制が積極的に導入され礼制が整備される過程で、九八三年に圜丘・籍田祀が始められたが、その時に天徳殿[31]で群臣に宴を賜ったというのが前者の記事である。また同じく成宗代には、王の生日に名を付けて節日とする制度も取り入れられた。九八二年に成宗の生日を千春節と定めたのがその初例であるが[32]、翌年に千春節を千秋節と改め群臣に賜宴したことを記したのが後者の記事である。ただし両記事からはどのような宴会が行われたのかを読み取ることはできず、圜丘・籍田の初行や節日の改名を賀して賜宴が行われた可能性も考えられるため、これらの賜宴記事が郊祀後・聖節の大宴に該当するものと断定することはできない。

王太子と王太后の冊礼に伴って大宴が挙行されたとみられる、最も古い記事は次のようなものである。

二月癸卯、冊勲為王太子、其冊曰、……。丙午、御神鳳楼、大赦、凡有職者加一級。癸丑、饗于宗廟・山陵。宴

群臣於乾徳殿、賜幣有差。（『高麗史』巻七世家七文宗八年）

（二月）丙寅、王、上冊于王太后、御乾徳殿、受中外賀、賜群臣宴。（『高麗史』巻一〇宣宗三年）

一〇五四（文宗八）年には、王子勲の王太子冊立に際して乾徳殿において群臣に宴を賜い、一〇八六（宣宗三）年には、王母李氏の王太后冊立にあたって同じく乾徳殿において受賀・賜宴が行われている[33]。乾徳殿は前述のように後の大観殿にあたる宮殿である。

さらに、左の一〇五一（文宗五）年の燃灯会大会の賜宴記事も、大宴の導入時期を考える上で有用である。

（二月）乙未、燃灯、王如奉恩寺。翼日、命肆花宴、召近侍同宴。（『高麗史』巻七世家七文宗五年）

小会の日に奉恩寺へ行幸し、翌日大会の日に「命じて花宴を肆い、近侍を召して宴を同に」したとある。すでに述べたように、『高麗史』礼志所載の儀式次第によれば燃灯会大会の宴会儀礼の侍宴者は近親・近侍者であり、かつ宴中で花を献上・下賜し、簪すことになっていた。これは「花宴」という表現と符号するものであり、一〇五一年の燃灯大会日の宴会は礼志所載の儀式次第と概ね同じ形式で行われたと推測される。とすると、前節で検討したように、燃灯会大会の宴会の儀式次第は高麗の大宴を前提に作られたとみられるから、大宴は遅くとも一〇五一年までには高麗に導入されていたと考えられる。成宗代に圜丘・籍田や聖節の制度が導入された当初から一連の行事として挙行されていた可能性もあるが、大宴を導入した時期として確実に指摘できるのは、宋で大宴が行われるようになった九六〇年以降、右の燃灯会大会の宴会儀礼の記事が見える一〇五一年以前ということになろう。

では、高麗王朝は大宴という宋の宴会儀礼をどのように導入したのであろうか。まず考えられるのは、宋の礼典を参照することであろう。一一世紀前半までに宋朝で編纂された礼典として、『宋史』巻九八礼志一序言や『太常因革礼』序では、宋初の九七一（開宝四）年に成立した『開宝通礼』、天聖年間（一〇二三〜三二）に編纂された『礼閣新編』や一〇四四（慶暦四）年成立の『太常新礼』に言及している。[34]ただし『開宝通礼』『礼閣新編』『太常新礼』はみな逸書である。『開宝通礼』は基本的に『開元礼』を踏襲していると言われているため[35]大宴に関する記述はなかった可能性も高いが、成立年代から考えれば宋初の礼制を反映してその儀式次第などを載せていた可能性もある。また左のように、高麗では一〇九八（粛宗三）年に礼部に『開宝通礼』が下賜されており、この書が高麗に将来されたことを確認できる。

（十二月）丙申、賜礼部宋朝開宝正礼一部。（『高麗史』巻一一世家一一粛宗三年）

しかしながら、次の『宋史』高麗伝の記事から一〇八五（元豊八）年に入宋した高麗使が『開宝通礼』の市買を求め、許されなかったことがうかがわれるから、この書は一〇八五〜九八年の間に高麗にもたらされたと考えるのが自然であり、大宴の導入の媒体となったとは考えにくい。

（元豊八年）哲宗立。遣使金上琦奉慰、林曁致賀。請市刑法之書・太平御覧・開宝通礼・文苑英華。詔、惟賜文苑英華一書。（『宋史』巻四八七外国伝三高麗）

『礼閣新編』『太常新礼』に関しては、高麗および朝鮮初期の関連史料には管見の限り書名が見えず、高麗への将来が確認できない。しかし当然のことながら、これら三書の他にも宋で礼典が編纂された可能性はあるし、『礼閣新編』『太常新礼』を含めたそれらの書物が高麗に渡り、礼制整備に利用された可能性も残されている。

ただし一方で、大宴に関連する史料を通見してきたところによれば、その導入の方法としては、入宋した高麗使節等の見聞という要素も積極的に考慮すべきと思われる。というのも、宋の大宴に高麗使が参加していることが確認されるからである。例えば宋の大宴の儀式次第『政和五礼新儀』巻一九九春秋集英殿大宴儀の中には「高麗・交州使副は西朶殿に在り」とあり、陳設規定によれば図2のγが高麗の正使・副使の座である。また、徽宗の生日である天寧節を祝賀した大宴について記す『東京夢華録』巻九「宰執・親王・宗室・百官入内上寿」中でも、「大遼・高麗・夏国使副は殿上に坐す」というように高麗使が登場する。これらはいずれも一二世紀初の状況を反映した記述とみられるが、それ以前から高麗使は一〇三〇～七一年の間を除きかなりの頻度で入朝しており[36]、宴会に参席している。左の記事によれば、九七八（太平興国三）年一〇月、乾明節（太宗の生日）に大宴を行わなかったため、宰相・親王以下及び契丹・高麗使等に賜宴し、これ以後外国使への賜宴が恒例となったという。

（太平興国三年）十月十六日、宴宰相・親王以下及契丹使・高麗使・諸州進奉使於崇徳殿、以乾明節罷大宴故也。是後、宴外国使為常。

（『宋史』巻一一九礼志二二賓礼 外国君長来朝）

とすれば、これ以降高麗使節の滞在中に大宴が行われれば、それに参加したと考えられよう。またここで、一節（二）において『文献通考』から引用した、宋建国初期九六〇～四年の間に作られたと見られる大宴の儀式次第を振り返っておきたい。この宋初期の大宴の儀式次第には「諸蕃進奉使」（傍線部）の参加が記されており、高麗使もこれに該当するからである。

これらの史料から推測されるように、北宋初期から高麗使が大宴に参加していたとすると、入宋使節等の見聞によってこの宴会儀礼が導入された可能性も大いに考慮しておく必要があろう。儀礼の導入方法という問題は一事例のみをもって判断できるものではなく、さらに他の諸儀礼に関する論究が重ねられていくことによって解明されようが、大宴の導入に関する状況を整理すると以上のようである。

おわりに

本章では、高麗における中国儀礼文化受容の様相の一端を明らかにするという目的から、大宴という形式の宴会儀礼を取り上げ、次第を復元しながら、宋朝におけるその成立と、高麗における同儀礼の導入、および燃灯・八関会の宴会儀礼への影響を考察してきた。

最後に、大宴や燃灯・八関会宴会といった高麗の宴会儀礼を通じてみた中国儀礼の導入様相について、まとめておくことにしたい。大宴は、宋朝の建国期に太祖の生日を祝して行われて以来、春秋の季仲月や郊祀・籍田礼の終了後、また国の大慶事などに際して催行されてきた。宴中には各官職に応じた種類・本数の造花が群官に下賜され、それぞれが簪して侍宴するという華やかな宴会儀礼であった。高麗王朝はこれを導入し、聖節・郊祀・王太后等の冊礼・その他重要な慶事に際して催行したが、その儀式次第は宋の大宴を土台とし部分的にアレンジを加えたものであった。九八二、三年に圜丘・籍田や聖節の制度が導入された当初から一連の儀式の一部として大宴が挙行されていた可能性もあるが、導入時期として確実に指摘できるのは九六〇～一〇五一年の間である。

そして高麗に導入された大宴は、燃灯・八関会の宴会儀礼の儀式次第にも影響を及ぼした。燃灯会・八関会自体は仏教や土俗信仰、新羅以来の仙風などを思想的背景とした民族的年中行事であったが、これに際し『高麗史』礼志に記載された宮廷行事として王が催行した宴会儀礼は、民族的・土俗的な宴会ではなく、高麗の大宴の儀式次第を前提として、献花・賜花の次第や、侍宴者・会場による変更事項を加味して作られたものと考えられる。ただし燃灯会や八関会の宮中行事から、いわゆる民族的な要素が全く排除されていたわけではない。『高麗史』礼志の上元燃灯会や仲冬八関会の儀式次第中にも記されているように、燃灯会小会・大会両日には宴会儀礼が行われる前に康安殿にお て「百戯」が上演され、また八関会小会の日の宴会儀礼においても「百戯」が行われることになっていた。この「百戯」は、龍・鳳・象・馬や車・船、人などの偶像をならべ、歌舞するものであったらしいが[37]、中国礼制を積極的に導入した成宗の即位年に「不経」すなわち儒教の経義に合わないとして一旦廃止されたものである[38]。つまり『高麗史』

礼志所載の燃灯・八関会の宴会の儀式次第は、全体的な次第は大宴を土台とし、部分的に「百戯」においていわゆる民族的要素を残したものであったと理解することができよう。とすれば、このような形式の儀式次第が整備されたのは、少なくとも燃灯会・八関会が成宗代の廃止を経て一〇一〇年に復活された時以降であると考えられる。

本章ではまた、高麗が宋の大宴をどのような方法によって導入したのか、という問題に言及し、宋の礼典を参照した可能性、および外交使節等によって情報がもたらされた可能性について考察を加えてきた。そこで関連史料を渉猟し状況を整理したところによれば、高麗使は一二世紀初め頃には宋廷で大宴に参加しており、また宋初期の史料からも滞在中に大宴が行われれば高麗使は参加したと考えられる。もちろん礼典による導入という可能性を排除しようとするのではなく、一方に限定する必要もないと考えるが、儀礼の導入における外交使節の果たした役割について、一層留意する必要があろう。

注

（1）　聖節とは、ここでは高麗王の誕生日を指すと考えられる。高麗では九八二（成宗元）年に王の生日に節名を付け節日とすることが始められ（『高麗史』巻三世家三成宗元年是歳）、一三〇七（忠烈王三三）年、元との関係上僭擬にあたるとしてただ誕日と称することになるまで継続された（『高麗史』巻六七礼志九嘉礼　王太子節日受宮官賀幷会儀）。また王太后の誕生日についても、睿宗代にその母柳氏、毅宗代に母任氏の生日がそれぞれ至元節、坤寧節とされていることが確認できるが、これに際して大宴が行われたかどうかは不明である。一〇八六（宣宗三）年には王太后の生日に内外官の表賀を行うことが定められているが（『高麗史』巻一〇世家一〇宣宗三年一〇月甲辰）、宴会儀礼が行われたことを示す記述は見当たらないため、王太后の生日に関しては一応除いておく。また王太子の生日も節日とされたが、これには王太子と東宮官の間で行われる別の表賀・宴会儀礼が規定されており（『高麗史』巻六七礼志九嘉礼　王太子節日受宮官賀幷会儀）大宴を行う聖節には該当しない。

（2）皇后を意味する。ここでは王太后を指す。

（3）大観殿宴群臣儀の儀式次第中では、王妃の冊立の際に行われるとは記されていないが、『高麗史』巻六五礼志七嘉礼 冊王妃儀では一連の儀式の最後の項目として「王会群臣」があり、その儀式次第に関しては「群臣宴儀の如し」としている。この「群臣宴儀」が大観殿宴群臣儀を指しているのか否か判然としないが、冊王妃儀は冊王太子儀と全体的によく似通っており、王妃冊立の際にも大宴が行われた可能性は高い。

（4）口号は本来即興で吟じられる詩のことであるが、このような儀礼の場合にはあらかじめ翰林院などで作成したものを用いる。例えば、睿宗の咸寧節の大宴のために韓安仁が作成した口号などが残っている（『東文選』巻一〇四咸寧節御宴致語）。

（5）宋朝では、皇帝の誕生日の他に皇太后の誕生日も聖節とされており、その初例は仁宗代の皇太后劉氏の長寧節である。皇太后の誕生日に際しても大宴が催行されていることが確認できる（『宋史』巻一一二礼志一五嘉礼三聖節など）。

（6）郊祀の後に催される大宴の次第も『政和五礼新儀』巻二〇〇に集英殿飲福大宴儀として収録されたが、欠巻のため現在その内容を確認することはできない。ただし『宋史』巻一一三礼志一六嘉礼四宴饗に「集英殿飲福大宴儀。初、大礼畢、皇帝逐頓飲福、余酒封進入内、宴日降出。酒既三行、泛賜預坐臣僚飲福酒各一盞。……並如春秋大宴之儀」とあって、その次第は春秋大宴とほぼ同じであったとされている。

（7）『続資治通鑑長編』では「広政殿」であるが、この件について『事物紀原』巻一秋宴には「建隆元年八月、大宴広徳殿、太祖朝長春節二月、故止設秋宴、此蓋其始也」と記されている。またこの四年後である九六四年の飲福宴の記事（本文参照）には広徳殿で大宴を行ったとあるから、『続資治通鑑長編』の「広政殿」は「広徳殿」の誤りの可能性がある。

（8）また左の『事物紀原』の記事にあるように、太宗の生日である乾明節が一〇月にあったため太宗代には秋宴が行われず、春・秋宴がそろって行われるのは次の真宗代になってからであった。

又曰、太平興国三年（太宗・九七八）三月、大宴大明殿、春宴自茲始也。乾明節在十月、故太宗朝止設春宴。咸平三年（真宗・一〇〇〇）九月、大宴含光殿、真宗朝聖節外始備設春秋二宴、自此為定制。（『事物紀原』巻一春宴）

ただしこの春・秋宴がそろった時期について、『宋史』は『事物紀原』の咸平三年九月と異なり同年二月の記事として掲げている。

咸平三年二月、大宴含光殿、自是始備設春秋大宴。（『宋史』巻一一三礼志一六嘉礼四宴饗）

(9)「設御茶床」は、『文献通考』の該当部分では「御設茶」となっているが、それでは意味が通りにくいため、『宋史』の同部分を採用し「設御茶床」と改めた。

(10)『文献通考』では「宣徽・閤門」でなく「宣徽門」となっているが、『宋史』『宋朝事実』では「宣徽・閤門」であり、意味の上でも「宣徽・閤門が通喚し」と読むのが適切なので改めた。

(11)『続資治通鑑長編』巻五 乾徳二年一〇月戊申条に「改広徳殿、為崇政殿」とある。

(12) 渡辺信一郎『天空の玉座』柏書房、一九九六年。金子由紀「北宋の大朝会儀礼」（『上智史学』四七、二〇〇二年）、「南宋の大朝会儀礼——高宗紹興一五年の元会を中心として——」（『紀尾井史学』四八、二〇〇三年）。

(13) 梅原郁氏は『夢粱録』巻六十月孟冬行朝饗礼遇明禋歳行恭謝礼の注の中で本条を引き、「欒枝花の欒は孿に通じ、双子の、二つに枝分かれした、の意味であろう」としている（呉自牧著・梅原郁訳註『夢粱録〈二〉』平凡社、二〇〇〇年、二七九頁）。

(14) 左の記事をみても、一〇五〇（皇祐二）年の時点ですでに郊祀後の賜花は定例化されており、明堂祀の後にも「旧例に準じて」郊祀の時の三分の二の数量の花を作って賜うことが決定されている。

（皇祐二年六月）六日、入内内侍省言、准郊例礼、畢、諸班直及軍校皆賜花、今明堂礼畢、未審賜花与否。詔、准旧例、三分省一造作、以賜。（『宋会要』礼二四—一八）

(15) この記事には問題もあり、すでに梅原氏が「枢密と武官が極めて低位の官も花朶をもらっているのに、文官はかなり上のところで途絶えていたり、また一部文章に混乱や誤りも予測され」ると指摘している（前掲注〈13〉梅原郁訳注書二七九頁）。しかし賜花の本数・種類や官職による差等を大略把握することはできる。また、引用部分の三行目から五行目にかけて「会要を検ずると、嘉定四（一二一一）年一〇月一九日に旨を降して、大朝会・聖節大宴および恭謝回鑾にあたっては、皇帝は花を簪さないとした、とあり、また聖節・朝会の宴にあたっては、群臣に通草花を賜り、恭謝親饗の際には羅帛花を賜る、とある」といっているが、これもすでに梅原氏の指摘があるように、現存する『宋会要』の中には嘉定四年一〇月一九日というこの内容の聖旨は見つからない。また、大朝会・朝会に際して、賜花が行われたことを示す史料は他にはない。しかも大朝会は、南宋では一一四五（紹興一五）年に一度行われたのみで、その後は行われなかったから（前掲注〈12〉金子由紀二〇〇三年論文）、ここで、大朝会にあたって皇帝は花を簪さない、云々としているのは奇妙である。

(16) 例えば、『夢粱録』には皇太后聖節の大宴の情景を詠んだ次のような詩がある。

玉帯黄袍坐正衙、再頒花宴侈恩華、近臣拝舞瞻龍表、絳藁高籠壓帽紗。

（『夢粱録』巻三宰執親王南班百官入内上寿賜宴）

現代語に訳すと、「皇帝が正衙にお出ましになり、再び花宴を頒つ偉大な御恩の華やかなことよ、近臣が拝舞して龍表を仰ぎ見、あかい花と高籠が帽子に重みを加える（その誇らしいことよ）」。

(17) 本文中に掲げた北宋初期の儀注にも「宰相升殿して酒を進り」と明記されているように、宋の大宴で皇帝に対して致詞・献盞を行う「班首」は宰相であったとみられる。他にも「元豊七年（一〇八四）三月、集英殿大宴……宰相王珪等、率百官廷賀」（『宋史』巻一一三礼志一六嘉礼四宴饗）といった記事があり、宰相が致詞していることが確認される。一方高麗では、王太子が群官を率いて致詞・献盞することになっている。こうした差異が生じた背景は儀礼関係史料の分析からだけではわからないが、高麗と宋では王（皇）太子や宰相の立場・権能に違いがあった可能性も視野に入れておく必要があろう。

(18) 宋朝の大宴が実際には『政和五礼新儀』の次第通りに挙行されておらず、その実際の挙行事例を高麗人が参照した可能性も考慮すべきかもしれない。しかし、先に本文で言及した一一四三年の儀注や『東京夢華録』『夢粱録』の記述を見ても、ウの点に関しては『政和五礼新儀』の次第と同様であり、宋での挙行においてこの点が変更されていたとは考えにくい。

(19) 『高麗史』礼志には「上元燃灯会」として項目が立てられているが、高麗初期、および父仁宗の忌月である二月を避けて一月に移した毅宗・明宗・神宗代以外は基本的に二月望日を期日としている（二宮啓任「高麗朝の上元燃灯会について」〈『朝鮮学報』一二、一九五八年、一一九～一二一頁〉）。礼志で上元（一月一五日）の燃灯会と題しているのは、依拠した『詳定古今礼』が毅宗代に成立したためであろう。

(20) 『高麗史』巻八四刑法志一公式 官吏給暇に「八関〈十一月十五日前後幷三日〉」とある。西京（平壌）では一〇月に行われた。

(21) 太祖訓要については、太祖本人の作ではなく顕宗末年に崔沆等によって偽作されたという説があるが（一章注〈33〉参照）、燃灯会や八関会の思想的根拠に対する高麗人の認識が反映されているという点ではかわりがない。

(22) 三品彰英『古代祭政と穀霊信仰』第二章第三節「高麗王位と収穫祭」平凡社、一九七三年。燃灯会・八関会に関する研究は比較的多く、他にこの問題と関連するものとして二宮啓任「高麗の八関会について」（『朝鮮学報』九、一九五六年）、および同氏前掲注（19）論文、さらに奥村周司「高麗における八関会的秩序と国際環境」（『朝鮮史研究会論文集』一六、一九七九年）：都珖淳《ト・グァンスン》「八関会와 風流道」（『韓国学報』七九、一九九五年、ソウル）：安智源《アン・ジウォン》『高麗의 国家 仏教儀礼와 文化』第二章第一節「燃灯行事의 起源과 中国의 上元燃灯会」・第二節「高麗 燃灯会의 儀礼 内容」・第三章第一節「八関会 起源과 中国의 八関斎会」・第二節「高麗 八関会의 儀礼 内容」ソウル大学校出版部、二〇〇五年、ソウル、などがある。

(23) 左の史料に見えるように、まず九八一（成宗即位）年、成宗は八関会で催される雑技が経学に則ったものでなく煩わしいとしてこれをやめさせ、六年後の九八七年には八関会自体を停止させた。

（十一月）是月、王以八関会雑技不経且煩擾、悉罷之。（『高麗史』巻三世家三成宗即位年）

冬十月、命停両京八関会。（『高麗史』巻三世家三成宗六年）

燃灯会に関してはいつ停止されたのか史料に明記されていないが、次のように八関会と同じく一〇一〇年に回復されており、これ以前に停止されていたことが分かる。

閏二月甲子、復燃灯会。

（十一月）庚寅、復八関会、王御威鳳楼観楽。（『高麗史』巻四世家四顕宗元年）

(24) 「高麗における謁祖真儀と王権の再生」（『早実研究紀要』三七、二〇〇三年）。

(25) 一九九二年に開城の西北にある高麗太祖王建の陵（顕陵）から出土した太祖銅像がこれとみられる。二〇〇六年に北朝鮮の協力を得て韓国国立中央博物館において展示され、特別展示図録『北녘의 文化遺産』（国立中央博物館編、二〇〇六年、ソウル）の五二高麗太祖像に写真が掲載されている。像の造形および来歴に関しては、同図録所収の盧明鎬「高麗 太祖 王建 銅像의 皇帝冠服과 造形象徴」、および同氏「高麗太祖 王建 銅像의 流転과 文化的 背景」（『韓国史論』五〇、二〇〇四年、ソウル）を参照。同氏はまた王建像について『高麗 太祖 王建의 銅像』（知識産業社、二〇一二年、ソウル）を刊行している。

(26) 前間恭作「開京宮殿簿」(『朝鮮学報』二六、一九六三年、一六頁)。一一三八年以前の称は重光殿。

(27) ちなみにここで賜った果は橘であった。『牧隠詩藁』巻二〇に収録された八関会大会を題材にした詩「大会日夜帰」の一節に「更向八関親献寿、白頭風彩満毬庭、懐橘簪花賜飯庁、従知徳沢酌生霊、」とあり、この傍線部に「橘を懐きて花を簪し飯を庁に賜う」と言っている。同様に、燃灯会大会の宴会でも「宣果」として橘を賜ったことが『東国李相国集』巻一六「灯夕与劉大諫冲祺聯行侍宴有作」からわかる。

(28) 『高麗官僚制度研究』第二章「高麗睿宗朝における意思決定の構造」京都大学学術出版会、二〇〇八年。

(29) 『高麗史節要』巻一二明宗八年一一月。宋有仁は「枢密は侍従の官であるから、長く勤めても意味がない」と言っている。矢木氏が指摘するように(前掲注〈28〉)、宋有仁がこのように語っているのは武臣政権期に入ってから枢密の権能が低下したためであろうが、枢密が侍従的性質をもつ官であったということはここに端的に示されている。

(30) ただしこれはあくまで『高麗史』礼志所載の儀式次第に記された規定である。燃灯会大会宴会の侍宴者をうかがうことのできる記事が『高麗史』世家中にいくつか残されており、それらをみると、左に掲げた一〇七〇(文宗二四)年の例以前の三例(この例の他に巻七世家七文宗元年二月己未・五年二月乙未)では王の近親・近侍者が侍宴しているが、

(二月)壬申、燃灯、王如奉恩寺。癸酉、大会、王与太子・諸王・侍臣、宴于重光殿。

(『高麗史』巻八世家八文宗二四年)

次の一〇七三(文宗二七)年の記事では、宰臣の参加がみられる。

(二月)丁酉、王如奉恩寺、特設燃灯会、慶讃新造仏像。……戊戌、御殿、観灯、置酒。太子及宰枢・台省侍臣・知制誥侍宴。夜分乃罷。

(『高麗史』巻九世家九文宗二七年)

この後も、宰臣の参加が確認される例(『高麗史』巻一三世家一三睿宗四年〈一一〇九〉二月己丑)、あるいは「群臣を宴す」と記す例(『高麗史』巻一八世家一八毅宗二二年〈一一六八〉正月戊寅・巻二〇世家二〇明宗一一年〈一一八一〉正月辛酉)などがみられ、時によって参加者が礼志の儀式次第の規定とは若干異なっていた可能性がある。

(31) 天徳殿については、奥村周司氏が国内群臣や外国からの使客を迎接する宮殿であったと推定している(「高麗の圜丘祀天

礼と世界観」〈武田幸男編『朝鮮社会の史的展開と東アジア』山川出版社、一九九七年、三二四頁〉）。天徳殿の名称がみえるのは九八三年の本条が最後であり、顕宗初年に契丹の侵入で宮闕が灰燼に帰した後、一〇一四（顕宗五）年に再建された新宮闕にはなかったとみられる。名称や用途から、天徳殿の機能は新宮闕の乾徳殿に引き継がれたのではないかとも推測される。

(32)『高麗史』巻三世家三成宗元年是歳。

(33) 三章で論じたように、この一〇八六年の冊礼は、史料上、高麗における王太后冊立儀礼の初見であり、太后李氏の冊立にあたって宋の皇太后冊立儀礼が参照され、『高麗史』礼志所載の形の儀式が整備された。

(34) 北宋代の礼典編纂の沿革について概観した三章一節（一）の記述を参照されたい。

(35)『太常因革礼』序、『政和五礼新儀』巻首、『宋史』礼志序文等による。

(36) 宋南遷以降、高麗使の派遣は激減、途絶するが、試みに北宋期の年数を史料にみえる高麗使派遣の回数で割ってみると、その頻度は平均して約三年に一度となる。なお麗宋間を往来した使者については、早くに丸亀金作氏によって一覧表が作成されている（「高麗と宋との通行問題（一）」〈『朝鮮学報』一七、一九六〇年、二〜五頁〉）。

(37) 本文に引用した『高麗史節要』太祖元年一一月の記事に「呈百戯歌舞於前、其四仙楽部、龍・鳳・象・馬・車・船、皆新羅故事」とある。また左の一一二〇年の開催記事には、国初の功臣金楽と申崇謙の像が作られたことが記されている。

　（十月）辛巳、設八関会、王観雑戯、有国初功臣金楽・申崇謙偶像。王感歎、賦詩。

（『高麗史』巻一四世家一四睿宗一五年）

(38) 前掲注（23）参照。

第五章　高麗文廟祭祀制度の変遷にみえる宋・元制の影響

はじめに

文廟には、孔子とその弟子たち、および儒学の発展に貢献したと認められた者たちが祀られ、彼らに対し、定められた次第に則って定期・不定期の祭祀儀礼が行われる。中国の国家統治システムを参考にし、科挙を導入して、中央・地方に学校を設置していた高麗においても、ほぼ王朝を通じて文廟が運営された。儒教尊崇の象徴的な施設である文廟がどのように整備されていったのか、その様相を明らかにすることは、高麗王朝における儒教・礼制の導入状況を検討する上で欠かせない課題のひとつであろう。本章では、まず高麗時代各時期の文廟の所在地を明らかにした上で、孔子とともに文廟に祀られた者たちの顔ぶれとその変遷にみえる中国制度の影響、および高麗文廟の特徴について論じることとしたい。三・四章では、『高麗史』礼志に記載された「冊王妃儀」「冊太后儀」「大観殿宴群臣儀」などの儀式次第について、中国の該当儀礼の影響関係を調べながら、高麗における成立・整備過程を考察してきたが、それらの儀式次第は毅宗朝に完成した『詳定古今礼』に依拠したものであったため、高麗前期の儀礼の検討にかたよらざるをえなかった。文廟の祭祀対象者の変遷については、高麗後期まで含めて中国制の影響を論じることが可能であるという点で、高麗礼制研究上、非常に有用なテーマといえる。

高麗以前に遡れば、古代三国では、高句麗が最もはやく三七二年に太学を設置したが[1]、孔子崇拝施設の存在が確認されるのは新羅のみである。『三国史記』職官志には、「雑伝記に官銜が見えるが、その官が設けられた時期や位の高下のわからないもの」が列挙されているが、その中に「孔子廟堂大舎録事」が見える。(2)これによってひとまず新羅に孔子廟が存在したことは認められる。六四八年には、唐に派遣された金春秋が国学に赴き釈奠を観ることを許されており、(3)この後、六八二年には国学が設置された。(4)そして、七一七年には唐から帰国した守忠が「文宣王・十哲・七十二弟子図」を奉じて太学に置いたという。(5)ただし朴賛洙《パク・チャンス》氏も指摘するように、(6)唐で孔子に対して「文宣王」の称号が追贈されたのは七三九年のことであるから、(7)『三国史記』にみえるこの七一七年の記事は、後代の手が加えられたものである。「文宣王」の称号は別として、唐から孔子以下七十二弟子の図が将来されたことに関しては事実と認めるならば、金春秋や留学生らによってもたらされた情報に加え、この図によって唐の文廟の祭祀対象者やその序列・服装などが把握された可能性があろう。(8)

関連資料の乏しい新羅以前の文廟に比べ、高麗時代の文廟はその沿革がかなり記録に残されている。一節では、まず所在地の変遷から確認していく。

第一節　文廟の設置と移転

高麗文廟の設置時期を示す確実な記録はない。しかし左の史料にみられるように、「国初より文宣王廟を国子監に創立した」といい、国子監は九九二年に設置されたから、成宗代の国子監設置にともなって文廟が置かれた可能性が高いと推測される。

（睿宗）十四年七月、国学始立養賢庫以養士、自国初肇立文宣王廟于国子監、建官置師。

（成宗十一年十二月）下教、立国子監、給田荘。（『高麗史』巻七四選挙志二学校）

その後一〇二〇年に崔致遠を「先聖廟庭」に従祀しているから（後述）、少なくともこれ以前には国子監に文廟が置かれたはずである。高麗王朝では、九九二年の国子監設置時、あるいは遅くとも一〇二〇年までには文廟が置かれ、国家が孔子を祀る施設がととのえられた。（『高麗史節要』巻二）

この当初の文廟は、開京羅城南門の会賓門の内側にあったとみられる（図の①）。一一二三年に高麗を訪れた徐兢の『高麗図経』は、国子監の中に孔子を祀る宣聖殿と東西の廡が建てられ、学生たちの宿舎である斎舎もあったことを述べるとともに、国子監がもともと会賓門の内側にあったものの非常に手狭であったため、礼賢坊に移転してきたことを記している。

国子監。旧在南会賓門内。前有大門、榜曰国子監、中建宣聖殿・両廡、闢斎舎以処諸生。旧制極隘、今移在礼賢坊、以学徒滋多、所以侈其制耳。（『高麗図経』巻一六官府）

礼賢坊については『高麗史』地理志の開京五部三十五坊の中に見えず、管見の限り他史料中にもその名が見当たらない。会賓門内から礼賢坊に国子監が移転した時期についても明記した史料はないが、次の記事等を手掛かりにある程度把握することができる。

（仁宗）十年八月戊子、大雨、漂没人家不可勝数、又水湧奉恩寺後山上古井、奔流入国学庁、漂没経史百家文書。（『高麗史』巻五三五行志一水）

まず、この一一三二年の記事では、「大雨で奉恩寺の後ろの山の上の古井戸から水が湧き、国学庁に流れ込んだ」というから、礼賢坊の国子監は奉恩寺にほど近く、それより低い場所にあったとみられる。この礼賢坊の国子監について、高裕燮《コ・ユソプ》氏は『開城誌』の記述等をもとに「今の太平町一〇三番地から一一六番地、一二〇番地にかかる地域の下半は国子監趾、上半は奉恩寺趾と推定できる」(9)としている。この見解に従えば、その位置は図1の②付近となる。次に、会賓門内から礼賢坊への移転時期について、以下の記事を見よう。

六月癸丑、王如奉恩寺、遂詣国子監。謂侍臣曰、仲尼百王之師、敢不致敬。遂再拝。

（『高麗史』巻八世家八文宗一五年）

一〇六一年に文宗が奉恩寺に行幸した際、ついでに国子監に行幸し、侍臣に「仲尼は百王の師であるから、どうして致敬せずにいられようか」といい、再拝したという。この時点では、奉恩寺と国子監は近くに位置していたと考えてよかろう。とすれば、国子監はこれ以前にすでに会賓門内から礼賢坊に移転していたと推測される。(10)その後、一〇八九年に国子監が修葺された際には、孔子像が一時順天館に安置された。(11)

この後しばらくは礼賢坊に位置していたとみられるが、江華島遷都によって国子監も移転を余儀なくされた。江都時代には、左の記事にみられるように、花山洞に新たに国子監を建て孔子を祀ったが、(12)花山洞の位置は明らかでない。

八月甲午、奉安宣聖真于新創花山洞国子監。

（『高麗史』巻二四世家二四高宗三八年）

開京への還都後、しばらくすると、再び移転の機会が訪れた。一三〇一年、元使耶律希逸に「国学の殿宇が狭苦しく、学校の制度を失っており、文廟を新たにして儒学を振興すべきである」と指摘を受けると、(13)

五月甲辰、耶律希逸還。希逸喩国王理民之術、責宰輔憂国之事、嘗以国学殿宇隘陋甚失泮宮制度、言於王遂新文廟以振儒風。

（『高麗史』巻三二世家三二忠烈王二七年）

高麗は次の安珦伝にみえるように一三〇三年(14)に国学学正金文鼎を元に派遣して、孔子、および孔子と共に文廟に祀る七十子の像を描かせ、また祭器・楽器・六経・諸子史などを求めた。そしてこれらを入手した上で、翌一三〇四年に

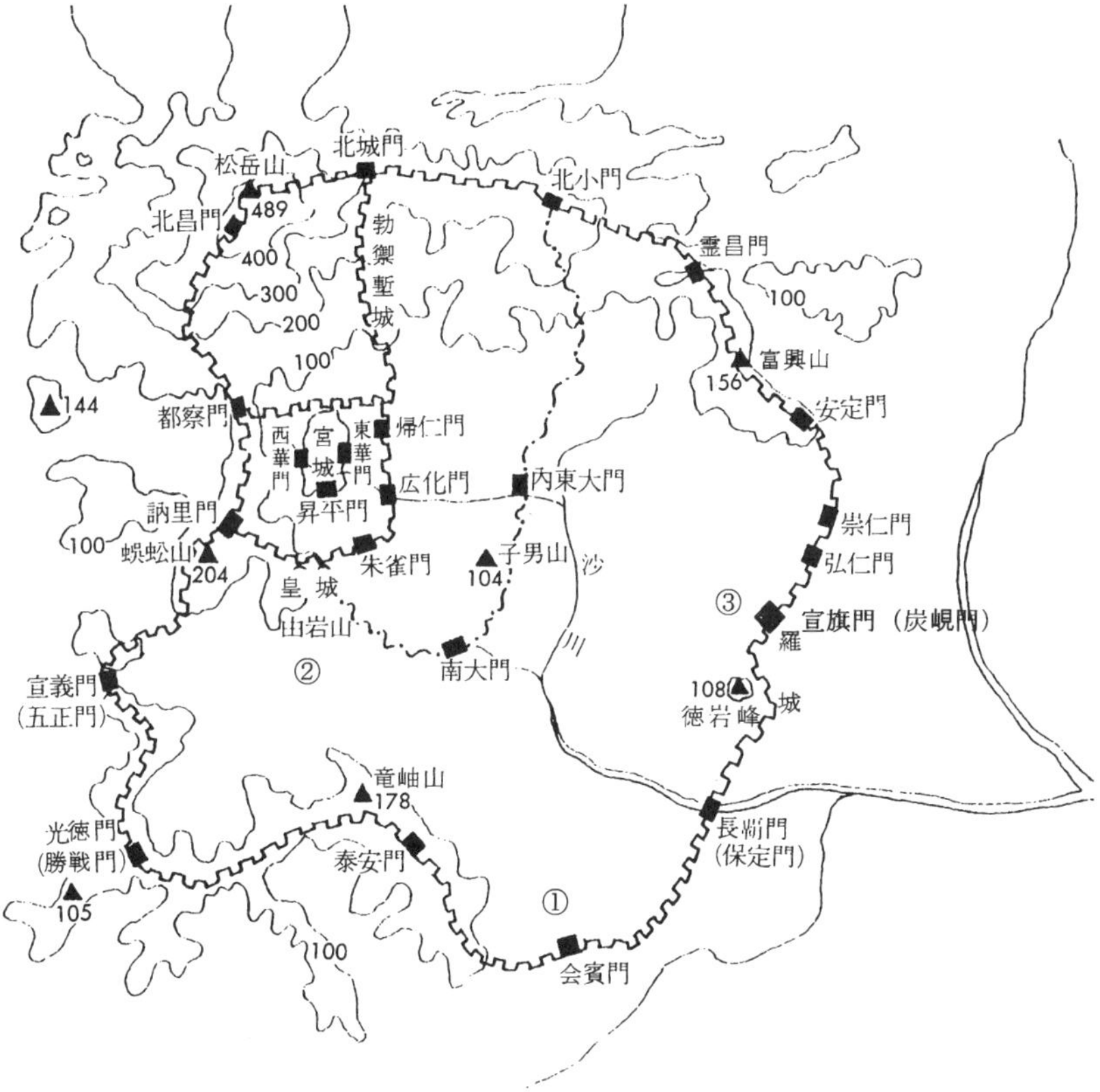

図　高麗時代文廟所在地の変遷

※１章の図１に①～③を挿入した。

は新たに大成殿を完成させる[15]。

　　珦又以餘貲付博士金文鼎等、送中原、画先聖及七十子像、并求祭器・楽器・六経・諸子史、以来。

（『高麗史』巻一〇五列伝一八安珦）

この後大成殿は、一三六七年に、一時孔子塑像を崇文館に移して修理されている[16]。ところで、一四世紀初に文廟を改めて建立することになったきっかけは、上記のように国学が手狭であると元使に指摘を受けたことであった。還都後には、おそらく江華遷都以前の礼賢坊の文廟を用いていたのではないかと思われるが、いずれにしろ耶律希逸の見たそれは十分な規模を有したものではなかった。そのため、より広い土地を求めて開京内のはずれの地、炭峴門の内側に移転したようである。『新増東国輿地勝覧』巻四開城府上学校成均館条によると、開城の成均館は「炭峴門内にある」とされているが、同条に引用されている「李芮義財記」に「所謂成均館は、開城府の人が学堂と呼んでおり、廟の姿はもとのままである。先聖・先師の像は、今もおごそかに安置されており、他の郷学とは比べものにならない」とあり、この炭峴門内（図の③）[17]に位置した開城の成均館が、高麗時代から引き継がれたものであることを述べている。一三〇四年以降には文廟の移転を示す記事は見当たらず、朝鮮時代に引き継がれた開京炭峴門内の文廟は、一三〇四年に建てられたものとみるのが妥当と考える。

以上の考察から、高麗時代の文廟の所在地の変遷について整理すると次のようになる。開京に文廟が初めて置かれたのは九九二年の国子監設置時、あるいはその後一〇二〇年までの間である。最初の文廟は会賓門内（図の①）に建設され、その後、一〇六一年までの間に礼賢坊（図の②）に移った。モンゴルの侵攻により江華島に遷都してしばらく経った一二五一年には、島内の花山洞に文廟を設けた。開京還都後には、遷都以前の礼賢坊の文廟あるいは別の場所に建てた文廟を用いたが、一三〇四年には炭峴門内（図の③）の地に拡大移転した。その廟堂は朝鮮王朝が漢陽に都を遷した後にも使用され、他所の郷校の文廟とは比較にならない威容を誇った。

第二節　文廟祭祀対象の変遷と中国制の影響

以上のように数度の移転を経た高麗王朝の文廟では、時期によって、孔子とともに祭祀対象とされた神位にも変化が見られた。本節では、高麗文廟における祭祀対象神位の変遷を中国王朝の文廟における変遷と対照しながら考察する。文廟の祭祀対象者は、中国の歴代王朝でも比較的変動が見られ、かつその変遷を現存する史料によって跡づけることが概ね可能であって、高麗の文廟制度への中国制の影響を具体的に抽出することができる。それゆえ、これまでにも朴賛洙氏[18]・金海栄《キム・ヘヨン》氏[19]が高麗文廟の祭祀対象者について、中国制との関連から論じており、また金鎔坤《キム・ヨンゴン》氏[20]は高麗文廟に特徴的な従祀神位である崔致遠および安珦について、従祀に至った政治的背景とともに論じている。以下ではこれらの先行研究を再検討しながら、より中国制度の導入という点に主眼を置いて、高麗王朝の文廟祭祀対象神位の変遷を再整理していくこととしたい。

（一）　高麗前期の配享・従祀神位と宋制

まず、文廟祭祀の主享位、孔子の称号から確認しておこう。『高麗史』礼志に記された文廟儀礼の儀式次第では、孔子の称号は「至聖文宣王」[21]とされている。これは宋制にしたがったものである。孔子に対しては、中国歴代王朝によって度重なる称号の追贈がなされたが、はじめて王号が贈られたのは唐玄宗代の七三九年である。この時「文宣王」号が贈られ、その後、宋真宗により一〇〇八年に「玄聖文宣王」と改められ、さらに一〇一二年に「至聖文宣王」とされた。[22]『高麗史』礼志の文廟儀礼の次第は、一二世紀半ばに完成した『詳定古今礼』に依拠した記述とみられるから、その中で「至聖文宣王」号が用いられているということは、一〇一一年に宋朝で改定された称号が、『詳定古今礼』成立期までに高麗に導入されたことを意味する。

次に、孔子にあわせ祀られる顔回以下の配享・従祀者についてみよう。[23]『高麗史』巻六二礼志四吉礼中祀 文宣王廟では、釈奠儀礼の祭享対象として、先聖孔子に先師顔回を配享し、[24]さらに九七人を従祀することになっている。文廟の配享・従祀者の人数・顔ぶれ・序列については、高麗前期の礼制整備に大きな影響を与えた唐・宋代の中国でも幾度も改定がなされているが、この『高麗史』礼志の釈奠儀注に記された配享・従祀者、すなわち『詳定古今礼』に規定された配享・従祀者は、どの時期の中国礼制から影響を受けたものであろうか。それを理解するために作成したのが章末に付した**表**である。左から順に、宋朝の『開宝通礼』（九七一年成立）に規定された配享・従祀者（『太常因革礼』〈一〇六五年成立〉巻二総例二神位下に引用されたもの）、宋大中祥符二（一〇〇九）年に追封された爵号を反映した配享・従祀者（『文献通考』巻四三学校考四 祠祭褒贈先聖先師による）、『高麗史』礼志に規定された配享・従祀者、宋の『政和五礼新儀』（一一一三年に公布）巻三序例神位下に規定された配享・従祀者を列挙したものである。なお従祀者には、まず宋大中祥符二年の時点における序列順に1～93の番号を付け、『開宝通礼』・『高麗史』礼志・『政和五礼新儀』における従祀者にもそれにしたがって番号を付し、大中祥符二年を基準に序列の変化を見られるようにしている。また、『高麗史』礼志と『政和五礼新儀』の配享・従祀者のうち、大中祥符二年の宋制では配享・従祀に含まれていない人物についてA～Fの記号を付した。

表を見れば明らかなように、『高麗史』礼志に規定された文廟の配享・従祀者は、一〇〇九年以降の宋の文廟制の影響を受けている。これはすでに朴賛洙・金海栄氏が指摘している通りである。以下では、両氏の研究をふまえながら、高麗王朝が文廟を設置して以降、『高麗史』礼志の規定、すなわち一二世紀半ばに成った『詳定古今礼』の規定に至るまでの過程を再整理しよう。

先に述べたように、高麗では九九二年に国子監を設置し、同時期あるいは遅くとも一〇二〇年までには文廟を置いたと考えられるが、文廟設置の少し前、九八三年には、任老成によって宋から文宣王廟図一幅と祭器図一巻・七十二賢賛記一巻がもたらされている。

（五月）甲子、博士任老成至自宋、献大廟堂図一舗幷記一巻・社稷堂図一舗幷記一巻・文宣王廟図一舗・祭器図一巻・七十二賢賛記一巻。

（『高麗史』巻三世家三成宗二年）

このことから推して、おそらく高麗の文廟は、設置当時から宋初の制を参考にし、一定の影響を受けていたと考えられる。そして顕宗代には、文廟に高麗的特徴が添加された。新羅の名学崔致遠・薛聡が従祀に加えられたのである。それにともなって崔致遠は一〇二〇年に内史令、一〇二二年に文昌侯、薛聡は一〇二二年に弘儒侯に追封された[25]。**表**にみえるように『高麗史』礼志がA文昌侯崔致遠・B弘儒侯薛聡を従祀神位として挙げていることは、この顕宗代の措置が毅宗代にも継続されていたことを示す。

その後、一〇八九（宣宗六）年の国子監修葺にともない、一〇九一年に国学の壁に七十二弟子の像を描いたが、その序列は宋の国子監のものに准じ、章服は十哲と同じとされた。

宣宗八年九月庚戌、礼部奏、国学壁上、図画七十二賢、其位次、依宋国子監所讃名目次第、其章服皆倣十哲。従之。

（『高麗史』巻六二礼志四吉礼中祀　文宣王廟）

そして一一〇一（粛宗六）年には、文廟の構造と従祀の規模に変化が訪れた。

粛宗六年四月癸巳、国子監奏、文宣王廟左右廊、新画六十一子二十一賢、請従祀于釈奠。従之。

（『高麗史』巻六二礼志四吉礼中祀 文宣王廟）

右の記事によると、一一〇一年に文廟の左右廊廡に新たに「六十一子二十一賢」が描かれ、従祀されるようになった。ここで「六十一子二十一賢」というのは、表の12顓孫師〜72琴張、すなわち七十二弟子から十哲（1顔回〜10卜商）および11曾参を除いた六一人と、73左丘明〜93范甯の二一人のことであったと考えられる。孔子の主要な弟子である七十二弟子は、依拠する書物や解釈によって七十弟子や七十七弟子などとされることもあり、また七十二弟子に含まれない、必ずしも孔子に直接師事しなかった先儒二十一賢についても、その人数や顔ぶれ、序列は確定されたものではない(26)。ゆえに一一〇一年の従祀制度改定において、東西廊廡にこれら12顓孫師〜72琴張の六一人と73左丘明〜93范甯の二一人の像を描き祭祀の対象に追加したことは、この時に高麗が一〇〇九（大中祥符二）年に改定された宋の制度を導入したことを示すものといえる。

つまり高麗では国子監が設置された九九二年、あるいは遅くとも崔致遠の従祀記事の見える一〇二〇年までには文廟が建てられたが、その設置当初から一一〇一年までは、文廟祭祀の対象としては孔子を主享とし、顔回を配享して、十哲のうち顔回を除いた九名と曾参、および崔致遠と薛聡を廟堂の堂上に従祀するのみであった。一一〇一年に至り、東西廡までが祭祀空間となり、釈奠儀礼における従祀の対象が顓孫師以下の七十二弟子と二十一賢に拡大されたのである。

なお、宋では太祖代からすでに文廟の東西廊廡に顓孫師以下の画像を描き従祀していた。

宋因増修之、塑先聖・亜聖・十哲像、画七十二賢及先儒二十一人像于東西廡之木壁、太祖親撰先聖・亜聖賛、十哲以下命文臣分賛之。

（『宋史』巻一〇五礼志八文宣王廟）

右の史料には、宋は建国後、後周が九五五年に開封に置いた国子監を増修し、先聖・亜聖・十哲の像を塑造し、七十二賢及び先儒二十一人の像を東廡・西廡の板壁に描いたとある。また表に示したように、『開宝通礼』でも、顔回から曾参までを「堂上分坐」、顓孫師から范甯までを「両廡分坐」としている。つまり宋では太祖代から東西廊廡の壁に従祀者が描かれていたのであるから、前述の九八三年に任老成によって宋から高麗にもたらされた文宣王廟図と七十二賢賛記には、それが反映されていた可能性が高い。しかし高麗では文廟設置当初にはそれを完全に模倣せず、一一〇一年に至って、崔致遠・薛聡の従祀挿入以外は、一〇〇九年に改定された宋制とほぼ同じ文廟祭祀空間にととのえたのである。

この一一〇一年の時点から『詳定古今礼』が成った一二世紀半ばまでの半世紀ほどの間には、文廟従祀者にさらに若干の変化が生じた。表を見ると、『高麗史』礼志では、堂上従祀にA鄒国公孟軻が加わって計一三名、東西廡従祀の二十一賢にはB蘭陵伯荀況・C成都伯楊雄が加わって二三名となっている。これらの文廟祭祀対象への追加も、やはり宋での改制を受けたものであった。宋では一〇八三（元豊六）年一〇月に孟子が鄒国公に封ぜられ、翌年五月に孟子の配享と荀況・揚雄・韓愈の従祀・追封が定められている。この時、荀況は蘭陵伯、揚雄は成都伯、韓愈は昌黎伯に封ぜられ、また従祀の位次は、荀況は左丘明の直後、揚雄は劉向の直後、韓愈は范寧の直後とされた(27)。『高麗史』礼志に記された孟子と荀況・揚雄の爵号、および荀況・揚雄の位次を見れば、宋朝における一〇八四年の改定の内容が反映されていることは明らかである。ただし、宋で孟子が顔回とともに配享されたのとは異なり、高麗では堂上従祀の西壁の末位に配置されており、また荀況・揚雄・韓愈のうち韓愈は従祀に加えられていない。つまり一一〇一年以後一二世紀半ばまでの間に、一〇八四年の宋文廟の配享・従祀の改定が高麗に伝わり、反映されることになったが、顔回は配享でなく堂上従祀とし、韓愈は従祀の列に加えられなかったのである。

宋では一〇八四年以降も、さらに文廟の配享・従祀神位に改定が加えられた。一二世紀半ばまでの改制を整理しておくと、まず一一〇四（崇寧三）年には、王安石を孔子廟に配享し、その位は孟子の次とした(28)。また一一〇八（大観二）年には、孔伋の像を文宣王廟（の廊廡）に描き、左丘明ら二十四賢の間に入れて従祀することとした(29)。またその二年後、一一一〇（大観四）年には、従祀者を一〇人（公夏首・后処・公肩定・顔祖・鄡単・罕父黒・秦商・原抗・楽欬・廉潔）増加させる大規模な改定がなされる(30)。しかしこれら一一〇四年・一一〇八年・一一一〇年の宋文廟における改定は、『高麗史』礼志はじめ高麗の史料に全く見えず、反映されなかったといえる。

ところが、次の一一一一（政和元）年に行われた改定は、ほぼ高麗文廟に採り入れられた。一一一一年、宋朝は、かつて一〇〇九（大中祥符二）年に追封した爵号が孔子の諱を犯しているという理由で、八名の従祀者の爵号を改めた(31)。11曾参を瑕丘侯から武城侯、12顓孫師を宛丘侯から潁川侯、17南宮縚を龔丘侯から汶陽侯、25司馬耕を楚丘侯から雒陽侯、72琴張を頓丘侯から陽平侯、73左丘明を瑕丘伯から中都伯、75穀梁赤を龔丘伯から雒陵伯、78戴聖を楚丘伯から考城伯にそれぞれ改封したのであるが、表でこれらの人物の『高麗史』礼志における爵号を確認すると、11曾参と12顓孫師以外は全てこの新爵号を用いていることがわかる。

この後、宋では一一一三（政和三）年に王安石を舒王に封じて孔子廟に配享し、安石の子雱を臨川伯に封じて従祀としたが(32)、新法党の凋落とともに早くも一一二六（靖康元）年には王安石降格の動きが出る(33)。表に明らかなように、『高麗史』礼志にはこの王安石父子の配享・従祀の痕跡は見られない。

以上のような宋・高麗における文廟配享・従祀神位の変遷をふまえれば、高麗文廟への宋文廟制の影響について、どのように把握することができるであろうか。高麗王朝による宋文廟制度の導入姿勢に関しては、朴賛洙氏と金海栄氏の間で以下のような見解の違いがある。

朴賛洙氏は、「宋朝で曾参を哲位に昇格させたのが一一一三年であるから、『高麗史』礼志に記された文廟享祀者は、少なくとも一一一三（粛宗八）年以後に定められたものと考えられるが、中国制度の伝来にかかる時差と高麗王朝の独自性を考慮すると、さらに後代に作成されたものである可能性も高い」と述べる[34]。そして高麗時代の文廟享祀の特徴として、①孔門弟子については七二人を固守し、宋で一一一〇（大観四）年に追加された公夏首ら一〇人を従祀しなかった、②漢代以後の先儒の従祀を制限したため、韓愈・王安石・王雱は従祀されなかった、③享祀者の序列についても宋制をそのまま模倣せず、より自主的な姿勢をとり、宋で配位に享祀された孟子を哲位に下し、また崔致遠と薛聡を文廟正殿の南壁に配享して哲位と同等に待遇した、という三点を挙げる。これに対し金海栄氏は、『高麗史』礼志の文廟享祀者は、宋で一〇〇九（大中祥符二）年に改定された制度を基本としており、そこに孟子の配享と荀況・揚雄・韓愈の従祀がなされた一〇八四（元豊七）年の文廟享祀者までが反映されたものである、とする。ゆえに一〇八四年以降の宋での改定が反映されていないのは当然であって、『高麗史』礼志の享祀者の序列は高麗の自主的な態度を示すものではないとする。

まず、朴賛洙氏が、『高麗史』礼志の釈奠儀注所載の享祀者が一一一三年以降のものであると推定した根拠である、曾参の堂上従祀への昇格時期を見てみよう。氏は宋文廟における曾参の昇格時期を一一一三年とみているが、特に有効な根拠を示していない。しかし『文献通考』によれば、すでに七二〇（開元八）年から曾参は十哲とともに堂上に従祀されている。

（開元八年）詔曰、顔子等十哲、宜為坐像、悉令従祀、曾参大孝徳冠同列、特為塑像、坐於十哲之次、因図画七十弟子及二十二賢於廟壁上。

（『文献通考』巻四三学校考四祠祭褒贈先聖先師）

同年、玄宗は詔を下し、顔回以下の十哲の坐形の塑像をつくり、また曾参も大孝徳冠が十哲にならぶとして坐形の塑像をつくって十哲の次に配置し、それ以外の七十弟子と二十二賢については壁上に画像を描くこととした、という。

また表に示した『開宝通礼』の制で曾参が堂上に従祀されているように、宋朝も建国初期から唐制を踏襲して曾参を文廟堂上に配置し従祀していたのであるから、一一一三年を曾参の堂上従祀の嚆矢とみるのは誤りである。さらに、『高麗史』礼志に見える曾参の爵号は「郕伯」であるが、十哲が公爵、東西廡に従祀された残りの七十二弟子が侯爵を有することを考えれば、曾参が伯爵なのは不自然であって、誤記である可能性がきわめて高い。この「郕伯」の爵号は、七三九（開元二七）年に唐朝によって追封され[35]、一〇〇九年に瑕丘侯に昇格されるまで用いられていたものであるが[36]、おそらく『高麗史』あるいは『詳定古今礼』の編纂時に誤って記録されたものであろう。これらのことを考慮すれば、曾参の序列をもって『高麗史』礼志に記載された配享・従祀者の確定時期を論じることはできない。

また前述のように、高麗では一一〇一年以後に、宋の一〇八四年の文廟配享・従祀の改制が伝わり、部分的に自国の文廟に反映させたが、その後の宋における改制のうち一一〇四年の王安石の配享、一一〇八年の孔伋の従祀、一一一〇年の公夏首以下一〇名の従祀、一一一三年の王安石の舒王追封と王雱の従祀については、採り入れなかった。しかしながら、宋で一一一一年に行われた従祀者の爵号の改定に関しては、高麗文廟に反映されたことが明らかである。ゆえに、金海栄氏が主張するように、『高麗史』礼志に記された文廟享祀者は宋の一〇八四年までの制度を参照して定められたものであるから、それ以降の宋朝による改定が反映されていないのは当然であって高麗の自主的な態度のあらわれではない、とみることはできない。高麗は宋における一一一一年の文廟享祀者の改定までは参照しており、それ以前の導入しなかった改定事項に関しては、何らかの論理にもとづいて不採択の判断がなされたと考えられる。この「何らかの論理」は明らかにし難いが、朴賛洙氏が高麗文廟の享祀の特徴として挙げた①〜③は、概ね正鵠を射ているのではないかと思われる。いずれにしろ、このように選択的に宋制を受容していることは、高麗前期の文廟整備の過程で確認できる特徴の一つであり、崔致遠・薛聡の堂上従祀と合わせて、文廟整備における高麗王朝の自主性を見出すことも可能である。

ここで、以上の考察をふまえ、『詳定古今礼』成立に至るまでの高麗における文廟配享・従祀の整備過程と宋制の影響関係をいま一度整理しておく。まず、高麗で国子監が設置された九九二年、遅くとも一〇二〇年までには会賢門内に文廟が建てられ、その際には、九八三年に宋からもたらされた文宣王廟図や祭器図、七十二賢賛記も参考にされたと推測される。ただしこの時点では、廟堂の東西の廊廡に従祀者を列しておらず、高麗文廟の配享・従祀は宋のそれに比べ小規模であった。その後一〇二〇・二二年には崔致遠・薛聡が従祀の列に加えられる。礼賢坊に移転した後の一〇八九年に国子監の修復作業が行われると、一〇九一年には宋の国子監での名称や序列によって国学壁上に七十二弟子の図像を描いた。そして一一〇一年に至ると、文廟の東西廊廡に新たに「六十一子二十一賢」を描いて釈奠従祀に加え、崔致遠・薛聡以外は、宋で一〇〇九年に改定された配享・従祀制とほぼ同じ形式となった。その後一二世紀半ばまでに、宋における一〇八四年と一一一一年の改定が高麗文廟に反映され、『詳定古今礼』が編まれた。

ところで**表**にも示したように、『高麗史』礼志では、東廡に12顓孫師から52申黨までの四一位を、西廡に53公祖句茲以下の四三位を配置するよう規定しているが、これは宋を含む中国王朝の文廟における従祀位の配列とは明らかに異なる。朱熹の撰した『紹熙州県釈奠儀図』「文公潭州牒州学備准指揮」によると、『政和五礼新儀』では、廟堂殿上の東側に一～五位、西側に六～一〇位の神位を並べ、東廡に廊廡の一～三一位、西廡に三二～六二位の神位を並べることとしている。以上が七十二弟子であり、さらに東廡の三一位の下に廊廡の六三～七五位、西廡に七六～八八位の神位を並べるが、これが七十二弟子に含まれない先儒たちである。しかし、この並べ方は『政和五礼新儀』の文宣王廟に独特のもので、本来は東西対称に東側に一・三・五・七・九……番目の神位、西側に二・四・六・八・十……番目の神位となるように並べるものであった。そのため淳熙の制では『政和五礼新儀』の形式を廃して旧制に戻した、[37]

という[38]。要するに、例えば表の作成に用いた一〇〇九年の改制の史料（『文献通考』）は、単に堂上従祀者と廊廡従祀者を序列順に列記したものであって、実際文廟においては堂上東に閔損、西に冉耕、東に冉雍、西に宰予……というように東西対称に配置されていたのである。ゆえに『高麗史』礼志で廊廡の従祀者12顓孫師～93范甯を中間で二つに分け、前半を東廡・後半を西廡に配している（そのため先儒が西廡に偏っている）のは、『政和五礼新儀』とも、それ以前・以後の中国制とも異なる並べ方である。このことは、高麗が宋の文廟配享・従祀制を導入した際、実際に宋文廟を見て確認した神位の配置ではなく、従祀者を序列順に列記した資料を参考にしたことを示すものと考えられる。高麗は宋に留学生を派遣しており、宋が高麗留学生を釈奠儀式に参加させたこともあるが[39]、彼らは配享・従祀神位の配置までは確認しなかったのであろうか。いずれにしろ、宋制を導入し、それに近似しながらも、意識的・無意識的な相違点が看取されることが高麗文廟の配享・従祀制の特徴の一つだといえるだろう[40]。

（二）　高麗後期の配享・従祀神位と元制

以上のようにして、一二世紀半ばまでに『高麗史』礼志所載の形式に文廟配享・従祀が整備された後、高麗はモンゴルの侵略を受けて遷都し、前述のように一二五一年には江華島内の花山洞に国子監をたて、孔子像を安置した。江都時代の文廟が、開京礼賢坊の文廟と同等の規模を備えていたか否か、またこの時期の文廟の配享・従祀者については知ることができない[41]。

そして還都後しばらく経った一三〇四年に、炭峴門内に大成殿を完成させたのであるが、ではこれ以降、高麗文廟の配享・従祀制はどのように変化したのであろうか。まず、この時期には元における改変の影響を受け、孔子の封号が変化したことが確認できる。一三〇八年には、元が前年に孔子の封号を大成至聖文宣王に改めたことを受け、高麗

も至聖文宣王から大成至聖文宣王に改めた。(42)

配享・従祀神位に対する元制の影響については、高麗時代の史料ではほとんど言及されていないが、朝鮮初期の史料と中国史料を併せて検討することによって、その輪郭を描くことはできる。まず配享神位について述べよう。先に言及したように、宋では一〇八四年に顔回に加えて孟子を孔子に配するようになったが、高麗では『詳定古今礼』の成った一二世紀半ばの時点においてもこれを完全に取り入れておらず、孟子を堂上従祀の対象として受けいれただけであった。一方、金朝においては、一一七四（大定一四）年までは孔子の配位として孔子像の脇に侍るのは顔回のみで、孟子像は法服ではなく燕服姿で後堂に安置されていたが、一一七四年に顔回と相対して孔子に配されるようになった。つまりこの時に至って北宋一〇八四年に始められた顔・孟二配が金朝に導入されたわけである。その後、王朝末期の宣宗代にも二配位制を維持していることが確認できる。(43)一方南宋では、一二六七（咸淳三）年に、顔・孟二位に加えて曾参と孔伋を孔子に配享することとし、配位を四位に増やした。(44)南宋はその後ほどなくして滅亡したが、文廟における四配位制は一三一六（延祐三）年に元朝で採用された。(45)

ではこの四配位制は、高麗王朝に導入されたのであろうか。その可能性については、次の一四〇三（朝鮮太宗三）年の記事によって、金海栄氏(46)がすでに否定している。

（三年四月）壬戌、司諫院上疏。疏略曰、……建文元年正月三十日、成均館依宋朝故事、上章申請、以曾子・子思配食於顔孟之列、誠盛時之美典也。兼知礼曹事金瞻・礼曹議郎張子崇等、詳定元子入学之礼、至於爵献之儀、曾子・子思遺而不挙、其不致意精察之罪大矣。乞令罷職、以懲不恪、申命礼官、更定其礼、使曾子・子思依旧配享、斯道幸甚。不下。

（『太宗実録』巻五）

右の上疏によると、一三九九（建文元）年、成均館が、宋朝の故事によって顔孟に加えて曾参と孔伋を孔子に配享することを奏請したが、兼知礼曹事金瞻・礼曹議郎張子崇らは、元子入学の礼を詳定するにあたって、爵献の儀において曾子と子思をはずし爵を挙げなかった。そこでこの一四〇三年に至り、司諫院は金瞻・張子崇らの罪は大きいとして彼らを罷免することを求め、また礼官に命じて再度儀礼を定めさせて曾子と子思を配享するよう請うた。しかしこの時にも実現されず、結局四配神位が文廟に奉安されたのは、次のように一四〇七年のことであった。

（七年五月己未）奉安文宣王及四配神位於文廟、十哲則東西翼室、歴代従祀諸賢、列於東西廡。

（『太宗実録』巻一三）

すなわち、一四〇七年までは四配位制は導入されておらず、配享位は顔子・孟子の二位だったのである。

とすれば、前述のように『詳定古今礼』では孟子は堂上従祀の列に加えられていたのであるから、一二世紀半ば以降、朝鮮初期までの間に、孟子が配享位に昇格され二配位制となったとわかる。では、孟子が昇格され顔回とともに配享神位となったのは何時であろうか。その時期を考える上で重要なのが、一三〇四年の大成殿建立である。高麗では元使の指摘を受けて一三〇四年に大成殿を建てたが、そのために前年に金文鼎らを元に送って「先聖及七十子像」すなわち文廟の祭祀対象者たちを描かせ入手したことは、前節で述べた。右で整理したように、元では一三一六年に四配位制となるから、一三〇三年時点の元の文廟制度では、配享位は顔孟二位であったと推測される。つまり、一四世紀初めに高麗が大成殿を建立した際、二配位制であった元の文廟を参照し、孟子を昇格して顔回・孟子を配位としたと考えられる。そしてその体制は朝鮮初期まで続き、一四〇七年に至って曾参と孔伋が配位に加えられ、四配位となったのである。

同様のことが、東西廊廡に列せられた従祀神位に関してもうかがわれる。次の一四一二年の史料によると、礼曹右参議許稠は、使節として入明した際に得た情報にもとづいて、明の文廟従祀神位とそろえるべく朝鮮でも董仲舒と許衡を廊廡に従祀し、揚雄を祭祀対象から外すことを請うている。

（十二年六月己未）礼曹右参議許稠上書。書略曰、臣入闕里謁先聖、問諸教授官蔡平曰、所過州県之学、皆有董仲舒、無楊雄、何也。答曰、建文年間、礼官献議、以董子代雄、雄為莽大夫故也。又問曰、許魯斎従仕、始於何代。答曰、始於元朝。乞従中国之制、以董・許従祀両廡、勿幷祀楊雄。（『太宗実録』巻二三）

許稠の上書の内容によれば、彼は自身が北京で文廟を訪れた際、教授官蔡平に、通り過ぎた州県の学校ではみな董仲舒を祀っていて揚雄が祀られていなかったが、それはなぜかと尋ねた。蔡平の答えは、建文年間に礼官が董仲舒をもって揚雄にかえるように建議したためで、それは揚雄が王莽に仕えたからである、というものであった。さらに許稠が、許魯斎を従祀し始めたのはいつからかと問うたところ、元朝からという回答であった。許稠はこの情報によって、朝鮮文廟の従祀神位の改定を建議し、翌年にはこれが実現された。

（十三年二月丁巳）始以漢江都相董仲舒・元中書左丞許衡、従祀文廟、罷莽大夫楊雄之祀、埋雄神主于屏処。（『太宗実録』巻二五）

つまり、この一四一三年までは、朝鮮文廟では揚雄が従祀されていたのであり、また右の記事で「始めて」董仲舒と許衡を文廟に従祀した、と記しているように、董仲舒と許衡はそもそも従祀の列に加えられていなかったのである。

ここで、元・明朝期における揚雄・董仲舒・許衡の扱いを確認しておこう。明朝で揚雄が従祀から外され董仲舒がその位を占めることになったのは一三九五（洪武二八）年のことである。

（洪武）二十八年、以行人司副楊砥言、罷漢揚雄従祀、益以董仲舒。（『明史』巻五〇礼志四吉礼四至聖先師孔子廟祀）

ただし、次の史料に見えているように董仲舒はすでに元代の一三三〇（至順元）年に従祀に加えられているから、一三九五年には新たに従祀の列に加えたのではなく、揚雄の旧位に董仲舒を陞したということになろう。また許衡が従祀に加えられたのは一三一三（皇慶二）年である。

皇慶二年六月、以許衡従祀、又以先儒周惇頤・程顥・程頤・張載・邵雍・司馬光・朱熹・張栻・呂祖謙従祀。至順元年、以漢儒董仲舒従祀。

（『元史』巻七六祭祀志五宣聖）

とすれば、朝鮮王朝では、一三一三年の元における許衡の従祀追加と一三三〇年の董仲舒の追加、および一三九五年の明文廟の従祀制改定による揚雄の黜放と董仲舒の昇叙について、把握していなかったということになろう。なお、以下の一四一一（太宗一一）年の記事を見れば、「わが国の祖廟および社稷・山川・文廟等の祭祀は、聖朝の制定した藩国儀式を知らないため、いまだ高麗王朝の旧礼を用いており、非常に未便である」とあるから、朝鮮初期の文廟祭祀制は高麗の旧制を引き継いだものであったと考えられる。

（十一年十一月甲子）且呇礼部曰、本国祖廟及社稷山川文廟等祭、未知聖朝所制藩国儀式、仍用前代王氏旧礼、深為未便。

（『太宗実録』巻二二）

このことから推せば、高麗後期の文廟にも、一三一三年・一三三〇年になされた元の文廟従祀に関する改定は反映されていなかったとみるのが妥当である。

高麗後期の文廟の祭祀対象神位については、その全体を伝える史料が伝存しない。ゆえに限定された事例に基づいて考察せざるをえないが、右で述べてきたように、高麗後期から朝鮮初期に至るまで、元朝における一三一三年以降の改定が文廟の廊廡従祀者に反映されていないということは、やはり元における一三一六年の四配位制の採用が朝鮮初期の一四〇七年まで反映されていないことと、同様の文脈で理解できるものと思われる。すなわち、高麗では炭峴門内に大成殿を移転整備するにあたり、一三〇三年に元文廟の配享・従祀者を調べて参考とし、大成殿の完成後、元で孔子の封号が大成至聖文宣王に改められた際には高麗もこれに従っているが（一三〇八年）、それ以後、元朝における改定を逐一反映させることはないまま朝鮮王朝に移行し、朝鮮初期に至って、明制に従おうとした官僚たちにより改制が行われたと考えるのが自然であろう。(47)

第三節　武廟の非受容

前節では中国制の導入という観点から、文廟の祭祀対象の変遷を考察してきたが、中国制と比較した場合の高麗文廟の特徴として、もう一点指摘しておくべきことがある。それは、文廟の対となる武廟が置かれていなかったことである。管見の限り、高麗時代の史料中には武廟の存在を示す記録はない。また次に引用した一四五六（世祖二）年の記事は、集賢殿直提学梁誠之が武廟の建立を上疏したものであるが、前朝高麗の武廟の存在には全く言及されていない。

（二年三月丁酉）集賢殿直提学梁誠之上疏曰、……一、武成立廟。蓋文武之道、如天経地緯、不可偏廃。唐粛宗尊太公為武成王、立廟享祀、与文宣王比、後以歴代良将六十四人配享。吾東方先聖之祀、上自国学下至州郡、而武成王無祠宇、只祭纛神四位、豈非闕典歟。今訓錬観即宋朝武学也、乞幷纛所于訓錬観、而立武成廟、祭礼配食、略依文廟制度。

（『世祖実録』巻三）

梁誠之は、文武の道は天が経であり地が緯であるように、一方をすてることはできないとしつつ、中国における武廟祭祀を引き合いに出して武廟の建立を請うた。すなわち、唐の粛宗代に太公望呂尚を追尊して武成王とし、文宣王の例にならって立廟し、後に歴代の良将六四人を配享して祀ってきたが、我が国では孔子は中央の国学から地方州郡の郷校までで祀られているのに、武成王に対しては祠宇が無くただ纛《とう》神四位のみを祀っており、礼典にもとると批判した。そして今の訓錬観は宋朝の武学に相当するから、纛所を訓錬観に併合して武成廟を立て、祭礼配食を文廟制度によって行うよう求めたのである。しかしこの上奏は受けいれられず、結局朝鮮王朝でも武成王廟は建てられなかった。

なお梁誠之が言及しているように、唐では、武成王廟を設置した当初から文宣王廟と対をなすものとして祀っていた。七三一（開元一九）年に長安と洛陽および諸州に一所ずつ太公廟を置き、張良を配享して十哲にあたる人物を選んで祭祀の対象とし、(48)その後七六〇（上元元）年には、太公望を武成王に追封した。この際には、文宣王の例によって武成王廟を置き、文宣王の例に準じて亜聖および十哲等を置き、享祭の典はいっさい文宣王と同じくすること、とされている。

上元元年閏四月十九日勅文、……其太公望可追封為武成王、有司依文宣王置廟、仍委中書門下、択古今名将、准文宣王置亜聖及十哲等。享祭之典、一同文宣王。

（『唐会要』巻二三武成王廟）

そしてその体制は宋代にも受け継がれた。宋でも仲春・仲秋の上戊の日に釈奠礼を行い、孔子の七十二弟子に相当する七十二将を選定して従祀した。(49)また宋朝の武廟は次の史料に示されているように文廟に相対して建てられ、また孔子が文宣王から玄聖文宣王に加号された一〇〇八（大中祥符元）年には、武成王も昭烈武成王に加号されている。

太祖建隆三年、詔修武成王廟、与国学相対、命左諌議大夫崔頌董其役。……大中祥符元年、加謚昭烈。

（『宋史』巻一〇五礼志八武成王廟）

元朝においても、一二八三（至元二〇）年以降、毎年仲春・仲秋の上戊日に武成王廟で祭祀が行われた。(50)

前節で検討してきたように、高麗前期、特に一一世紀末から一二世紀前半の文廟整備は明らかに宋の文廟を手本としており、また一四世紀初めに大成殿を建てた際には、元の文廟における祭祀対象者の画像や祭器などを入手して用いた。しかし中国王朝で唐以来、文廟とともに祀られてきた武廟は、高麗には採り入れられた痕跡がない。開封で国学と向かい合って建っていた武成王廟を、高麗人留学生や高麗使節が知らなかったとは思われないから、高麗王朝では武廟を導入しないという選択をしたとみるのが妥当であろう。

ここで想起されるのが高麗の科挙制度である。高麗では文科のみで武科が設定されていなかったことが知られている。[51]ただ、宋との交流が活発であった睿宗代には、「文武両学」を実現すべく一一〇九年に国学七斎のうちの一つとして武学を学ぶ者のための講藝斎が置かれ、[52]一一二〇年には科挙試験の際に武学生も試策された。[53]しかしこうした武学・武科も、次の仁宗代の一一三三年には廃止された。

（仁宗）十一年正月判、武学斎生赴挙者少、故策論雖不合格、随分選取、得第甚易、諸学生争属武学。棄本逐末、非徒士風偾倖、率皆才器駑下、或委兵事、有名無実。且武学漸盛、将与文学人角立不和深為未便。自今、已登第者、与文士一体敍用、武学取士及斎号、並停罷。（『高麗史』巻七四選挙志二学校）

その際の理由は次のようなものであった。武学斎の学生はそもそも科挙を受験する者が少なかったので簡単に及第することができ、そのため諸学生があらそって武学に入ろうとするようになってしまった。しかしそれでは本末転倒であり、そうした武学の学生の能力は低く兵事に長けているわけでもない。また武学が次第に盛んになったために、文学の人士との対立が深刻になってきてしまったのだとしている。武学および武学の学生に対する評価の低さとともに、既存の勢力が武学の隆盛を好まず対立したことがうかがわれる。支配層における「武」に対する「文」の優越や対立意識は、高麗王朝において武廟が導入されなかった背景として考えられるだろう。

おわりに

以上、本章では高麗時代の文廟について、まずその所在地の変遷を考察し、次に祭祀対象神位の変遷を中国制の導入という点に主眼を置いて再検討し、『詳定古今礼』成立までの変遷と宋制の影響、高麗後期の元制の影響について論じてきた。また唐代に文宣王廟の対として設置され宋・元でも祀られた武成王廟が、高麗では導入されず、武廟が文廟に相対しえなかった状況を指摘した。

ところで、ここでは中央の国子監に置かれた文廟を考察の対象としてきたが、『高麗史』巻六三礼志五吉礼小祀諸州県文宣王廟で、地方の郷校に置かれた文廟における釈奠儀礼の次第が詳細に記されているように、高麗王朝では、郷校にも文廟を置き祭祀儀礼を挙行するよう規定されていた。しかし桑野栄治氏が指摘したように(54)、高麗末の郷校文廟の中には、東西廡を従享者を祀る祭祀空間としてではなく講堂として用いている、すなわち東西廡に従享者を祀ることを規定している礼志「諸州県文宣王廟」の次第通りには儀礼を挙行できない事例が存在する。桑野氏は「すべての郷校が『高麗史』礼志の規定どおりに先聖先師以下の諸賢を祀る文廟儀礼を忠実に実施したかどうかについては疑問を呈せざるをえない」として「高麗は吉礼の体系化に際して、地方にいたるまで文廟儀礼の制度化を政治的に構想していた、とみるのが妥当な判断ではないか」とするが、同感である。

さらに次の史料を見ると、西京平壌では、同地域に濃厚な箕子信仰の影響を受け、孔子崇拝の在り方が変則的になっていることがわかる。

明宗八年四月、更定西京公廨田有差。……文宣王油香田十五結、先聖油香田五十結〈先聖即箕子〉。

（『高麗史』巻七八食貨志一田制）

西京の公廨田について述べた右の史料では、「先聖とは箕子のことである」と注記されている。注（24）で述べたように、先聖・先師に誰をあてるかという問題については中国でも数度の変動があったが、唐顕慶年間以降定着した先聖＝孔子、先師＝顔回とする解釈を高麗王朝も受けいれている。にもかかわらず、西京では箕子を先聖として祀っている、すなわち孔子が先聖の座を箕子に奪われているのであり、しかも孔子の三倍以上の油香田が国によって支給を認められているのである。もちろん、この先聖＝箕子という祭祀対象の設定は、西京が箕子信仰の中心地であったが故になされ得た明らかに特殊な事例であり、同様の可能性を他地域に拡大することはできない。ただし、右のような孔子崇拝、文廟の運営が国によって認められていることは注目に値する。中央の文廟整備においては宋制・元制を導入しながらも、このように大幅な逸脱の余地を残していた高麗の礼制については、『高麗史』礼志の規定のみによらない、多角度からの研究が必要であろう。

注

（1）（六月）立太学、教育子弟。

（『三国史記』巻一八高句麗本紀六小獣林王二年）

（2）其官銜見於雑伝記、而未詳其設官之始及位之高下者、書之於後。葛文王・検校尚書・左僕射・上柱国・知元鳳省事・興文監卿・太子侍書学士・元鳳省待詔・記室郎・瑞書郎・孔子廟堂大舎録事……。

（『三国史記』巻四〇雑志九職官下外官）

（3）（冬）遣伊湌金春秋及其子文王朝唐。……春秋請詣国学、観釈奠及講論。太宗許之。

（『三国史記』巻五新羅本紀五真徳王二年）

（4）六月、立国学、置卿一人。

（『三国史記』巻八新羅本紀八神文王二年）

（5）秋九月、入唐大監守忠廻、献文宣王十哲七十二弟子図、即置於大学。（『三国史記』巻八新羅本紀八聖徳王一六年）

（6）朴賛洙「文廟享祀制의 成立과 変遷」（『藍史鄭在覚博士古稀記念東洋学論叢』高麗苑、一九八三年、一二五頁）。

（7）（開元）二十七年、詔、夫子既称先聖、可諡曰文宣王、遣三公持節冊命。（『新唐書』巻一五礼楽志五）

（8）なお、『三国史記』の祭祀志は孔子廟堂における祭祀を記さず、どのように祀られたのかは確認できないが、金春秋が入唐時に直接観た釈奠儀礼などが挙行されていた可能性も考えることができる。少なくとも、王が国学に行幸し博士らに経書を講義させて聴講する視学に関しては、八世紀半ば以降、仲春に行っている例が散見するから（『三国史記』巻九新羅本紀九恵恭王元〈七六五〉年・同十二〈七七六〉年二月・『三国史記』巻一一新羅本紀一一景文王三〈八六三〉年二月・憲康王五〈八七九〉年二月）、ある程度定着していたとみてよいだろう。

（9）『松都古蹟』「奉恩寺와 国子監」、博文出版社、一九四六年、一〇七頁。

（10）高裕燮氏は前掲注（9）著書一〇二頁で、宣宗六年の国子監重葺時に礼賢坊に移ったとみているが、特に根拠は示されておらず、従えない。

（11）（八月）癸丑、以修葺国学、備儀仗、移安文宣王于順天館。（『高麗史』巻一〇世家一〇宣宗六年）

（12）八月甲午、奉安宣聖真于新創花山洞国子監。（『高麗史』巻二四世家二四高宗三八年）

（13）なお、耶律希逸は以下のようにこの三か月前に実際に文廟に足を運んでいる。

（二月）丁丑、耶律希逸謁文廟、令諸生賦詩。（『高麗史』巻三一世家三一忠烈王二七年）

（14）『高麗史』巻三一世家三一忠烈王二九年閏五月戊寅。

（15）六月乙酉、国学大成殿成。（『高麗史』巻三一世家三一忠烈王三〇年）

（16）『高麗史』巻四一世家四一恭愍王一六年五月丙戌・巻六二礼志四吉礼中祀 文宣王廟 恭愍王一六年七月庚子。

（17）本章の内容の初掲時（「高麗時代의 文廟」〈『韓国思想史学』四〇、二〇一二年〉）には、図中の宣旗門（炭峴門）および③の位置が誤っていたため、修正した。

(18)「文廟享祀制의 成立과 変遷」(『藍史鄭在覚博士古稀記念東洋学論叢』高麗苑、一九八四年)。
(19)「朝鮮初期 文廟享祀制에 対하여」(『朝鮮時代史学報』一五、二〇〇〇年)。
(20)「高麗顕宗代의 文廟従祀에 対하여――崔致遠의 境遇를 中心으로――」(辺太燮編『高麗史의 諸問題』三英社、一九八六年)、「高麗忠粛王六年 安珦의 文廟従祀」(『李元淳教授華甲記念史学論叢』教学社、一九八六年)。
(21)『高麗史』巻六二礼志四吉礼中祀 文宣王廟 視学酌献儀。
(22)(大中祥符五年十二月)壬申、改謚玄聖文宣王為至聖文宣王。(『続資治通鑑長編』巻七九)
この改号は、同年に軒轅黄帝の化身であるという趙玄朗なる人物を宋朝の聖祖としたため、玄字が国諱となったことによる。
(23)文廟祭祀に関して「配享」と「従祀」の語を使い分ける場合、「配享」は正位の孔子の配位として祀られる神位、「従祀」は配享以外の神位に対して用い、孔子にあわせ祀ることを意味する場合が多いため、本章でも同様の意味で用いた。ただし「配享」「従祀」を区別せずにまとめて配享、従祀、あるいは従享などと呼ぶ例も多い。
(24)高麗王朝では基本的に先聖＝孔子、先師＝顔回としているが、これは必ずしも自明のことではない。そもそも先聖とはその人格を理想とする完全な人間であり教育によって到達せんとする最高の段階、先師とは各道の師であって、祭祀においても先聖が主であり先師はそれに従属する関係に置かれたが、先聖と先師をそれぞれ誰にあてるかは、中国王朝において幾たびか変動があった。最も顕著なのが唐朝である。三国時代、魏の斉王は二四六(正始七)年に太常に命じて釈奠を行わせ、孔子を祀り顔回を配享しており(『文献通考』巻四三学校考四)、これ以降、晋から南北朝にかけて確認できるかぎり孔子を先聖、顔回を先師としている。しかし唐の高祖李子淵は、長く続いたこの解釈を改め、六二三(義寧七)年に周公を先聖、孔子を先師として自ら釈奠を行った。唐がこのとき周公を先聖、孔子を先師としたのは、後漢の明帝、五九(永平二)年の故事の影響によるものであろう。明帝は、同年に全国の学校で「聖師」である周公・孔子を祀らせている(『後漢書』志四礼儀志上養老)。これは中国の正史に、学校において周公・孔子を祀ったことを語る最初の伝えである(矢澤利彦「孔子崇拝儀礼〈釈奠〉について」〈『思想』七九二、一九九〇年、七三頁〉)。唐ではその後、太宗代の六二八(貞観二)年に房元齢らが、学校と孔子の関係、および南朝・隋代での歴史事実を理由として孔子を先聖、顔回を先師とするよう奏上し、受けいれられた。しかし高宗の六五一（永徽二）年に頒行された永徽令では、ふたたび周公が先聖、孔子が先師となり、さらに六五七（顕慶二）年には、長孫無忌・許敬宗らの上奏により孔子を先聖、顔回を先師とすることとなった。こうした唐朝における先聖・先師の解釈をめぐる論議は、非常に政治的な力学関係によって行われたとみられることが指摘されている（多賀秋五郎『唐代教育史の研究』不昧堂、一九五三年、八四〜九一頁。および中野昌代「唐代の釈奠について」〈『史窓』五八、二〇〇一年〉）。結局、こうして高宗代に確立された先聖＝孔子、先師＝顔回の制度がこの後継続され、宋代にも継承されて、高麗もその制度を受けいれたのである。

(25)『高麗史』巻四世家四顕宗一一年八月丁亥・顕宗一三年正月甲午・巻五世家五顕宗一四年二月丙午。

(26)詳しくは新海一「神位考——「大唐開元礼」釈奠従祀私記」（『国学院雑誌』八一—一〇、一九八一年）等参照。

(27)『続資治通鑑長編』巻三四〇元豊六年一〇月戊子・巻三四五元豊七年五月壬戌。この事情については、『宋史』礼志が以下のように整理して説明している。

詔封孟軻鄒国公。晋州州学教授陸長愈請春秋釈奠、孟子宜与顔子並配。議者以謂凡配享・従祀、皆孔子同時之人、今以孟軻並配、非是。礼官言、唐貞観以漢伏勝高堂生・晋杜預范寧之徒与顔子倶配享、至今従祀、豈必同時。孟子於孔門当在顔子之列、至於荀況・揚雄・韓愈皆発明先聖之道、有益学者、久未配食、誠闕典也。請自今春秋釈奠、以孟子配食、荀況・揚雄・韓愈並加封爵、以世次先後、従祀於左丘明二十一賢之間。自国子監及天下学廟、皆塑鄒国公像、冠服同兗国公。仍絵荀況等像於従祀、荀況、左丘明下、揚雄、劉向下、韓愈、范寧下。冠服各従封爵。詔如礼部議、荀況封蘭陵伯、揚雄封成都伯、韓愈封昌黎伯、令学士院撰賛文。

（『宋史』巻一〇五礼志八文宣王廟）

(28)（崇寧三年）六月、詔以王安石配享孔子廟、設位於鄒国公之次、仍令国子監図其像、頒之天下。

（『文献通考』巻四四学校考五祠祭褒贈先聖先師）

(29)大観二年、従通仕郎侯孟請、絵子思像、従祀於左丘明二十四賢之間。

（『宋史』巻一〇五礼志八文宣王廟）

(30)議礼局言……又、史記弟子伝曰、受業身通六芸者七十有七人、自顔回至公孫龍三十五人頗有年名及受業見於書伝、四十二人姓名僅存。家語曰、七十二弟子皆升堂入室者。按唐会要七十七人、而開元礼止七十二人、又復去取不一。本朝議臣、断以七十二子之説、取琴張等五人、而去公夏首等十人。今以家語・史記参定、公夏首・后処・公肩定・顔祖・鄡單・罕父黒・秦商・原抗・楽欬・廉潔、唐会要・開元礼亦互見之、皆有伯爵、載於祀典。請追贈侯爵、使預祭享。詔、封公夏首鉅平侯、后処膠東侯、公肩定梁父侯、顔祖富陽侯、鄡單聊城侯、罕父黒祈郷侯、秦商馮翊侯、原抗楽平侯、楽欬建成侯、廉潔胙城侯。

（『宋史』巻一〇五礼志八文宣王廟）

なお『文献通考』巻四四学校考五祠祭褒贈先聖先師によれば、この改定がなされたのは、大観四年九月一二日の詔によってである。右の引用史料の傍線部に「本朝の議臣たちは、七十二子とする説を正しいと断じ、琴張等五人を入れて、公夏首等十人を外した」とあるが、表に示したように『開宝通礼』ですでに公夏首等は従祀対象から外れているから、宋朝でこの七十二子の顔ぶれに決定したのは建国間もない時期であると考えられる。朴賛洙氏は、前掲論文一三九頁で、公夏首ら一〇名が大中祥符二年に従祀から除外され、大観四年に復活したと見做しているが、一〇名が除かれたのは『開宝通礼』以前であって、大中祥符二年ではない。大中祥符二年の制度は、配享・従祀者の封号と序列に関しては、宋初の『開宝通礼』から変化が見られるが、面子は全く変わっていないのである。

(31) 『文献通考』巻四四学校考五祠祭褒贈先聖先師。

(32) 『宋史』巻一〇五礼志八文宣王廟。

(33) （靖康元年五月三日）右諫議大夫楊時言、伏見蔡京用事二十余年、蠹国害民幾危社稷、……蓋京以紹述神宗為名、実挾王安石以図其利、故推尊安石加以王爵、配享孔子廟廷而京之所為、……臣伏望、睿旨断王安石学術之謬、追奪王爵、詔中外毀去配享之像……。奉聖旨、王安石合依鄭康成等例、従祀孔子廟廷、令礼部改正施行。

（『靖康要録』巻五）

なお王安石は一一四一（淳祐元）年には孔子廟から廃黜され、一一七七（淳熙四）年には息子の王雱の画像も孔子廟から撤去されている（『宋史』巻一〇五礼志八文宣王廟）。

(34) 朴賛洙前掲注（18）論文一三七～一三八頁。

(35) （開元）二十七年詔曰、……七十子、並宜追贈、曾参贈郕伯、顓孫師贈陳伯、……。

（『文献通考』巻四三学校考四祠祭褒贈先聖先師）

(36) 国朝会要、大中祥符二年五月、詔、……贈郕伯曾参等六十二人進封侯、参封瑕丘侯、顓孫師封宛丘侯、……。
（『太常因革礼』巻二総例二神位下）

(37) なお淳熙年間（一一七四～八九）の配列は史料が見当たらず確認できなかったが、咸淳三（一二六七）年の時点では東西対称の配列であることが確認できる（『宋史』巻一〇五礼志八文宣王廟）。

(38) 一、拠申伏睹政和五礼新儀、殿上先東五位後西五位、其西第一位即通計之第六位也、両廡亦先東三十一位、次西三十一位、其西廡之第一位即通計之三十二位也、又次東第三十二位至第四十四位、其第三十二位即通計之六十三位也、又次西三十二位至第四十四位、其第三十二位即通計之七十六位也。淳熙儀式、則自古至今、皆以東西相対為序、〈第一・第三・第五・第七・第九等位幷居東、第二・第四・第六・第八・第十等位幷居西。按政和新儀、武成王殿上・両廡並以古今東西相対為序、与此正同、而文宣王廟不照此例、殊不可曉〉、切詳政和之次、固不若淳熙之善。

(39) 『高麗史』巻七四選挙志二科目 制科には、宋に留学し科挙に合格した者たちが記されている。また、一一一七年に高麗人留学生が宋朝の釈奠に参加し、帰国したことも確認できる（本書第六章）。

(40) 以上のように高麗前期の文廟に関しては、宋の影響が顕著であるといえるが、同時代の遼朝に関しては、次のように建国初期に文廟が建てられ皇太子によって釈奠が行われたことがわかるものの文廟制度の詳細について知ることはできない。

神冊元（九一六）年春、立為皇太子。……倍曰、孔子大聖、萬世所尊、宜先。太祖大悦、即建孔子廟、詔皇太子春秋釈奠。

（『遼史』巻七二列伝二宗室義宗倍）

(41) 一二五三年には薛聡・崔致遠に爵号が加えられており（『高麗史』巻二四世家二四高宗四〇年六月辛亥）、従祀者らも依然文廟祭祀の対象であったと推測されるが、開京の国子監のように、堂上従祀者の塑像や廊廡従祀者の画像までをととのえたのかは疑問である。

(42) （二月）丙辰、元詔加封孔子大成至聖文宣王。
（『高麗史』巻三二世家三二忠烈王三四年）

この前年の七月に、元で孔子に対する加封が行われている。（『元史』巻二二本紀二二武宗 大徳一一年七月辛巳）

(43) 大定十四年、国子監言、……兼兗国公親承聖教者也、鄒国公力扶聖教者也、当於宣聖像左右列之。今孟子以燕服在後堂、宣聖像側還虚一位、礼宣遷孟子像於宣聖右、与顔子相対、改塑冠冕、粧飾法服、一遵旧制。

宣宗遷汴、建廟会朝門内、歳祀如儀、宣聖・顔・孟、各羊一・豕一、餘同小祀、共用羊八、無豕。

（『金史』巻三五礼八宣聖廟）

(44)（咸淳三年正月）戊申、帝詣太学謁孔子、行舎菜礼、以顔淵・曾参・孔伋・孟軻配享、顓孫師升十哲、邵雍・司馬光升列従祀、雍封新安伯。

（『宋史』巻四六度宗本紀）

(45)延祐三年秋七月、詔春秋釈奠于先聖、以顔子・曾子・子思・孟子配享。封孟子父為邾国公、母為邾国宣献夫人。

（『元史』巻七六祭祀志五宣聖）

なお明代に入ると、一三七二（洪武五）年に一時孟子を配位から外すが、翌年には復帰させ（『明史』巻五〇礼志四吉礼四至聖先師孔子廟祀）、一三八二（洪武一五）年にはやはり四配制を用いていることが確認されるから（『明史』巻五五礼志九嘉礼三皇帝視学儀）、ほぼ明朝初期から元制を引き継いで顔回・孟子・曾参・孔伋の四位を配享していたといえる。

(46)前掲注（19）論文三三頁。

(47)一三〇四年の大成殿完成の後、高麗文廟の従祀神位に関して次のようないくつかの改変がみられるが、みな新羅・高麗の人物である。一三〇八年には崔致遠と薛聡に加号し（『高麗史』巻三三世家三三忠宣王即位年一一月辛未）、さらに一三一九年に安珦を従祀に追加（『高麗史』巻一〇五列伝一八安珦）、また一三五一年には薛聡・崔致遠の神位の削去が行われた（『高麗史』巻六二礼志四吉礼中祀 文宣王廟 忠定王三年八月丁丑）。

(48)開元十九年四月十八日、両京及天下諸州、各置太公廟一所、以張良配享。春秋取仲月上戊日祭……仍簡取自古名将・功成業著・宏済生人、准十哲例配享。

（『唐会要』巻二三武成王廟）

(49)『宋史』巻一〇五礼志八武成王廟。

(50)（至元二十一年二月戊子）以春秋仲月上戊日、祭社稷及武成王。

（『元史』巻一二世祖本紀九）

なお、以下に掲げた祭祀志に「孫武子・張良・管仲・楽毅・諸葛亮以下一〇人を従祀した」とあるが、実際に従祀の対象がこの一〇人に限定されたのであれば、七十二将を従祀していた宋代よりも祭祀の規模が縮小されたことになる。

武成王立廟於枢密院公堂之西、以孫武子・張良・管仲・楽毅・諸葛亮以下十人従祀。毎歳春秋仲月上戊、以羊一・豕一・犧尊・象尊・籩・豆・俎・爵、枢密院遣官、行三献礼。

（『元史』巻七六祭祀志五武成王）

(51) 初期の研究として、曺佐鎬《チョ・ジャホ》「麗代의 科挙制度」（『歴史学報』一〇、一九五八年）を挙げておく。また高麗末期の一三九〇年の記事ではあるが、高麗では武科は無く文科のみであったことが記されている。

恭譲王二年閏四月、都評議使司奏、文武二道不可偏廃、本朝只取文科、不取武科、故武藝成材者少。

（『高麗史』巻七四選挙志二武科）

(52) （睿宗）四年七月、国学置七斎、周易曰麗択、尚書曰待聘、毛詩曰経徳、周礼曰求人、戴礼曰服膺、春秋曰養正、武学曰講藝。試取大学崔敏庸等七十人、武学韓自純等八人、分処之。……十一年四月、制曰、文武両学、国家教化之根源、早降指揮、欲令立其両学、養育諸生、以備将来将相之挙、而有司各執異論、未有定議、宜速奏定施行。

（『高麗史』巻七四選挙志二学校）

(53) （睿宗）十五年五月、韓安仁知貢挙、金富佾同知貢挙、取進士、覆試賜李之氐等三十八人及第。是挙幷試策武学生。

（『高麗史』巻七三選挙志一科目）

(54) 「朝鮮初期の文廟祭と郷村社会」（『久留米大学文学部紀要国際文化学科編』一五・一六、二〇〇〇年）。

表　文廟の配享・従祀神位

『開宝通礼』	大中祥符２年	『高麗史』礼志	『五礼新儀』序例神位
配享			
1 顔子	1 兗国公顔回	1 顔回	1 兗国公顔回
	a鄒国公孟軻		
	d舒王王安石		
従祀（堂上）			
2 閔損	2 琅琊公閔損	2 瑯琊公閔損	2 瑯琊公閔損
3 冉耕	3 東平公冉耕	3 東平公冉耕	3 東平公冉耕
4 冉雍	4 下邳公冉雍	4 下邳公冉雍	4 下邳公冉雍
5 宰予	5 臨淄公宰予	5 臨淄公宰予	5 臨淄公宰予
6 端木賜	6 黎陽公端木賜	11 郕伯曾参（以上東壁）	6 黎陽公端木賜（以上東壁）
7 冉求	7 彭城公冉求	6 黎陽公端木賜	7 彭城公冉求
8 仲由	8 河内公仲由	7 彭城公冉求	8 河内公仲由
9 言偃	9 丹陽公言偃	8 河内公仲由	9 丹陽公言偃
10 卜商	10 河東公卜商	9 丹陽公言偃	10 河東公卜商
11 曾参	11 瑕丘侯曾参	10 河東公卜商	11 武城侯曾参（以上西壁）
		a 鄒国公孟軻（以上西壁）	
		A 文昌侯崔致遠	
		B 弘儒侯薛聡（以上南壁）	
従祀（東西廡）			
12 顓孫師	12 宛丘侯顓孫師	12 穎昌侯顓孫師	12 穎昌侯顓孫師
13 澹台滅明	13 金郷侯澹台滅明	13 金郷侯澹台滅明	13 金郷侯澹台滅明
14 宓不斉	14 單父侯宓不斉	14 單父侯宓不斉	14 單父侯宓不斉
15 原憲	15 任城侯原憲	15 任城侯原憲	15 任城侯原憲
16 公冶長	16 高密侯公冶長	16 高密侯公冶長	16 高密侯公冶長
17 南宮縚	17 龔丘侯南宮縚	17 汶陽侯南宮縚	17 汶陽侯南宮縚
18 公晳哀	18 北海侯公晳哀	18 北海侯公晳哀	18 北海侯公晳哀
19 曾点	19 萊蕪侯曾点	19 萊蕪侯曾点	19 萊蕪侯曾点
20 顔無繇	20 曲阜侯顔無繇	20 曲阜侯顔無繇	20 曲阜侯顔無繇
21 商瞿	21 須昌侯商瞿	21 須商侯商瞿	21 須昌侯商瞿
22 高柴	22 共城侯高柴	22 共城侯高柴	22 共城侯高柴
23 漆雕開	23 平輿侯漆雕開	23 平与侯漆彫開	23 平輿侯漆雕開
24 公伯寮	24 寿張侯公伯寮	24 寿長侯公伯寮	24 寿張侯公伯寮
25 司馬耕	25 楚丘侯司馬耕	25 雎陽侯司馬耕	25 雎陽侯司馬耕
26 樊須	26 益都侯樊須	26 益都侯樊須	26 益都侯樊須
28 有若	27 鉅野侯公西赤	27 鉅野侯公西赤	27 鉅野侯公西赤
27 公西赤	28 平陰侯有若	28 平陰侯有若	28 平陰侯有若
29 巫馬施	29 東阿侯巫馬期	29 東阿侯巫馬施	29 河東侯巫馬施
30 陳亢	30 南頓侯陳亢	30 南頓侯陳亢	30 南頓侯陳亢

『開宝通礼』	大中祥符２年	『高麗史』礼志	『五礼新儀』序例神位
31 梁鱣	31 千乗侯梁鱣	31 千乗侯梁鱣	31 千乗侯梁鱣
32 顔辛	32 陽穀侯顔辛	32 陽穀侯顔辛	32 陽穀侯顔辛
33 冉孺	33 臨沂侯冉孺	33 臨沂侯冉儒	33 臨沂侯冉孺
49 曹邺	34 諸城侯冉季	34 諸城侯冉季	34 諸城侯冉季
36 公孫龍	35 沭陽侯伯虔	35 沭陽侯伯虔	35 沭陽侯伯虔
40 顔驕	36 枝江侯公孫龍	36 枝江侯公孫龍	36 枝江侯公孫龍
39 漆雕哆	37 新息侯秦冉	37 新息侯秦審	37 新息侯秦冉
44 商沢	38 鄄城侯秦商	38 甄城侯秦商	38 鄄城侯秦商
67 狄黒	39 濮陽侯漆雕哆	39 濮陽侯漆彫哆	39 濮陽侯漆雕哆
71 公西蒧	40 雷沢侯顔驕	40 雷沢侯顔驕	40 雷沢侯顔驕
69 孔忠	41 高苑侯漆雕徒父	41 高苑侯漆徒父	41 高苑侯漆雕徒父
68 邽巽	42 上邽侯壌駟赤	42 上邽侯壌駟赤	42 上邽侯壌駟赤
65 叔仲会	43 長山侯林放	43 長山侯林放	e 鉅平侯公夏首
70 公西輿如	44 鄒平侯商沢	44 鄒平侯商沢	e 梁父侯公肩定
66 顔何	45 成紀侯石作蜀	45 成紀侯石作蜀	e 聊城侯鄡單
60 施之常	46 当陽侯任不斉	46 当陽侯任不斉	e 馮翊侯秦祖
63 顔之僕	47 文登侯申棖	48 毛平侯公良孺	e 建城侯楽欬
62 歩叔乗	48 牟平侯公良孺	47 文登侯申棖	f 沂水侯孔伋
61 顔噲	49 上蔡侯曹邺	49 上蔡侯曹卹	74 臨淄伯公羊高
59 秦非	50 済陽侯奚容箴	50 済陽侯奚容箴	b 蘭陵伯荀況
58 鄭国	51 滏陽侯句井疆	51 滏陽侯句井彊	73 中都伯左丘明
57 燕伋	52 淄川侯申党	52 淄川侯申党（以上東廡）	75 睢陵伯穀梁赤
56 左人郢	53 即墨侯公祖句玆	53 即墨侯公祖句玆	76 乗氏伯伏勝
55 県成	54 厭次侯栄期	54 厭次侯栄期	77 萊蕪伯高堂生
54 栄期	55 城武侯県成	55 成武侯県成76	78 考城伯戴勝
53 公祖句玆	56 南華侯左人郢	56 南華侯左人郢	79 楽寿伯毛萇
52 申党	57 汧源侯燕伋	57 汧原侯燕伋	80 曲阜伯孔安国
50 奚容箴	58 朐山侯鄭国	58 朐山侯鄭国	81 彭城伯劉向
37 秦冉	59 華亭侯秦非	59 華亭侯秦非	82 中牟伯鄭衆
64 蘧瑗	60 臨濮侯施之常	60 臨漢侯施常	c 成都伯揚雄（以上東廡）
72 琴張	61 済陰侯顔噲	61 済陽侯顔会	43 長山侯林放
35 伯虔	62 博昌侯歩叔乗	62 博昌侯歩叔乗	44 鄒平侯商沢
34 冉季	63 冤句侯顔之僕	63 冤句侯顔之僕	45 成紀侯石作蜀
38 秦商	64 内黄侯蘧瑗	64 内黄侯蘧瑗	46 当陽侯任不斉
47 申棖	65 博平侯叔仲会	65 博平侯叔仲会	47 牟平侯公良孺
41 漆雕徒父	66 堂邑侯顔何	66 堂邑侯顔河	48 文登侯申棖
42 壌駟赤	67 林慮侯狄黒	67 林慮侯狄墨	49 上蔡侯曹邺
43 林放	68 高堂侯邽巽	68 高堂侯邽巽	50 済陽侯奚容蒧
45 石作蜀	69 鄆城侯孔忠	69 鄆城侯孔患	51 滏陽侯句井疆
46 任不斉	70 臨朐侯公西輿如	70 臨朐侯公西挙如	52 淄川侯申党
51 句井疆	71 徐城侯公西蒧	71 徐城侯公西箴	53 即墨侯公祖句玆

217 表

『開宝通礼』	大中祥符２年	『高麗史』礼志	『五礼新儀』序例神位
48 公良孺	72 頓丘侯琴張	72 陽平侯琴張	54 厭次侯栄旂
73 左丘明	73 瑕丘伯左丘明	73 中都伯左丘明	55 武城侯県成
74 公羊高	74 臨淄伯公羊高	b 蘭陵伯荀況	56 南華侯左人郢
75 穀梁赤	75 龔丘伯穀梁赤	74 臨淄伯公羊高	57 汧源侯燕伋
76 伏勝	76 乗氏伯伏勝	75 睢陵伯穀梁赤	58 朐山侯鄭国
77 高堂生	77 萊蕪伯高堂生	76 乗氏伯伏勝	59 華亭侯秦非
78 戴聖	78 楚丘伯戴聖	77 萊蕪伯高堂生	60 臨濮侯施常
79 毛萇	79 楽寿伯毛萇	78 考城伯戴勝	61 済陰侯顔噲
80 孔安国	80 曲阜伯孔安国	79 楽寿伯毛萇	62 博昌侯歩叔乗
81 劉向	81 彭城伯劉向	80 曲阜伯孔安国	63 宛句侯顔之僕
82 鄭衆	82 中牟伯鄭衆	81 彭城伯劉向	64 内黄侯蘧瑗
83 杜子春	83 緱氏伯杜子春	82 仲牟伯鄭衆	65 博平侯叔仲会
84 馬融	84 扶風伯馬融	c 成都伯楊雄	66 堂邑侯顔何
85 盧植	85 良郷伯盧植	83 維氏伯杜子春	67 林慮侯狄黒
86 鄭玄	86 高密伯鄭康成	84 扶風伯馬融	68 高堂侯邽巽
87 服虔	87 滎陽伯服虔	85 良郷伯盧植	69 鄆城侯孔忠
88 賈逵	88 岐陽伯賈逵	86 高密伯鄭玄	70 臨朐侯公西輿如
89 何休	89 任城伯何休	87 栄陽伯服虔	71 徐城侯公西箴
90 王粛	90 司空王粛	88 歧陽伯賈逵	72 陽平侯琴張
91 王弼	91 偃師伯王弼	89 任城伯何休	e 膠東侯后処
92 杜預	92 司徒杜預	90 司空王粛	e 富陽侯顔祖
93 范甯	93 鉅野伯范甯	91 偃師伯王弼	e 祁郷侯罕父黒
		92 司徒杜預	e 楽平侯原亢
		93 新野伯范甯（以上西廡）	e 胙城侯廉潔
			83 侯氏伯杜子春
			84 扶風伯馬融
			85 良郷伯盧植
			86 高密伯鄭玄
			88 岐陽伯賈逵
			87 滎陽伯服虔
			89 任城伯何休
			90 司空王粛
			91 偃師伯王弼
			92 司徒杜預
			93 新野伯范甯
			f 昌黎伯韓愈
			g 臨川伯王雱（以上西廡）

第六章　一一一六年入宋高麗使節の体験――外交・文化交流の現場――

はじめに

本章では、前章までの考察によって明確化した問題意識にもとづいて、宋を訪れた高麗使節が何を見聞きしどのような活動をしたのか、具体事例をもって提示し、高麗時代における中国文化の伝播と受容の具体像により接近していきたいと思う。

中国に派遣された使節は、派遣主体の安全と有利を導く外交の任を担って活動し、中国側も自らの体面、安全や利益を保持・拡大しようとする立場から、相手との関係や関心にもとづいて彼らを待遇した。また使節の得た情報や体験、将来した文物等が帰国後様々な形で国内に影響を及ぼすことになる。故にこうした使節の行動や彼らに対する待遇については、これまでも多くの研究が行われている。例えば日本の遣唐使に関しては、古くから日・中・朝の史料を用いた研究が行われ、唐文化の日本への影響についても様々な分析がなされており研究蓄積の多い分野といえよう(1)、また近年には、燕行録全集の刊行も後押し(2)して朝鮮燕行使に関する研究が活性化していることが注目される(3)。

こうした中、高麗以前の朝鮮半島の王朝が中国に派遣した使節に関しては、史料的制約もあってか研究は多くない。遣元高麗使節については、森平雅彦氏が『賓王録』の旅程記録によって、一二七三年に派遣された使節の道程や使節交渉の事例を明らかにしているが(4)、それ以前の高麗と中国王朝との交渉の現場を担った使節たちの活動や行程についても、可能な限り詳らかにする必要があろう。本章で取り上げるのは、一一一六年に宋に派遣された高麗使節である。彼らは宋でどのような待遇をうけ、どこに行き、何を見聞し、どのような行事に参加して、宋人とどのような交流をしたのか。これをできる限り明らかにすることによって文化交流の一要素としての使節をより具体的に把握し、かつ当時の高麗・宋のお互いに対する外交姿勢を理解するための足がかりとしたい。

第一節　一一一六年の入宋高麗使節とその関連史料

（一）『東人之文四六』および『東文選』中の関連史料について

ここで特に一一一六年の使節を取り上げるのは、高麗時代の文集『東人之文四六』、および『東文選』に関連史料がまとまって残されており、詳細な検討が可能なためである。『東人之文四六』は、高麗の文人崔瀣（一二七八～一三四〇）が新羅末～高麗忠烈王代の文章を集め編纂した文集『東人之文』の一部で、四六駢儷文を収録している。その編纂顛末について、彼の撰した『東人之文』序文には次のようにある。

顧以予之踈浅亦嘗濫窃掛名金榜、而与中原俊士得相接也。間有求見東人文字者、予直以未有成書対、退且恥焉。於是始有撰類書集之志、東帰十年、未嘗忘也。今則捜出家蔵文集、其所無者偏従人借、裒会採掇、校厥異同。起於新羅崔孤雲以至忠烈王時、凡名家者、得詩若干首、題曰五七、文若干首、題曰千百、駢儷之文若干首、題曰四六、総而題其目曰東人之文。（『拙藁千百』巻二東人之文序[5]）

すなわち「かつて私のような者も（元の）科挙に合格し、中国の学才ある文士たちと交わる機会を得た。時折高麗人の書いた文章が見たいと求められることがあったが、私はただ未だととのった本がないと答えるばかりで、帰宅してもまたこのことを恥ずかしく思った。この時はじめて類書を撰集する志を抱き、高麗に戻って一〇年経っても忘れたことがなかった。今、家蔵の文集を捜し、無い物は人に借りてかき集め採集して、校正を加えた。新羅の崔致遠から忠烈王代に至るまでのおよそ名家というものは、詩若干首を得て五七と題し、文若干首を得て千百と題し、駢儷文若干首を得て四六と題し、これらを合わせて東人之文と題した」。この序文を収める崔瀣自身の文集『拙藁千百』は撰述年代順に文を収録しており、それによると同序文は一三三六年に撰述されたとみられる(6)。崔瀣は自らの祖である崔致遠から忠烈王代の文人まで名家の文章をかき集め、そのうち詩をまとめて『五七』、諸々の文をまとめて『千百』、駢儷文をまとめて『四六』と題したと述べているが、完本が伝存するのは『四六』のみで、『五七』は残巻が僅かに伝わるものの『千百』は見つかっていない。『四六』は、至正一五（一三五五）年の刊記を持つ福州版一～六・一〇～一五巻、至正一四年の刊記を持つ晋州版七～九巻を合わせた一五巻一帙の完帙本『東人之文四六』（以下『四六』と称する）が高麗大学校図書館晩松文庫にあり(7)、これが一九八〇年に成均館大学校大東文化研究院が刊行した『高麗名賢集』五に収録されている。以下、本章の『四六』の引用は全て『高麗名賢集』による。

『四六』の冒頭に付された序文をみると、

　後至元戊寅夏、予集定東文四六訖成。……然陪臣私謂王、曰聖上、曰皇上、上引堯舜、下譬漢唐、而王或自称朕・予一人、命令曰詔・制、肆宥境内曰大赦天下、署置官属、皆倣天朝。若此等類、大渉譖《ママ》〔僭〕、実駭観聴。……今所集定、多取未臣服以前文字、恐始寓目者、不得不有驚疑。故題其端以引之。（『四六』東人之文四六序(8)）

「後至元戊寅の夏、私は東文四六を集定し終え、完成させた。……高麗では陪臣が私的に王のことを聖上や皇上と呼び、上には堯舜、下には漢唐になぞらえ、王は朕・予一人などと自称し、その命令を詔・制といい、国内で罪人を許すことを天下に大赦すといい、官属を署置することもみな中国を模倣してきた。これらのことは大いに僭踰にあたり、見聞きする者を実に驚愕させるものである。……今集定したこの書は、多く元朝に臣服する以前の文章をとっているので、はじめて目にする者は驚き疑心を抱くかもしれない。故にはじめに記して序とするのである」とあるから、中国に対し僭擬にあたる語も基本的にそのまま収録されていると考えてよかろう。なお、冒頭に「後至元戊寅」すなわち一三三八年に『四六』の集定を終えたとあるから、『東人之文』の序が一三三六年に書かれていることを考慮すると、伝存する『四六』は一度『東人之文』全体が成った後、改訂されたものである可能性が高い(9)。

『四六』に収められている文章は大部分『東文選』にも載録されているが、『四六』の場合、撰述年（時には月日も）や撰述時の状況が注記されているものがあり、その点で史料的価値が高いと言える。本章で扱う一一一六年の入宋高麗使節関連の史料も、まさにそうした例である。『四六』巻九には宋や金に使行した高麗使が奉った陪臣表状が収録されているが、巻頭の「入宋謝差接伴表」には〈徽宗政和六年〉及び〈睿王丙申謝恩進奉使李資諒等行〉（〈　〉内は細字。以下同様）と注が付されており、宋の徽宗政和六（一一一六）年すなわち高麗睿宗一一年に謝恩進奉使として李資諒一行が派遣された時のものであることがわかる。巻九には以下、この時に作成した一九の文章がまとまって載せられている。これが**表1**の【3】～【21】である。これらの文のほとんどは金富軾の手によるものであるが、このことは彼が書状官として随行したためであろうと考えられる。富軾が撰した『三国史記』巻一二新羅本紀一二敬順王末尾の論に「政和中、我朝、尚書李資諒を遣して宋に入らしめ朝貢す、臣富軾、文翰の任を以て輔行す」とあり、彼が一一一六年の李資諒一行に「文翰の任」を担って加わったことが確認される。また同書巻三三雑志二色服には「臣三たび上国に奉使す。一行の衣冠、宋人と異なる無し(10)」と記されており、彼が「上国」に三回派遣されたことがわかるが、一一一六年以外で史料上金富軾の「上国」への派遣が確認されるのは、次の記事にあるように一一二六年に欽宗の即位を祝賀するために宋に遣わされた時である。

表1　1116年入宋高麗使節の行程において撰述されたとみられる文章

	『四六』	『東文選』	題　名	作　者
1	巻4事大表状	巻48状	与宋太子蔡国公状	金富軾*
2	巻4	巻48	回宋使遠状	金富軾
3	巻9陪臣表状	巻34表箋	入宋謝差接伴表	金富軾*
4	巻9	巻34	謝郊迎表	金富軾
5	巻9	巻34	謝天寧節垂拱殿赴御宴表	金富軾
6	巻9	巻34	謝睿謨殿侍宴表	金富軾
7	巻9	巻34	謝宣示御製詩仍令和進表	金富軾
8	巻9	巻34	謝法服参従三大礼表	金富軾
9	巻9	巻34	謝冬祀大礼別賜表	金富軾
10	巻9	巻34	謝許謁大明殿御容表	金富軾
11	巻9	巻42表箋	乞辞表	金富軾*
12	巻9	巻35表箋	謝御筆指揮朝辞日表	金富軾*
13	巻9	巻35	謝二学聴講兼観大晟楽表	金富軾*
14	巻9	巻35	謝宣示太平睿覧図表	金富軾
15	巻9	巻35	謝赴集英殿春宴表	金富軾
16	巻9	巻35	謝回儀表	金富軾
17	巻9	巻35	謝奨諭表	金富軾
18	巻9	巻34	謝使副及上節都轄已下十九員各賜単公服表	鄭知常*
19	巻9	巻35	謝釈奠陪位表	金端*
20	巻9		謝衣対銀絹表	金端
21	巻9	巻35	謝許習大晟楽表	林存*
22	巻13状	巻48	杭州	金富軾
23	巻13		廻次南京	金富軾
24	巻13		宿州	金富軾
25	巻13		泗州	金富軾
26	巻13		楚州	金富軾
27	巻13		高郵軍	金富軾
28	巻13		揚州	金富軾
29	巻13		潤州	金富軾
30	巻13		常州	金富軾
31	巻13		蘇州	金富軾
32	巻13		秀州	金富軾
33	巻13		越州	金富軾
34	巻13		明州	金富軾
35	巻13		謝館伴廻儀状	金富軾
36	巻13		謝潤州宴	金富軾
37	巻13		謝杭州回儀状	金富軾
38		巻12七言律詩	宋明州湖心寺次毛守韻	金富軾
39		巻12	自宋回次和書状秘書海中望山	金富軾
40		巻12	和副使侍郎梅岑有感	金富軾

『四六』『東文選』は基本的に前文と同じであれば作者名を省略する体裁で編集されている。『四六』『東文選』いずれか、あるいは両方でその文章自体に作者名が付されている場合は作者の欄に*をつけた。

九月乙丑、遣枢密院副使金富軾・刑部侍郎李周衍如宋、賀登極。

（『高麗史』巻一五世家一五仁宗四年）

ただし左の史料にみえるように、この時すでに金軍が侵入していて宋は混乱の中にあり、高麗使節が上京すれば沿道の地域が疲弊し、また金に情報が流れることを恐れて、結局明州の使館に留めて翌年に帰国させた。

欽宗立、賀使至明州。御史胡舜陟言、高麗靡敝国家五十年、政和以来、人使百歳至、淮・浙之間苦之。彼昔臣事契丹、今必事金国、安知不窺我虚実以報、宜止勿使来。乃詔留館於明而納其贄幣。明年始帰国。

（『宋史』巻四八七外国伝三高麗）

残る一回については、これを確定する術はない。ただ、手掛かりになりうるのが『高麗史』金富軾伝にある左の記事である。

宋使路允迪来、富軾為館伴、其介徐兢見富軾善属文、通古今、楽其為人、著高麗図経、載富軾世家又図形、以帰奏于帝、乃詔司局鏤板以広其伝、由是名聞天下、後奉使如宋、所至待以礼。

（『高麗史』巻九八列伝一一金富軾）

一一二三年に高麗を訪れた宋使路允迪に随行していた徐兢は、金富軾が文章に巧みで古今の物事に通じているのを見、その人となりを好んで、『高麗図経』にその家系を載せ姿を描いた。帰国後皇帝に『高麗図経』を献上すると、皇帝がこれを印刷させ広く伝えられたため、富軾の名は天下に聞こえ、その後宋に使した時には彼の至る所みな礼を以て待遇した、という。一一二六年に渡宋した際には明州の使館に足止めされたのであるから「至る所みな礼を以て待遇した」という表現はそぐわない。この記事がどこまで正確なものか、また『高麗図経』がどの程度流布していたか検討の余地があるが(11)、ひとまず、徐兢らの帰国した後、一一二六年以外に富軾がもう一度宋に使行した可能性が考えられる。

さて、『四六』および『東文選』中には、この一九の文章の他にも金富軾が一一一六年の使行中に撰したと考えられる文が残されている。**表1**の【1】【2】及び【22】～【40】である。【1】は徽宗朝の権力者蔡京[12]への贈り物に添えられた文章であり、【22】～【37】は開封から明州へ下る道中で撰述した文章、【38】は一一一六～七年に明州の長官であった毛友[13]と交わした詩であるから、一一一六年の使行において撰述した文とみられるが、【2】は書状官として入宋した時の作である可能性が最も高いと考えられるため、また【39】【40】は内容からして一一二六年のものではなく、一一一六年の作である可能性が考えられるため、表に入れた。【39】【40】はいずれも宋から高麗に帰国する途中で作成されたものであるが、【40】は文中に「猶思帝所楽洋洋」とあり皇都滞在中の楽しかったことを思い返しているから少なくとも一一二六年の使行の際の作ではなく、また題に「和副使侍郎梅岑有感」とあり一一一六年の使節の副使は礼部侍郎李永であるから、同使行中に作成された蓋然性が高い。【39】中の一節でも「方恨天門夢易醒」とあり、天子の宮殿における体験を「天門の夢」と喩え、今やその夢から醒め帰国しなければならないことを惜しんでいるから、やはり一一二六年の使行の際の作ではなく、一一一六年の使行の際に詠まれた可能性が考えられる。なお**表1**は『四六』の記載順に従って並べている。【38】～【40】は『東文選』のみに載録されていて『四六』中には存在しないが、詩であるから『五七』に収録されていたのかもしれない。

本章では、これら【1】～【40】の史料について宋・高麗・日本の関連史料とあわせて分析することにより、一一一六年の高麗使節の宋における行動と、宋側の対応をできる限り明らかにしたい。なお『四六』巻九所載の【3】～【21】に関しては、朴漢男《パク・ハンナム》氏が『四六』編纂の意味を考察する研究の中で紹介し、これを用いて使行の日程の復元を試みたことがある。大変興味深いが、残念ながら各文章の内容に立ち入った解釈・考察や他史料とのつき合わせがほとんどなされておらず、日程の復元に関しても誤りが多い[14]。また『四六』巻九の部分だけでなく**表1**に示した他の関連史料も合わせて検討すべきであるから、新たに考察し直すこととする。

（二）　一一一六年の使節とその麗宋通交史における位置

一一一六年に宋に派遣された使節は、どのようなものであったろうか。まず、次の如く正・副使は李資諒・李永であり、その名目は大晟楽を賜ったことを謝することであった。

（七月）己酉、遣李資諒・李永如宋謝賜大晟楽。（『高麗史』巻一四世家一四睿宗一一年）

徽宗は、儀礼や宴享の際に演奏する楽の改定に着手して一一〇五年に大晟楽を完成させており[15]、これを一一一三および一一一五年に入朝した高麗使を通じて高麗に与えた。一一一五年の使王字之らは一一一六年六月に帰国、復命しており[16]、その翌月に李資諒ら一行が出発したのである。

李資諒と李永の他に、使節の構成員として、使行中の文章を作成している（表1参照）金富軾・鄭知常・金端・林存が確認できる。ただし金端は厳密には使節ではなく、前年の使王字之らに随って入宋した留学生で、李資諒一行の開封滞在中に合流して共に帰国したのである。ちなみに左の王字之一行を発遣した時の記事によれば留学生は五人であった。

（七月）戊子、遣吏部尚書王字之・戸部侍郎文公美如宋謝恩兼進奉、仍遣進士金端・甄惟底・趙奭・康就正・権適等五人赴大学。表曰……伏望、皇帝陛下愍惻深衷、推明故事、特下国子監或於璧雍収管、許令就便学業……。（『高麗史』巻一四世家一四睿宗一〇年。傍点部については三節で詳述する）

また『高麗史』巻九七鄭沆伝によれば、鄭沆も使節の一員であった。内侍であった沆は李資諒に随行して宋に行ったが、彼の作成した文章を見て館伴王黼が称嘆したという。

やや話がそれるが、このメンバーが一つの使節団となったことは、後の歴史の展開を考えれば非常に興味深い。李資諒の兄資謙は、睿宗に東宮時代から仕えた側近韓安仁を中心とした勢力と対立し、この数年後には安仁を陥れ流配先で謀殺するが、李永は安仁の妹婿、林存は安仁の妻弟であり、安仁と同時に流配されている。こうした状況を勘案すると、今回の使節人員の選出は政治的グループに偏ったものではないように見受けられる。なお、鄭知常は後に妙清らとともに西京遷都を主張し、開京勢力と対立して結局乱を起こすに至るが、その討伐軍の元帥としてこれを鎮圧したのは金富軾であった。もちろん、彼ら以外にも多くの人々が使節に加わっていた。例えば一〇三〇年に宋に派遣された高麗使節は正使以下二九三人と記録されている[17]。

ところで一一一六年とは、高麗と北宋の通交史上どのような時期にあたるのだろうか。高麗前期の対中関係については奥村周司氏や楊渭生氏、金成奎《キム・ソンギュ》氏等々の論考があり[18]、詳しくはそちらを参照されたいが、以下、行論上必要な範囲で整理しておく。高麗は宋建国当初から遣使し、冊封を受けていたが、遼の軍事的圧力によって九九六年には遼主より高麗国王の冊封を受けた。高麗はその後も遼の侵攻を受けたが宋からの軍事的支援はなく、一〇三〇年に派遣された元穎らの後、高麗使節が宋を訪れることはしばらくの間途絶えた。しかし宋神宗代になると使節再開の動きが出始め、一〇七一年には久しぶりに高麗から金悌以下一一〇人が宋に到着し、この時、高麗の礼遇は西夏と同等とされた[19]。以後、高麗使節の入宋路はそれ以前の登州から明州経由にかわるが、明州から開封に至る道中においても使節は非常に厚遇されたため、沿道住民の大きな負担ともなった。一時期、元祐年間（一〇八六〜九三）には旧法党の主導で高麗使節への対応が簡素化されるが、哲宗親政により復帰した新法党政権は再び高麗優遇策に戻す。この間の事情については李範鶴《イ・ボマク》・近藤一成氏の論文に詳しい[20]。さらに政和年間に入ると高麗からの使を進奉使から国信使に昇格させ、遼使と同じく枢密院に管掌させるなど、さらに優遇策が加えられたことがこれまでに論じられている[21]。こうした措置が、遼や女真との関係を考慮し、特に遼からの燕雲十六州奪還を目指した宋の計算であったことは言うまでもない[22]。一一一五年には女真族が金国を創建して北東アジアの情勢変動はいよいよ本格的になりつつあり、高麗でも一一一六年四月、金使の訪問を受け、遼年号の使用を止めている[23]。その三か月後に李資諒一行は宋に向かって出発したのである。

第二節　宋における高麗使節の行動と待遇

以下では、**表1**にまとめた史料を時系列に沿って分析しながら、七月己酉すなわち一八日に発遣された李資諒ら一行の行程を追っていく。これらの文章は一行が宋明州定海県に到着したところから残っており、開封滞在中に撰述したものが大半を占める。なお三節冒頭に本節の考察結果によって使節の行程をまとめた**表2**を掲げた。以下、**表2**も適宜参照しながら読み進めていただきたい。

（一）　明州定海県に上陸し開封へ

【2】回宋使遠状・【3】入宋謝差接伴表

まず【3】を見ると、冒頭に

陪臣某等言、昨於九月五日、到泊明州定海県、伏蒙聖慈、差降朝請大夫試少府監清河県開国男食邑三百戸賜紫金魚袋傅墨卿・武徳大夫兼閤門宣賛舎人長安県開国男食邑三百戸宋良哲、為臣等接伴者。……

とある。すなわち、一行の乗った船は九月五日に明州定海県に到着し、宋側から彼らを接待し上京の道を共にする接伴使[24]として傅墨卿と宋良哲が遣わされたとわかる。【3】はその措置を感謝する表であり、文中に「昨於九月五日」

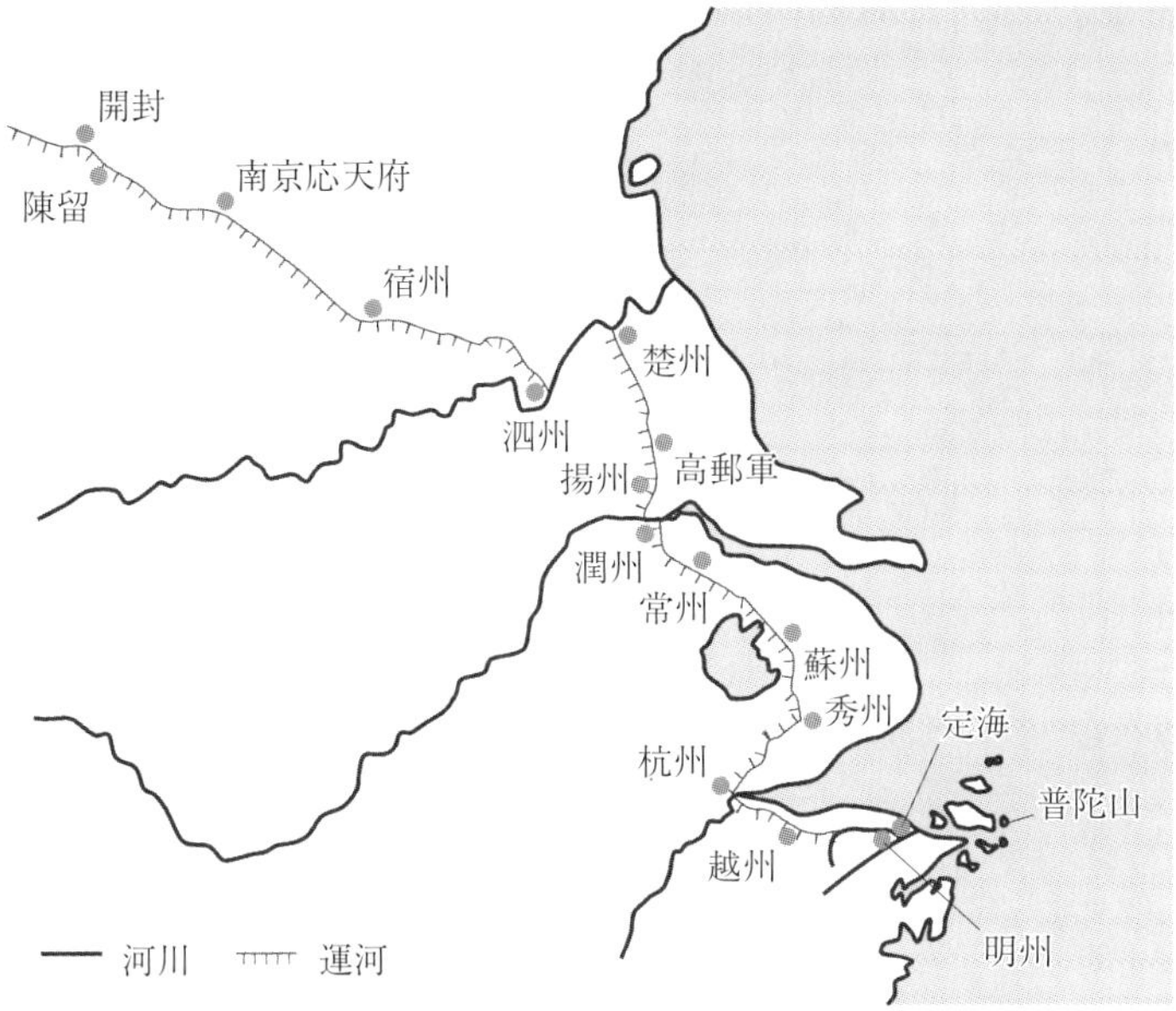

図1　宋域内の道程

に明州定海県に到着したとあるから、九月六日に書かれたようである。ちなみに傅墨卿はこの七年後、『高麗図経』を著録した徐兢を伴い、副使として高麗を訪れる。

また【2】は次のようなものである。

掲節出疆、有光華之可望、揚舲渉海、仗忠信以無虞。方塡館以攀迎、遽貽書而為礼、永言感極、豈易指陳。

これが一一一六年の使行において撰述されたものであれば、九月五日に明州定海県に着いて間もなく高麗使節が宋側におくった状と考えられる。傍線部に「まさに館に集まって迎えの準備をなさっているところ、すみやかに書をおくって礼を整えて下さり、この感激は述べつくせないほどです」とあり、上陸した一行に現地の官から歓迎の書状が届けられ、それに対する答礼として書かれたとみられる。ここで言う「館」とは、おそらく元豊初年に高麗使応接用に建てられた定海県の航済亭

もしくは明州の楽賓館であろう。(25)

ところで宋朝廷から遣わされた接伴使が、高麗使節が明州定海県に到着した翌日に彼らと会っているということは不自然に感じられるかもしれない。しかし次の一〇七九（元豊二）年の記事にあるように、予め高麗使の入貢に備えて担当者を任命し明州で待機させている例も確認できる。今回も同様だったのであろう。

（元豊二年六月）十八日詔、高麗恐今歳九月間遣使入貢、可予選引伴官二員、令於明州少待其至。

（『宋会要』蕃夷七—三六）

【4】謝郊迎表

明州定海県に上陸した一行は、約一か月かけて宋都開封に到達したとみられる（図1参照）。次に残っているのは、開封郊外における迎接に関する文章【4】である。

陪臣某言、今月七日、伏蒙聖慈、以臣初届郊亭、差降中亮大夫貴州防禦使充枢密院使承旨知客省事同館伴范訥、押賜御宴、兼賜帯来三節人酒食者。……鼎来衆大之都、魏闕在瞻。……

高麗使節が「今月七日」に「郊亭」に着くと、宋側は、都における彼らの接待を受け持ち儀式等に共に参加する館伴使(26)の副官、同館伴使として范訥を遣わして高麗使に宴を賜い、随従の三節人にも酒食を賜った。【4】はこの措置に対する謝表である。一行は九月五日に明州定海県に到着し、後述のように一〇月一〇日に宮廷内で徽宗誕日の行事に参加しているから、「今月七日」とは一〇月七日である。以下にもこのように「今月」として月を明記していない文章があるが、確認しうるかぎり『四六』巻九の中では同一作者の表文は時系列に沿って並べられており、それは同巻に収録されている入金使の撰述した表（作者は金克己）についても同様である。

「郊亭」の位置は不詳だが、傍線部に「まさに大いなる都に来たり、宮城の門を望み見て……」とあるように開封城門の見えるほど近い位置であろう。ちなみに開封入城後の高麗使節の宿泊場所は、煕寧年間に高麗使節応接のために置かれた同文館であったと考えられる。(27)（図2参照）

また「三節人」とは正使・副使以外の使節人員であり、上節・中節・下節に分けられていた。高麗使節の構成を詳述した記録は見出せなかったが、『高麗図経』巻二四節仗では高麗を訪れた宋使節の行列について、正・副使以下、上・中・下節人員計一五八人の構成を記しており、ある程度参考になる。(28)使節の人数を言う場合、通常この範囲を指すものと考えられる。

（二）　開封滞在中の体験

高麗使は開封に着くとすぐに、徽宗の誕日（一〇月一〇日）である天寧節の行事に参加することになった。【5】は、垂拱殿における天寧節の上寿の儀式とその後の御宴への参加を許されたことに感謝を表明する表文である。その一部を引用する。

【5】謝天寧節垂拱殿赴御宴表

陪臣某等言、今月十日天寧節。伏蒙聖慈、許令臣等詣垂拱殿、随班上寿、仍賜参赴御宴者。……眷言、遠介俶抵楽郊、指日計程、欲望丘壇之祀。自天有命、屢催駅路之行、及茲難得之時、獲観非常之慶。……

傍線部に「かえりみるに、遠方の者が初めて楽土に至り、日を指折り数えて旅程を計りながら、圜丘の祭祀を見たいと望んでいました。皇帝のご下命があって度々駅路の道程をお急がせになり、この貴重な機会に大変な慶事を見ることができました」とある。高麗使はそもそも一一月一〇日に行われる冬至の圜丘祭祀（後述）を観覧することを望ん

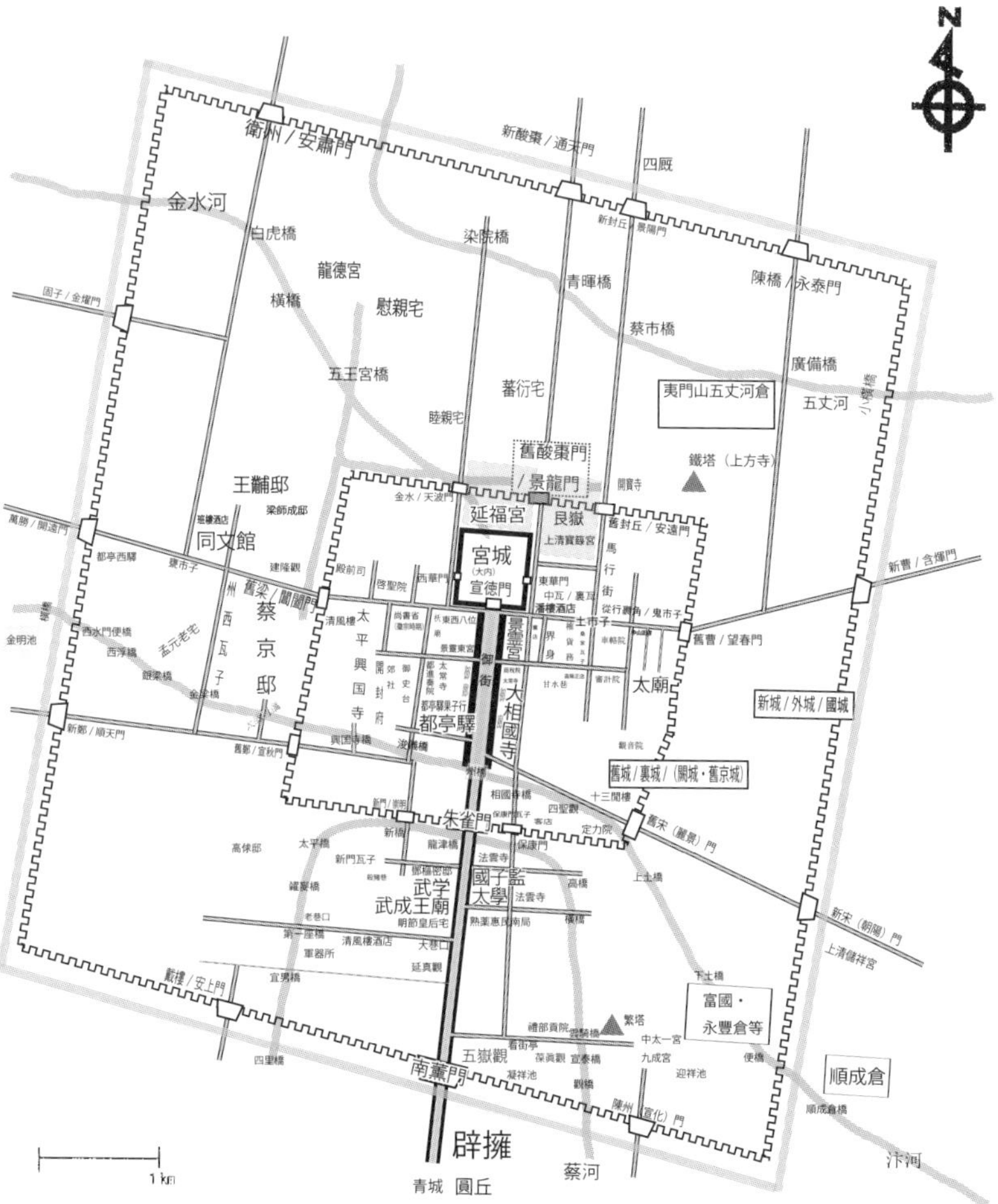

図2　開封略図（徽宗時代後期）

久保田和男氏の提供による。初掲は久保田和男「北宋開封における多重城郭制と都城社会の変容――比較都城史の観点から――」（『宋代史研究会研究報告10集』汲古書院、2015年）。

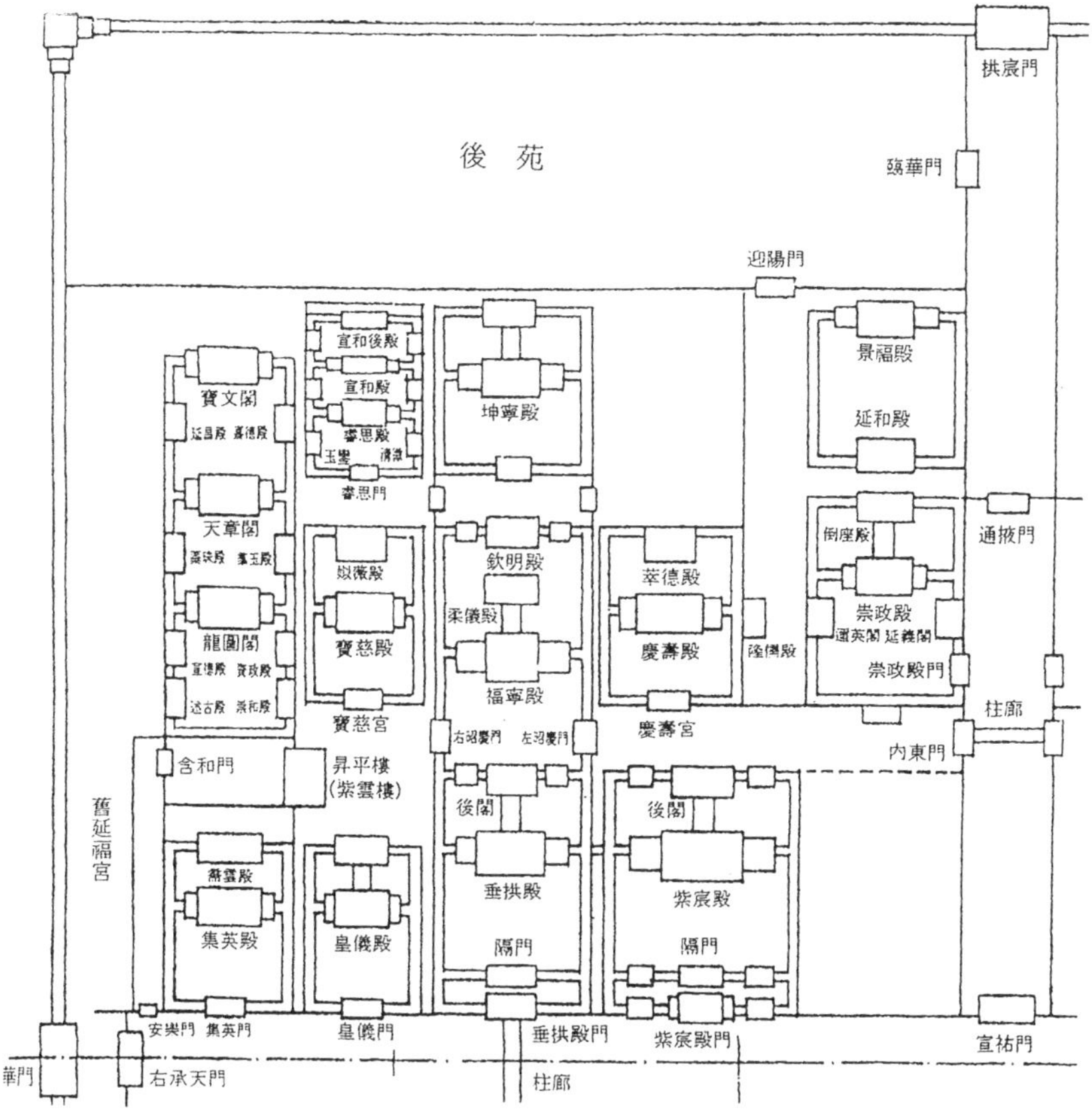

図３　北宋開封宮殿図西北部分

藤本猛『風流天子と「君主独裁制」——北宋徽宗朝政治史の研究——』261頁より転載。原版は傅熹年『傅熹年建築史論文集』文物出版社、1998年、北京、296頁。藤本氏著書では原版の図中の漢字を正字に改めてある。

であり、それに間に合うように上京する予定だったが、天寧節の行事に参加させるために徽宗が道中を急がせたのである。前述のように一行は明州定海県から開封まで約一か月で到着しているが、一〇七二年に入宋した日本僧成尋の場合、越州から開封までの道程に約五〇日かけている。(29)

天寧節当日に行われる上寿すなわち祝賀を奉る儀式については、一一一三年に頒行された礼典『政和五礼新儀』の巻一六五天寧節上寿儀に詳しい。それによると皇帝はまず垂拱殿（図3参照）に出御して親王・枢密・管軍観察以上など一部の官の上寿を受ける。次に紫宸殿に移動して百官の上寿を受け（親王・枢密らも垂拱殿から紫宸殿に移動して来ており、立班している）、その後同殿において皇帝と百官が酒食を共にする。これに照らすと、右の【5】引用前半部に「臣等をして垂拱殿に詣り班に随って上寿するを許し、仍御宴に参赴するを賜う」とあるから、おそらく高麗使は垂拱殿において親王・枢密・管軍観察以上など一部の限られた官と共に上寿した後、紫宸殿に移動して百官の上寿とその後の御宴に参加したものと考えられる。

ただし次の一一〇一年のように、群臣や遼使が紫宸殿ではなく垂拱殿で上寿を行っている例もあり、必ずしも今回の高麗使が特別待遇を受け百官とは別に垂拱殿の儀式に参加したとは断定できないことを付け加えておく。

（十月）丁酉、天寧節、群臣及遼使初上寿于垂拱殿。　（『宋史』巻一九本紀一九徽宗 建中靖国元年）

【6】謝睿謨殿侍宴表

【6】は睿謨殿の宴への参加を謝する表である。その冒頭に

陪臣某等言、今月二十三日、入朝崇政殿次、伏蒙聖恩、参赴睿謨殿御宴者。負扆法宮、既畢視朝之礼、肆筵秘殿、特推折俎之慈。……

すなわち「今月二十三日、崇政殿において入朝した際に、睿謨殿の御宴に参加するお許しをいただきました。宮殿に屏風を背にして視朝の礼を終えられると、秘殿において宴を賜り、特別に酒食をたまわる慈恩を下さいました」という。ここから「今月二十三日」に崇政殿において皇帝に正式に来朝の挨拶を行い、その後に睿謨殿の御宴に参加したものとみられるが、「今月二十三日」とは一〇月二三日と考えられる。一〇月七日に開封郊外に到着し一〇日には天寧節の行事に参加したため、その間には日程の余裕がなかったが、翌一一月八～一〇日の景霊宮・太廟・南郊の儀礼に参加する（後述）以前には来朝の挨拶を済ませたであろう。

高麗使の来朝挨拶の儀式については、『政和五礼新儀』巻一五五高麗国進奉使見辞儀に記されている。儀式中、高麗使は高麗王からの表を進上し、皇帝への謁見や道中の便宜、都城門外において茶酒を賜ったことに感謝を奉り、その後、物・酒食を賜う旨が伝宣される。ちなみにこうした外国使の来朝挨拶の儀は、宋の官僚たちが大起居を行う日と同日に設定された。『太常因革礼』巻八四海外進奉蕃客見辞に『礼閣新編』から引用された一〇〇八年制定の儀注に、〈已上の高麗・交趾及び海外蕃客の入見及び辞は並びに須らく百官大起居の日に就くべし〉という注記がある。[30]

崇政殿入朝の後に御宴の開かれた睿謨殿は、一一一三～一四年にかけて宮城の北に建設された延福宮の中に位置する宮殿である。[31]（図2参照）ここで賜宴されるのは名誉なことであったようで、『宋史』巻四八七外国伝三高麗では、政和年間の高麗使優遇策を述べながら「使者を睿謨殿中に宴するに至る」と記している。この睿謨殿における宴会について、次のような記事がある。

（政和七年）三月十五日、館伴王黼・同館伴范訥奏、臣切惟、陛下寵眷三韓。去年其王侯遣陪臣李資諒・李允《ママ》〔永〕継歳入貢、召同輔臣燕于睿謨殿、中席資諒・永跋望清光躊躇感恋、相顧涕泗被面涙墮酒中、見者為之太息。伏望聖慈付之史館。従之。

（『宋会要』蕃夷七―四四）

一一一七年三月一五日に館伴王黼と同館伴范訥がこの睿謨殿の宴会を回顧して上奏した内容である。「宴会中、李資諒と李永は皇帝を望み見ながらじっと感じいって恋い慕い、あいかえりみては号泣して顔を覆い、その涙は盞の中に落ちた」という。王黼らはこの一件を史館に付して歴史に残すよう上奏したのであるが、この記事からは高麗使が宋廷において非常に従順で親宋的な態度を示していたことを窺い知ることができる。

【7】謝宣示御製詩仍令和進表

徽宗はこの睿謨殿の宴にちなんで詩を作り、館伴を通じてそれを高麗使に届け、和韻するよう命じた。【7】はこれに感謝する表文である。その冒頭を掲げておく。

陪臣某等言、今月二日、館伴所伝下勅旨、伏蒙聖慈、宣示睿謨殿御製詩一首、仍令臣等和進者。……

「今月二日」とあるのは、睿謨殿の御宴が一〇月二三日に行われ、また『四六』でこの後に載録されている【8】が一一月八～一〇日の事柄に関するものであることから、一一月二日と推定される。なおこの時和韻の詩を作ったのは李資諒であり、徽宗に大いに称賛されたというその詩が『高麗史』巻九五列伝八李子淵附資諒・『東文選』巻一一・『補閑集』巻上(32)に載せられている。

【8】謝法服参従三大礼表・【9】謝冬祀大礼別賜表

【8】は景霊宮・太廟・南郊の三礼への参加を許可され、またそのために予め法服を賜ったことを謝する表である。表文に次のようにある。

陪臣某等言、日者伏蒙聖慈、賜以法服、参従景霊宮・太廟及南郊祀礼者。……及玉鸞之親饗、許法服以趨陪、観清廟之粛雝、望円壇之帖妥。……

『宋会要』礼一一─二七等の記録によると、一一一六年には一一月八日に景霊宮に朝献、九日に太廟に饗し、一〇日に南郊圜丘に昊天上帝を祀り、大赦を行っている。傍線部分に「皇帝が親ら饗されるに及び、法服で供をすることを許され、太廟の慎ましく穏やかなことを観、円壇のやすらかなことを望み見ました」というように、高麗使は皇帝の親祭したこれらの儀礼を直接見たのである。南郊祀は基本的に三年に一度行われ、祭祀当日の二日前に宋歴代の天子・后妃の塑像を安置した景霊宮に参詣して供物を捧げ、前日に太廟に朝饗することになっていた。(33) この次第は『政和五礼新儀』巻二五～二八に収録されているが、特に『東京夢華録』巻一〇には詳細な記述があって高麗使の見た光景が想像される。

ところで先に【5】で言及したように、もともと今回の高麗使は南郊祀を見ることを希望していたのであるが、それには次のような事情があった。左に挙げた『高麗史』の記事によれば、一一一二年に宋に派遣された金縁らが開封に滞在していた時、館伴張内翰らより「来年はまた南郊祭祀の年に当たるから、国王に申して来年も使を派遣し、大礼を観るように」と諭された。これを聞いた睿宗は遣使の準備をしていたのであるが、母柳氏が急逝したため一一一三年の圜丘祀に間に合うように使節を送ることができなかったのである。

九月乙酉、遣西頭供奉官安稷崇、如宋。牒宋明州云、去年入朝金縁等同称、在闕下時、蒙館伴張内翰等諭、来歳又当禋祀、中覆国王遣使入朝以観大礼。聞此、已令有司方始備弁、忽母氏薨逝迫以難憂、今年未遑遣使入朝以達情礼、請炤会施行。

（『高麗史』巻一三世家一三睿宗八年）

ゆえに一一一六年の使節は、前回逃した南郊祀の観覧を当初から意識していたのであろう。

また、この南郊祀の後、高麗使節のもとに勅使が遣わされ物を賜った。【9】はそれを謝する表である。

陪臣某等言、今月十四日、中使某官某至、奉伝勅旨、伏蒙聖慈、賜臣等各衣著一襲・金二十両・銀一百両・絹一百匹、兼賜上中節各銀一十両・絹二十匹者。……

これによると「今月十四日」、正使・副使すなわち李資諒・李永に各衣一襲・金二〇両・銀一〇〇両・絹一〇〇匹、それ以外の高麗使節人員のうち上・中節人に各銀一〇両・絹二〇匹を賜った。題名に「謝冬祀大礼別賜表」とあるように南郊祀にともなう賜物であるから、「今月十四日」は一一月一四日とみて問題ない。

一一月二六日には、西景霊宮（図2参照）への行幸に随従し、「大明殿御容」すなわち徽宗の父神宗の御姿[34]に拝謁した。これに感謝を表したのが【10】である。

【10】謝許謁大明殿御容表

陪臣某言、十一月二十六日、西景霊宮随駕次、伏蒙聖慈、許令臣等進謁大明殿御容者。……仰惟字小之至仁、誓堅事大之一節。

傍線部に「仰ぎて字小の至仁なるを惟い、誓いて事大の一節を堅くす」といい、字小事大の関係を自称して締めくくっている。この時期、高麗は宋の冊封を受けてはいないが、前述のように宋は外交政策上高麗を優遇しており、両国の蜜月関係は双方に認識されていたと思われる。また高麗は同年四月に金使の訪問を受け、遼年号の使用を停止しており、新たな関係を構築する必要に迫られていた。この国際情勢変動期における高麗の外交姿勢をうかがう上で興味深い史料である。

【18】謝使副及上節都轄已下十九員各賜単公服表

【18】は正・副使と上節一九人に春服を賜ったことを謝する表である。本表文の作者は鄭知常であり、『四六』巻九で金富軾の文がまとまって収められた後に載せられているため（表1参照）、いつ撰述されたものか文章の順番から推し量ることはできない。また文中にも撰述時期に関する具体的な記述はないが、次のように

王言其出、敢再拝而受之、春服既成、有以文為貴者。……既多於受祉、猶上貪於天寵、而坐換於歳華。……

「皇帝の御言葉が出たのであえて再拝して承りますに、臣らの春服が調い、それには尊貴な文様も用いたということでした。……既に多くの恩恵を賜りながらなお恩寵をむさぼり、滞在したまま歳がかわってしまいました」とあるので年明け以降のこととみられる。やや想像を逞しくして、宋の行事に参加する際にこの春服を着用する可能性を考慮するならば、年明け早々に賜ったとも推測される。ひとまず次に取り上げる【11】の帰国申請よりは前と見てここに入れておく。

【11】乞辞表・【12】謝御筆指揮朝辞日表

一二月中までは高麗使節の様子をうかがわせる表文が残されているが、一二月にかかるものはなく、一一一七年正旦の行事等にも参加したと推測されるものの伝存する史料の中にはそれに関わるものは見当たらない。撰述時期の明らかなものとして次にくるのは【11】の帰国申請の表である。

伏念、臣等承乏使人、来脩聘礼、離郷国已踰六朔、在京館将浹十旬。既厚沐於異恩、亦縦游於楽所。……然念使事已成、理当帰報。……伏望……許令臣等以今正月下旬離館、三月到明州、四月過洋帰国。……

傍線部に「高麗を離れて既に六か月が経ち、京館に滞在して一〇旬が経とうとしています」と述べており、彼らが発遣されたのは七月一八日、開封郊外に着き歓迎を受けたのが一〇月七（丁卯）日であるから、この表を奉ったのは一月一八（丁未）日頃と推定される。一月下旬に京館（同文館を指すと考えられる）を発って三月に明州に至り、四月に渡

海して帰国するよう許可を請うている。

これに対する皇帝の指示が高麗使側に伝えられると、その指示に感謝を表明する表文【12】が奉られた。その冒頭に次のようにある。

陪臣某等言、今月二十一日、中使某至、奉伝勅旨、伏蒙聖慈、以臣等陳乞辞退、特降御筆指揮、許令二月下旬朝辞、三月初進発者。……

「今月二十一日」に勅使が来訪し、二月下旬に帰国の挨拶をして三月初に開封を発つようにという徽宗の指示が伝えられた。一月一八日頃に【11】を奉っているのであるから「今月二十一日」は一月二一日であろう。なおこの指示は、高麗使が申請した日程よりも一か月ほど開封滞在期間を延ばすものである。

【13】謝二学聴講兼観大晟楽表

【13】は、高麗使が辟雍と太学を参観して大成殿に謁し、経義を聴講したり大晟楽を観覧したりしたことを謝する表である。表文に次のようにある。

陪臣等言、昨奉勅旨、伏蒙聖恩、詣辟雍・大学、謁大成殿、仍聴講経義、兼観大晟雅楽者。……恭惟、皇帝挺神聖之姿、述祖宗之志、興百年之礼楽、復三代之泮廱。……

辟雍は一一〇二年に南薫門外に外学として設立されたもので[35]（図2参照）、同じく崇寧年間に成った大晟楽とともに徽宗代の改革の一である。傍線部に「祖宗の志をついで、百年の礼楽を興し、夏殷周三代の学び舎を復された」とその功績を称賛している。

【13】には日時に関する記述がなく、いつ辟雍・太学へ行ったのかはわからないが、『四六』巻九でこの前に収録さ

れている【12】は一月二一日、後ろに収録されている【15】は二月二九日の行事に関する表文であり、【14】は二月一一日の出来事に関するものである可能性が考えられるので、ここでは一応一月下旬〜二月上旬のこととみておく。

【19】謝釈奠陪位表

【19】は、関連史料と照合すると日付に矛盾がみられる。

> 陪臣端言、今月初五日、釈奠於国子監大成殿、伏蒙聖慈、令臣陪位者。伏以日協上丁、用享大成之室、恩容賤介、獲陪多士之聯。……於皇神聖、俯眷羈離、特頒出綍之言、引試大庭之下。……及臨軒而唱策、令釈褐以推恩、以至親扎詔書、寵帰海域。……

まず冒頭には「今月初五日、国子監大成殿において釈奠の礼が行われ、臣らに参列するお許しを頂きました。上丁の日にあたり大成殿に供物を捧げるのに、私のような卑しい者を受けいれ、多くの人士の列に加えて頂きました」とある。釈奠は仲春・仲秋の上旬丁日に行われるが[36]、一一一七年二月の上丁は九日であり、五日ではない。この部分は『東文選』でも「初五日」となっているが、表文中にも「日の上丁に協うを以て」とあるので、早い段階で誤写が生じ、「初五日」と記した『四六』を『東文選』が参照したと考えるべきであろう。

【19】の作者は金端であるが、彼は先述のように一一一五年の使節と共に入宋した留学生であり、この留学生は他に甄惟底・趙奭・康就正・権適がいた。「陪臣端言」と始めていることを考慮すると、この表文は高麗使としてではなく金端自身、或いは留学生を代表した立場で撰述されたものと見るべきであろう。金端は中略部分で自分がいかに宋滞在中勉学に励んだかを唱え、つづく傍線部では「神聖なる陛下が異邦人の境遇にご配慮下さり、特別に綸言を下して臣らを大庭の下に引出し試を行って下さいました。……臨軒するに及んで策を唱し、及第を許して恩恵を施され、

直筆の詔書を下さるほどの殊恩を与え帰国するようお計らい下さいました」と述べている。次の『宋史』や『宋会要』の記事から、金端らが釈奠と同じ二月九日に集英殿で策試を受けたことが確認される。

（二月）丁卯（九日）、御集英殿策高麗進士。……（三月）庚寅（二日）、賜高麗祭器、高麗進士権適等四人、賜上舎及第。

（『宋史』巻二一本紀二一徽宗 政和七年）

（政和）七年二月九日、上御集英殿、試高麗学生金端等、策曰、……。賜学生権適等上舎及第釈褐、以適為承事郎、趙奭・金端幷文林郎、甄惟氏《ママ》〔底〕従事郎、令随進奉使李資諒帰本国。

（『宋会要』選挙七—三五）

『宋史』は二月九日に集英殿で策試、三月二日に権適ら四人（康就正はこれ以前に死亡）に上舎及第を賜ったと記すのに対して、『宋会要』の記事では二月九日に集英殿策試と四人の及第が行われたように見えるが、『群書考索後集』巻三〇蕃学に引かれた『続資治通鑑長編』にも

政和七年三月庚寅、御崇政殿、高麗学士権適等上舎及第釈褐、以適為承事郎、趙奭・金瑞並文林郎、歐《ママ》〔甄〕惟氏《ママ》〔底〕従事郎、令随進奉使李資諒帰本国。

とあるのを考慮すれば、『宋会要』の記事は二月九日と三月二日の事実を合わせたものと見るのが適当である。つまり事実関係としては、二月九日に金端ら四人の留学生は国子監での釈奠に参従し、さらに集英殿で策試を受けた。そして三月二日に正式に及第を賜って、権適は承事郎、趙奭・金端は文林郎、甄惟底は従事郎となり、李資諒らと共に高麗に帰国するよう処置が下されたのである。とすると【19】は三月二日以降に撰述されたものなので、冒頭に「今月五日（九日）」つまり二月九日の釈奠を「今月」としているのは不可解である。しかしこれを整合的に解釈できる案は浮かばないので、上のような事実関係のみ確認しておくことにしたい[37]。

なお、右に掲げた『宋史』巻二一の政和七年三月庚寅条に「高麗に祭器を賜う」とあるように、同日には籩豆や簠

簠などの祭器を高麗に賜っている。[38]

【14】謝宣示大平睿覧図表

徽宗は芸術的関心の強い皇帝として有名であるが、【14】から、所蔵の絵画を高麗使に披露したことがうかがわれる。

陪臣某等言、今月十一日、伏蒙聖慈、宣示宣和殿大平睿覧図二冊及成平曲宴図・仙山金闕図・蓬莱瑞靄図・姑射図・奇峰散綺図・村民慶歳図・夫子杏壇図・春郊耕牧図・玉清和陽宮慶雲図・筠荘縦鶴図・秋成欣楽図・白玉楼図・唐十八学士図・夏景豊稔図・太上度開図各一巻者。……

「今月十一日」に、宣和殿（図3参照）にて大平睿覧図・成平曲宴図等々の絵画を宣示されたとある。徽宗朝、宣和殿は宮中所蔵の美術品や書籍の主なものを陳列・収蔵していた。[39]徽宗は政和年間以来、各地から集められた奇花や珍鳥などを描きその由来を記した画冊、宣和睿覧冊を作成しており、[40]「大平睿覧図二冊」はこの一部であろうと推測される。他にも右で挙げられている筠荘縦鶴図、奇峰散綺図などは徽宗御製であることが確認できる。[41]一方、姑射図などの場合は李公麟の描いたものとみられ、[42]自筆の絵ばかりを披露したわけではないようである。なお文中では「今月十一日」となっており月を確認できない。ただ、前述のように『四六』巻九の中で同一作者の表文は撰述時順に並んでいる傾向が認められることを手掛かりとするなら、同じく金富軾の撰した【12】は一月二一日、【15】は二月二九日の件に関する表であるから、二月一一日である可能性が考えられる。

また左の『高麗史』の記事にみえるように、徽宗は自筆の書画を今回の使臣に託して高麗に贈っており、高麗ではそれを所蔵するために天章閣という建物を禁中に設置した。

（六月）癸亥、命置天章閣于禁中、蔵宋帝所賜親製詔書及御筆書画。（『高麗史』巻一四世家一四睿宗一一年）

【20】謝衣対銀絹表

【20】は、国子監に行って孔子像に謁し、その際に勅旨により衣対一襲と金腰帯一条・魚袋さらに綵絹五〇〇匹・金花銀器五〇〇両を賜ったことを謝する表である。

陪臣某、今月十三日、詣国子監謁先聖次、某官某奉伝勅旨、伏蒙聖慈、賜臣衣対一襲・金腰帯一条・魚袋、具綵絹五百匹・金花銀器五百両者。……臣適待班貢咸造在庭、雖愧非儒家者流、窃獲預王室之礼、尚貪寵渥永、即還帰更赴夫子之門墻、仰識成周之法、度聞大晟之楽。……

傍線部に「私はちょうど朝貢のことが済むのを待って朝廷にあり、儒家の流れを汲んでいないのを恥じながらもひそかに「王室の礼」に参加することを得、なおも恩寵の果てしないことを貪り、帰ってからもまた「夫子の門墻」（夫子は孔子の尊称。国子監を指すか）に赴いて成周の法を仰ぎ知り、その度に大晟楽を拝聴しました」と述べている。「王室の礼」が何を指すのか判然としないが、「儒家の流れを汲んでいないことを恥じながらも」と述べていることを考慮すると、二月九日の釈奠儀礼を指しているように思われる。仮にそうであるとするならば、その後に国子監に赴いたとみられるから冒頭の「今月一三日」とは二月か三月であろう。ただし【12】でみたように三月初には開封を発つ指示であったから、三月一三日とは考えにくく、二月一三日の方が適当である。

また、この表文の主体を高麗使ととるべきか撰者の金端ととるべきかも断定しがたいところである。ただ、次の『宋会要』の記事から二月一三日には高麗使・副使の李資諒・李永に御宴を賜っていることが確認される。

（政和）七年二月十三日、賜高麗国進奉使副李賢《ママ》〔資〕諒等御筵、起復宣和殿学士王黼伴賜。

（『宋会要』礼四五―一六）

推測を重ねることになるが、本表文の「今月一三日」が二月一三日であるなら、同日に参加した御宴については何も触れず国子監での孔子像拝謁と賜物のみに謝するのは不自然であるから、本表文は高麗使としてではなく金端、或いは留学生を代表した立場で撰述されたものと考えることができる。あくまで一可能性として提示しておく。

【21】謝許習大晟楽表・【1】与宋太師蔡国公状

一節（二）で述べたように、今回の使節の主な名目は大晟楽を賜ったことへの感謝を表明することであったが、大晟楽の演奏の習得や楽譜をもらうことも目的の一つだったようである。【21】の内容を見よう。

> 陪臣某等言、今月某日詣文徳殿朝賀、退就客省幕門、館伴某官某説諭、適来太師魯国公蔡京奉伝聖旨、習楽人今来閲燕楽、莫若習大晟雅楽者。……窃念寡君……在臣等之発離、授誨言之委曲、……徴角二招、雖荷君臣遭遇之悦、英莖衆器、未観明聖述作之神。……豈使幽遐之邦、不聞雅正之韻。……若蒙垂問於卑懐、宜以升聞於淵聴。……

まず冒頭に「「今月某日」文徳殿での朝賀の後に退出して客省幕門にいると、館伴官から〝先ほど太師魯国公蔡京より〝楽を習う者達が来て燕楽を観閲しているが、大晟雅楽を習うのが最もよかろう〟という聖旨が伝えられた。〟と告げられました」とある。【21】はこうして大晟楽を習うことを許可されたことを感謝する表である。楽の研修は高麗睿宗の希望であったらしく、傍線部分では、「寡君」すなわち睿宗が使節出立の際に「徴・角の二招は君臣遭遇の喜悦を蒙って頂戴したが、英・莖などの楽器はまだ皇帝の述作なされた神品を観たことがない。……どうして遙か遠方の国に雅正なる調べをお聞かせ下さらないことがあろうか。……もしご下問があればこのことをお耳に入れよ」と諭したのだと述べている。

『宋史』楽志の記事によれば、次の如く二月に高麗に大晟楽を教習し楽譜を賜うことが許可されており、冒頭の「今月某日」は「二月某日」である。

（政和）七年二月……中書省言、高麗、賜雅楽、乞習教声律、大晟府撰楽譜辞。詔許教習、仍賜楽譜。
（『宋史』巻一二九楽志四）

ところで表文中にあるように、この勅許を奉伝したのは時の権力者蔡京であった。この措置と関連するかは不明であるが、高麗使は蔡京に贈り物をしており、【1】はそれにそえた状である。便宜上ここで紹介しておく。その末尾には「冀加保衛、以副瞻祈。所有微儀、具如別幅」「どうぞ御身を大切になさり、（私共がご健勝を）仰ぎ祈るのにこたえ下さいますよう。別紙に僅かばかりの贈り物を記してございます」と記されている。

【15】謝赴集英殿春宴表

陪臣某等言、二月二十九日、伏蒙聖慈、特令臣等及三節人参赴集英殿春宴者。……

右に示した【15】の冒頭部分から、二月二九日には使臣李資諒・李永と三節人、つまり高麗使節がそろって集英殿（図3参照）での春宴に参加したことがわかる。四章で述べたように、宋制では、春秋の季仲月や聖節（皇帝や皇太后の誕生日）、郊祀や籍田の礼を終えて還京した際など、国に大きな慶事があれば大宴を行うことになっており、大宴は天聖年間（一〇二三〜一〇三二）以降基本的に集英殿で催された。(43) 二月二九日の「集英殿春宴」は、この春秋季仲月に行われる大宴にあたるとみられる。その模様については四章で詳述したためここでは省略するが、儀式次第は『政和五礼新儀』巻一九九集英殿春秋大宴儀に詳しく、四章の図2に示したように高麗使の参加も記されている。宴会における高麗使の座次等について、後にまた三節で触れることにしたい。

ところで【11】【12】で見たように、高麗使が一月下旬の開封出発を申請したのに対し、徽宗は三月初に発つように命じたのであった。徽宗は天寧節の行事に参加させるため使節の上京を急がせたが、おそらく彼らを春宴にも参加させようと、出発の時期を遅らせたのではなかろうか。高麗使節に宋朝の壮麗な行事を体験させその威容を誇ると同時に、彼らの出席を国内の官人や他国の使らに示し、高麗との良好な関係や皇帝の徳が遙か東域に及んでいることを印象付ける、といった効果を期待したのではないかと想像されるのである。

【16】謝回儀表

【16】は、高麗使の献じた土物に対し回賜物を賜ったことを感謝する表である。

陪臣某言、今月某日、伏蒙聖慈、以臣進奉土宜、回賜絹五千七百三十匹、兼給上・中節員有差者。……

冒頭に右のようにあり、かつ『四六』では【16】の題に〈使行、副使又賜絹四千四百二十疋〉という注が付されているため、正使李資諒に絹五七三〇匹、副使李永に絹四四二〇疋、さらに上・中節員に各々差等をつけて物を賜ったとわかる。この回賜が行われた時期については「今月某日」とあるのみであるが、【12】でみたように徽宗は高麗使に二月下旬に朝辞、三月初に開封を出発するよう指示している。二月二九日の春宴に参席していることを考慮すると帰国の挨拶はその後に行われたであろうと考えられ、若干当初の指示より遅れていたのかもしれないが、回賜が帰国挨拶の際になされたのであれば(44)二月末から三月初のことであろうと推測される。

【17】謝奨諭表

高麗使は開封滞在中、万寿観に馬一匹を奉納して徽宗の長寿を祈ったりもした。【17】は、それを知った徽宗から特にお褒めの詔書を賜ったことに感謝する表である。

陪臣某言、今月十日、中使某至奉伝勅旨、伏蒙聖慈、以臣馬一匹納万寿観祝聖寿万年事、特降詔書奨諭者。……

詔書を賜ったのは「今月十日」とあるが、『四六』巻九でこれ以前に収録されている同じく金富軾撰の【15】が二月二九日の事柄に関する表であることから、一つの選択肢として三月一〇日が考えられる。

【35】謝館伴廻儀状

【35】は、開封で高麗使の接待係を務めた館伴におくった短い状である。その後半に「敢茲発幣、姑用達誠、辱稠畳之辞、兼貺便蕃之品」すなわち「あえてここに礼物を送り、まず誠心をお伝えしたところ、かたじけなくも丁重な辞をたまわり、便蕃の品を下さいました」とある。既出のごとく館伴は徽宗の寵臣王黼（図2に邸宅の位置が表示されている）であったが、高麗使は王黼に贈り物をし、その返礼に丁重な辞と品物をもらったことに対して謝状をおくった。日時に関連する記述はないが、高麗使が開封を発つ別れ際のことである可能性を考えてここに挙げておく。

（三）　開封から明州に下り渡海して高麗へ

【23】廻次南京・【24】宿州・【25】泗州・【26】楚州・【27】高郵軍・【28】揚州・【29】潤州・【36】謝潤州宴・【30】常州・【31】蘇州・【32】秀州・【22】杭州・【37】謝杭州回儀状・【33】越州・【34】明州

これらの状は、開封での日程を済ませ、明州まで汴河・江南運河を下っていく道中で作したものとみられる。ただし開封からの道程としては南京応天府→宿州→泗州→楚州→高郵軍→揚州→潤州→常州→蘇州→秀州→杭州→越州→明州の順であるから（図1参照）、【22】杭州は【32】秀州の後にくるべきである。一例として【33】越州を見ると

観光帝国、已事天庭、将返命於三韓、復取途於百越、即諧見止倍極欣然。

「帝国の威光を観、すでに天子の宮廷に事えて、まさに三韓に復命しようと、ふたたび道を越の地方に取り、打ち解けてお会いするにただ喜びのますます極まるばかりです」といった内容である。こうした状はどのような相手と交わされたのだろうか。次の一〇七六年の記事では、宣徽南院使で南京応天府の長官であった張方平が、先ごろ明州に到着した高麗使への対応について次のように上言している。

（十月丙申）宣徽南院使判応天府張方平言、高麗使赴闕儀制、所至京府州軍知州・通判、例出城接送。伏見、契丹使過北京、止是通判摂少尹接送。今高麗外蕃、其使乃陪臣也、而宣徽使班秩同二府、出城接送、其礼更反重於契丹、非所以崇国体示威霊也。詔止令通判接送、如使人来見即回謁、揚州依此。

（『続資治通鑑長編』巻二七八神宗 熙寧九年）

高麗使が開封に向かう道中の京府・州・軍では知州（長官）と通判（次官）が城外で迎送する例になっていますが、契丹使が北京を通る時でも次官が仮に少尹を帯びて迎送するだけです。高麗は外蕃ですからその使は陪臣であり、宣徽使の班秩は枢密院・中書省と同じであって、（宣徽南院使である私が）城を出て迎送すれば高麗使への礼遇が契丹より重くなり、国体を崇んで天子の威光を示すことになりません、と。この上言により、応天府と揚州では次官が城外で迎送するにとどめ、もし高麗使が長官に来見すれば回謁せよという詔が下された。ここから高麗使が至ると各州の長官と次官、若しくは次官が城門外で迎え、城内に迎え入れて応接したと見られるから、【22】以下の状も概ね停泊地の長官或いは次官とのやり取りの中で作成されたものと見て問題なかろう。

また【36】謝潤州宴という状が残っているように、停泊地で歓迎の宴会が設けられることがあり、さらに【37】謝杭州回儀状には「前謁公門、聊将末幣雑佩以報、茲辱於多儀梱載而帰、不勝於厚贐」すなわち「さきに官衙でお目にかかり、ひとまずささやかな幣物と服飾品をもってお礼を致しましたところ、ここにかたじけなくも多くの儀物を積み揃えてお贈り下さり、手厚い贈物に身の置きどころもありません」とあり、上京の道中杭州に停泊した際に高麗使が贈り物をし、その返礼として復路ふたたび停泊した際に贈り物を受けたとみられる。高麗使節は道中このような交流をしながら水路を下り、明州に到着した。(45)

○【38】宋明州湖心寺次毛守韻・【40】和副使侍郎梅岑有感・【39】自宋回次和書状秘書海中望山

明州に滞在した間には月湖の湖心寺などで遊興する機会があった。【38】は金富軾が湖心寺で明州の長官毛友の作った詩に和韻して詠んだ詩である。そしていよいよ高麗へ向かって出航した後、いったん梅岑すなわち定海県の東の海中にある普陀山に停泊している。(図1参照)ここは高麗に向かう船が航海の無事を祈禱したり風待ちをするので有名な場所であり、『高麗図経』巻三四海道一梅岑にも詳細な記述がある。【40】は、副使侍郎(礼部侍郎李永)が梅岑で感慨を受けて作った詩に金富軾が和韻した詩と考えられる。その一節には「雖喜王庭行復命、猶思帝所楽洋洋」すなわち「王の朝廷に復命することをうれしく思うものの、いまなお皇都の楽しみに満ちていたことがなつかしい」とあり、宋滞在の楽しかったことを思い返している。【39】は、高麗へ向かう海上で書状官と秘書官が山を遠くに見て作った詩に答え、金富軾が作った詩である。(46)

そして無事に航海を終えた一行は、五月三〇日、高麗朝廷に復命する。(47)

第三節　一一一六年の入宋高麗使節を通じてみた文化交流と麗宋関係の一側面

(一)　入宋使節の体験と高麗文化

以上、李資諒以下の高麗使節が一一一六年七月一八日に発遣され翌年五月三〇日に復命するまでの約一〇か月の使行について、『四六』および『東文選』に残された関連史料を中心に彼らの体験を復元してきた。その結果を日付順に整理すると表2のようになる（日付の不確実なものには?を付した）。一二月から一月半ばにかけて、特に参加が想定される正旦の行事に関する消息が全く伝わらないのが残念であるが、宋における彼らの行動を開封滞在期間を中心にある程度詳細に追うことができた。

前節で諸関連史料を取り上げ詳察してきた内容からも読み取れるように、使節外交は文化的・人的・物的交流の場でもあった。一行は都開封や、上陸した明州定海県と開封を往復する道中において、様々な所に行き、様々な行事に参加し、様々な人物と接触している。こうした使節の体験、あるいはその積み重ねが高麗の文化に及ぼした影響を今後解明していく上で、本章でみた一一一六年の事例はどのような視点を提供できるだろうか。次のいくつかの点についてここで言及しておきたい。

まず【8】に記されていたように、高麗使が景霊宮・太廟・圜丘の祭祀に参列していることについてである。これらの施設は高麗でも建設されており、『高麗史』礼志にはその祭祀儀礼が収録されている[48]。一節（二）でも述べたように一一一六年は宋が外交政策上高麗を特に厚遇していた時期にあたり、宋を訪れた高麗使が以前からこれらの儀礼に参加していたかどうかは若干議論の余地があろう。ただ、九六三（乾徳元）年の南郊祀の儀注に「蕃客之次」を設けることが記されているから（『宋史』巻九九礼志二南郊）、恐らく高麗使も挙行時に開封に滞在していれば蕃客として参加したであろうと推測される。『高麗史』礼志に収録された圜丘・太廟・景霊宮祭祀の儀式次第は毅宗代に成った『詳定古今礼』に依拠しているとみられるため、少なくとも礼志所載の儀式次第が作成される以前には宋において使臣がこれらの儀礼を体験しているわけであり、その見聞が何らかの形で影響を与えた可能性を考慮しておく必要があろう。

表2　1116年入宋高麗使節の体験

年　月　日	体験した出来事	主な典拠（関連史料）
1116年 7月18日	李資諒・李永ら、謝賜大晟楽使として宋に派遣される。	『高麗史』世家
9月　5日	明州定海県に到着。	【3】,（【2】）
6日	高麗使節の接伴として傅墨卿・宋良哲が遣わされる。	【3】
	（明州より開封へ移動）	
10月7日	開封郊外の郊亭に着いた使節のために同館伴范訥が遣わされ、宴を賜い、三節人に酒食を賜う。	【4】
10日	天寧節。垂拱殿に参上して上寿し、御宴に赴く。	【5】
23日	崇政殿に入朝し、視朝の礼が終わった後、睿謨殿の御宴に赴く。	【6】
11月　2日	館伴から、23日の睿謨殿の御宴にち因んだ御製の詩を示され、これに和進せよという勅旨を伝えられる。	【7】
8日	下賜された法服を着て景霊宮朝献に参従する。	【8】,『宋会要』礼1
9日	下賜された法服を着て太廟朝饗に参従する。	【8】,『宋会要』礼1
10日	下賜された法服を着て南郊祀に参従する。	【8】,『宋会要』礼1
14日	勅使が来て、正・副使に各衣1襲・金20両・銀100両・絹100匹、上中節に各銀10両・絹20匹を賜う。	【9】
26日	西景霊宮に随駕し、大明殿の御容に謁する。	【10】
？	勅命により、春服が正使・副使及び上節19人に下賜される。	【18】
1117年 1月18日頃	1月下旬に同文館を発って3月に明州に至り4月に渡海して帰国するよう、皇帝の許可を請う。	【11】
1月21日	勅使により、2月下旬に朝辞、3月初に出発することを許可する旨の御筆の指揮が伝えられる。	【12】
？	辟雍・大学に行き、大成殿に謁し、経義を聴講して大晟楽を観覧する。	【13】
2月　9日	金端らが国子監大成殿における釈奠に参加、また同日に集英殿で策試を受ける。	【19】,『宋史』本紀, 『宋会要』選挙7
？11日	皇帝から、大平睿覧図・成平曲宴図など所蔵の絵画をみせてもらう。	【14】
13日	高麗使・副使の御宴を賜う。（金端ら〈？〉が国子監に行き孔子像に謁し、勅旨により衣対1襲・金腰帯1条・魚袋・綵絹500匹・金花器500両を賜る）。	『宋会要』礼45, （【20】）
？日	文徳殿での朝賀の後、退出して客省幕門にいる時、館伴から大晟楽を習うことを許可する聖旨が太師蔡京より伝えられたことを告げられる。	【21】,（【1】）, 『宋史』楽志4
29日	高麗使臣と三節人、集英殿の春宴に参加する。	【15】

年　月　日	体験した出来事	主な典拠（関連史料）
?	土宜を進奉した回賜として、使に絹5730匹、副使に絹4420匹、また上中節員に各々物を給う。	【16】
3月　2日	崇政殿にて権適・金端らに及第を賜う。また祭器を賜う。	【19】,『宋史』本紀,『宋会要』選挙7,『群書考索後集』
?10日	高麗使臣が万寿観に馬1匹を納めて皇帝の長寿を祈願したことに対し、勅使を遣わして奨諭の詔書を賜る。	【17】
?	館伴への贈り物の返礼として丁重な辞と品物をもらい、謝状をおくる。	【35】
	（開封を発つ）	
	南京応天府に泊まる。	【23】
	宿州に泊まる。	【24】
	泗州に泊まる。	【25】
	楚州に泊まる。	【26】
	高郵軍に泊まる。	【27】
	揚州に泊まる。	【28】
	潤州に泊まり、宴饗を受ける。	【29】,【36】
	常州に泊まる。	【30】
	蘇州に泊まる。	【31】
	秀州に泊まる。	【32】
	杭州に泊まり、前に贈った物の返礼として贈り物を受ける。	【22】,【37】
	越州に泊まる。	【33】
	明州に泊まり、郡守毛友らとともに湖心寺に遊ぶ。	【34】,【38】,『宝慶四明志』
	梅岑において詩を詠む。	【40】
	海上で山を望み詩を詠む。	【39】
5月30日	李資諒ら謝賜大晟楽使が留学生権適・趙奭・金端を連れて帰国し、復命する。	『高麗史』世家

なお【10】でみたように高麗使は西景霊宮内の大明殿で神宗の御容に拝謁しており、殿内の構造や皇帝の御容の様子が高麗に伝達され得たことも付け加えておきたい。

また【5】および【15】の表文にあったように、徽宗は高麗使を自分の誕生節の一連の儀式や春宴に参加させた。既に【15】の項で言及したが、宋では春秋の季仲月や聖節、郊祀・籍田礼の終了後、その他国家的慶事に大宴という宴会儀礼を行うことになっており、【15】の春宴はこの春秋季仲月に行われる大宴にあたる。四章で論じてきたように、高麗においても聖節（王の誕生日）や郊祀、王太后・王太子等の冊立に際して大宴が挙行されており、その儀式次第を『高麗史』巻六八礼志一〇嘉礼大観殿宴群臣儀にみることができる。また『東京夢華録』や『政和五礼新儀』の記事から一二世紀初には宋の大宴に高麗使が参加していたことが窺われるが、この【5】【15】の表文を見れば、同様のことが高麗使自身の筆によって確認できるのである。また高麗王の誕生節行事については、池田温氏が『増補文献備考』の記事をもとに「仏事での典礼をはじめ宴会をともない、概ね唐宋の皇帝誕辰節日が模倣された」(49)と言及しており、高麗の誕生節行事や宴会儀礼の形成過程を考察していく際、外交使節の体験という要素に留意する必要性を再認識するところである。

同様に、留学生たちが太学で宋人とともに学問を学び、釈奠儀礼にも参加している（【19】）ことをみれば、やはり彼らの見聞によって宋制が伝わり高麗の釈奠儀礼や学校制度に何らかの影響を及ぼしたことが考えられよう。睿宗朝において、北宋新儒学の積極的受容による詞学重視から経学重視への路線の切り替えや、それに伴う科挙の考試内容の変更などの学制改革が行われたことがすでに指摘されているが(50)、そうした改革は、入宋使節や随行した留学生によって宋の制度や学問的動向がかなり密に伝えられていたという当代の状況が背景にあってこそ可能なものであった。また【6】でみたような入朝挨拶の儀式とそれに伴う賜宴はもちろんのこと、使節が宋に上陸してから帰路出港するまでの宋側の応対が、高麗における外交使節応対の形式に影響を与えたであろうことは言うまでもない。そして音楽や建築、美術等の側面に目を向ければ、この年の使行において、宋の新楽大晟楽の教習を受け（【21】）、竣工して数年と経たない延福宮に出入りし（【6】）、徽宗の絵画コレクションを見（【14】）、徽宗直筆の書画をもらっていることが確認された。このように使節らが体験した宋の文化・諸制度は、同時代的に高麗に影響を及ぼし得たのであり、かつ実際に見聞きしているが故にかなりの正確さで伝わったと推測される。

また、紹介してきた史料や使節の行動からは、この時期の高麗が宋に関してどのような情報を把握していたか、その一端を窺うことができる。一一一六年の冬至に圜丘祀が行われることを予め知っており、それまでに開封に到着する予定であったことは【8】で述べた。【13】の表文中では、一一〇二年に建てられた辟雍について徽宗の功績として称えているが、そもそも辟雍に関しては、次の記事にみられるように一一一一年に金縁を正使とする使節が宋に派遣された際、往訪して講義を観覧することを請うており、すでにその建立が高麗に伝わっていた。なおその辟雍の観覧を請う上表文を作成したのは、書状官として随行していた金富軾の弟富儀であった。

睿宗六年、以書状、従枢密院副使金縁如宋、上表乞赴璧雍観講。（『高麗史』巻九七列伝一〇金富佾附富儀）

このほか、【1】でみたように高麗使が蔡京に贈り物をしているのも、誰が最高権力者であり付け届けをすべき人物であるかを承知していたということであろう。また【17】のように徽宗の長寿を道観で祈願していることもおそらく偶然ではなく、徽宗が道教に傾倒していることを把握していたのではなかろうか。高麗睿宗代に入ってから一一一六年までの一一年間をとってみても、史料上確認されるだけで五回の使節が宋に派遣されていることを考えれば[51]、右のような状況は決して不自然ではあるまい。このように入宋使節は文化・情報の伝達媒体としての側面を有し、高麗文化形成の一要素として一定の働きをしたと考えられる。特に高麗使節が厚遇された当該時期の使行においては、より多くの宋文化に接し密な交流が行われた可能性があろう。

（二）　宋朝における高麗使節の立場に関する問題
――主に政和年間の高麗使節優遇策について――

では本章における一一一六年の使節の行動の復元作業を通じて、使節が置かれた外交舞台の状況と、同時期の宋朝における高麗使節の立場については、どのような知見を得ることができようか。『高麗史』李資諒伝には次のようなエピソードが載せられている。

将還密諭曰、聞汝国与女真接壌、後歳来朝、可招諭数人偕来。資諒奏曰、女真人面獣心夷獠中最貪醜、不可通上国。宋幸臣聞之曰、女真地多産珍奇、高麗素与互市、不欲分利於我、故沮之、陛下於高麗愛之如子、今負徳如此、可遣一介之使招女真、不必借高麗。竟交通、致靖康之禍。

（『高麗史』巻九五列伝八李子淵附資諒）

帰国に際し、徽宗は密かに李資諒に言った。「汝の国は女真と接しているそうだが、今度来朝する時に女真を数人連れて参れ」と。これに対し資諒は「女真人は人面獣心で、夷狄の中でも最も欲深く醜いので、上国（宋）に通ずるべきではありません」と答えたが、宋の幸臣がこれを聞いて言った。「女真の地は珍しい物を多く産するので、高麗は前から交易しており、利益を我国に分けるのを嫌って阻もうとしているのです。陛下は高麗を我子のように愛しておられるのに、今高麗はこのように陛下の徳に背いているのですから、我々が使臣を遣わして女真を招くべきで、高麗の手を借りる必要はありません」。かくして結局宋は女真と通交し、靖康の禍を招いたのだと『高麗史』は述べている。

当時、このように宋も女真との関係をさまざまな方面から模索しており、従来よりも高麗の動向に注意を向けていた。金建国後間もない時期に発遣されたこの使節は、周辺諸国が各々の立場を模索しながら領土や権益等を守り、或いは拡張しようとする情勢を背景とした緊張した外交舞台に立たされた。今回の使行において何らかの外交交渉が行われたのか否か、またその内容の如何については残存する関連史料からはあまり読み取ることができなかったが、当該時期の入宋高麗使節に関する史料を網羅的に検討した結果として、この時期の宋朝における高麗使節の立場について、次の二つの論点が浮かびあがった。

一つは、国信使・進奉使という呼称の問題である。前述のように、宋神宗代の使節再開ののち高麗は優遇されてその礼遇は西夏と同等とされ、さらに政和年間には西夏の上に位置付けられて、高麗使は進奉使から国信使に昇格され、遼使と同じく枢密院の管掌となったということがこれまで論じられている。関連史料を挙げて政和年間の経緯を細かく見てみよう。

A政和元年、詔、高麗在西北二国之間、自今可依熙寧十年指揮隷枢密院。明年入貢、詔復用熙寧例、以文臣充接伴使副、仍往還許上殿。（『宋史』巻一一九礼志二二賓礼四契丹夏国使副見辞儀高麗附）

B政和二年十一月十六日……詔、高麗神宗皇帝優待、使命已称国信、可改隷客省、余并依擬定逐処看詳、如未尽未便条、具申尚書省。（『宋会要』職官三五―一〇）[52]

C高麗自熙豊以来待遇優渥、即与諸蕃事体甚異、昨已陞作国信、在夏国之上、改隷客省、自今後特依大遼国例、隷属枢密院、仍永為定制、余依已降条令施行。（『宋大詔令集』巻二三七高麗依大遼例隷密院御筆手詔〈政和五年二月二十三日〉）

D政和中、升其使為国信、礼在夏国上、与遼人皆隷枢密院、改引伴・押伴官為接送・館伴、賜以大晟燕楽・籩豆・簠簋・尊罍等器、至宴使者于睿謨殿中。（『宋史』巻四八七外国伝三高麗）

まずAの一一一一年の詔には「高麗は遼の下・西夏の上にある。今後は熙寧一〇年の指揮に依って枢密院が管掌せよ」

とある。次にBの一一一二年一一月の詔では「〝使命〟はすでに国信と称している。今後は客省の管掌に改めるべきである」とされており、Cの一一一五年二月の詔には「すでに昇格させて国信となし、西夏の上において、客省の管轄に改めた。今後は特に遼の例によって枢密院が管轄せよ」とある。またDの記事では「政和年間中、其使を昇格させて国信とし、礼遇は夏国の上とし、遼人とともに枢密院に管掌させ」たとある。〝使命〟を高麗から宋に派遣された使とみなし、その上でこれらの史料を整合的に解釈しようとすると、一一一一年以前に高麗の礼遇は西夏の上となり、一一一二年一一月以前に高麗使は進奉使から国信使に昇格され、高麗使を管轄するのは一一一一年に枢密院、一一一二年一一月に客省、一一一五年に再び枢密院とされた、ということになる。これらの史料を見る限り上記のような解釈は不自然なものではなく、実際先行研究においても、政和年間に高麗使が国信使に昇格したということは全く問題なく既定の事実と見做されているようである(53)。

しかし本章一・二節で紹介してきた史料、および以下で取り上げる関連史料をみると、政和年間の高麗使昇格をそのまま事実とみなすことはできない。既存の解釈によれば、一一一六年の高麗使は当然国信使と称されたはずである。しかし振り返ってみると、二四二頁で引用した『宋会要』選挙七の一一一七年二月九日や『群書考索後集』所引の『続資治通鑑長編』同年三月二日の記事、さらに二四四頁『宋会要』礼四五の一一一七年二月一三日の記事においても高麗使李資諒は「進奉使」と明記されている。また、一一一三年に成った『政和五礼新儀』の巻一五五に収録された高麗使の来朝挨拶の次第は、「高麗国進奉使見辞儀」と題されている。

進奉の称は、こうした宋側の記録にのみ表れるわけではない。二四七頁【16】謝回儀表の引用部分には「以臣進奉土宜」とあって、高麗使が進奉を自称していることが確認できる。また二二六頁に掲げた『高麗史』睿宗一〇年七月戊子条には王字之・文公美は「謝恩兼進奉」のために宋へ派遣されたとあり、さらに彼らの復命記事中に引用された

宋帝の詔書では

（六月）乙丑、王字之・文公美賁《ママ》〔竇〕詔還自宋。……又詔曰、省所差人進奉御衣二対等事具悉。

（『高麗史』巻一四世家一四睿宗一一年）

「人を差して進奉する所の御衣二対等の事」（傍線部）とある。つまりこの時期においても、宋・高麗の双方で、高麗から宋へ物を贈ることを進奉といい、その使を進奉使と呼んでいる例が確認できるのである。むしろ逆に、本章で考察した一一一六年、および一一一五年の遣宋高麗使に関して高麗・宋の史料を通見しても、これを国信使と呼んでいる史料は見当たらない。また管見の限り、高麗側の史料で遣宋使を国信使と称する例は見つからない。

こうした状況を認識した上で再び上掲の宋史料に立ち戻ると、高麗使が進奉使から国信使に昇格されたと断ずるには躊躇せざるをえない。この点と関連して、上掲Bの史料について、毛利英介氏は〝使命〟を宋から高麗に派遣した使と解釈し、「北宋・徽宗期において、高麗との往来を回復させた神宗期を振り返って、当時高麗に派遣する使節を国信使と称したのは優遇措置であったと述べるもの」と理解している[54]。通交再開以降、一〇七八年・一一〇三年・一一二三年・一一二八年の宋使が国信使を称していたことは確認できる[55]。しかしその場合でも、右のD『宋史』外国伝の史料で「政和年間中、其使を昇格させて国信とし」たという「其使」を高麗使と解釈すれば、やはり当該期の遣宋高麗使は進奉使と称しており、国信使と称する例は見つからないという史料の状況とは食い違うことになる。また左の『石林燕語』の記事では

国朝、館伴契丹例用尚書学士。元豊初、高麗入貢、以畢仲衍館伴、仲衍時為中書舎人、後遂為故事、蓋以陪臣処之、下契丹一等也。契丹館於都亭駅、使命往来称国信使、高麗館於同文館、不称国信、其恩数儀制皆殺於契丹。大観中、余以中書舎人初差館伴、未至而遷学士、執政擬改差、人上使仍以余為之、自是王将明等皆以学士館伴。仍升

使為国信、一切視契丹、是時方経営朔方、頼以為援也。

（『石林燕語』巻七）

傍線部に「仍使を升して国信と為すこと、一切契丹に視う」とあり、「一切」遼の例に準じたのであれば、宋・高麗双方の使が国信使となったと考えられる。このように遣宋高麗使の国信使昇格という問題については一見相反する関連史料が混在しており、現在のところ実際に昇格されたか否か判断することはできない。ここでは少なくとも既存の見解のように政和年間の高麗使昇格を安易に認めることはできず、この問題についてはより網羅的な史料の収集と再検討が必要であることを指摘しておきたい。

なお、右で『高麗史』巻一四睿宗一一年六月乙丑条の王字之らの復命記事を引用し、徽宗の詔書中で高麗から宋へ物を贈ることを進奉と称していることを述べたが、同復命記事にはこの後に

又回賜国信詔曰、……今回賜国信兼別賜・密賜・特賜物色等、具如別録、至可領也。

とあり、宋から高麗に国信を回賜したことが示されている。つまり宋は高麗から進奉を受けたことを認識した上で国信を回賜しているのである。一方、次の一〇四三年の記事を見ると

辛巳、契丹遣冊封使蕭慎微・使副韓紹文……等一百三十三人来。丁亥、王設壇、受命、詔曰……今遣使左監門衛上将軍蕭慎微・使副尚書礼部侍郎韓紹文、持節備礼冊命、幷賜車服・冠剣・印綬及国信物等、具如別録、到可祗受。

（『高麗史』巻六世家六靖宗九年一一月）

遼の冊封使が国信物を持参している。また『高麗史』巻六五礼志七賓礼に収録された、遼の詔使を迎える際の儀礼「迎北朝詔使儀」においても、遼使は「国信物色」をもたらすことが記されているが、一方で、高麗は遼に「進奉」の名目の使節を派遣している[56]。つまり、高麗と遼の間においても国信の贈遺は相互的ではない。とすると、この国信という語を冠した国信使について、例えば盧明鎬氏のいうように「対等な国家の使臣である国信使[57]」と一義的に理解する

ことが可能であろうか。また奥村氏は宋―高麗・遼―高麗の関係を「「国信関係」とでも呼びうる対等関係に近い傾斜的な関係」と説明し、この「国信関係」という語は「派遣される使者や下賜物が「国信使」「国信物」と称されていることに従って」名づけたものとしているが[58]、「国信使」「国信物」が遣わされる関係というのはこれまでに挙げた史料のみを見ても一様の関係に集約できるものではない。

国信使という語彙の成立について正面から検討した毛利氏の論考では、「初出時の国信使はその名のとおり国信（物）を持参する使節であった」のが、「澶淵の盟以後に北宋と契丹の関係が長期にわたり安定的に継続したことから、対契丹・対等性の含意を持つ国信使が定着した」と大筋で理解しつつ、「北宋期に使用される国信の語にも国信物を示すという唐代以来の用法は残存し、これ自体は引き続き特段の対等関係を表すものではなく、むしろ上位から下位へ使用される場合も多い」ことに留意すべきであるとして、「歴史の経過のなかで国信という語彙は多重性・多層性をもつことになったと理解可能」とする[59]。国信使を送る関係と、国信（物）を贈る関係を切り離して考えることができるのか、という点については更なる説明を期待したいが、時期による変化を前提に考察した氏の議論には納得できる部分が多い。国信・国信使に加え、同時期の諸国家間関係のなかで用いられた使臣・文書・物に関する用語やその意味について、さらに整理・分析することによって、右で指摘した高麗使の国信使昇格の問題についても有効な手掛りが得られるものと思われる。

以上が本章の考察を通じて浮上した論点の一つであるが、これと関連してもう一点、宋廷の儀式における礼遇の問題に言及しておきたい。【15】謝赴集英殿春宴表で述べたように、高麗使節が参加した二月二九日の春宴は、基本的に『政和五礼新儀』巻一九九集英殿春秋大宴儀の次第に則って行われたと考えられる。四章の図2に示したように、同次第には高麗使ら外国使の座の位置も記されているが、それによると集英殿の殿上に座すのは遼使だけで、西夏使の座は東朶殿、高麗・交州使の座は西朶殿に設けられることになっている。先に整理したように、一一一一年以前に高麗の礼遇は西夏の上となっているはずであるが、東朶殿の西夏使と西朶殿の高麗・交州使の座は左右対称的な位置にあるとみられるから、東側の西夏の方がやや優位にも感じられ、少なくとも高麗使が西夏使より上位にあるとは看做しえない。『政和五礼新儀』巻一五一の紫宸殿正旦宴大遼使儀も宴に参席する外国使の座の陳設について記すが、殿舎は異なるものの座の配置は春秋大宴儀と全く同じである。さらに同書巻一五五夏国進奉使見辞儀の次第中には〈凡そ蕃客の見辞、同日たれば、先に夏国、次に高麗、次に交州、次に海外蕃客、次に山後諸蛮〉という注記があり、来朝・帰国の挨拶の日が重なった場合、高麗の順番は西夏の後とされていて、むしろ西夏より下に位置付けられているように読みとれる。

金成奎氏は既に、『宋史』巻一一九礼志二二から紫宸殿の遼使宴会儀礼及び夏国進奉使見辞儀の史料を引用して政和年間における高麗の礼遇について同様の疑問を呈し、「入国過程等で表れた迎賓礼などを通しては、当時の必要性を充分に勘案した上で高麗を西夏以上に優待したが、これより敏感な問題である宮中儀礼では従前の立場を可能な限り維持しようとしたのではないか」という見解を述べており、共感する点が多い(60)。ただ敢えて付け加えておくなら、一方の高麗側の外交姿勢にも注意する必要があると思われる。本章で扱った一一一六年の使節の関連史料を通じて窺う限り、この時期の高麗使節の宋廷における態度は、国際情勢の変動に乗じて自国の地位を高め宋と対等な立場に近づこうというようなものではなく、むしろ【10】表文中でみたように字小事大の関係を自称したり、【6】で睿謨殿御宴の史料を挙げて紹介したように皇帝への恋慕を表現したりしている。これらはあくまで宋における外交使節の態度であって、高麗国内における自国の国際的立場に対する認識や、様々な機会に表出される自己意識とは若干距離のあるものかもしれない(61)。しかし宋側からすれば使節は高麗との直接の窓口であり、その態度は高麗の外交姿勢をはかり高麗使節への待遇を決める有効な指標であったと考えるべきであろう。

おわりに

以上、一一一六年の入宋高麗使節の体験を復元することによって、当時の麗宋関係や宋朝における外国使節の在り方、そして彼らを通じた文化交流の現場を把握しようと試みた。ここでは中国に派遣された使節を考察したため、「文化交流」の中でも中国文化・情報の高麗への伝播という側面が中心となったが、例えば同年の使節に関して次のような逸話もある。この使行で多くの文章を撰述した金富軾には、やはり文筆に優れた兄富佾がいた。ある時富佾は高麗の八関会で奏する致語・口号を製し、これを見た睿宗が非常に気に入り以後毎回それを用いることにさせた。その頃高麗に来て楽官をしていた宋の楽人夔中立は、宋に帰国して徽宗の前でその致語・口号の辞を誦した。これを聴いた徽宗は、後（一一一六年）に李資諒が宋に使行した時、「八関の致語・口号は誰が作ったのか。僭越な語も含まれているが誠に素晴らしい文章である」と褒めたという[62]。高麗宮廷で活動した宋人の体験が帰国後宋廷で披露され、そのことがさらに宋を訪れた高麗使に伝えられるという、当時の文化・情報伝達の一様相を垣間見ることができる。

注

（1）遣唐使の実態のみならず、日本社会に与えた影響について文化的・政治的視点から考察されてきている点で、高麗使節を検討する上でも参考になる部分は多い。到底挙げきれるものではないが、全体像の把握に役立つ論著として東野治之『遣唐使船——東アジアの中で』朝日新聞社、一九九九年：古瀬奈津子『遣唐使の見た中国』吉川弘文館、二〇〇三年：河内春人

『東アジア交流史のなかの遣唐使』汲古書院、二〇一三年等。

（2）林基中《イム・ギジュン》編『燕行録全集』東国大学校出版部、二〇〇一年、ソウル：林基中・夫馬進編『燕行録全集日本所蔵編』東国大学校韓国文学研究所、二〇〇一年、ソウル。

（3）林基中『燕行録研究』一志社、二〇〇二年、ソウル：夫馬進「日本現存朝鮮燕行録解題」（『京都大学文学部研究紀要』四二、二〇〇三年）：同『朝鮮燕行使と朝鮮通信使』名古屋大学出版会、二〇一五年：鄭恵仲《チョン・ヘジュン》「一九世紀初 朝鮮使行 金慶善의 北京体験과 外国情報 理解」（『中国史研究』三七、二〇〇五年、ソウル）：李迎春《イ・ヨンチュン》「丙子胡乱前後의 朝鮮・明・清 関係와 金堉의『朝京日録』」（『朝鮮時代史学報』三八、二〇〇六年、ソウル）：『燕行録研究叢書』全一〇巻、学古房、二〇〇六年、ソウル：伍躍「朝貢関係と情報収集――朝鮮王朝対中国外交を考えるに際して――」（夫馬進編『中国東アジア外交交流史の研究』京都大学学術出版会、二〇〇七年）：鈴木開「一六二〇年の朝鮮燕行使李廷亀一考の交渉活動――光海君時代における対明外交の一局面――」（『東洋学報』九一―二、二〇〇九年）：同「朝鮮・後金間の使者往来について」（『駿台史学』一五五、二〇一五年）：金文京「十八・十九世紀朝鮮燕行使の清朝における交流」（『日本中国学会報』六七、二〇一五年）等。

（4）『モンゴル覇権下の高麗』第八章「『賓王録』にみる至元十年の遣元高麗使」名古屋大学出版会、二〇一三年。また外交使節ではないが、金文京「高麗の文人官僚・李斉賢の元朝における活動――その峨眉山行を中心に」（前掲注〈3〉夫馬進編書）は、『益斎乱藁』の記述に対する検討を軸にして李斉賢の元における活動を復元している。

（5）『東文選』巻八四にも同文が収録されている。なお、崔瀣は一三二一年に元の制科に合格している（『高麗史』巻七四選挙志二科目 制科）。

（6）千恵鳳《チョン・ヘボン》「麗刻本 東人之文四六에 対하여」（『大東文化研究』一四、一九八一年、ソウル、一三七～一三八頁）。

（7）『東人之文』及び『四六』の書誌情報については前掲注（6）千恵鳳論文及び尹炳泰《ユン・ビョンテ》「崔瀣와 그의〝東人之文四六〟」（『東洋文化研究』五、一九七八年、大邱）を参照。なお、崔瀣の墓誌銘（『稼亭集』巻一一）には『東人之文』全二五巻とあり、『四六』が一五巻、また『五七』は九巻と判断されるから、『千百』は一巻であったろうと考えられている。『五七』については許興植《ホ・フンシク》「〝東人之文五七〟의 残巻과〝高麗史〟의 補完」（『季刊書誌学報』一三、一九九四年、ソウル）、辛承云《シン・スンウン》「〝東人之文

五七、解題」（『季刊書誌学報』一六、一九九五年）等を参照。

(8) 『拙藁千百』巻二・『東文選』巻八四にも同文がある。

(9) 前掲注（6）千恵鳳論文一三八頁参照。

(10) この部分を含む原文は左の通り。なお本条と先の敬順王本紀論賛の史料は、赤羽目正匡氏にご教示いただいたものである。ここに記し感謝を表したい。

臣三奉使上国、一行衣冠、与宋人無異。嘗入朝、尚早、立紫宸殿門、一閤門員来問、何者是高麗人使。応曰、我是。則笑而去。

(11) 一般に『高麗図経』の最初期の刊行本として知られるのは一一六七年の乾道本であるが、宋人周煇の『清波雑志』巻七には「宣和末、先人在歴陽、雖得見其図、但能抄其文略其絵画」とあって、乾道本が刊行される以前から抄本が流伝していたことが伝わる。楊渭生『宋麗関係史研究』杭州大学出版社、一九九七年、杭州、三八八頁を参照。

(12) 蔡京は徽宗朝を通して執権していたわけではなく、この間実際に政権を担当していたのは一一〇二年七月～一一〇六年二月、一一〇七年一月～一一〇九年六月、一一一二年五月～一一二〇年六月で、中間に下野している（久保田和男『宋代開封の研究』汲古書院、二〇〇七年、二七六頁参照）。表1【1】は「与宋太師蔡国公状」と題されているが、蔡京が太師・国公として政権を担当していたのは一一〇八年一月～一一〇九年六月（太師・魏国公）、一一一二年五月～一一一七年六月（一一一二年五月～一一月太師・楚国公、一一一二年一一月～一一一七年六月太師・魯国公）である（『宋史』巻二〇～二二徽宗本紀二～四・巻四七二姦臣伝二蔡京）。

(13) 『宝慶四明志』巻一郡守。

(14) 「一四世紀 崔瀣의『東人之文四六』編纂과 그 意味」（『大東文化研究』三二、一九九七年、ソウル、一〇〇～一〇二頁）。例えば、朴漢男氏は表1で【4】に掲げた謝郊迎表について、高麗使節一行が一一二六年九月七日に南京の郊亭に到着した時のものであるとする。そもそも南京の郊亭とする根拠も示されていないが、一行は九月五日に明州定海県に到着するので二日で南京まで行くことは不可能であり、また「郊亭」は南京とは特に関係がない（二節参照）。つづいて【5】謝天寧節

垂拱殿赴御宴表により、高麗使節が九月一〇日の天寧節すなわち徽宗の誕日に垂拱殿宴会に参席したとし、「ここから今回の使行の目的が皇帝の誕生日の祝賀にあったことを確認できる」(一〇二頁)とするが、天寧節が一〇月一〇日であることは宋側の史料を見れば明らかであり、一一一六年の使行の名目は『高麗史』の発遣記事によれば大晟楽を賜ったことに感謝を表明すること、そして【5】の内容を見ればわかるように天寧節行事への参加は当初からの目的ではなかった(二節参照)。

(15)『宋史』巻一二九楽志四崇寧四年九月。

(16)『高麗史』巻一四世家一四睿宗一一年六月乙丑。

(17)天聖八年、詢復遣御事民官侍郎元穎等二百九十三人奉表、入見於長春殿(『宋史』巻四八七外国伝三高麗)。

(18)丸亀金作「高麗と宋との通交問題(一)(二)」(『朝鮮学報』一七・一八、一九六〇・六一年)：奥村周司「使節迎接礼より見た高麗の外交姿勢——十一、二世紀における対中関係の一面——」(『史観』一一〇、一九八四年)：朴龍雲《パク・ヨンウン》「高麗・宋交聘의 目的과 使節에 対한 考察(上)(下)」(『韓国学報』八一・八二、一九九五・九六年、ソウル)：楊渭生前掲注(11)著書：金成奎「高麗前期의 麗宋関係」(『国史館論叢』九二、二〇〇〇年、ソウル)：姜吉仲《カン・ギルチュン》『高麗与宋金外交経貿関係史論』文津出版社有限公司、二〇〇四年、台北：李錫炫《イ・ソッキョン》「宋 高麗의 外交交渉과 認識・対応——北宋末 南宋初를 中心으로——」(『中国史研究』三九、二〇〇五年、ソウル)等。本段落中の参考文献については、これらの論著で紹介されているものは省略する。

(19)『宋史』巻四八七外国伝三高麗・『続資治通鑑長編』巻二二六神宗 熙寧四年八月丙寅等。

(20)李範鶴「蘇軾의 高麗排斥論과 그 背景」(『韓国学論叢』一五、一九九二年、ソウル)、近藤一成「文人官僚蘇軾の対高麗政策」(『史滴』二三、二〇〇一年)。

(21)前掲注(18)奥村・金成奎・李錫炫論文等。三節で詳述する。

(22)例えば二五九〜二六〇頁に掲げた『石林燕語』の記事では末尾に「是時方経営朔方、頼以為援也」とあり、燕雲十六州をおさめるために外交上高麗を優遇したことが端的に記されている。

(23)『高麗史』巻一四世家一四睿宗一一年四月庚午・辛未。

(24)『朝野類要』巻一故事 接送伴、等。平成一七・一八年度科学研究費補助金 基盤研究(C)研究成果報告書『朝野類要の総合的研究』二〇〇七年、四五頁参照。

(25)『続資治通鑑長編』巻二九八神宗 元豊二年五月壬辰に「賜明州及定海県高麗貢使館名曰楽賓、亭名曰航済」とある。楽賓館の位置は不詳だが、左の史料によれば航済亭は定海県の東南四〇歩にあったという。

　航済亭〈県東南四十歩、元豊元年、建為麗使往還賜燕之地、建炎兵燬遂廢〉。

　　　（『宝慶四明志』巻一八定海県志一公宇）

なお明州の高麗使館としては明州人楼異が一一一七年に知明州となって建てたものが有名であるが（『宝慶四明志』巻六市舶、専論としては許孟光「明州与高麗的交往以及高麗使館」〈『海交史研究』一九九五年第二期、泉州〉等）、元豊初年の楽賓館との関連は不明である。

(26)『朝野類要』巻一故事 館伴等。前掲注（24）研究四六頁参照。

(27) 在延秋坊、熙寧中置以待高麗使〈舍宇一百七十八間〉。（『玉海』巻一七二熙寧同文館）。金成奎「宋代 迎賓機関의 性格을 中心으로 본 唐宋変革의 一面」（『中国学報』四一、二〇〇〇年、ソウル、三七四～三七五頁）等で言及されている。

(28) この時期の高麗で、宋や遼からの使臣に応対する役として接伴・館伴があったことが確認され（『高麗史』巻一一世家一一粛宗三年正月丙寅・巻一三世家一三睿宗五年六月辛巳・巻一五世家一五仁宗六年六月丁卯など）、また『高麗図経』の同項目中にみえる上節・中節・都轄・書状官の名称は以降で紹介する【9】【18】【39】の史料に高麗使節人員の一部としてみえているから、外交使節の構成や使節の応対に関する制度において宋制と近似する部分が多かったと推測される。

(29)『参天台五臺山記』巻三熙寧五年八月一九日・巻四熙寧五年一〇月一二日参照。

(30) なお金成奎氏が、「入宋高麗国使의 朝貢儀礼와 그 周辺」（『全北史学』二四、二〇〇一年、全州）に『太常因革礼』の高麗国使副見辞儀の訳註を掲載しており、廣瀬憲雄氏も、高麗使節の入朝・帰国儀礼について、宋の聴政制度と関連づけながら遼使節の場合と比較し論じている（『東アジアの国際秩序と古代日本』第三部第一章「唐後半期から北宋の外交儀礼」吉川弘文館、二〇一一年）。

(31)『宋史』巻八五地理志一京城・『九朝備要』巻二八政和四年八月。前掲注（12）久保田氏著書二八三頁参照。

(32) ただし『補閑集』に遼天慶三年癸巳（一一一三年）のこととしているのは誤りである。

(33) 梅原郁「皇帝・祭祀・国都」（中村賢二郎編『歴史のなかの都市』ミネルヴァ書房、一九八六年、二九五～二九七頁）および入谷義高・梅原郁訳註『東京夢華録――宋代の都市と生活――』平凡社、一九九六年、三一八～三四三頁。

(34) （十二月）丙午、奉安神宗神御于景霊西宮大明殿。（『宋史』巻一九本紀一九徽宗 建中靖国元年）

(35) 『宋史』巻一五七選挙志三学校試・『玉海』巻一一二学校 崇寧辟雍外学など。

(36) 『宋史』巻一〇五礼志八文宣王廟。

(37) この一件と関連して、高麗側にはさらに次のような史料が残されているが、日付等に関してかなり混乱がみられる。まず留学生の一人権適の墓誌には「七年二月己卯、親策于庭……三月庚寅、臨軒崇政殿、倶錫上舎及第釈褐」（任世権・李宇泰編『韓国金石文集成二八』韓国国学振興院、二〇〇三年、図録編一八七～一八八頁）とあり、策問を受けた日について二月九日（丁卯）ではなく二月二一日（己卯）と記している。また『四六』巻二には、留学生への措置を感謝して睿宗が自ら製し一一一七年の使に託して徽宗に奉らせた「謝親策権適等賜第還国表」が載録されているが、その文中には「伏蒙聖慈、以臣昨於乙未年遣学生権適等請入国学、許令下国子監督受業、至　年　月二十二日、御崇政殿試芸、各賜第、還国」とある。年月の部分を欠き、日にちのみ二二日となっている。また策試の場も集英殿でなく崇政殿と記している。なお、『四六』の【19】の表題に〈是行□以□書丞為提轄□□□文字入朝〉（□は判読不能）という注記が付されている。手がかりになり得るが、現時点では情報が少ないので後考を待ちたい。

(38) 『玉海』には細かい品目が記録されている。

（政和七年）三月、賜籩豆十二・簠簋四・登一・鉶一・鼎二・罍洗一・尊二、銘曰、惟爾令徳孝恭、世称東藩、用錫宝尊、以寧爾祖考、子子孫孫、其永保之。

（『玉海』巻一五四朝貢献方物 淳化賜高麗九経・祥符賜経文・政和賜雅楽宝尊）

(39) 藤本猛『風流天子と「君主独裁制」――北宋徽宗朝政治史の研究――』第五章「北宋末の宣和殿――皇帝徽宗と学士蔡攸――」京都大学学術出版会、二〇一四年。宣和殿の文化的機能だけでなく政治的機能についても説明している。

(40) 板倉聖哲「皇帝の眼差し――徽宗「瑞鶴図巻」をめぐって――」(アジア遊学六四『徽宗とその時代』勉誠出版、二〇〇四年、一三四頁)。『画継』巻一徽宗皇帝。

(41) 宋鄧椿撰『画継』巻一徽宗皇帝に徽宗御製として筠荘縦鶴図や奇峰散綺図がみえる。また『書画彙考』巻四一などによれば、唐十八学士図も徽宗御製のものがある。

(42) 徽宗朝の内府所蔵の諸画を記した『宣和画譜』の巻七に李公麟「姑射図一」がみえる。

(43) 『宋史』巻一一三礼志一六嘉礼四宴饗。四章一節参照。

(44) 『政和五礼新儀』巻一五五高麗国進奉使見辞儀の辞日の次第に「舎人宣、有勅、賜某物兼賜酒食」とあり、「某物」を賜うことが記されている。ただ、これが回賜物を指すものかどうかはなお検討が必要であろうと思う。

(45) 左の記事にも見えるように、開封――定海県を移動する道中には高麗使節接待のために館が設けられた。これが沿道地域の民への負担になることが時折議論されており、特に蘇軾の批判が有名である。前掲注(18)金成奎論文四六頁、注(20)李範鶴・近藤論文等。

元豊以後、待高麗之礼特厚、所過州皆旋為築館、別為庫以儲供帳什物。(『石林燕語』巻三)

(46) なお金富軾も書状官であるが、書状官は一人とは限らず、一一二三年に高麗を訪れた宋使節では書状官が二人いたことが確認される(『高麗図経』巻二四節仗)。

(47) ただし及第を受けた留学生のうち甄惟底は宋で死亡した。以下に復命の記事を掲げる。

(五月)丁巳、李資諒還自宋。進士権適・趙奭・金端等偕資諒還。帝初親策試適等于集英殿、賜適等四人上舎及第、特授適華貫。及還、帝賜御製親札詔。王迎于乾徳殿。詔曰……。康就正・甄惟底二人死于宋。

(『高麗史』巻一四世家一四睿宗一二年)

(48) 『高麗史』巻五九礼志一吉礼大祀 圜丘・巻六〇〜六一礼志二〜三吉礼大祀 太廟・巻六一礼志三吉礼大祀 景霊殿。

(49) 『東アジアの文化交流史』第二部(一)天長節管見、三四六頁、吉川弘文館、二〇〇二年。

(50) 矢木毅『高麗官僚制度研究』第六章「高麗より朝鮮初期に至る進士概念の変遷」、二七九〜二八一頁、京都大学学術出版会、二〇〇八年。

(51)『高麗史』巻一二世家一二睿宗三年二月丙戌・七月乙亥・巻一三世家一三睿宗六年七月壬午・八年九月乙酉・巻一四世家一四睿宗一〇年七月戊子。

(52)『宋史』巻一六六職官志六客省引進には「政和二年……又詔高麗已称国信、改隷客省」とある。

(53)前掲注(18)奥村論文三六頁・金成奎論文五二頁・李錫炫論文一三〇頁、および金庠基《キム・サンギ》『新編 高麗時代史』ソウル大学校出版部、一九八五年、ソウル、一八三頁：盧明鎬《ノ・ミョンホ》「高麗時代의 多元的天下観과 海東天子」(『韓国史研究』一〇五、一九九九年、ソウル、一五頁)：윤영인《ユン・ヨンイン》「一〇～一三世紀 東北亜細亜 多元的国際秩序에서의 冊封과 盟約」(『東洋史学研究』一〇一、二〇〇七年、ソウル、一三九～一四〇頁)。なお奥村氏は『宋大詔令集』の史料によって「一一一五年には高麗使は国信使とされた」としているが、同史料ではこの詔令が出された一一一五年二月以前にすでに「陞して国信と作」っていたことが述べられているのであって一一一五年に昇格したとは読み取れない。

(54)「国信使の成立」(『アジア史学論集』九、二〇一五年、四六頁)。

(55)『高麗史』巻九世家九文宗三二年六月甲寅・巻一一世家一一粛宗八年六月壬子・巻一五世家一五仁宗元年六月甲午・同巻仁宗六年六月丁卯。ただし毛利氏も指摘するように、九九〇年・九九三年の宋使も国信使として高麗に派遣されている。毛利氏は、澶淵の盟以後、「国信使の派遣対象が事実上契丹に対してのみになり、国信使という呼称を用いることが特別待遇たりうる状況」が生じたとし、九九〇・九九三年の用例については、それ以前の用例として区別している。

(56)『高麗史』巻一一世家一一粛宗即位年一一月癸丑・同巻粛宗元年一一月丁未・巻一二世家一二粛宗九年一〇月庚午・巻一四世家一四睿宗一一年正月庚戌。

(57)前掲注(53)盧明鎬論文同頁。

(58)前掲注(18)奥村論文三七～三八頁。

(59)前景注(54)毛利論文四章二節「澶淵の盟以後における例外的存在としての対高麗国信使」および「おわりに」。

(60)前掲注(18)論文六一～六三頁。ただし、氏は同論文中で『宋史』巻一一九所載の『政和五礼新儀』を節略した記事から紫宸殿の宴における外国使の座を復元しているが、遼使を宋帝の西側に並べて配置するなど混乱が見られる。

(61)　前掲注(18)奥村論文や注(53)盧明鎬論文のほか、奥村「高麗における八関会秩序と国際環境」(『朝鮮史研究会論文集』一六、一九七九年)：同「高麗の外交姿勢と国家意識――「仲冬八関会儀」および「迎北朝詔使儀」を中心として――」(『歴史学研究別冊特集――民衆の生活・文化と変革主体』一九八二年)：同「高麗の圜丘祀天礼と世界観」(武田幸男編『朝鮮社会の史的展開と東アジア』山川出版社、一九九七年)：秋明燁《チュ・ミョンヨプ》「高麗時期〝海東〟認識과 海東天下」(『韓国史研究』一二九、二〇〇五年、ソウル)：朴宰佑《パク・チェウ》「高麗 君主의 国際的位相」(『韓国史学報』二〇、二〇〇五年、ソウル)盧明鎬「高麗 太祖 王建 銅像의 皇帝冠服과 造形象徵」(国立中央博物館編『북녘의 文化遺産』二〇〇六年、ソウル)：森平雅彦「朝鮮における王朝の自尊意識と国際関係――高麗の事例を中心に――」(『九州大学二一世紀COEプログラム「東アジアと日本：交流と変容」統括ワークショップ報告書』二〇〇七年)：同「朝鮮中世の国家姿勢と対外関係」(森平雅彦・岩崎義則・高山倫明編『東アジア世界の交流と変容』九州大学出版会、二〇一一年)で、儀礼や言説、太祖像のような象徴物等に表れた高麗王朝の国際環境における自己意識が論じられている。

(62)　『高麗史』巻九七列伝一〇金富佾。ちなみに同伝および『高麗史』巻一一世家一一粛宗五年七月丁丑によれば、金富佾も一一〇〇年に徽宗の即位祝賀使節の一員として入宋したことがある。

第七章　金朝の外交制度と高麗使節

――一二〇四年賀正使節行程の復元試案――

はじめに

高麗王朝は、四七五年にも及んだ統治期間のなかで、後唐以降、五代諸王朝や北宋・遼・金・元・明の冊封を受け、その時々の国際状況に応じて巧みな事大外交を展開してきた。特に高麗に大きな影響を及ぼしたという点で、宋や元との関係が注目されることが多い。国家制度や文化的潮流に大きな影響を及ぼした宋、および従前の宗主国と異なり国内政治にも強く干渉した元との関係を把握することは、高麗時代史研究の要であり、政治・経済・文化の多方面からの考察が行われてきている。一方、それぞれ百年前後の期間、高麗と宗属関係にあった遼・金の影響や具体的な通交の様相を把握しようとする試みは、かなり限られていると言わざるをえない。こうした研究状況の中、韓国で出版された『高麗와 北方文化』(1)は、契丹・女真との間の制度・思想・文化面における影響関係を評価し、新たな見方を提示しようとした。また最近、外交儀礼の分析を軸に、麗遼・麗金関係や、北東アジアの国際秩序における高麗の立ち位置を論じた研究が相次いで出された(2)。

このような試みが継続されることが期待される一方で惜しまれることは、考察の前提となるべき実際の人・物の往来の具体的様相の把握が、あまりなされていないことである。むろんそれは史料的制約によるところが大きいのだが、かといって伝存史料が十分に活用されているとはいえない。こうした研究状況をふまえ、本章では高麗・金間の国家間交流の担い手であり交易の当事者でもあった外交使節、特に高麗から金に派遣された使節の行程に焦点を当てて考察する。その過程では必然的に、彼らを迎える金側の外交制度についても論及していくことになる。

遣金高麗使節の行程についてうかがい知ることのできる有用な史料として、**表1**に掲げた三二編の文章を取り上げたい。これらの文章は、全て高麗武臣政権期の文人金克己によって撰述されたものであり、高麗後期に編まれた『東人之文四六』（以下『四六』）、および朝鮮初期の『東文選』に収録されている。このうち、『四六』巻九所載の【1】入金謝差接伴表には、「〈章宗泰和三年〉入金謝差接伴表〈神癸亥賀正使李延寿行〉」（〈 〉内は細字）というように題の前後に注が付されており、これによって金の章宗泰和三年すなわち高麗神宗六年・癸亥年（一二〇三）に発遣された、李延寿を正使とする賀正使節の行程において撰述されたものであることがわかる。金克己は、書状官として李延寿に随行した使節人員であった。この賀正使節は『高麗史』『高麗史節要』には記されないが、『金史』巻六二交聘表下には、泰和四年の項に「正月乙丑朔、高麗司宰少卿李延寿賀正旦」と掲げられており、一二〇三年に高麗を出発し一二〇四年の元旦に金朝廷で称賀した使節であることがわかる。金は建国直後には上京会寧府を都としていたが、一一五三年に燕京に遷都したから、この使節の目的地は中都燕京であった。朝鮮半島の王朝から派遣された燕行使としては、最も早い時期に属し、後に元・明・清代と続く燕行使の変遷を考える上でも興味深い事例となろう。

なお正使李延寿は、高麗崔氏政権期の宰相で、この後一二二一年には太尉門下侍郎同中書門下平章事判吏部事となり、門下侍中の任にあった一二二七年に没した(3)。また書状官として使行中に多くの文章を撰した金克己は、詩文の才をもって当時名を知られた人物であったが、官歴はあまり芳しくなかったようである。死後、執権崔瑀によって刊行された彼の文集『金居士集』の序文によると、壮年になって進士に及第し、老年にさしかかってようやく義州防禦判

表1　金克己が1204年の賀正使節の使行中に撰述した文章

	『四 六』	『東文選』	題　　名
1	9	35	入金謝差接伴表
2	9	35	謝賜詔書兼薬物表
3	9	35	謝朝参次客省幕賜酒食衣対表
4	9	35	謝館宴表
5	9	35	謝差館伴表
6	9	35	謝館大宴表
7	9	35	謝花宴表
8	9	35	謝正旦赴御宴表
9	9	35	謝春幡勝表
10	9	42	乞辞表
11	9	35	謝朝辞日衣対鞍馬礼物表
12	9	35	謝館餞宴表
13	9	36	謝離館表
14	9	36	謝差送伴表
15	9	36	謝東京賜餞宴表
16	13		入金使臣回平州状
17	13		上接伴使遠状
18	13		接伴初贈物
19	13		再贈
20	13		館伴初贈物
21	13		再贈
22	13		朝参日客省幕贈物状
23	13		引進使贈物状
24	13		押宴官贈物状
25	13		送伴贈物
26		9	使金過兔兒島鎮寧館
27		9	胡家務館次途中韻
28		9	過東峰館河橋
29		19	鴨江途中
30		19	麟州早発
31		19	鴨江西岸望統軍峰
32		35	癸亥年入北朝賀一使修製本国朝辞日謝表

官に補任され、その後翰林院の職を受けたという[4]。金への派遣は、翰林院の職についた後の時期と考えられ[5]、帰国後一二〇九年に死去する。

ところで、**表1**の文章の多くは、使節の詳しい活動内容や日付を含むものではない。そのため、各文章がいつ、どのような状況で書かれたのかを知り、一二〇四年の高麗賀正使節の行程を復元するためには、麗金間の定期使節派遣における慣例、および金の外交使節迎接制度に対する理解が不可欠である。次節では、まず高麗・金の国家間関係がどのように推移し、その中でどのような使節往来があったのか、確認しておく。

第一節　麗金関係と外交使節

（一）　麗金関係の沿革

高麗・金間の通交について概観した論考はすでにいくつかあり[6]、特に通交初期に主な交渉課題となった保州（義州）の領有問題が研究関心を集めてきた[7]。これらの先行研究の成果を土台としつつ、ここでは、高麗と金の関係がどのように推移したのか、またその中で一二〇三・四年はどのような時期にあたるのか、述べることとする。

一二世紀初、完顔部を中心に女真族が勃興し、一一一四年に遼の東北諸州を陥落させて翌年金を建国すると、高麗は一一一六年四月には公私の文書から遼の天慶年号を除去し甲子のみを用いることを決めた[8]。そして翌一一一七年三月、完顔阿骨打が国書を送り「兄大女真金国皇帝、書を弟高麗国王に致す……惟れ王、我に和親を許し、結びて兄弟と為り、以て世世無窮の好を成せ[9]」と、兄弟関係に擬して高麗に和親を求めると、高麗朝廷では金との関係をめぐって議論が紛糾した。高麗側には、しばしば北方の女真族から侵入を受けつつ、来投や来貢を受け入れ、交易や賜爵等を許すことで彼らを懐柔してきたという認識があり、にわかに北東アジアの強者となった金国との関係設定に関して、現実路線と強硬路線の対立がおこったのである。[10] 議論の末、李資謙の主導で一一二六年四月に使節を金に派遣し奉表称臣することとなった。[11] 李資謙一派はまもなく失脚するが、その後政界の中心となった金富軾・富儀ら兄弟も対金慎重路線を主張し、九月に金使高伯淑らが「高麗がすべて遼の旧制にのっとって金に通交し、高麗に逃れた保州路および国境の民をみな還すならば、保州の地を賜う」という内容の金太宗の勅書をもたらすと、それを承諾して謝表をたてまつった。[12] その後も保州問題や、誓表の提出をめぐって関係は緊張したが、宋都開封を陥落させ徽宗・欽宗以下の宋皇族や官僚らを連行した金の強勢を目の当たりにした高麗は、結局一一二九年一一月に盧令琚らを派遣して金に君臣関係を称する誓書を提出した。[13] これにより保州は高麗の領地と認められ、麗金外交上の懸案事項が一段落する。

ただし、いまだ宋金間の戦争は続いており、高麗と宋との通交も細々と続いていた。一一三一年には金太宗が三万の兵を率いて東京遼陽府に至り滞在するなど、緊張が生じ、また高麗内部では、金富軾らと敵対し金に臣事することに反対していた妙清・鄭知常らが一一三五年に西京平壌で反乱をおこした。宋金間で和議が結ばれ、両国の関係が定められるのは一一四一年である。この和議により、宋高宗が称臣して金に歳貢を納める関係となった。翌一一四二年、高麗は初めて正式に金から冊封を受けているが、[14] これは宋金間の停戦和約の締結と無関係ではないだろう。この後、麗金間では毎年の定期使節のあり方も定まり、落ち着いた外交関係になったといえる。ただし、このことは高麗内部における反金勢力の消滅を意味するものではない。高麗毅宗代の一一五八～六一年には、金における草賊の蜂起を知った高麗側が使節派遣を止めている。[15] また一一五八年には、「白州に宮闕をつくれば七年のうちに北虜を併呑できる」という風水に基づいた進言が行われ、突貫工事でその地に別宮を造営し入御するなど、[16] 高麗において北伐意識は依然政策にも大きな影響力を持っていたようである。

こうした状況は、高麗が武臣政権期に入るとやや変化したと推測される。一一七〇年、庚寅の乱が起こり、鄭仲夫らによって毅宗が廃され明宗が擁立されたが、金が新政権を承認するか否かは、高麗の国運を左右しかねない問題であった。毅宗譲位の報告を受けた金は、高麗使庾応圭の必死の釈明にもかかわらずその事情を疑い、詢問使を派遣して様子を探ることとした(17)。金使完顔靖は毅宗に面会しようとするが果たせず、明宗の政権が確定している様子を見て帰国し、高麗はさらに告奏使を派遣して新王の冊命を求め、ようやく一一七二年五月に冊使を迎えることができた(18)。こうして結局金は武臣政権に擁立された王を容認したため、この後は一一七四年に趙位寵が武臣政権に対し反乱を起こし、金に援護を求めた際にも応じず、むしろ高麗朝廷側に通報して、新政権の正統性を認める立場をとった(19)。高麗はこれに感謝して一一七七年の賀正使に託して玉帯二腰を献じている(20)。また一一九六年に崔忠献が政権を掌握し翌年明宗を廃して神宗を擁立した時にも、金は宣問使を派遣して説明を求めたが、結局一一九九年には冊封使を派遣した(21)。この後崔忠献は、次の熙宗の受冊儀式を行う際に金使の指示に即応しているなど(22)、金との良好な関係を志向していたことがうかがわれる。クーデターによって政権を奪い闘争を繰り返していた武臣政権が、高麗内部において対抗勢力を鎮圧し、権威を得て政権を安定化させるためには、金の承認が必要であり、間違っても簒奪者として討伐を受けるようなことがあってはならなかった。そのため武臣政権期に入り、高麗の対金姿勢はより慎重になり、両国関係が安定したと考えられる。

しかし、このような状況も長くは続かなかった。金は、大定年間（一一六一～八九）から続いていた黄河の氾濫や、章宗即位（一一八八）後はげしくなったモンゴル族の侵寇により疲弊し、さらに宋とも一二〇六年、ついに本格的な交戦状態となった。宋との間では翌一二〇七年に金に有利な条件で和約の締結となったが、一方でモンゴル高原で擡頭したチンギス・カンが一二一一年以降来侵し、契丹族の離反も続いた。こうしたモンゴル族等の攻撃と金の弱体化は、すぐさま麗金関係に影響を与えた。一二一一年には通州で高麗使節がモンゴル兵に攻撃されて死亡するなど、次第に使金路が阻害されて両国間の往来が困難になった(23)。さらに一二一五年に蒲鮮万奴が遼東で反乱を起こすと、一層麗金間の通交は難しくなり、高麗はいちおう一二一九年に朝貢の意を遼東行省に伝えたものの、結局道路不通により通好を再開させることはなかったため(24)、高麗使節が金都に達したとみられるのは、一二二三年閏九月に派遣された康宗の死を報じる告哀使が最後である(25)。この後、高麗は北東アジアの情勢変化を見て一二二四年には金年号の使用を止める(26)。

本章で取り上げる一二〇四年の賀正使節は、高麗で崔氏政権が基盤を確立してきた一方で、金は本格的な衰亡期にさしかかる時期であり、両国間で定期使節の往来が可能だった最後期のものであるといえよう。

（二）麗金間の使節

（1）使節の種類と派遣時期

以上のように推移した麗金関係の中で往来した両国の外交使節は、史料にも頻繁にあらわれ、朴漢男《パク・ハンナム》氏や姜吉仲《カン・ギルチュン》氏がすでにその一覧表を作成している(27)。ここでは、これを非定期的・定期的な使節に分けて整理しておこう。

まず金から高麗に派遣された非定期的な使節として、高麗王への冊封や弔慰、皇帝の死去・即位や皇太后の死去あるいは改元の伝達、および外交案件の交渉などを目的とした、冊封使・起復使・弔慰使・祭奠使・告喪使・告改元使・報諭使などがある。高麗からは、これら金使節に対する謝礼使に加え、金皇帝の即位や尊号加上あるいは死去に際して賀登極使・賀上尊号使・奉慰使・祭奠使、また高麗王の死去・譲位・王太后の死去などの報告や外交案件の交渉にあたって告哀使・告奏使などを派遣した。なお君主間で交わされた使節ではないが、高麗は東京遼陽府との間にも頻繁に使節を交わしている。

そして、金皇帝と高麗国王との間で定期的に交わされた使節についてみると、金からは一一二七年以降毎年、高麗王の誕生日を祝賀する賀生辰使、さらに一一四五年以降は三年に一度横宣使（横賜使）を派遣している[28]。高麗からはこれらに対する謝礼使に加えて、皇帝誕生日を祝賀する賀聖節使と正旦を祝賀する賀正使、さらに一一四二年以降は進方物使を派遣した。ちなみに謝賀生辰使と謝横宣使および進方物使は通常、賀正使あるいは賀聖節使とタイミングをあわせて派遣された。つまり高麗は例年、賀聖節使と進方物使、賀正使と謝賀生辰使（さらに三年に一度は謝横宣使）といったように二度の機会に分けて遣金使節を送っていたのである。

こうした麗金間の定期使節の年間スケジュールについて一一七七年の場合を例にとってみてみよう。一月九日、高麗では進方物使が発遣され[29]、同月一七日には、金から高麗明宗の生日を祝賀する賀生辰使が来着、同日に高麗は金世宗の生日万春節を賀する使節を発遣した[30]。進方物使と賀万春節使の発遣日は八日間ほどあいているが、後に二節で述べるように、進方物使と賀聖節使は金廷では同時に入見することになっているから、同行したと考えるのが自然である。そして六月一三日、金から横宣使が来訪するが[31]、それに対する謝礼使である謝横宣使は一一月一一日に謝賀生辰使および賀正使とともに発遣される[32]。この年は横宣使の派遣される年であったため、金から一月に賀生辰使、六月に横宣使が来訪し、高麗からは一月に進方物使と賀聖節使、一一月に謝賀生辰使と謝横宣使および賀正使を発遣した。それぞれ一月、六月に来た賀生辰使と横宣使への謝礼使節を、賀正使とまとめて一一月に発遣しているように、謝礼の使節をすぐに発遣する必要はなかったが、これは麗金使節交流の開始当初からもみえている慣例である[33]。賀正使と賀聖節使にあわせて謝礼使節を派遣すればよいのであるから、これによって使節派遣の負担はかなり軽減されていたと見ることができるだろう。

（2）賀生辰使の来賀時期について

ところで、金から派遣された賀生辰使に関しては、その来賀時期が実際の高麗王の生日と全く一致しない点に留意すべきである。この点については、すでに韓政洙《ハン・ジョンス》氏の論考で指摘されており大変参考になるが、筆者とはやや背景理解の異なるところがあり(34)、また遼・金の外交慣例と併せて考察するのが妥当と考えるので、ここで論じることとしたい。

表２　高麗王の生日と金使の来賀時期

	生　日	節日名	賀生辰使の来賀時期
仁宗	一〇月　四日	慶龍節	一月　七日
毅宗	四月一一日	河清節	一一月一七日(35)
明宗	一〇月一七日	乾興節	一月一七日(36)
神宗	七月一一日	咸成節	一一月二九日前後(37)
熙宗	五月　八日	寿成節	一一月一八日(38)

右の表２は、各王の生日、高麗での節日名、金の賀生辰使が来賀した時期について整理したものである。なぜ金は、このように高麗王の生日ではない時期に賀生辰使を派遣しているのであろうか。この問題については、次の明宗代の記録からある程度の手がかりが得られる。金はクーデター後擁立された明宗の即位事情を疑い、詢問使も派遣したが、一一七二年五月にようやく冊封した。そして同年さっそく、

十二月壬寅、金移牒、問王生日。

（『高麗史』巻一九世家一九明宗二年）

というように明宗の誕生日を問うている。明宗の生日について『金史』では、

（大定）十二年三月、遂賜封冊。晧生日在正月十九日、是歳十二月将尽、未及遣使、有司請至来歳挙行焉。

（『金史』巻一三五外国伝下高麗）

と記しており、金側は明らかに明宗の誕生日を一月一九日と認識していた[39]。そのため右の表に示したように、一月一七日に金の賀生辰使が来ているのである。さらに次の一二〇〇年の記事をみよう。

（十一月）辛巳、金遣礼部侍郎劉公憲、来賀生辰。咸成節本在七月、依前朝大定甲午年例、以十一月初一日為節、遂為常例。

（『高麗史』巻二一世家二一神宗三年）

すなわち、神宗の生日である咸成節は本来七月だが、「大定甲午年（一一七四）の例」によって一一月一日を節日とし、恒例とした、というのである。「大定甲午年の例」というのは、歳はややずれるが、おそらく右の明宗代の事例、つまり王の生日について、実際とは違う日付を金に申告した事例のことを言うのであろう。ただし表2に示したように、仁宗・毅宗代にも、毎年実際の生日ではない時期に金の賀生辰使がやって来ているから、賀生辰使の派遣が始まった一一二七年からすでに、高麗は実際とは異なる生日を金に伝えていたと考えるべきである。なお付言しておくならば、一一三〇・一一六七・一一六八年にはそれぞれ一〇月四日を慶龍節、四月一一日を河清節として王の生日行事を行っているから[40]、少なくとも仁宗・毅宗代において、高麗国内では王の実際の生日をそのまま節日とし用いていた。こうしたことは、金使が高麗国内における王の生日行事に関与しなかったために可能であったと考えられる。

以上のようなことを金側が関知していたのか否かは不明である。ただ金朝にも一つの類例をもとめることができる。

天会十三年六月二十一日、詔以毎歳正月十七日為万寿節、受諸国朝賀。〈以七月七日景宣皇帝忌辰、又以暑雨泥潦使駅艱阻故、用正月。而群臣・宗戚献寿・賜宴、則於生辰之明日〉。

（『大金集礼』巻二三聖節）

右によると、熙宗は即位後間もない一一三五年六月に、本来の生日は七月七日であるが、熙宗父の忌日にあたること、およぶ暑さや雨潦で使路が困難なことを理由に、一月一七日を万寿節と定めて諸国の朝賀を受けることにした。ただ金朝の群臣や宗戚の献寿・賜宴は生日の翌日すなわち七月八日に行うこととした、という。なお後の章宗代には、この万寿節を前例に掲げ、九月一日の生日には雨天が多く、外国使節の旅路も金廷での儀礼の挙行も困難であるとして、一月一一日か三月一五日を聖節とすることが議論された。しかし「たやすく聖節を改めれば信を失う」といった反対意見が多数を占め、結局行われなかった[41]。

この金熙宗の聖節の改期について、宋・洪皓の『松漠紀聞』では、遼の前例によったものと見ている。

金主生七月七日、以国忌、用次日。今朝廷遣賀使以正月彼、蓋循契丹故事、不欲使人両至也。

（『松漠紀聞』巻一）

傅楽煥氏がすでに指摘しているように、遼では興宗代（一〇三一～五五）以降、道宗（一〇五五～一一〇一）、天祚帝（一一〇一～二五）と、皇帝・皇太后の実際の生日とは異なる日に聖節を設定して受賀することが継続された。興宗の聖節は一月、道宗と天祚帝の聖節は一二月に設定され、これによって宋は賀聖節使と賀正使を同時期に派遣してきたという[42]。『松漠紀聞』の指摘するように、使節が二度入界することを避けるための措置であったと考えられよう。

金朝では、熙宗の天寿節以外、生日でない日を聖節とした事例はみられず、遼の慣例をそのまま踏襲はしなかったようである。一方で高麗の場合、麗金間では全通交期間を通して、王の生日とは異なる日を伝えて賀生辰使を迎えていて、遼時代の慣例の影響を受けた可能性が考えられる。遼から高麗に派遣された賀生辰使の来賀時期をみると、通交開始以後、宣宗代までは高麗王の実際の生日に来賀していることが確認できるが[43]、献宗（一〇九四～九五）・粛宗（一〇九五～一一〇五）への賀生辰使は王の生日でない時期に来賀している。献宗の生日は六月二七日であるが遼の賀生辰使は一一・一二月に来賀しており[44]、粛宗の生日は七月二八日であるがやはり一二月[45]に遼使の来賀記事が見え、献宗・

粛宗代には高麗が実際とは異なる生日を遼に伝えていたと考えられる。推測を重ねることになるが、高麗側が遼の聖節の設定について知っていたとすれば、一一世紀末に至り、遼の軍事的脅威が薄らぎ宋とも蜜月関係を築くようになって、遼の慣例を真似て都合のよい生日を設定するようになったのではなかろうか。そして金との通交においてもそれを継続したため、右で見たように王の生日と金使の来賀時期が一致しないのであろう。

高麗がこのような措置をとった理由については、次のような可能性が考えられる。表2に示したように、金使の来賀時期は一一月の後半か一月の半ば前後に集中している。つまり高麗としてはこの時期に金使を迎えるのが都合がよかったのである。外国使節を迎える際には、国内を移動する間の護衛や各地での接待、移動路の整備を行わなくてはならず、大きな負担となった。遼が聖節を改期して賀聖節使と賀正使をまとめて派遣させようとしたのも、この理由によるものであろう。一一月の後半・一月の半ば頃というのは農閑期であり、来賀時期の設定としては、まず理に適っている。さらにこの時期は、高麗からの使節派遣の時期とも概ね重なっている。前述のように、高麗から金へは正旦・聖節の二度の機会に合わせて使節を派遣していたが、そのうち正旦には、皇帝の交代にかかわりなくほぼ永続的に使節を送る。賀正使は、金が会寧府に都していた時期には一一月中旬に発遣されており、燕京に遷都した後は一一月上旬から中旬にかけて発遣されている。このように金都までは遷都前後ともにおよそ一か月半ほどの行程であり、金都での滞在は後に二節で述べるように一〇日ほどであるから、二月下旬頃に帰朝するのが一般的であったと考えられる(46)。高麗使節を上国に派遣する際にも、沿道に大きな負担が発生するから、高麗使節と金の賀生辰使節が高麗国内を移動する時期を近づける（あるいは重ねる）ことによって、その負担をなるべく軽減しようとしたものではなかろうか。甚だ大雑把な議論ではあるが、一試論として提示し批正を乞う次第である。

第二節　高麗開京から金中都への道程

以上の考察をふまえると、一二〇四年の賀正使李延寿の一行についてもう少し具体的に把握することができる。彼らはおそらく一二〇三年一一月上～中旬頃に発遣され、二月下旬頃に帰朝したであろう。一二〇三年の一一月二八日には金の賀生辰使が高麗神宗の生日を来賀しているから(47)、李延寿一行は高麗内で金使一行と行き逢った可能性が高い。また前述したように、高麗から金に派遣される毎年の定期使節は、賀正使と賀聖節使および謝賀生辰使と進方物使であり、通常、謝賀生辰使・進方物使は賀正使か賀聖節使とともに使金した。一二〇三年七月には賀聖節使と謝賀生辰使が発遣されているので(48)、史料には見えないものの、李延寿・金克己を含む賀正使節は、進方物使一行とともに入金した可能性が考えられる。

（一）　開京から鴨緑江

では、彼らは開京から燕京までどのようなルートをたどったのだろうか。金克己が使行中に撰述した表1の文章の中には、経由地名を記したものがあり、また別の高麗使節が使金した際に撰した文章などからも、経由地をいくつか拾うことができる。これらに加えて宋人の使金記録等を用い照らし合わせることによってルートの復元が概ね可能である。

近年、孫建権氏(49)と박윤미氏(50)が高麗開京から金上京会寧府・中都燕京に至る使行路を検討し成果を発表しており、박윤미氏の方が詳細であるものの、両氏の提示したルートは重なっている。筆者の見解も大きく異なるものではないが、

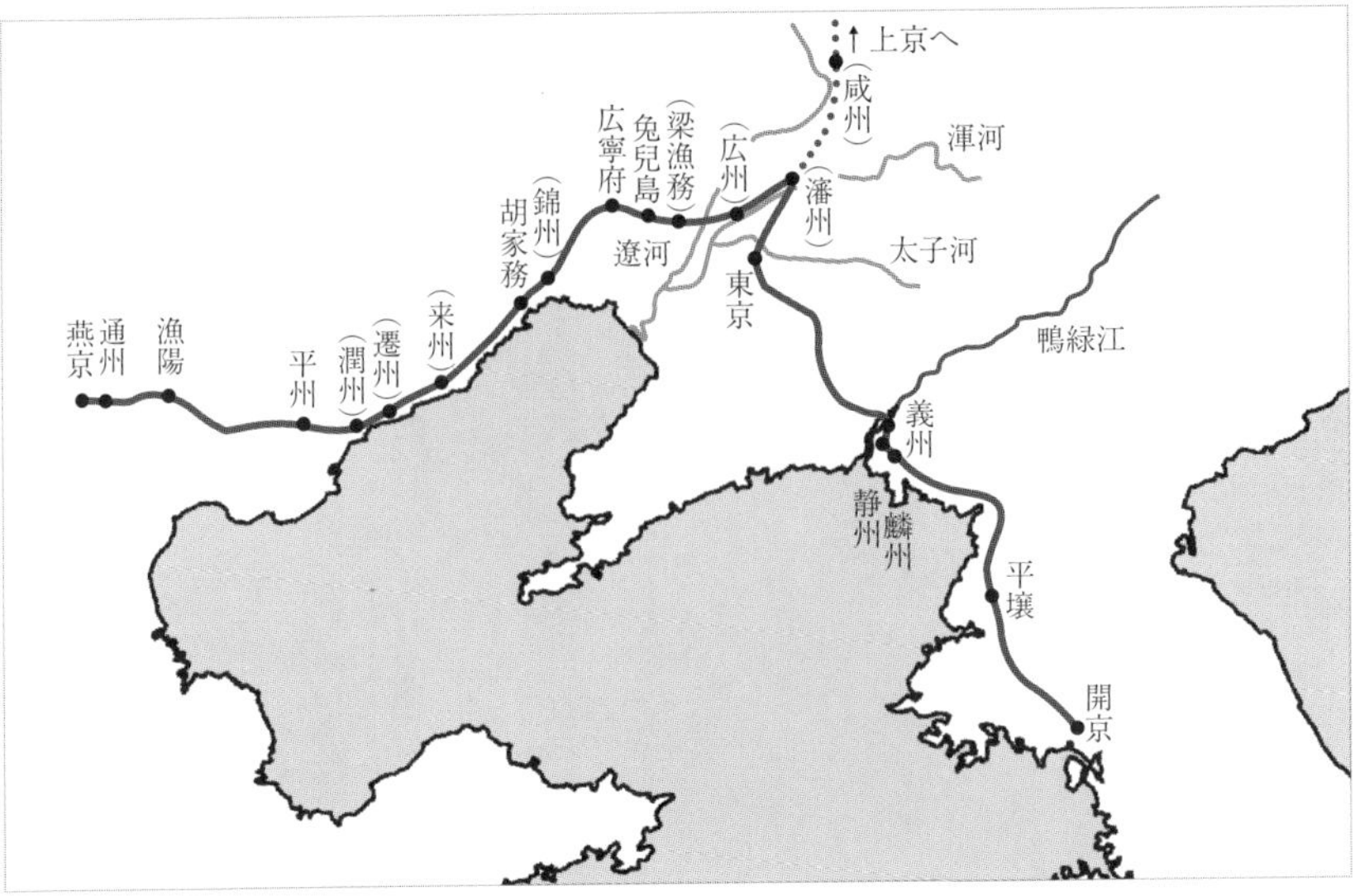

図１　麗金間外交使節の道程

両氏が取り上げていない史料を検討に加えることで、論拠の補強とルートの部分的な補正を行っておきたい。なお、あらかじめ考察の結果を図1に示したので、参照されたい。図中の経由地点の地名のうち、（　）を付したものは、高麗使節が通ったことを確認できる史料は見当たらないが、宋人の使金記録などから補ったものである。

まず開京から鴨緑江までの区間についてみよう。一二世紀前半に完成した高麗駅路網については、主に『高麗史』巻八二兵志二站駅条に基づいて鄭枖根《チョン・ヨグン》氏が復元している[51]。また、元の要求を受けて高麗で敷設、運営された站赤の開京―誼州站（義州）間ルートは、森平雅彦氏によって比定されている[52]。박윤미氏はこれらの先行研究で提示された交通路から使金路を想定しており、筆者の見解も大枠では異ならない。ただし、以下で述べるように、実際にこの区間を往来した高麗使節・金使節の史料によって四つの経由地を確認することができるため、それに基づきルートの一部に修正を加えておく。

金克己が使行中に撰述した表1の文章の中に、この朝鮮半島内の旅程で作成された文章として【30】麟州早発がある。

この他に、一一八三年に派遣された告哀使崔孝著・謝賀生辰使李文中・賀正使崔文清・謝横宣使鄭允当ら一行は、金側が喪を憐れみ使節派遣を辞めさせたため、義州で引き返したという記録がある[53]。また明宗代に使金した王珪の列伝には、その復路に静州を経由したことが記されている。この時、鄭仲夫の女婿となっていた王珪は、郎将用純の誅殺をのぞむ静州中郎将金純富らによって一時監禁され人質となったが、後に解放された。

奉使如金、静州中郎将金純富嘗欲殺郎将用純、用純逃至京、及珪還至静州、純富等以珪為権臣壻、欲劫留為質、請誅用純……。

（『高麗史』巻一〇一列伝一四王珪）

さらに、一一七七年の金使の来訪に関して、次のような記事がある。

（六月）辛巳、金横宣使大府監徒單良臣来。金使之来也、国家疑西京餘孽梗道路、託言軍旅之後沿路大疫、従他路迎候。

（『高麗史』巻一九世家一九明宗七年）

一一七四年に西京で反乱を起こした趙位寵の残党が再蜂起したため、金使が開京へ至る道がふさがれることを危惧して、戦乱の後に沿路で疫病が流行っていることを口実として通常とは別ルートで迎えたというから、通常は西京平壌を経由したと見られる。金使の高麗内の移動ルートが高麗使の場合と同じと仮定すれば、高麗使節が開京を出発して鴨緑江に至る間に、西京・麟州・静州・義州を経由したと推定できる。

麟州・静州を経由したということは、鉄州から西海沿岸をたどる駅路、すなわち鉄州―龍州―麟州―静州―義州のルートを用いたということである。박윤미氏は、それよりやや内陸を通る鉄州―霊州―寧徳鎮―威遠鎮―義州のルートを使行路として図示しているが、使行記録に基づく比定ではないようである。むろん、時によって異なるルートを用いた可能性も考えられるが、実際に使節が経由したことを確認できる方を優先して**図1**では沿岸ルートを示した。

（二）　鴨緑江から東京遼陽府

表1のうち、鴨緑江から金東京遼陽府の区間で作成されたものは、【15】謝東京賜餞宴表・【31】鴨江西岸望統軍峰・【29】鴨江途中の三つである。全て復路に作成され、【31】は鴨緑江西岸から義州城のすぐ北にあった統軍峰[54]を眺めて詠んだ詩である。

使節が義州で鴨緑江を渡り、鴨緑江西岸から東京遼陽府まで移動したことは明らかであるが、当該部分の金代の駅站ルートを示す史料は管見のかぎり見当たらず、先行研究でもこの区間については元代の站赤ルートを適用している。すでに詳細な経由地が比定されているこの区間の元代站赤ルートは[55]、明・清代の朝鮮燕行使が用いたルートとも一致していて、長く継続して用いられたことが知られている。先行研究と同様、金代にも同ルートが遼東の主要交通路として機能し、高麗使節も利用したであろうと考え、図1に反映させた。

（三）　東京遼陽府から金中都

この区間の行路を考察する際、基本史料となるのは宋人の使金記録である。一二世紀前半には、宋から金都上京会寧府へと多くの使人が派遣され、彼らによって行程や金での見聞が記録に残された。そのうち数種は伝存し、詳細な経由地の記録を含むものもある。すなわち、一一二五年に金太宗の即位祝賀使として金に使した許亢宗の行程録[56]、一一二九年に徽宗・欽宗の返還交渉のために使金し一〇年間も抑留された洪皓の『松漠紀聞』、および一一四五年に金熙宗の滞在していた東京に使した宋之才の「使金復命表[57]」、また一二〇六年に成った趙彦衛の『雲麓漫抄[58]』などである。これらに加えて、金の王成棣が一一二七年に宋高宗母韋后らを開封から金上京に押送したときの記録『青宮訳語』も参考になる。

松井等氏は、許亢宗の行程録および『松漠紀聞』『雲麓漫抄』の行程記録によって雄州から上京会寧府までの旅程・宿駅の位置を考察しており[59]、また賈敬顔氏も許亢宗の行程録に注釈を加え、詳細な位置比定などを行っている[60]。孫建権・박윤미氏も、許亢宗の行程録・『松漠紀聞』・『雲麓漫抄』を用いて高麗使節の使金路を復元している。筆者もこの点に関しては同様であるが、さらに高麗使節関連の史料によっていくつかの経由地を確認し、またルートの一部分について異なる見解を提示しておきたい。

まず**表1**のうち、東京遼陽府から中都燕京までの区間で撰述されたものは、【26】使金過兎児島鎮寧館・【27】胡家務館次途中韻・【16】入金使臣回平州状の三つである。その内容から、往路、兎児島・胡家務・平州で作成されたものとみられ、【26】・【27】については孫建権・박윤미氏の論考でも言及されている。

このほか、高麗高宗代の崔滋（一一八八～一二六〇）の詩話評論集『補閑集』には次のようにあって、使金した高麗人が漁陽・広寧府を経由したことを確認できる。

> 李学士眉叟使大金、次韻漁陽懐古云、……。後李司成百全《ママ》〔順〕為書状官入大金、抵此和之云、……。陳玉堂澕・李蓬山允甫、同夜直禁林。時有前入金書状官某言、広寧府道傍有十三山、往来客子題詠頗多、皆浅近未能破的、請両君賦之。……
>
> （『補閑集』巻中）

右の引用史料によると、李仁老（字は眉叟、一一五二～一二二〇）が金に派遣された際、「漁陽懐古」の詩に次韻した、という。右では省略したが、『東文選』巻二〇にも「過漁陽」と題するこの詩文が載録されている。その後、李百順が書状官として入金した際に、漁陽に至って李仁老の詩に和韻した、という。やはり右では省略したが、『東文選』巻一九にもこの時の詩が「過漁陽次李眉叟韻」と題して載録されている。そして、ある晩、陳澕と李允甫が宮中で宿直していると、かつて書状官として入金した某氏が「広寧府の道傍には十三山があり、往来する旅客たちが数多の詩を詠んでいるが、みな浅薄で的を射たものがない。お二人が詠んでくれないか」と請うたという。ちなみに陳澕は、『東文選』巻六に「使金通州九日」と題する彼の詩が収録されていることから入金経験のあることが分かり、またこれによって、遣金高麗使節の経由地として通州も確認できる。

以上のように、東京―中都間では兔児島・広寧府・胡家務・平州・漁陽・通州の六地点が確認できるのであるが、ここでいちおう先に述べた宋人の使金録に記される行程と対照しておこう。例えば『雲麓漫抄』巻八に記される開封から上京会寧府への行程のうち、瀋州―燕京間の経由地を抜粋してみると、「燕京水平館、潞県、三河県、薊州、永済務、七箇嶺、平州、新安県、潤州、遷州、萊州、隰州、淘河島、胡家務、新城、梯已寨、倉官寨、広寧府、顕州、東館、兔児堝、梁虞務、遼河大口平津館、広州広平館、瀋州楽郊館」となる。潞県は通州[61]、薊州は漁陽[62]であるから、高麗使節の通過地として確認された通州・漁陽・平州・胡家務・広寧府・兔児島の六地点は、全てその途上にある。よって、やはり高麗使節がこの区間において宋金間使節と同じ交通路を利用したと見て問題ない。

ただし、高麗使節が瀋州を経由したのか否かは、一考を要する問題であろう。東京―広州間を往来する場合、瀋州を経由しない方が距離は短く、合理的に見える。そのため孫建権・박윤미氏は瀋州を通らないルートを提示しており、박윤미氏は明代の朝鮮燕行使の行路によって、遼陽から海州・牛家荘に南下してから西行したと想定している。

しかし一一四四年に南宋から発遣され翌年一月に東京に至った宋之才の「使金復命表」によって彼の行程をみると、一月三日に広寧府、八日に遼河大口、九日に広州広平館、一〇日に瀋州、一三日に東京遼陽府遼海亭に到着して館伴と対面している。つまり、広州からいったん北上し瀋州を経由して東京に入っているのである。また森平氏は、元代の站赤ルートでは、東京から大都方面に向かう場合、東京站・瀋州站・彰義站（図1の広州）の順に経由することになり、また高麗から元大都を往来する際に瀋州を経由した事例があることを論じている[63]。以上のことから、やや不自然ではあるものの、東京から瀋州を経由して広州に至る道の方が主要な交通路として外国使節の往来に適していた可能性を考え、**図1**では瀋州を通るルートを採用した[64]。

第三節　金朝の外国使節応接制度

（一）　中都における外交儀礼――宋使節の記録から――

図1のようなルートを経て中都に到着した高麗使節は、どのような待遇を受け、どのような活動をしたのであろうか。残念ながらこれを記録した高麗側の史料は、概容の把握にも不十分である。しかしながら金における規定や、金に派遣された宋使節の記録と併せて検討することによって、基本的な理解が得られる。まず金側で定められた、定期的に来訪する外国使節が中都でこなすべき外交儀礼について記した史料として、次のようなものがある。『金史』巻三六礼志九に載せられた「元日・聖誕上寿儀」および巻三八礼志一一の「外国使入見儀」「曲宴儀」「朝辞儀」があり、またこれらと同じ儀礼について、『大金集礼』巻三九朝会上も「元日称賀儀」「聖節称賀儀」「曲宴儀」「人使辞見儀」として載せている。『大金集礼』と『金史』礼志に収録されたこれらの儀礼の内容は同じといって差支えない。「元日・聖誕上寿儀」は元日あるいは聖節に称賀する儀礼、「外国使入見儀」「朝辞儀」は外国使が皇帝に来訪、辞去の挨拶をする儀礼であり、「曲宴儀」は皇帝が賜う宴会儀礼である。『金史』の「元日・聖誕上寿儀」では、聖節にたてまつる祝詞について「万春令節、謹上寿卮、伏願皇帝陛下万歳万歳万万歳」と記しており、『大金集礼』「聖節称賀儀」でも「万春令節、謹上寿卮、伏願皇帝陛下万歳万歳万万歳」とされているから、『金史』礼志・『大金集礼』ともに世宗（一一六一

〜八八）の生日である万春節の祝賀儀礼を収録したものとみられる。なお、後述するが『金史』巻三八礼志一一には金末の一二二五年に定められた「新定夏使儀注」も収録されており、西夏使節の中都での九日間のスケジュールを規定している。

さて、李延寿らのような賀正使節が入金した場合、「外国使入見儀」「元日上寿儀」「曲宴儀」「朝辞儀」の順に行われることになるが、その儀礼はどのようなものだったのか。やや煩雑になるが、次に『金史』礼志の儀式次第によってその内容を示した[65]。なお「外国使入見儀」「朝辞儀」は仁政殿、「元日上寿儀」「曲宴儀」は大安殿で挙行されたが、金宮城の配置については、**図2**に于杰・于光度氏の『金中都』[66]より「金中都皇城宮城復原示意図」を引用し、以下で言及する門・殿閣の名称はⓐ〜ⓢとして示した。

「外国使入見儀」

①皇帝が座につき、宰執が昇殿すると、宋使副（正使と副使）が入庭し、丹墀[67]に北向して立つ。

②閤門使が国書を受け取り、殿上の欄内で転読する。

③宋使副が昇階して欄内に入り、正使が（宋帝から）金帝の起居を問う挨拶を跪奏し、金帝から宋帝の起居を問う勅旨を受ける。丹墀に戻り、北向して立つ。

④礼物が庭を右から左に通過し、披露される。

⑤宋使が丹墀において「聖躬万福」を奏し、天顔を拝したこと、接伴使の派遣、湯薬等諸物の下賜について謝した後、宋使副は退出する。宋使副に衣を賜う。

⑥宋使節の三節人従が入庭し、再拝して退出する。

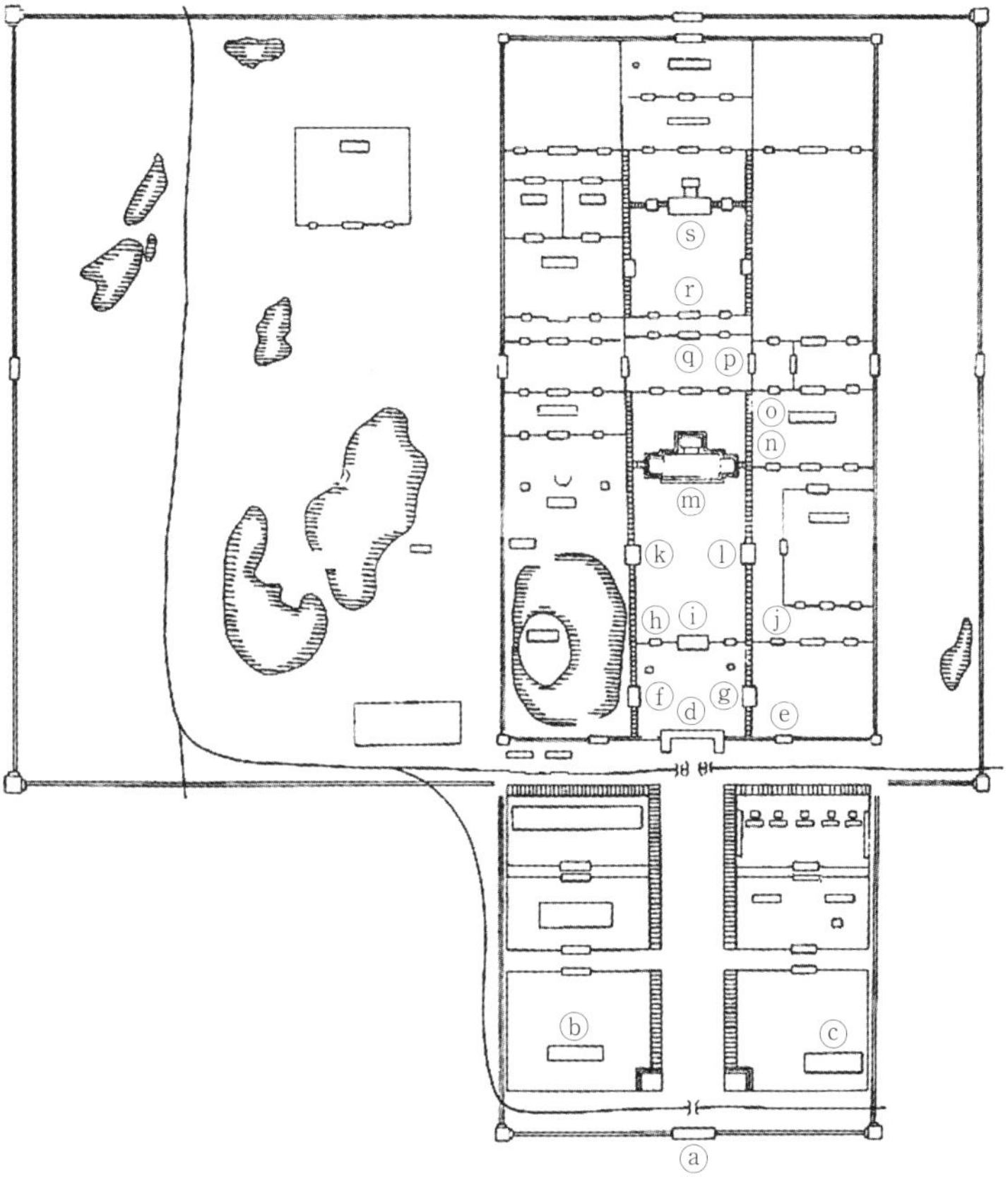

図２　金中都皇城・宮城配置復元図

ⓐ宣陽門　ⓑ会同館　ⓒ来寧館　ⓓ応天門　ⓔ左掖門　ⓕ右翔龍門　ⓖ左翔龍門
ⓗ月華門　ⓘ大安門　ⓙ敷徳西門　ⓚ弘福楼　ⓛ広祐楼　ⓜ大安殿　ⓝ会通門
ⓞ承明門　ⓟ左嘉会門　ⓠ宣明門　ⓡ仁政門　ⓢ仁政殿

⑦高麗使が入庭し、丹墀に北向して立つ。露階（欄外）に昇り（高麗王から）金帝の起居を伺う挨拶を跪奏する。閤門使が（金帝から）高麗王の起居を問う挨拶を宣問する。高麗使は丹墀に戻り北向して立つ。
⑧礼物が披露された後、高麗使は⑤と同様に待遇を謝し、左階の下に立つ。
⑨西夏使が入庭し、高麗使と同様の礼を行い、右階の下に立つ。
⑩ふたたび宋使副が入庭し、丹墀において謝恩し、高麗・西夏使も丹墀に立ち、三国の使がともに鞠躬する。酒食を賜う旨の勅を受け、退出する。

「元日上寿儀」
①皇帝が座につき、皇太子・臣僚・諸国の使客が入庭し、丹墀に立つ。
②皇太子が昇殿して酒をすすめ、皇帝は盞を受けて案に置く。
③閤門使が欄内に入り祝詞を奏上する。
④皇帝が挙酒し、皇太子が虚盞を受ける。皇太子が降階し、皆再拝する。
⑤侍宴者が昇殿した後、宋の三節人従が入庭し、丹墀において「聖躬万福」を奏し、左廊に立つ。
⑥高麗・西夏の三節人従が入庭し、丹墀において「聖躬万福」を奏し、左右廊に分立する。
⑦果床が供され、皇帝が挙酒する。皆再拝する。
⑧侍宴者に酒をつぎ、立飲して再拝した後、坐す。
⑨三盞の後、致語・口号を誦ずる。
⑩七盞の後、諸国の三節人従が退出し、次に殿上の侍宴者が降階して退出する。

「曲宴儀」

①皇帝が座につき、臣僚と使客が入庭する。丹墀において「聖躬万福」を奏し、賜宴を謝す。

②侍宴者は昇殿し、その他の臣僚は退出する。

③宋の三節人従が入庭し、丹墀において「聖躬万福」を奏し、酒食を賜う旨の勅を受け、再拝して、左廊に立つ。

④高麗・西夏の三節人従が入庭し、左右廊に分立する。

⑤果床が供され、皇帝が挙酒する。皆再拝する。

⑥侍宴者に酒をつぎ、立飲して再拝した後、坐す。

⑦四盞に至って餅茶が供され、致語・口号を誦ずる。

⑧五盞の後、休宴。皇帝は入閤し、殿上の侍宴者は降階して幕次に戻り、三節人従は門外に出る。

⑨この間に簪花を賜い、皆戴花して、ふたたび三節人従は左右廊に、殿上の侍宴者は昇殿する。

⑩皇帝が座について宴が再開される。九盞に至り、三節人従が退出し、次に殿上の侍宴者が降階して、丹墀において謝宴し、退出する。

「朝辞儀」

①皇帝が座につき、宰執が昇殿する。

②西夏使が入庭し、丹墀において「聖躬万福」を奏し、金宮廷を恋慕する致詞を誦ずる。「去ってよし」と号令があると、西夏使は退出する。

③高麗使が入庭し、西夏使と同様の礼を行う。
④宋使副が入庭し、丹墀に於いて「聖躬万福」を奏し、金宮廷を恋慕する致詞を誦じた後、衣・馬を賜わる。別録物を受け、謝恩する。酒食を賜う旨の勅を受ける。
⑤宋使副は昇階して欄内に入り、正使が国書を跪受し、丹墀に戻る。
⑥「去ってよし」と号令があると、宋使副は退出する。

以上のように儀礼内容をみてみると、「外国使入見儀」では宋使の次に高麗使、その次に西夏使が入見し、最後には三国の使がともに丹墀に並んでいる。また「元日上寿儀」にも三国の使が参加しており、受賀後の賜宴では三国の使副は大安殿の殿上、三節人は左右の廊に座を与えられて侍宴した。「曲宴儀」でも同様に三国の使副は大安殿上、三節人は左右廊に座を与えられている。このように、賀正使として来訪した宋・高麗・西夏の使節たちは、入見・称賀・曲宴の儀礼にともに参加した（賀聖節使の場合も同じ）。このことは、すでに金成奎氏が指摘したように、唐や宋、遼の該当儀礼と異なる金賓礼の特徴の一つといえよう(68)。

また「外国使入見儀」における入見の順番は宋、高麗、西夏、「朝辞儀」では逆に西夏、高麗、宋の順に入辞を行い、「元日上寿儀」(⑤⑥)や「曲宴儀」(③④)における三節人の入庭の順は宋、次に高麗・西夏である。これは金の三国に対する序列認識を表わしたものであろう。儀礼における三国の順序は、第一に宋であり、高麗と西夏は同等に近いがやや高麗が優先されているようである。ただし『金史』礼志には、次のような記録がある。

熙宗時、夏使入見、改為大起居。定制以宋使列於三品班、高麗・夏列於五品班。皇統二年六月、定臣使辞見、臣僚服色・拝数、止従常朝起居、三国使班品如旧。侯殿前班及臣僚小起居畢、宰執升殿、餘臣分班畢、乃令行入見及朝辞之礼。凡入見則宋使先、礼畢夏使入、礼畢而高麗使入。其朝辞則夏使先、礼畢而高麗使入、礼畢而宋使入。夏・高麗朝辞之賜、則遣使就賜於会同館。惟宋使之賜則庭授。

（『金史』巻三八礼志一一）

一一四二年には、入見は宋、西夏、高麗の順とし、入辞は西夏、高麗、宋の順とされたという。これはほぼ高麗と西夏の間の優劣がない形式といえるであろう。(69) また右の史料に「定制、宋使を以て三品班に列し、高麗・夏は五品班に列す」とあるのは、より明確に金の宋・高麗・西夏に対する秩序認識を儀礼の中で示したものである。このほか、「外国使入見儀」(③⑦)で、宋使は殿上欄内において跪奏するが、高麗・西夏使は露階で行うことなども、また同様である。

以上のように賀正使節の参加した儀礼の内容について把握した上で、次にこれらの儀礼が使節の中都滞在中のスケジュールにどのように組み込まれていたのか検討しよう。右で確認したとおり、これらの儀礼には高麗だけでなく宋・西夏の使節も参加していたが、宋の遣金使節の場合、使節人員の記した使金録が複数伝存する。これらの記録を参照し、儀礼史料等と併せて解釈することによって、金朝によって定められた賀正使節のスケジュールを把握することができる。

燕京遷都後の金に派遣された宋使節が残した記録のうち、中都での日程を詳しく記しており参考になるものとして、以下のようなものがある。一一七〇年の賀正使汪大猷に書状官として随行した楼鑰が撰した『北行日録』、范成大が一一七〇年に国信使として使金した際に撰した『攬轡録』、周煇が一一七七年の賀聖節使に随行し、帰朝後に語録として宋朝廷に提出した『北轅録』、一二一二年の賀正使程卓が四か月余りの行程を記した『使金録』などである。本章では、一二〇四年の高麗賀正使李延寿一行の行程の復元を課題の一つとしているため、同じく賀正使節として入金した楼鑰の『北行日録』、および程卓の『使金録』が特に有用である。一二一二年の高麗賀正使節はモンゴル軍の跋扈等により途中で引き返してしまい、金都に到達できなかったが、一一七〇年の高麗賀正使節は入金し、『北行日録』にも登場する。また『北行日録』の方が記述内容も豊富であるため、ここではまず『北行日録』(70) によって一一七〇年の宋賀正使節の金中都におけるスケジュールを復元する。

正使汪大猷や書状官楼鑰を含む宋賀正使節一行は、一一六九年一〇月一八日に臨安を出発し、一二月二七日に燕京郊外に着いた。この一二月二七日から、燕京を出立する一月六日までの一〇日間の日程は表3のようなものであった。これをさらに簡略に整理すると、次のようになる。

まず、宋使節は一二月二七日に燕京郊外の燕賓館に至り、館伴と対面して、会同館に入った。燕賓館は一一九八年に恩華館と改称されるから[71]、李延寿らが訪れた一二〇四年には恩華館となっている。またこの時宋使節は会同館を宿館としているが、高麗・西夏使節の宿館については「会同館の東にあって会同館と相対していた」と記しているから、来寧館かと推測される[72]。一二月二八日には、会同館で翌日の入見儀の練習をし、二九日、仁政殿で入見儀を行った。同日に高麗・西夏使も入見したが、高麗は賀正使・謝賀生辰使・謝横賜使の三使[73]、西夏も賀正使・謝賀生辰使の二使が入見したことを記している。高麗の場合、一節で述べたように元旦・聖節の二度の機会にまとめて定期使節を発遣しており、複数の名目の使臣が同時に入金し、皇帝に来朝の挨拶を行ったのであるが、おそらく西夏も同様であったと推測される。そして一二月三〇日には会同館において賜宴があり、年明けて一月一日には、大安殿で元日称賀の儀礼が行われた。称賀の後には大安殿で宴会が行われるが、侍宴者は親王・宰執を除いて四〇人余りであったという。一月二日は会同館で食糧と酒果を賜わり、三日には大安殿で曲宴が行われた。四日には会同館において射弓宴が行われ、五日に仁政殿で入辞儀を行った。そして六日に会同館を出発し、燕賓館に至って賜宴があり、送伴使とともに出立した。

ここでさらに『使金録』で一二一二年の賀正使程卓らの日程を確認してみると、やはり一二月二七日に中都に到着して一月六日に出発しており、その間の一〇日間の日程は、右の一一七〇年の賀正使節の場合と全く同じである。これは偶然ではなく、次の『金史』高麗伝の記事にみえるように、そもそも賀正使は一二月二九日に入見することになっ

表３　1170年宋賀正使節の金中都における日程

1	12月27日	燕山城外の燕賓館に至り、館伴と対面する。賜宴の後、入城し、宣豊門、宣陽門を通って会同館に入る。
2	28日	会同館で酒果を賜わり、入見儀を習う。
3	29日	仁政殿での入見の日。館伴が同行して会同館を出、左腋門、敷徳西門、会通門、承明門、左嘉会門を通り、宣明門外西の幕次で待機する。（その間、客省が行酒する。『使金録』）宣明門を入り、仁政門外で百官の起居が終わるのを待つ。仁政殿左門を入り仁政殿前にいたる。大氈上の位（丹墀の位）について、入見の儀を行う。衣帯を賜って退出し、会同館に戻る。会同館に押宴使が遣わされ、賜宴。 同日に高麗・西夏使も入見した。高麗は賀正使・謝生日使・謝横賜使の三使、西夏は賀正使・謝生日使の二使が入見。高麗・西夏使節の幕次は会通門内の西廊（大安殿の東）にあり。
4	30日	会同館に賜宴使・使酒果使・押宴使が派遣され、賜宴。
5	1月1日	大安殿での元日称賀の日。館伴が同行して会同館を出、応天東門を入り東廊（左翔龍門の南）の幕次にいたる。隣は高麗使の幕次で、西夏使の幕次は向かい側。幕次での客省の茶酒のふるまいがおわると、使副は月華門から入り、百官の班列にしたがって列し称賀する。侍宴者以外が退出した後、賜宴。皇帝に御酒を上った後、侍宴者は昇殿して座につく。宋使の座は、金の丞相と相対し、三節の座は広祐楼の北の東廊、高麗の三節は宋三節の南、西夏の三節はその対面（西廊）。酒七盞し、宴が終わると会同館に戻る。
6	2日	会同館で分食・酒果を賜わる。
7	3日	大安殿での曲宴の日。元日称賀の日の宴とほぼ同儀。ただし酒五盞の後、皇帝が中座して百官に造花を賜い簪花する。皇帝が復座してさらに四盞の後、終了する。
8	4日	射弓宴の日。賜生餼・賜宴・賜酒果・押宴使が遣わされ賜宴。酒七盞の後、窄衫束帯に着替え、押宴使・館伴・宋国信使副らが順番に射る。
9	5日	仁政殿での入辞の日。入見の日と同様に宣明門外の幕次につき、客省の茶酒のふるまいを受ける。高麗・西夏・宋使が仁政門外にいたり、先に西夏使が入辞し、西夏使が退出すると高麗使が入辞する。その後で宋使が入庭し、衣帯・鞍馬・疋段等を賜る。昇殿して欄内で国書を受けとり、退出する。会同館に押伴が遣わされ茶酒を賜わる。
10	6日	館伴とともに会同館を出発し、燕賓館にいたる。賜酒果・押宴使が遣わされ賜宴。また送伴使副が遣わされ、宴が終わると共に出発する。

ていたのである。

故事、賀正旦使十二月二十九日入見、明昌六年十二月己卯立春、詔於前二日丁丑入見云。

（『金史』巻一三五外国伝下高麗）

一一九五年の場合は、一二月二九日（己卯）が立春にあたっていたため、二日前倒しして二七日に入見させることにした、という。一一七〇年や一二一二年の宋賀正使が、ともに一二月二九日に入見しているのは、金側がそのように定めていたからであった。それは入見の日付のみにとどまらない。

ここで『金史』巻三八礼志一一に収録されている「新定夏使儀注」が参考になる。この儀式次第は、その前段に（正大）二年九月、夏国和議定。以兄事金、各用本国年号、定擬使者見辞儀注云。蓋夏人自天会議和、臣属於金八十餘年、無兵革事。及貞祐之初、小有侵掠、以至搆難十年、両国俱敝、至是、始以兄弟之国成和。

とあるように、金・西夏間の一〇年を超える戦争状態が収拾され一二二五年に和議が成った際に、金を兄、西夏を弟とする兄弟に擬した国家間関係とともに策定されたものである。その後間もなく西夏・金ともに滅びたので、この儀注が用いられることはほとんどなかったであろうが、西夏使節に対する待遇と、都南京滞在中に彼らが参加する一連の儀式の次第を、時系列にそって記述しており、金の外国使節応接制度を知る上で非常に有益である(74)。「新定夏使儀注」におけるその規定を見てみると、次のようである。恩華館に着いて館伴と対面し、入京して会同館に入る日を一日目とすると、二日目に会同館で入見儀を習い、三日目に入見儀、四日目には会同館に押宴官・賜宴官が派遣されて賜宴があり、五日目は称賀儀を行い、六日目は会同館で食糧と酒果を賜わり、七日目に曲宴、八日目に入辞儀を行って、九日目に会同館を出て恩華館に至り、帰路につく。五日目の称賀儀は、賀正使節であれば元日称賀、賀聖節使であれば聖節称賀の儀礼を行うのである。

さて、この金末に定められた西夏使節のスケジュールを、先にみた一一七〇年・一二一二年の宋使節の日程と比較すると、宋使節の場合には八日目に射弓宴が行われ、九日目に入辞、一〇日目に出発したが、金末の西夏使節に関する規定では射弓宴が無く、八日目に入辞して九日目に出発することになっている点で異なるものの、その他は全く同じであることが分かる。(75)表3に示したような宋使節の日程は、金が例年の外国使節のスケジュールとして設定していたものと考えるのが妥当であり、元日と聖節にあわせて来訪する定期的な外国使節に関しては、都に至る日にちや、都滞在中の毎日のスケジュールが規定されていた。(76)また『金史』礼志の儀式次第や宋使節の使金記録でみたように、中都滞在三日目の入見・九日目の入辞の際には、宋・高麗・西夏使が順に入庭して儀礼を行い、五日目の称賀・七日目の曲宴には三国の使節がともに参加したから、三・五・七・九日目には明らかに三国の使節に同じスケジュールが組まれていた。これ以外の日については、本節で確認するにはいたらなかったが、同様であった可能性が高いものと思う。

(二)　一二〇四年高麗賀正使節の行程

では、これまでの考察を土台として、一二〇四年の高麗賀正使李延寿ら一行の行程の復元を試みたい。前述のように、『高麗史』『高麗史節要』にはこの賀正使の派遣記録はなく、発遣・帰朝の日付を確認することはできない。しかし一一月上～中旬に発遣され、二月下旬頃に帰朝するのが一般的であったと考えられるから、この時期を派遣期間として想定した。また、一一七〇・一二一二年の宋使節の場合と同じく、中都には一二月二七日～一月六日の一〇日間滞在し、概ね同じ日程が行われたと仮定した。その上で、金克己が使行中に作成した表1の文章のうち、各日程と対応するものを検討し、李延寿ら高麗使節の行動を復元した。なお、宋使節の使金記録では一月四日に射弓宴が記録されているが、高麗使節に対しては行われなかった可能性が高いと推測され、表1中にもその挙行を示すものが無いため、同日の日程は未詳とした。あくまで仮定にもとづく試案に過ぎないが、考察の結果、以下のような行程が最も蓋然性が高いものとして提示できる。

（1）高麗開京から金中都へ

・一二〇三年一一月上〜中旬頃、発遣され、開京を出発する。

・麟州を通過。

（【30】麟州早発）

七言絶句である【30】の初句に「漏鼓逢逢五更を報ず」とある。一行は麟州に泊まり夜も明けきらぬ早朝に出立したようである。

・義州で鴨緑江を渡り、金の領域に入る。あらかじめ接伴使に遠状を送って到着を知らせ、接伴使と対面して贈物をする。

（【17】上接伴使遠状、【1】入金謝差接伴表、【18】接伴初贈物、【19】再贈）

外国使節が領域内に入ると、接伴使を付して都までの路をともにするが、当時、朝鮮半島西北の麗金間国境は鴨緑江であり、高麗義州の対岸には金の来遠城があった(77)。よって来遠城で接伴使と対面した可能性が最も高いと考える。来遠城にいたる前に遠状を送って到着を知らせ（【17】）、接伴使と対面すると、皇帝に接伴使の差遣を感謝する表を奉った（【1】）。また接伴使には少なくとも二度贈物をした。【18】は接伴使対面時に贈った物に付したものと思われる。【19】を付した二度目の贈物のタイミングは、燕京郊外に到着し、使節の接待役が接伴使から館伴使に交代する時点かと推測されるが、確信が得られないため、ひとまず本項にまとめて掲げておく。

・兔兒島鎮寧館を通過。

（【26】使金過兔兒島鎮寧館）

・胡家務館を通過。

（【27】胡家務館次途中韻）

・勅使が派遣され、燕京に至る前に詔書と薬物が下賜される。

（【2】謝賜詔書兼薬物表）

前節で掲げた『金史』礼志「外国使入見儀」⑤で、宋使は、接伴使の派遣と湯薬等諸物の下賜について金帝に謝するることになっていたが、【2】によって高麗使節にも薬物が下賜されたことが分かる。どの地点で行われたかは不明であるが、往路の金領域内の地であることは疑いないため、便宜上ここに挿入しておく。

（2）　金中都にて

・一二月二七日、燕京郊外の恩華館に到着し、館伴使と対面した後、入京して宿館に入る。館伴使の差遣を皇帝に感謝する表を奉り、館伴使に贈物をする。

（【5】謝差館伴表、【20】館伴初贈物、【21】再贈）

高麗使節の滞在した宿館は、来寧館であった蓋然性が高いと考える。館伴使に対しても少なくとも二度の贈物をしており、【20】は対面時に贈った物に付したものと思われる。【21】を付した二度目の贈物は、一月六日に燕京を出発し恩華館で別れる際に行われたかとも推測されるが、確証は得られないため、本項にまとめて掲げておく。

・一二月二八日、宿館において入見儀を習う。引進使に贈物をする。
（【23】引進使贈物状）

入見儀を習ったことは、表1の文章中では確認できないが、外交儀礼の慣例に属するものであり、高麗使節も行ったと考えるのが自然である。また【23】は、外方使臣の貢献礼物を掌る引進使[78]に対する贈物に付したものである。宋使節の使金記録には見えないが、「新定夏使儀注」では、入京後二日目に引進使が会同館を訪れ、西夏使から土物を贈られることになっている。高麗使の場合もこの日に引進使への贈物を行った可能性が考えられる。
・一二月二九日、仁政殿で入見儀を行う。帰館後、宿館において賜宴される。
（【3】謝朝参次客省幕賜酒食衣対表、【22】朝参日客省幕贈物状、【4】謝館宴表）

『金史』巻六二交聘表下によれば、一二〇四年には宋・西夏の賀正使節も来朝しているから、高麗使はこの日、仁政殿において宋使の後、西夏使の前に入見を行ったはずである。以下の元日称賀や曲宴などの日程も、宋・西夏使節とともに参加したと考えられる。なお入見を待つ間、高麗使節は会通門内の西廊に設けられた幕次で待機したと推測され（表3一二月二九日を参照）、そこで客省の接待を受けた。これに対する謝表が【3】である。また【22】によって、高麗使側から客省に贈物をしたことが分かる。【4】には「帝宸奉幣、始参沔水之朝、賓邸回軔、濃沐霈雲之宴、静思栄幸（大闕に奉幣し、はじめて沔水の朝会に参じて、賓館に戻ると、手厚い宴のもてなしを受け、静かに栄幸を思うことです）」とあり、高麗使節に対しても宋使節と同様に、入見後に宿館での賜宴があったことが確認できる。
・一二月三〇日、宿館において賜宴。
（【6】謝館大宴表、【24】押宴官贈物状）

宿館で催される大規模な宴会として、宋使節の事例である表3の日程中では、一二月三〇日の賜宴と一月四日の射弓宴が該当するが、高麗使節に対しては射弓宴が行われなかった可能性が高いため、【6】は一二月三〇日の宿館賜宴に対する謝表と考えた。またこの日には押宴使が宿館に派遣され宴会を催行するので（表3参照。なお「新定夏使儀注」でも同様）、高麗使側から押宴使への贈物がなされたのであろう（【24】）。

- 一月一日、大安殿における元日称賀および宴会に参加する。

（【3】謝正旦赴御宴表）

- 一月二日、立春の幡勝を賜わる。

（【9】謝春幡勝表）

幡勝とは飾りものの細長い旗で、宋や遼、高麗では立春に幡勝を頒賜する慣例があった[79]。【9】によって、金でも立春に外国使臣に幡勝を下賜していることがわかる。なお表3では、この日に宿館で食糧や酒果の下賜を受けているが、高麗使節に対しても食糧・酒果がおくられた可能性は高いだろう。

- 一月三日、大安殿における曲宴に参加する。

（【7】謝花宴表）

- 一月四日、未詳。
- 一月五日、仁政殿で入辞儀を行う。その後、宿館において公服・鞍馬などが使節人員に下賜される。

（【10】乞辞表、【32】癸亥年入北朝賀一使修製本国朝辞日謝表、【11】謝朝辞日衣対鞍馬礼物表、【12】謝館餞宴表）

入辞に先立ち、あらかじめ乞辞表を奉って入辞・離館の許しを請う（【10】）。入辞の日には、正使以下の使節人員に礼物が下賜された。【32】は、使節の修製官であった金克己が、自らに賜った礼物について謝した表であり、「今月某日朝辞の次で、伏して聖慈を蒙り、臣に公服一襲・銀腰帯一条・馬一疋を賜う」とある。使副はじめ、他の使節人員への賜物の詳細は不明である。ただ【11】には「軽裘・鞶帯、特に佩服の華を加え、逸驥・宝鞍、先ず逶遅の役を寵す。兼ねて輿台の賤に及び、例として帑蔵の珍を蒙る」とあるから、革衣や革帯、鞍馬、さらに人夫や珍貴の品などが賜物に含まれていたようである。

・一月六日、宿館を出発して恩華館にいたり、餞宴が催される。送伴使と対面し、贈物をする。館伴使と別れ、送伴使とともに出発する。

（【13】謝離館表、【12】謝館餞宴表、【14】謝差送伴表、【25】送伴贈物）

（3）帰路開京へ

・平州を通過。

（【16】入金使臣回平州状）

・東京遼陽府で餞宴が催される。

（【15】謝東京賜餞宴表）

・鴨緑江を渡る。

（【31】鴨江西岸望統軍峰、【29】鴨江途中）

・二月下旬頃、開京に帰着する。

おわりに

以上、一二〇四年の賀正使節人員、金克己の撰述した文章を手掛かりとして、金朝の儀礼関連史料、および宋人の使金記録から把握される金の外交使節迎接制度に照らし、使節の行程を復元してきた。推論を重ねた部分もあるが、麗金間の使節往来の具体像を描くという目的において、一定の成果を得られたと思う。最後に、本章の考察を通じて認識された課題二点について述べておきたい。

まず一点は、彼ら外交使節の行った交易についてである。遣金高麗使節の行った交易に関しては、すでに若干の論考があるが[80]、次にあげる史料を見ても、彼らの交易規模が小さなものでなかったことは容易に察せられる。

（八月）是月、両府宰枢奏。毎歳奉使如金者、利於懋遷、多齎土物、転輸之弊、駅吏苦之。夾帯私槖、宜有定額、違者奪職。詔可。居無何、将軍李文中・韓正修等使金、恐失厚利、請復旧例。王又許之。

（『高麗史』巻二〇世家二〇明宗一三年）

毎年、使金する者たちが交易の利を得ようとたくさんの土産物を持っていくため、駅吏がその運搬の弊害に苦しんでいるとして、私的な携行品には限度をもうけ、違反者は免職すべきである、という上奏がなされた。いったんは裁可されたが、その後武臣の李文中・韓正修らが金に派遣されることになると、彼らは厚利を失うことを恐れて旧例に復することを請い、明宗はそれに従ってしまったという。また、多くの土物を携えて金に使し交易を行うのは高麗使節だけではない。

（正月）癸丑、諭有司、夏国使可令館内貿易一日。尚書省言、故事許貿易三日、従之。

（『金史』巻九章宗本紀明昌二年）

右のように金が西夏使節の館内（宿館内か）における貿易を許していることも確認できるから、高麗使節が金で手にした交易物の中には、西夏使節のもたらした品物も含まれていたかもしれない。こうした交易がどのように展開されたのか、金朝の管理体制とともに解明されることが、使節交流の全体像を把握する上で不可欠である。

もう一点は、金の外交制度にみえる前代、就中遼の制度の影響である。一節で述べたように、金は当初から「すべて遼の旧制にのっとって」通交することを高麗に求めたが、本章の考察過程においてもそうした面はいくつか確認された。注（28）で触れたように、金が高麗に三年に一度派遣した横宣使は、遼代から行われていたものである。また二節で述べたように、金都を訪れた定期使節はおよそ一〇日間滞在したが、宋遼間の使節の都城滞在期間は通常一〇日前後だったことがすでに指摘されており[81]、かつ古松崇志氏が明らかにしている宋・遼使節の互いの朝廷所在地での滞在日程は[82]、本章でみた金における宋使節のそれと相当部分共通する。加えて二節で言及した曲宴について振り返ると、その形式には宴の途中で侍宴者に簪花を賜うという特徴があり、ゆえに花宴とも称された。この形式は、宋建国初期から行われていた大宴と類似しており[83]、さらに『遼史』巻五一礼志四賓儀 曲宴宋使儀をみれば、遼朝で宋使に賜った宴会も同様の形式を有している。このように曲宴の儀礼一つをとってみても、宋・遼の宴会儀礼の影響が見られる。儀礼を含めた金の外交制度がどのように形作られていったのか、少なくとも宋・遼からの制度・文化の流れを想定しながら分析していく必要がある[84]。あわせて今後の課題としたい。

注

（1）張南原《チャン・ナモン》他『高麗와 北方文化』양사재、二〇一一年、ソウル。

(2) 金成奎《キム・ソンギュ》「金朝의 〝礼制覇権主義〟 에 対하여――「外国使入見儀」의 分析을 中心으로」（『中国史研究』八六、二〇一三年、ソウル）：同「高麗 外交에서 儀礼와 国王의 姿勢」（『歴史와 現実』九四、二〇一四年、ソウル）：박윤미《パク・ユンミ》「金代 賓礼를 通해 본 宋・高麗・夏의 国際 地位」（『北東亜歴史論叢』四九、二〇一五年、ソウル）：同「高麗 前期 外交儀礼에서 国王 〝西面〟 의 意味」（『歴史와 現実』九八、二〇一五年）：이바른《イ・バルン》「契丹의 〝高麗使臣儀礼〟 構成과 意味」（同上）：鄭東勳《チョン・ドンフン》「高麗時代 使臣 迎接 儀礼의 変動과 国家 位相」（同上）。また이승민《イ・スンミン》「一〇～一二世紀 賀生辰使 派遣과 高麗―契丹 関係」（『歴史와 現実』八九、二〇一三年）は、唐・宋に比べ生日賀礼を重視した遼の文化的特徴が反映され、宋遼間で澶淵の盟以後定例化した賀生辰使の往来が、高麗にも適用されたことを指摘した。

(3) 『高麗史』巻二二世家二二高宗八年一二月甲午、一四年正月戊午、同年一二月乙亥。

(4) 『東文選』巻八三「金居士集序」。

(5) 黄秉晟《ファン・ビョンソン》「高麗 武人政権期 文人 金克己의 生涯와 現実認識」（『韓国思想史学』八、一九九七年、ソウル、八～九頁）。

(6) 黄寛重「高麗与金・宋的関係」（『亜細亜文化』創刊号、一九八六年、春川）：姜吉仲『高麗与宋金外交経貿関係史論』第三章第二節「高麗与金之政治外交与貿易関係」文津出版、二〇〇四年、台北：黄純艶《ファン・スニョン》「南宋과 金의 朝貢体系 속의 高麗」（『震檀学報』一一四、二〇一二年、ソウル）。

(7) 三上次男『金代政治・社会の研究』第四篇「金と高麗との関係」中央公論美術出版、一九七三年：金順子《キム・スンジャ》「一二世紀 高麗와 女真・金의 領土 紛争과 対応」（『歴史와 現実』八三、二〇一二年）など。

(8) 『高麗史』巻一四世家一四睿宗一一年四月辛未。

(9) 『高麗史』巻一四世家一四睿宗一二年三月癸丑。

(10) 『高麗史』巻一五世家一五仁宗四年三月辛卯、巻九七列伝一〇金富佾附富儀など。

(11) 『高麗史』巻一五世家一五仁宗四年四月丁未。

(12) 『高麗史』巻一五世家一五仁宗四年九月辛未、一〇月戊戌。

(13) 『高麗史』巻一六世家一六仁宗七年一一月丙辰。

(14) 『高麗史』巻一七世家一七仁宗二〇年五月庚戌。

(15) 『金史』には、この時期にも高麗から賀正使と賀聖節使が訪れたと記録されているがその記事はごく簡略であり、『高麗史』『高麗史節要』では同時期の金への使節派遣は見えない。さらに、高麗李文鐸の墓誌に「金の正豊（隆）年間に、金国で草賊が蜂起していることを聞いた。藩将等多くの者が「金国は内乱状態で、燕京は廃墟となった。よってこれを取るのが良い」と言った。これにより高麗では使者を派遣しないことが数年続いた」とあることなどから、近藤剛氏は、『金史』の誤記であり、海陵王末のこの期間、高麗は使節を派遣していなかったとする（「高麗前期の官僚李文鐸の墓誌を通じてみた高麗・金関係について」〈『教育・研究』中央大学附属中学校・高等学校二四、二〇一一年〉）。この間にも金からは定期使節が派遣されており、『高麗史』『高麗史節要』にも記録されていることは不自然に感じられるものの、本文でも言及したようにこの時期に高麗で北伐意識が高揚していることを考えるならば、やはり高麗は金の情況をさぐりながら一時期使節派遣を（少なくとも王の派遣する正式な使節としては）中断していたのであろう。

(16) 『高麗史』巻一八世家一八毅宗一二年八月甲寅、九月庚申、一〇月乙卯。

(17) 『高麗史』巻九九列伝一二庾応圭、『金史』巻一三五外国伝下高麗など。

(18) 『高麗史』巻一九世家一九明宗元年七月癸未、己丑、八月甲辰、是歳、明宗二年二月己酉、五月壬申。

(19) 『高麗史』巻一〇〇列伝一三趙位寵、『金史』巻一三五外国伝下高麗など。

(20) 『高麗史』巻一九世家一九明宗六年一二月壬子、七年三月乙巳、『金史』巻七世宗本紀大定一七年正月壬寅、丙午など。献じた玉帯のうち一つは誤って玉でなく石乳を用いたものであったが、金側は問罪せず受納した。

(21) 『高麗史』巻二一世家二一神宗元年六月癸酉、七月乙卯、二年二月甲子、四月乙酉など。

(22) 『高麗史』巻二一世家二一煕宗二年四月甲子。

(23) 『高麗史』巻二一世家二一煕宗七年五月、九月乙亥、一一月是月など。

(24) 『金史』巻一五宣宗本紀興定三年三月甲戌、巻一三五外国伝下高麗。

(25) 『高麗史』巻二二世家二二高宗即位年閏九月。一二三三年にも金への遣使を試みたが途中で引き返した（『高麗史』巻二三世家一三高宗二〇年三月)。

(26)『宝慶四明志』巻六郡志六敘賦下市舶。

(27)朴漢男『高麗의 対金外交政策 研究』巻末、成均館大学校博士論文、一九九三年、および姜吉仲前掲注(6)著書。

(28)すでに朴漢男氏が指摘しているように(前掲注〈27〉論文第四章第三節「高麗와 金의 使臣往来」)、遼から高麗へも、一〇五〇年代以降、およそ三年に一度横宣使が派遣されている。遼からの横宣使はほぼ一一月に来着したのに対し、金の横宣使はほぼ六月に来ており、その点で遼代と異なるものの、三年一遣の周期は踏襲している。ちなみに金は西夏へも横宣使を派遣していたが、管見の限りその初見は高麗と同じく一一四五年である(『金史』巻六〇交聘表上皇統五年)。一一六九年まではほぼ高麗・西夏に対し同じ時期に発遣していたとみられるが、高麗で一一七〇年に庚寅の乱が起こり王位交替の事情が疑われる事態となると、しばらく横宣使の派遣が止められ、一一七四年に再開されたため、これ以降西夏への派遣時期とずれることになった。

(29)『高麗史』巻一九世家一九明宗七年正月庚戌。

(30)『高麗史』巻一九世家一九明宗七年正月戊午。

(31)『高麗史』巻一九世家一九明宗七年六月辛巳。

(32)『高麗史』巻一九世家一九明宗七年一一月丙午。

(33)例えば、金からの最初の賀生辰使は一一二七年一月に来訪するが、それに対する謝賀生辰使は一一月に賀正使とともに発遣されている。

(34)韓政洙「高麗・金 間 使節 往来에 나타난 周期性과 意味」(『史学研究』九一、二〇〇八年、ソウル)。氏は、高麗から金への定期使行である進方物使・賀正使・謝賀生辰使・謝横宣使が一一月を中心に派遣され、金から高麗への定期使行である賀生辰使が一一月、横宣使が六月を中心に来朝していると指摘する(一一一頁。賀生辰使に関しては一一二頁で、一月あるいは一一月を中心に派遣しているとも述べる)。その上で、派遣時期が固定されている理由について、高麗でこれらの時期に行われる年中行事のために中央に物品が集まっており、使節交易に便利であったと論じる。しかし高麗からの進方物使・

謝賀生辰使・謝横宣使の派遣時期は、一一月に固定されているわけではなく、明宗代以降の例をみれば、本文で述べたように賀正使・賀聖節使のどちらかにあわせて派遣されていると見るのが妥当であり、金が派遣した賀生辰使の来朝時期の問題とは一旦区別して考える必要がある。氏が論じるように、使節交易の重要性には大いに注目すべきであり、高麗の国家的年中行事である八関会や燃灯会と、賀生辰使の来朝時期との関係も一考されるべきである。ただ、金使節の来朝時期の決定要因を、交易の利便性のみに求めることは難しい。例えば氏は、金からの横宣使が来朝する六月は、王の奉恩寺行幸・菩薩戒道場・都目政事が行われ、高麗では中央に物品が集まると同時に需要が高まる時期であって、横宣使の派遣が「高麗王室と臣僚らにとって大きな贈り物になった」とする（一一四・五頁）。しかし奉恩寺行幸・菩薩戒道場・都目政事によって、特に中央に物品が集まる時期とみなすことができるのか、また金が西夏に対しても高麗と同じ四月（たまに五月）に横宣使を発遣していることを考慮すれば、横宣使の発遣時期を高麗の年中行事にあわせたものとみるのが妥当であるのか疑問であり、再検討を要するものと考える。

(35) 毅宗六年は一一月一四日（甲辰）、一三年は一一月二二日（甲戌）に来賀。

(36) 明宗八年は一月一四日（己酉）、二二年は一月一日（乙巳）に来賀。

(37) 神宗四年は一二月一日（丁丑）、五年は一一月二八日（己巳）、六年も一一月二八日（壬辰）に来賀。

(38) 熙宗五年は一一月一四日（甲辰）に来賀。なお『高麗史』と『高麗史節要』によると、熙宗七年には五月と一一月の二回、賀生辰使が派遣されて来ている。この熙宗七年五月（日付不明）の賀生辰使の記録が事実に基づくものであれば、管見の限り、本当の高麗王の生日に来賀した最初で最後の金使節である。

(39) 『四六』巻四事大表状には、崔詵が撰した「又〈明癸卯恭睿之喪〉」と題する表文が収録されている。これは一一八三年、金に恭睿太后任氏の死去を知らせるために作成されたものであるが、文中に「況んや明年正月十九日は、是臣の生日なり」とあり、ここからも高麗側が金に明宗の生日を一月一九日と伝えていたことは明らかである。

(40) 『高麗史』巻一六世家一六仁宗八年一〇月癸酉・巻一八世家一八毅宗二一年四月戊寅・毅宗二一年四月壬寅。

(41) 『金史』巻三八礼志一一朝辞儀、大定二九年三月の記事。なお、当該記事では最後に「御史大夫唐括貢・中丞李晏・刑部尚書兼右諫議大夫完顔守貞等、亦皆不可を言う。上、初め之に従うも、既にして竟に襄の議を用い、有司をして移報せしめ、聖誕の実を明知せしめて特に其日を改め、以て優待行人の意を示す」とあり、あたかも節日を改期したかのようであるが、章宗の天寿節は『金史』本紀や交聘表、さらに『高麗史』の賀聖節使派遣記録を見ても、九月一日にあり、変更されていない。

(42) 傅楽煥『遼史叢考』「宋遼聘使表稿」(三)丙「遼帝后生辰改期受賀考」中華書局、一九八四年、北京。なお、高麗からの賀聖節使・賀正使についても、以下の年には同時に発遣したことが確認できる。一〇三八年(『高麗史』巻六世家六靖宗四年一一月己未)・一〇三九年(同巻靖宗五年一二月丁巳)・一〇四〇年(同巻靖宗六年一一月辛未)・一〇九五年(巻一一世家一一粛宗即位年一二月甲寅)・一一〇四年(巻一二世家一二粛宗九年一〇月庚午)。また一〇九六年(巻一一世家一一粛宗元年一〇月乙酉・一一月丁未)・一〇九七年(同巻粛宗二年一〇月甲辰・一一月己未)・一〇九八年(同巻粛宗三年一〇月壬寅・一一月乙丑)・一〇九九年(同巻粛宗四年九月辛卯・一〇月丙辰)・一一〇三年(巻一二世家一二粛宗八年一〇月庚申・一一月丁酉)なども、ほぼひと月以内の近い時期に発遣されているが、同道したかは確認できない。しかしながら、例えば一〇八一年には五月に賀聖節使・賀正使・謝賀生辰使・進方物使を一度に発遣したように記されており(巻九世家九文宗三五年五月戊戌)、一二月にある聖節の祝賀使や賀正使を五月に発遣するのは不自然であって、正確に記録したものか疑問も持たれる。一〇七五年(同巻文宗二九年四月丙寅)・一一〇七年(巻一二世家一二睿宗二年六月壬戌)なども同様である。そのため遣遼使に関する『高麗史』の記述については、さらに慎重な検討を重ねる必要があると考えている。

(43) 次の一〇八五年の記事で、宣宗の生日に間に合わなかった遼の賀生辰使が嘲笑されているように、この時期までは賀生辰使は高麗王の生日に合わせて来るものであった。

(九月壬子)遼遣御史中丞李可及来賀生辰、不及期。人嘲之曰、使名可及、何不及耶。

(『高麗史』巻一〇世家一〇宣宗二年)

(44) 『高麗史』巻一一世家一一粛宗即位年一一月己未、元年一二月丁巳。

(45) 『高麗史』巻一一世家一一粛宗三年一二月丙戌、四年一二月壬寅、五年一二月癸巳など。なお、次の睿宗は一月七日生まれであり、遼使は一月に来賀している。

(46) 賀正使の帰朝記録ではないが、一一四八年の賀正使に同行したと考えられる進奉使王軾は、前年の一一月二〇日に差遣され二月二六日に帰朝している（『高麗史』巻一七世家一七毅宗元年一一月庚辰・二年二月乙卯）。
(47) 『高麗史』巻二一世家二一神宗六年一一月壬辰。
(48) 『高麗史』巻二一世家二一神宗六年七月辛未、戊寅。なお、一二〇三年には横宣使が来到していないので、謝横宣使は派遣されなかったとみて問題ない。
(49) 「金麗交聘路線考」（『東北史地』二〇一一年、長春）。
(50) 「金에 派遣된 高麗使臣의 使行路와 使行旅程」（『韓国中世史研究』二〇一二年、ソウル）。
(51) 鄭杖根『高麗・朝鮮初의 駅路網과 駅制 研究』第一章（2）「二十二駅道制의 成立과 運営」、ソウル大学校博士論文、二〇〇七年。
(52) 森平雅彦『モンゴル覇権下の高麗』第七章「高麗における元の站赤――ルートの比定を中心に」名古屋大学出版会、二〇一三年。
(53) 『高麗史』巻二〇世家二〇明宗一三年閏一一月乙未。
(54) 『新増東国輿地勝覧』巻五三義州牧・楼亭に統軍亭に関する記述がある。義州城のすぐ北に統軍峰があり、その上に統軍亭があったという。
(55) 遼寧省交通庁交通史志編委会編『遼寧公路交通史（一）』第二章「駅站的設置和道路走向的変遷」人民交通出版社、一九八八年。
(56) 複数の書に引用されており、『三朝北盟会編』の巻首書目では「奉使金国行程録」、『同』巻二〇では「宣和乙巳奉使行程録」、『大金国志』巻四〇では「許奉使行程録」、『靖康稗史』では「宣和乙巳奉使金国行程録」と呼ぶ。
(57) 『平陽県志』巻六三文徴内編一・奏状。この史料は、周立志氏の論文「宋金交聘的新文献《使金復命表》研究」（『北方文物』二〇一三年一月号）とともに毛利英介氏からご教示いただいたものである。毛利氏には数々の貴重なご指摘をいただいた。心から感謝する。

（58）自身が入金したわけではないが、開封から上京までの道程を収録している。『説郛』巻四一にもこの行程「御寨行程」が載せられている。

（59）松井等「許亢宗の行程録に見ゆる遼金時代の満洲交通路」（箭内亙・稲葉岩吉・松井等撰『満洲歴史地理』第二巻、南満州鉄道株式会社、一九一三年）。

（60）『五代宋金元人辺彊行記十三種疏証稿』九「《許亢宗行程録》疏証稿」中華書局、二〇〇四年。

（61）『金史』巻二四地理志上・中都路に「通州下刺史、天徳三年、潞県を陞して置く、三河を以て隷す」とある。

（62）『靖康稗史』「宣和乙巳奉使金国行程録」に「第七程、三河県より六十里にして薊州に至る、薊州は乃ち漁陽なり」とある。

（63）森平雅彦「牧隠李穡の二つの入元ルート――モンゴル時代の高麗・大都間の陸上交通――」（『震檀学報』一一四号別冊、二〇一二年）、および『モンゴル覇権下の高麗』第八章「『賓王録』にみる至元十年の遣元高麗使」名古屋大学出版会、二〇一三年。

（64）地図について、一点留保をつけておきたい。遼河の流路についてである。図1の遼河の流路は松井氏の「許氏使金行程図」をもとにしており、『中国歴史地図集』第六冊の遼・東京道や金・上京路咸平路東京路も同様の流路を描いている。しかし、金代の遼河および渾河・太子河の流路はかなり異なっていた可能性が高い。松井氏は、この使金ルート上で遼河を渡る地点（遼河大口）について、「大口とは渾河と遼河の合流点を指せるなるべし。この合流点は、今は牛荘の北方に近けれど、遼金時代には、なほ遙かに北方、すなわち今の奉天の西南方に在りしかと考えらる」（前掲注〈59〉論文一三四頁）と述べており、筆者も同様に考える。明代の朝鮮燕行使の使行ルートでは、遼河を渡る地点は牛荘付近となるが、それはおそらく遼河と渾河の合流地点が金代に比べて大きく南に移動していたからであろう。『金史』巻二四地理志上・東京路・瀋州に「章義〈遼の旧広州、皇統三年、降して県と為り来属す、遼河・東梁河・遼河大口有り〉」とあるのをみれば、金代には章義県（広州）に遼河と東梁河（太子河）が通り、また遼河と渾河の合流する遼河大口があったと考えられる。この近辺の遼河および渾河・太子河の流路は、明代以降とは相当異なっていたと考えられるが、当時の流路を復元することができず、図1では松井氏の地図からそのまま流路を引用した。

(65) 前掲注（2）金成奎二〇一三では「外国使入見儀」「曲宴儀」「朝辞儀」、박윤미二〇一五でも「外国使入見儀」「朝辞儀」をとりあげて、宋と高麗・西夏の使臣に対する待遇の比較などを行っている。ここでは、高麗使節の金中都でのスケジュールを復元するという本章の課題にもとづいて、儀式次第を要約し提示した。

(66) 于杰・于光度『金中都』北京出版社、一九八九年。

(67) 丹墀は、宮殿の前の赤く塗られた地面、または台階をいう。ただしこの丹墀にあたる場所について、『北行日録』乾道五年一二月二九日条では「殿下の大氈」と記し、「上に一品から七品までの牌子が置かれている」と説明している。おそらく大きな赤い絨毯のようなものが仁政殿庭に広げられており、その上に品階を示す牌子が並べられていたのであろう。

(68) 前掲注（2）金成奎二〇一三論文、一九〇～一九一頁。

(69) 金成奎氏は、この記事で高麗より西夏が先に入見するとされているのは誤記であろうとしているが（前掲注〈2〉、二〇一三論文、一九二頁）、金の高麗と西夏に対する待遇はそもそも同格に近く、時によって若干の揺れがあっても不自然ではない。敢えて誤記とみなす必要はないと思う。

(70) 『攻媿集』巻一一一北行日録上および巻一一二北行日録下によった。

(71) 『金史』巻三八礼志一一新定夏使儀注。

(72) 『北行日録』乾道五年一二月二九日。なお使節の宿館については、先に本文で掲げた『金史』巻三八礼志一一の皇統二年（一一四二）の記事で、入辞の際の高麗・西夏使への賜物は会同館で賜うことが記されており、高麗・西夏使節が会同館を宿館としていたようにも思われる。また宋の周必大の文集『文忠集』巻一七三収録の『思陵録』に「（淳熙十五年二月）二十一日、燕京燕賓館に至る、宴畢りて来寧館に入る、蓋し泛使の館なり」とあり、宋使が来寧館に滞在したこともあった。会同館・来寧館ともに外国使節のための施設であり、宿泊する使節が固定されていたわけではなかったのであろう。

(73) この三使は『金史』巻六一交聘表中の大定九年一二月庚戌（二九日）に「高麗太府少卿裴衍謝賜生日、司宰少卿李世美謝横賜」、一〇年正月壬子朔に「高麗礼賓少卿陳升賀正旦」と記されている。

(74) なお本章の主題とは離れるので、あまり紙幅を割くことはしないが、国際秩序の変化の外交儀礼への投影という観点からみると、「新定夏使儀注」は非常に興味深い史料である。この儀注は、一二二五年の和議によって西夏の立場が従来に比べて上昇した状況を反映して作成されたものであるため、世宗代のものと考えられる『金史』『大金集礼』の儀式次第と比べると、様々な点で西夏使節の待遇上昇が指摘できる。たとえば、本文で示したように、『金史』（『大金集礼』も同様）の儀式次第では、入見の際、西夏使は露階において西夏王の挨拶を跪奏したが、「新定夏使儀注」では、昇殿して欄内に入り「弟大夏皇帝、兄大金皇帝に致問す」と跪奏することになっている。

(75)　なお射弓宴は、宋使節に対してのみ催され、西夏使節（および高麗使節）には行わないものだったと思われる。古松崇志氏が言及しているように、宋遼間の使節の場合、宋では元正朝賀の翌々日に城南の玉津園で遼使節に対して弓射・賜宴を行い、遼側でも宋使節に射弓と御筵を賜う「射弓筵」（『使遼語録』六月二〇日）が行われた（「契丹・宋間の国信使と儀礼」〈『東洋史研究』七三―二、二〇一四年、二二四頁〉）。しかし宋玉津園で行われた弓射に関して比較的詳細に叙述する『東京夢華録』巻六では、遼使に対してのみ行われたことを記して、高麗や西夏使節の参加はうかがえない。高麗・西夏使節の射弓宴参加を示す史料は管見の限り見当たらないため、宋と遼・宋と金の使節に対してのみ、互いに催行していたものと推測しておきたい。なお、一一七〇年の宋賀正使節の記録では、宋・高麗・西夏使がみな九日目に入辞儀を行っているから、この時期には、三国の使節はともに中都において一〇日間のスケジュールをこなすことになっていたと考えられ、宋使節の射弓宴の日には、高麗・西夏使節は別の日程を消化していたものと考えられる。一二一二年にも宋賀正使節は一〇日間滞在しているから、高麗・西夏もやはり一〇日滞在した可能性が高い。それが金最末期に至り、少なくとも西夏使節は滞在日数が一日短縮されたのであろう。

(76)　もちろん、毎回その規定通りに事が運ぶわけではなかった。一一七六年の賀聖節使の場合、二月二七日に会同館に到着し、二九日に入見したが（高麗・西夏使も同日に入見している）、三月一日の称賀は雨のため免じられ、九日に入辞し、一〇日に出立している（『北轅録』）。三月初の雨のために滞在が延ばされたのであろう。

(77)　例えば一二一七年一月に、金が高麗に蒲鮮万奴の叛逆を伝えた際には、金来遠城から高麗の寧徳城に移牒している。鴨緑江西岸の現遼寧省丹東市九連城鎮に位置した来遠城は金領であって、対岸の義州は高麗領であったから、当時朝鮮半島西北の国境は鴨緑江であったと考えて問題ない。

（正月）甲申、金来遠城、移牒寧徳城曰、叛賊万奴、本与契丹同心……。（『高麗史』巻二二世家二二高宗四年）

（78）『金史』巻五六百官志二宣徽院 引進司。

（79）『遼史』巻五三礼志六嘉儀下立春儀には、立春に臣僚に幡勝を下賜することが記されている。また宋の韓琦（一〇〇八～七五）の『安陽集』巻三九に収録された「謝春盤幡勝状」をみると、遼で宋使臣が立春に幡勝を下賜されていることがわかる。『宋史』巻一一九礼志二二賓礼四朝臣時節餽稟にも立春の幡勝下賜が記されており、高麗でも例えば『高麗史』巻一九世家一九明宗三年正月戊寅に「立春を賀し、春幡子を賜う。皆旧例に循るなり」とあるように、立春に幡勝を頒賜することが慣例となっていた。

（80）朴漢男「十二世紀 麗金貿易에 対한 検討」（『大東文化研究』三一、一九九六年、ソウル）。また丸亀金作「高麗と契丹・女真との貿易関係」（『歴史学研究』五―二六、一九三五年）などでも言及している。

（81）前掲注（42）傅楽煥論文二四一頁。

（82）前掲注（75）論文二二二～二二五頁。

（83）本書第四章。

（84）金における王朝儀礼の整備にあたっては、『金史』巻二八礼志一の冒頭にも端的に述べられているように、特に世宗代を中心に多く唐・宋の制度を参照し踏襲しているが、各儀礼の整備過程や挙行実態については、さらに個別の研究が求められる。なおこの問題と関連して、金成奎氏は「宋代 東亜細亜에서 賓礼의 成立과 그 性格」（『東洋史学研究』七二、二〇〇〇年、ソウル）において、基本的に金の賓礼は遼のそれと同様、宋の賓礼を準用したと考えられる、と述べている（八〇頁）。たしかに遼・金の賓礼に宋の賓礼との類似性が濃くみられる一方で、遼から金への影響もまた分析の対象である。金朝は、唐、宋、そして唐・宋の影響を受けた遼の儀礼や外交制度を、どのように自国の制度整備に利用していったのか、本書で考察してきた高麗王朝の事例の興味深い比較対象となろう。

終　章　高麗儀礼の整備過程と国際環境

本章では高麗王朝における儀礼の形成について本書の成果を併せて整理し、またその儀礼整備の姿勢と当時の国際環境との関連をどのように捉えることができるのか、さらに若干の考察を加えて、一定の見解を提示しておくことにしたい。

第一節　高麗における王権儀礼の整備過程

まず、高麗儀礼の整備過程に関して述べておこう。三章で明らかにしたように、『高麗史』礼志所載の王太后の冊立儀礼は、宣宗代一〇八六年に貴族出身の太后李氏の冊立を契機として、宋の皇太后冊立儀礼を参照して整備されたものであった。また、王妃冊立儀礼の史料上の初見は一〇四二（靖宗八）年であった。さらに付け加えておくと、王族の冊立儀礼としては、九九〇年に成宗が甥の誦を嘗ての自らと同じ開寧君に冊立した際の、左の記事が史料上の初見である。

十二月戊申、以姪誦為開寧君、教曰、……今遣使工官御事知都省事朴良柔・使副殿中監趙光等、持節備礼、冊爾為開寧君、

（『高麗史』巻三世家三成宗九年）

誦は成宗の兄景宗の子であるが、誕生後間もなく景宗が死亡し、成宗が宮中で養育した。誦は後の穆宗であり、この

時の冊立は男子のなかった成宗の後継としての立場を意識したものと推測される。この記事には具体的な行礼の手順は残されておらず、『高麗史』巻六七礼志九嘉礼 冊王子王姫儀に載せられているような王子冊立の儀が行われたかどうかは判断し難いが、少なくとも礼を整え、王の使者であることを示す節を持たせて冊使を発遣する、中国制の影響を受けた冊立儀礼が行われたことは示されている。

なお燃灯会・八関会に際して国王が主催する行事に関しては、既に、『高麗史』礼志所載の形式の儀礼――すなわち朝賀や太祖真への謁見儀礼を備えた形式――が成立したのは顕宗代（一〇〇九～三一）以降靖宗代（一〇三四～四六）にかけてであると奥村周司氏の研究で論じられている[1]。さらに本書四章では宋の大宴の導入時期について検討し、宋で大宴が行われるようになった九六〇年以降、高麗燃灯会大会においてその影響を受けた宴会儀礼の記事が見える一〇五一年以前には確実に導入されたことを指摘した。つまりこの間には高麗において大宴という宴会儀礼が成立したことになる。

これらの冊立儀礼や燃灯・八関会、大宴はみな、礼志において吉・凶・軍・賓・嘉の五礼のうち嘉礼に分類される儀礼であるが、吉礼に属する儀礼については、次のように整理できる。圜丘・太廟・社稷・籍田の祭祀施設・儀礼は成宗代に成立したことが史料上明示されており、成宗代九八三年に圜丘・籍田の祭礼を初めて挙行し、九九一年に社稷壇を設け、また九八八年に五廟を定めて翌年に造営をはじめ、九九二年に完成させたことが確認できる。また国子監を創建した九九二年、あるいは遅くとも史料に明らかに「先聖廟」がみえる一〇二〇（顕宗一一）年までには孔子廟が置かれた。景霊殿の建立は一〇二一年までになされており、方沢祭祀の挙行を示す記事の初見は顕宗末年の一〇三一年である。以上の吉礼大祀・中祀に分類される祭祀のほか、小祀に分類された風師・雨師、雷神、霊星、馬祖祭祀の初出記事は、靖宗代（一〇三四～四六）に相次いで確認される（一章二節（三）「儒教的祭祀施設の整備」を参照）。

すなわち、概ね吉礼大祀・中祀にあたる祭祀については成宗代から顕宗代にはじめられ、さらに靖宗代にかけて小祀の諸祭祀に関しても次第に施設や儀式次第が定められていったと考えられる。本書で取り上げた嘉礼に属する儀礼の成立時期は、これとほぼ重なる。ただ、冊太后儀に関して確認されたように、政治社会における需要が儀礼整備の契機となることもあり、嘉礼については、吉礼のように当初から体系的な導入が目指されたと断ずることはできない。

ちなみに、『高麗史』礼志序文は、高麗における儀礼整備や礼典編纂について次のように述べている。

至于成宗、恢弘先業、祀円丘、耕籍田、建宗廟、立社稷。睿宗始立局、定礼儀、然載籍無伝。至毅宗時、平章事崔允儀撰詳定古今礼五十巻。

（『高麗史』巻五九礼志一序文）

ここで、「睿宗始めて局を立て、礼儀を定む」というのは一一一三（睿宗八）年に置かれた礼儀詳定所の活動を指すが、(2)右で見てきた通り、もちろんこれは睿宗代にはじめて諸儀礼が定められたことを意味するのではない。そもそも礼儀詳定所は、例えば表状書簡における称号の用法や、官人の衣服に関する礼制の是正等に関与しているように、(3)儀礼のみならず広く礼制を扱った部局であるが、その設置時期までには既に多くの儀礼が成立していた。五章で取り上げた文廟の祭祀対象の変遷をふり返ってみると、一〇九一年と一一〇一年の大規模な改定によって、宋朝で一〇〇九年に定められた制度に近い形となったことが確認された。一一〇一年の時点ですでに祭祀対象の大枠は定まっており、その後『詳定古今礼』の編纂された一二世紀半ばまでの間に、宋における一〇八四年と一一一一年の改定が高麗文廟に反映されたのであった。この一二世紀半ばになされた改定には礼儀詳定所の関与が想定されるが、その内容は一〇九一・一一〇一年の改定に比べればマイナーチェンジというべき性格のものである。礼儀詳定所という専門機関の設置によってより細密な議論がなされ、一段と成熟した段階に入ったと考えるべきであろう。

第二節　高麗儀礼の形成と国際環境

次に、こうした高麗儀礼の形成について当時の国際環境とともに考えてみると、高麗王朝の儀礼整備の姿勢をどのように特徴づけることができようか。序章でも触れたように、高麗儀礼形成期の国際環境は、その前後とは大きく異なる。新羅においては三国統一期に唐との外交関係を強化する中で唐制の受容を進展させていった足跡がみられ、また高麗後期には、元の強い政治的影響下で礼制にも変化がもたらされた。明に至っては高麗域内の山川・城隍祭祀を直接行うなど、より直接的な介入姿勢を見せた。唐・元・明はいずれも中原を含む広域を統治した、実質的に唯一の「中国」であった。一方、高麗王朝儀礼の形成期である一〇世紀末から一一世紀には西・北方に宋・遼朝が並び立ち、遼の主導する盟約のもとで擬制親族関係が設定された両国の皇帝が併存することとなった。高麗における儀礼整備の過程と姿勢については、やはり特に周辺諸王朝間のパワーバランスや各王朝の高麗儀礼への介入姿勢、および各王朝に対する高麗側の文化的意識に配慮しながら捉えていく必要があろう。

（一）　各儀礼の導入時期と宋制の影響

まず各儀礼の成立時期を、当時の国際秩序の中で高麗が置かれていた位置との関連から再度見ていくことにしたい。成宗代に開始された圜丘・太廟・社稷・籍田の祭祀、および成宗代あるいはおそくとも顕宗代に設置された文廟の場合、整備期である九八三（成宗二）年に大廟堂図一幅・記一巻、社稷堂図一幅・記一巻、文宣王廟図一幅・祭器図一巻・七十二賢賛記一巻が宋からもたらされていることが当然注目され(4)、宗主国であった宋の制度の直接的な影響も考えられる。

また歴代王・王妃の真影を安置した景霊殿は、宋で一〇二二年に創建された景霊宮を導入したものであり、一〇二一年までには高麗で設立されている（一章注〈45〉）。六章一節（二）でも高麗と北宋の通交史を概観したが、高麗は九九六年以降遼の冊封を受けたものの、その後も侵攻を受け、遼との関係は不安定であった。宋にも度々外交使節を派遣し、左のように一〇一四年には宋に対して再び帰属することを請うている。

八月甲子、遣内史舎人尹徴古如宋、献金線織成龍鳳鞍幞・繡龍鳳鞍幞各二・良馬二十二匹、仍請帰附如旧。宋帝詔登州置館于海次以待之。（『高麗史』巻四世家四顕宗五年）

さらに一〇一六年には大中祥符、一〇一八年には天禧の宋年号を用いることとしたが、[5]一〇二二年に遼使が来訪して受冊すると、遼の年号を復用することになった。[6]そして一〇三一年に遼興宗が即位した後には再び麗遼関係が緊張状態に陥ったものの、[7]一〇三八年には両国の宗属関係が安定する。[8]この間、一〇三〇年に派遣された元穎ら使節一行は宋に到達したが、一〇三六年に送った進奉兼告奏使の金元冲一行は甕津で遭難して戻り、[9]それ以降しばらく使節が派遣されず、一〇三〇年以降一〇七一年まで高麗使節が入宋することはなかった。ゆえに景霊宮の導入時期と推定される一〇一二～二一年は、遼の冊封を受けたものの関係は不安定であり、再び宋に帰属することも考え高麗が関係の修正を模索していた時期であるといえよう。

一方、他に導入時期を特定できる儀礼としては、宋の皇太后冊立儀礼を土台として一〇八六年に成立した冊王太后儀がある。宣宗代にはこのほかにも宋制を導入した例が多くみられ、一〇九三（宣宗一〇）年には、生辰・元正・冬至に行う百官の賀礼に関して宋の儀制に依ることとしている。

宣宗十年八月丁巳、制曰、我国旧制、生辰・元正・冬至、百官賀礼、唯宰相入直者一人押班、其餘並不就班。近

聞、宋朝儀制、凡放賀之日、其礼与坐殿日不殊。自今、一依宋朝儀式。（『高麗史』巻六七礼志九嘉礼）

儒教的な礼制のみならず、一〇八五（宣宗二）年には、王の行幸の際に仁王般若経を捧げ持って前導するといったことまで、宋制に従うことが決められている。

（二月）乙亥、始令駕幸時、奉仁王般若経前導、遵宋制也。（『高麗史』巻一〇世家一〇宣宗二年）

また一〇九一（宣宗八）年には、五章で述べたように宋の国子監での名称や序列によって国学壁上に七十二弟子の図像を描いたのであり、[10]さらに一〇年後、一一〇一（粛宗六）年の改定によってより宋制に近づいたのであった。この背景に、宋との通交が再開され礼制に関しても様々な情報を入手し得た当時の状況があったことは、一一一六年の入宋使節の事例を検討した六章の成果によって明確に意識されるところである。[11]

宣宗代頃には麗遼間の冊封関係は安定的であり、たとえば次の一〇九二年の記事では、前年に宋に発遣された李子威が表文中に誤って遼年号を書いてしまい宋からつき返された、という失態を演じたことが記されている。[12]当時高麗では外交文書に遼年号を記すことが常となっていたことが示されている。

八月乙丑、以李子威為尚書右僕射権知門下省事兼西京留守使。初子威、以宰相監校、入宋表奏、誤書遼年号、宋朝却其表、由是責罷、不数月、干謁内嬖、得拝是職、時人譏之。（『高麗史』巻一〇世家一〇宣宗九年）

このように導入時期が特定できる儀礼についてみてみると、宋制の受容は、当該時期の国家間関係とはかかわりなく継続されていることがひとまず確認される。

なお、右のように本書で取り上げた儀礼に関しては、宋制の影響が多く見いだされたが、『高麗史』輿服志の序文で『詳定古今礼』について「唐制を雑采して」詳定したと言及しているように、[13]唐制を参照したことが確認できる儀礼もある。左の記事にみられるように、一〇三二年には徳宗が父顕宗の葬礼を唐徳宗代に営まれた代宗の葬儀を手本として行っており、一〇五三年には唐玄宗代の天宝八（七四九）年の故事によって、毎閏月の朔日に便殿に出御して視朝の儀を行うこととしている[14]。

（徳宗）元年五月己丑、王以皇考中祥祭斎七日、居翼室、涼闇・反哭・挙哀、一如唐徳宗故事。

（『高麗史』巻六四礼志六凶礼 国恤）

文宗七年秋七月戊午、礼司奏、謹按唐書、玄宗天宝八載閏六月庚寅、上親謁大清宮冊聖祖玄元皇帝等五尊号、御含元殿受群臣上冊、大赦天下。乞依此制、毎閏月朔御便殿視朝。制可。

（『高麗史』巻七世家七文宗七年）

宋の制度、あるいは唐の制度を導入するという高麗前期の儀礼整備における傾向は、むろん儀礼だけに見出されるものではない。一章においても顕宗代（一〇〇九〜三一）に行われた后妃の称号および女官制度の整備が、唐あるいは宋制にならったものであることを確認した。またこれまでの官僚制度研究[15]を参照すれば、穀宗朝以前の高麗の官制整備が、遼・金制ではなく北宋あるいは唐・五代の制度に倣い、高麗の情勢に適応するよう変更を加えてなされていることは明らかにされており、儀礼整備の姿勢と一致するものである。

（二）北東アジア諸王朝間の関係が及ぼした影響

では、王権の支配秩序や、周辺諸王朝・諸民族との関係における自国意識を具現化したものとも言える王権儀礼の整備において、高麗がこのような姿勢をとった理由と背景については、どのように考えられるであろうか。

まず、一つにはやはり高麗王朝側の契丹・女真の文化に対する意識が挙げられよう。すぐに想起されるのは、九四三年に死去した太祖王建が遺したとされる訓要の第四条である。

（四月）御内殿、召大匡朴述希、親授訓要曰……。其四曰、惟我東方、旧慕唐風、文物礼楽悉遵其制。殊方異土人性各異、不必苟同。契丹是禽獣之国、風俗不同、言語亦異、衣冠制度慎勿効焉。

（『高麗史』巻二世家二太祖二六年）

「ふるくから唐風を慕い、文物や礼楽はことごとく唐制にしたがってきた」といい、「契丹は禽獣の国であり、風俗も言語も異なっており、衣冠制度を契丹にならってはならない」としている。(16) ただ左の史料にみえるように、これから二百年近く経ちすでに遼が滅びた一一二九年に出された詔では、太祖が華夏の法を仰ぎ丹狄の俗を禁じたにもかかわらず、「朝廷から庶民に至るまで、華靡を競い丹狄の俗を真似ている」として、この浅はかな風俗をあらためなくてはならぬと戒めているから、契丹の風俗が高麗に全く影響を及ぼさなかったというわけではなかろう。特に高麗王の車輿や冠服は遼から下賜されていたから、この時期には一新を宣言する必要を感じたはずである。

（五月）甲辰、詔曰、……我太祖之開国也、克慎倹徳、惟懐永図、景行華夏之法、切禁丹狄之俗、今則上自朝廷下至民庶、競華靡之風、襲丹狄之俗、往而不返深可嘆也。今朕庶幾、率先以革末俗、其乗輿服御之物、皆去華尚質、咨爾公卿大夫其体朕意奉而行之。

（『高麗史』巻一五世家一五仁宗七年）

右では「丹狄」の俗、「末俗」と呼んでおり、遼朝の滅亡したこの時点では、契丹の風俗に対する蔑視が露骨にあらわれている。

また、一一一五年の金建国を伝える記事には次のようにある。

（正月）是月、生女真完顔阿骨打、称皇帝、更名旻、国号金。其俗如匈奴、諸部落無城郭、分居山野、無文字以言語・結縄為約束。

（『高麗史』巻一四世家一四睿宗一〇年）

「その俗は匈奴のようであり、諸部落には城郭がなく、山野に分居しており、文字がないため口頭や結縄で約束をする」と、全くその文化の存在を認めていない。

一七世紀以降、清の圧倒的な軍事力の前にその冊封国となった朝鮮において、女真族の王朝である清を蔑み自らこそが中華の伝統を受け継いだ明の後継者であると考えた、いわゆる小中華意識が定着していったことはよく知られている。上記のような高麗前期における文化導入の姿勢が、後世の小中華意識に結びつくものかは措くとして、高麗王朝は宋文化に対しては手本とすべき優越性を認めたのに対し、遼や金の文化についてはそうした姿勢を示していないように見受けられる。

さらに、遼、金や宋が高麗に対して示した外交姿勢、および高麗側の各王朝に対する外交姿勢も、高麗における儀礼文化の導入姿勢に影響を及ぼした要素の一つとして考えられよう。しばしば指摘されるように、一一～一二世紀には、宋・遼・西夏さらには金も加わる北東アジアのパワーバランスの中で高麗が重要な位置を占めるようになる。こうした国際情勢を背景として、高麗とこれらの王朝との国家間関係は、遼と高麗の間に成立した冊封だけでは説明できない様相を呈した(17)。

例えば宋は、一一〇三年に派遣した使節を通じて高麗に冊封を提案したが、当時の王粛宗は、高麗は遼に隣接しており、長らくその爵命と正朔を奉じているため受けいれられないと辞退した(18)。しかしその後間もない一一一〇年には、次の史料にみえるように、宋は高麗王に与える詔書において、「真王の礼」を以て遇するようになる。

(六月癸未) 使副就王前、伝密諭曰、……聞王已受北朝冊命、南北両朝通好百年、義同兄弟、故不復冊王、但令賜詔已去権字、即是寵王以真王之礼。且此詔乃皇帝御筆親製、北朝必無如此礼数、文王・粛王亦不曾有此等恩命。

(『高麗史』巻一三世家一三睿宗五年)

ここで宋使は次のような徽宗の密諭を高麗王に伝えている。「王はすでに北朝（遼）の冊命を受けていると聞いたが、南北朝（宋と遼）は通好すること百年に及び、その義は兄弟に等しい。故にさらに王を冊立することはしないが、ただ使を通じて与える詔ではすでに「権」字をのぞいた。これは王を真王の礼を以て特別に遇するものである」。通交再開以降、宋は遼との関係に配慮し、国書の中で高麗王に対して「高麗国王」ではなく「権知高麗国王事」の名義を用いていたが、ここに至って「権」の国王としてではなく「真王の礼」を用いることとしたのである。この「真王の礼」という変則的な礼遇は、一度冊封を持ちかけて断られた宋が、再度高麗を藩国として取り込もうと模索した苦肉の策であろう。ちなみに当時、西夏は遼から「夏国王」、宋から「夏国主」の封号で双方から冊封を受けており[19]、宋による高麗冊封の提案も、全く埒外であったというわけではない。

また当時高麗側においても、宋朝に仕えるという意識があったことも、注意しておかなければならない。

（八月）乙巳詔曰、朕自御神器、居常小心、北交大遼、南事大宋、又有女真倔強于東。軍国之務、安民為急、宜罷不急之役、以安斯民。（『高麗史』巻一一世家一一粛宗六年）

右の一一〇一年の詔は、民を安撫するために喫緊でない役を停止することを宣言した国内向けの詔であるが、この中で「北は大遼に交わり、南は大宋に事え」と述べられており、宋に対する事大の意識を読み取ることができる。ここで思い出されるのが、六章で検討した一一一六年の高麗使も、開封滞在中に宋帝に奉った【10】謝許謁大明殿御容表において、宋に対し事大字小の関係を自称していたことである。右の一一〇一年の詔において宋に対する事大意識が表現されていることを考慮すると、表文の文句は単に使臣が宋廷でのみ見せたポーズであったとは思われず、ある程度当時の高麗の意識を反映したものと考えられる。

ただし、宋は当初からそれほど大胆なわけではなかった。史料上、澶淵の盟以後はじめて確認される入宋高麗使節である尹徴古一行が登州に到着した一〇一四年、その対応をめぐって宋朝廷では議論がなされている。

（十月丁巳）先是、登州言、高麗遣使入貢、未敢迎迓、以須朝旨。上謂宰相曰、此事如何。王旦曰、高麗久来進奉、因契丹阻絶、今須許其赴闕、契丹必不敢言、且使離高麗、契丹必已知之、若有所問、即当以誠対也。王欽若曰、此使到闕正、与契丹使同時。旦曰、四裔入貢、以尊中国、蓋常事爾彼自有隙、朝廷奚所愛憎。上曰、卿言深得大体、即遣使館接焉。

（『続資治通鑑長編』巻八三真宗 大中祥符七年）

王旦は、「高麗は昔から進奉してきたのであるから、今回も上京させ宮闕に迎えるべきであり、おそらく契丹は敢えて問題にはしないであろうし、今から高麗使節を帰国させても契丹はすでに使節が宋に来たことを知っているはずだ」と述べたのに対し、王欽若は、「高麗使が宮闕に到れば、契丹使と鉢合わせしてしまう」と憂慮している。結局、高麗使一行は上京が許されたが、このためしばらく登州に留め置かれた。

このように澶淵の盟後しばらく、宋は高麗使節の扱いにも神経をとがらせていたが、こうした遼への配慮は高麗側においても確認される。

八月乙巳、……王欲於耽羅及霊巌伐材、造大船、将通於宋。内史門下省上言、国家結好北朝、辺無警急、民楽其生、以此保邦上策也。昔庚戌之歳、契丹問罪書云、東結構於女真、西往来於宋国、是欲何謀。又尚書柳参奉使之日、東京留守問南朝通使之事、似有嫌猜、若泄此事、必生釁隙……。

（『高麗史』巻八世家八文宗一二年）

右の一〇五八年の史料は、大船を造って宋に遣使しようとした文宗に対してなされた内史門下省の上言である。その内容を見ると、傍線部にあるように、「かつて庚戌の歳」に遼から「東は女真と共謀し、西は宋と往来して、何をたくらんでいるのか」と責められ、また柳参が遼に派遣された際には、東京留守から「宋と使節をやり取りしているのか」と訊かれたことを挙げて、文宗の計画が遼に知れれば必ず問題が起こる、と諫めている。「庚戌の歳」は一〇一〇年であり、柳参は顕宗代（一〇〇九～三一）の臣であるから[20]、右の上言で挙げられている遼側の発言はいずれも顕宗代のものとみられ、一〇五八年の時点ではすでにやや古い記憶であったろう。文宗が遣宋使節を再開しようとしたことからも、この頃には遼の麗宋関係への干渉は弱まっていたのではないかと推測されるが、いずれにしろ一一世紀半ばの時点では、高麗は、宋への遣使が遼に高麗攻撃の口実を与えてしまう可能性のあることを恐れていたのである。

しかし結局一〇七一年には通交が復活し、宋では徽宗代になると、高麗に冊封や「真王の礼」を提案するまでになる。また『政和五礼新儀』に載せる、四章や六章で扱った宋廷の宴会儀礼の儀式次第では、遼使と高麗使が同席することが記されている。こうした宋の態度の変化は、直接的には新法党政権による対遼積極政策や、女真の勃興と遼の衰勢といった国際情勢の推移の影響によるものであろう。

ただし次の『宋史』高麗伝の記述からは、麗宋関係に対する遼の関与姿勢の変化も読み取ることができる。

> 自王徽以降、雖通使不絶、然受契丹封冊、奉其正朔、上朝廷及他文書、蓋有称甲子者。歳貢契丹至於六、而誅求不已。常云、高麗乃我奴耳、南朝何以厚待之。使至其国、尤倨暴、館伴及公卿小失意、輒行捽箠、聞我使至、必仮他事来覘、分取賜物。嘗詰其西向修貢事、高麗表謝、其略曰、中国、三甲子方得一朝、大邦、一周天毎修六貢。契丹悟、乃得免。
>
> （『宋史』巻四八七外国伝三高麗）

傍線部に「文宗（王徽）以降、高麗は絶えず宋に遣使していたが、契丹の冊封を受け正朔を奉じていたため、宋朝廷に上呈する文書やその他の文書では（年号を記さず）甲子を記していたようだ。契丹には年に六回修貢していたが、その厳しい取り立てはやむことがなかった。契丹は常に、高麗は我が奴にすぎないのに、南朝（宋）はなぜそんなに厚遇するのかといった。……嘗て宋に修貢していることについて契丹が高麗を詰問した際、高麗は表謝して大略次のように述べた。中国（宋）には三年に一度朝貢し、大邦（遼）には年に六回修貢しております、と。契丹はこれを理解し、免じられた」とある。これによれば、麗宋通交の再開はもとより遼の知るところであったが、ある時遼が高麗にこれを詰問し、結局容認した、ということになる。何時のことかは記されていないものの、このように高麗が宋に朝貢しても、それを反抗や冊封関係の破綻とまでは見做さず、ある程度容認する姿勢を遼が示したことは、少なからず宋の対高麗外交や、高麗の宋・遼に対する外交姿勢に影響を及ぼしたであろう。

以上のような北東アジア諸王朝間の外交姿勢の推移を背景として、高麗では文宗代後期の宋との通交回復以降においても、宋に対する朝貢とそれに伴う制度・文物の流入、またある程度の事大意識が継続され、宗主国である遼よりも文化的優位を認めていた宋の諸制度を選択、導入していったのである。

では遼が滅び、宋が南遷し、金が中原に侵出した後にも、高麗は礼制整備に関してこのような姿勢を保ったまま一二世紀半ばの『詳定古今礼』の成立に至ったのだろうか。この疑問に答えてくれる史料は少ないが、まず七章一節で整理した麗金関係を振り返ってみるならば、高麗は一一二九年に金に君臣関係を称する誓書を提出し、一一四二年に正式に冊封を受けたばかりであり、その後も国王毅宗はじめ国内では北伐意識が存在していた。そのため『詳定古今礼』の編纂時期に、金との新たな関係によってただちに高麗礼制に変革がもたらされたとは考えにくい。そしてまた、一章二節で言及した太廟制の変遷も、こうした推測を裏付ける。高麗王朝は、九八八年にはじめて五廟を定めた後、諸侯国の立場に則って仁宗代までは五廟を維持していたが、毅宗代になると、天子と同じ七廟を置くのである。この体制は少なくとも熙宗代まで維持されていることが確認でき、金が高麗太廟の運営に関与姿勢を示さなかったことを意味すると考えてよかろう。

こうした様相は、後に元との関係の下で、高麗の従来の体制が様々な分野で改変されていったのとは異なっている。高麗が忠烈王の即位後間もない一二七五年に、元皇帝からの詔を受けて官制を改めたことはよく知られている[21]。また国王・王室にかかわる諸用語についても、一二七五年までに太子を世子に、聖旨を宣旨に改めていたが、さらに翌一二七六年には、元廷から派遣された達魯花赤の詰問を受けて、宣旨を王旨、朕を孤、赦を宥、奏を呈と改めた[22]。儀礼に関しても、八関会と燃灯会大会における「三挙浄鞭」「山呼万歳」が天子の儀制のようであるとの元の指摘を受け[23]、いったん王の服・傘の色を替え舞蹈警蹕の礼を除くなど[24]、僭擬にあたるとされた事柄の改定が行われた。太廟に関しても、忠宣王の一三一〇年には、太祖廟・二昭二穆・東西夾室を設ける五廟の構成となり、毅宗代に始められた七廟の運営は復活しなかった。これが元側からの指示によるものか否かは確認できないが、元との関係が影響していることは明らかであろう。また文廟も、一三〇一年に来麗した元使の「国学の殿宇が狭苦しく、学校の制度を失っており、文廟を新たにして儒学を振興すべきである」との指摘にしたがい、新たな土地に大成殿を建設し一三〇四年に完成させたことは、五章で述べたとおりである。さらにその後一三〇七年七月に元朝で孔子の封号が大成至聖文宣王に改められた際には、翌年二月に高麗でも元帝からの詔を受けてこれに従ったのであった。

明の場合、高麗を明の礼的秩序の中に組み込もうとする方針が明確であり、高麗礼制への介入はさらに直接的であったといえる。次のように、一三七〇（恭愍王一九）年四月には明から道士徐師昊が派遣され、南郊に壇を設けて翌月に高麗境内の山川を祭る。さらに、称臣奉表して国王が冊封を受けたからには高麗境内の山川は明の版図に帰したのであり、故に皇帝が徐師昊を派遣して致祭せしめ、一視同仁の意を示すのである、という主旨の碑石を会賓門外すなわち南郊に立てたのである。

（四月）庚辰、帝遣道士徐師昊来、祭山川。祝文曰、皇帝遣朝天宮道士徐師昊、致祭于高麗首山及諸山之神、首水及諸水之神。……。師昊又載碑石而来問曰、都城南楓川、何地。乃以会賓門外陽陵井対、遂立之。其文曰、洪武三年春正月三日癸巳、皇帝御奉天殿、受群臣朝、乃言曰、……邇者、高麗遣使、奉表称臣、朕已封其王、為高麗国王、則其国之境内山川、既帰職方、考諸古典、天子望祭、雖無不通、然未聞行実礼、達其敬者、今当具牲幣、遣朝天宮道士徐師昊前往、用答神霊。礼部尚書臣崔亮、欽承上旨惟謹、乃諭臣師昊、致其誠潔以俟、於是上斉戒七日、親製祝文、至十日庚子、上臨朝、以香授臣師昊、将命而行、臣師昊以四月二十二日、至其国、設壇城南、五月丁酉、敬行祀事於高麗之首山大華嶽神及諸山之神、首水大南海神及諸水之神、礼用告成。……庶昭聖天子一視同仁之意、是用刻文于石、以垂視永久。臣師昊謹記。

（『高麗史』巻四二世家四二恭愍王一九年）

つづいて同年六月には、明は入朝した賀正使張子温に「本国朝賀儀注一冊」を授けている。(25) すでに桑野栄治氏が指摘しているように、(26) この書冊には前年に明朝で制定された蕃国礼が記載されており、「聖節正旦冬至蕃国望闕慶祝儀」や「蕃国遣使進表儀」が含まれていた。「聖節正旦冬至蕃国望闕慶祝儀」すなわち聖節・元旦・冬至に蕃国において明皇帝の宮闕を遥かに望んで祝賀する儀礼については、早くも翌一三七一年には高麗において挙行されたことが確認され、(27) またその儀注は『高麗史』巻六七礼志九嘉礼に載録された「元正冬至上国聖寿節望闕賀儀」に反映されている。

さらに、張子温の帰朝した翌月には明使夏祥鳳が来朝し、高麗境内の岳鎮海瀆の封号を削除して山川の名をもってその神を称することとし、郡県の城隍の神号もすべて改封した。歴代の忠臣烈士についても、それまでに加上された号は全て革去されて初封の号に戻されている。(28) このように洪武帝は、遣使して高麗境内の山川に対する祭祀を行い、諸神の号を改封し、また高麗で行うべき儀礼の次第を下賜したのであり、明朝との冊封関係は高麗礼制に大きな変化をもたらした。

右のように、元代には、元からの指示によって、あるいは高麗が自主的に元との関係に配慮することによって、礼制が改変されるといった事態がみられ、また明初には高麗礼制へのより直接的な介入がみられた。一方で、遼・金との関係においては、こうした事象はこれまで本書で扱った範囲ではほとんどみられなかった。このことについて、高麗と遼・金との関係が麗元・麗明関係とは大きく異なっており、かつ遼・金の高麗礼制に対する関与姿勢が元朝や明朝とは異なっていたことが、高麗王朝における礼制整備の自由裁量の幅を広げたと大枠で理解することは妥当であると考える。ただし、遼や金の意思が高麗礼制に影響を及ぼした例、およびその可能性のある例は皆無ではない。それは主に遼・金の使節が直接参加する外交関係の儀礼においてみられる。次節ではその内容について検討することにしたい。

第三節　外交儀礼の整備と遼・金朝の関与

（一）「迎北朝詔使儀」における高麗王と使臣の面位の解釈について

遼・金使節を迎えた際の儀礼といえば、『高麗史』巻六五礼志七賓礼に載録された「迎北朝詔使儀」と「迎北朝起復告勅使儀」が想起される。両儀礼については、次第中で儀場とされている「乾徳殿」の称が一〇一六年頃から一一三八年まで用いられていたものであり、同時期に高麗王が冊封を受けていたのは遼朝であったことから遼使に対する迎接儀礼として研究されてきており、また後に金が高麗に対しすべて遼の旧制にのっとって通交することを求め、それに高麗が応じたことから[29]、金使節の来朝の際にも基本的に同様の儀礼が用いられたと考えられている。

両儀礼についてはまず、奥村周司氏が、明との冊封関係が始まった時期に明礼制に従って定められた「迎大明詔使儀」「迎大明賜労使儀」「迎大明無詔勅使儀」（『高麗史』巻六五）、唐礼の「皇帝遣使諧蕃宣労」（『通典』巻一三〇）、および一一二三年に来麗した宋使から受詔した際の儀礼（『高麗図経』巻二五）との比較を行い、特に受詔の際の面位に注目して次のように結論付けた。すなわち、「遼朝の詔使に対する高麗王の「西面」の面位が、遼朝に対する臣礼を忌避する姿勢であり、それが高麗側の一方的な姿勢の表明ではなく、遼朝も認めていた礼遇であった」のであり、「宋朝と遼朝が澶淵の盟以後対等の外交関係にあった国際情況」において、高麗王の国際的地位が相対的に上昇したことがその背景にあったとした。[30] 奥村氏の見解は一定の支持を得ており、同時期の国際関係を理解する上で重要な研究の一つとされると同時に、高麗王を皇帝に擬した用語使用などに象徴される、自国中心の天下観の存在と結び付けて論じられてきた。[31]

しかし近年、金成奎氏によって、同儀礼における面位については、遼における方位概念と併せて考察されるべきであり、君主南面臣下北面という伝統的な中国王朝の概念が通用していない可能性が指摘された。金成奎氏は、遼では東西を経、南北を緯とし、皇帝が東面する方位概念が存在すること、また宋使に対する迎接儀礼の一部で皇帝・皇太后が東面しているとみられることから、「高麗王が西面したのは、奥村氏の指摘のように臣礼を忌避したのではなく、むしろ契丹側の礼法に従い、臣下としての面位を維持したのではないか」と論じ、「当時の国際関係の中で、高麗国王が契丹に対して臣礼を忌避することが現実的に容認され得たか」という疑問を再提起して否定的な見方を提示している。[32] つまり、両儀礼における高麗王と遼詔使の面位の意味、および儀礼作成における高麗の主体性（高麗の国際秩序観が反映され得たか否か）、そして当時の国際関係における高麗の立ち位置について、ほぼ反対の見解が提示されたわけである。

これを考えるにあたっては、次の史料とこれに関する井黒忍氏[33]の指摘が重要であろうと思う。左は金世宗代（一一六一～八八）に、金使臣に対して高麗・西夏の国王がとるべき礼について議論された際の記事である。

　上問、高麗・夏皆称臣、使者至高麗、与王抗礼、夏王立受、使者拝、何也。左丞襄対曰、故遼与夏為甥舅、夏王以公主故、受使者拝。本朝与夏約和、用遼故礼、所以然耳。汝弼曰、誓書称一遵遼国旧儀、今行之已四十年、不可改也。上曰、卿等言是也。

（『金史』巻八三列伝二一張汝弼）

世宗は、高麗と夏国はともに金に対して臣を称しており、金の使者が高麗に至ると高麗国王と抗礼するのに、夏国王は起立して詔書を受け、金使が夏国王を拝するのは何故かと問うた。これについて尚書左丞完顔襄は、夏国王は遼の公主を尚し遼皇帝と甥舅の関係にあったため、遼使の拝を受けたのであり、金は夏国との盟約において遼夏間の旧礼を用いるとしたのであるから、そのようにすべきであると答えた。また張汝弼も、誓書にすべて遼国の旧儀に遵うとあり、今まですでに四〇年間行ってきたことであるから、改めるべきではないとし、世宗も彼らの意見にしたがった、とある。

ここでいう「抗礼」は、一一三〇年に金太宗から大斉皇帝に冊封された劉豫と金使との間でも用いられたものであった。左の史料にあるように、受冊後、大斉皇帝劉豫は金使に「藩王の礼」をもってまみえた。この時のことについて完顔宗翰・宗輔は、劉豫はすでに金の冊封を受け称臣奉表したのであるから、金朝廷から詔がもたらされた際には、正位を避けて使臣と抗礼し、それ以外の礼については皇帝の礼をおこなうべきであると述べている。また太宗の詔によって、劉豫は、金使の来見の際にはみずから金皇帝の起居を問い、辞去の際には対面して挨拶を行うこと、上奏することがあれば起立して行うが、それ以外は皇帝の礼をおこなうこととされた。

太宗用封張邦昌故事、以九月朔旦授策、受策之後、以藩王礼見使者。臣宗翰・臣宗輔議、既策為藩輔、称臣奉表、朝廷報諭詔命、避正位与使人抗礼、餘礼並従帝者。詔曰、今立豫為子皇帝、既為隣国之君、又為大朝之子、其見大朝使介、惟使者始見躬問起居与面辞有奏則立、其餘並行皇帝礼。

（『金史』巻七七列伝一五劉豫）

さて、高麗で遼使を迎える「迎北朝詔使儀」の次第を見ると、乾徳殿庭に入場した後、殿庭において使臣は南面して立ち、高麗国王は西面して再拝し皇帝の聖体を問う。その後に、使臣が詔を王に伝え、王はそれを宰臣に授けて、再拝舞蹈再拝することとなっている[34]。前述のように、金は麗遼間の通交制度を全て踏襲するよう求めて高麗が受けいれたのであるから、この儀礼も金使に適用されたと推定できる。その場合、金使が南面し、高麗王が西面するという面位は、「正位を避けて抗礼する」という劉豫伝の記述に合致すると思われる。また「迎北朝詔使儀」「迎北朝起復告勅使儀」で、高麗王は遼使に直接皇帝の聖体を問うことになっているから、金が金使迎接の際に劉豫に求めた「藩王の礼」と、高麗国王が遼・金使に対して行った礼は、同様の関係性を示すものであったとみなし得るだろう。

これらの史料などから井黒氏は、「夏国王・高麗国王・大斉皇帝に対して求められた詔書受理および金使迎接の儀礼から考えれば、いずれも金の「藩王」として明確な上下の区別が国家間の関係を明示する場に体現されたのであるが、そこでは諸国一律の儀礼が設定されていたのではなく、金使と抗礼を行う高麗および劉斉のあり方、国王が起立して金皇帝の詔書を受け取り、金使は国王に対して拝礼を行うという西夏のあり方があったこととなる」としている。さらに言えば、金使との礼や金皇帝の詔書の受理儀礼において、高麗や大斉に西夏が優越しているように見えるが、高麗・西夏の君主はあくまで国王として冊封を受けており、傀儡政権大斉の君主は皇帝としての冊封を受け、金使迎接以外では皇帝の礼を行うとされているのであって、各国に対して金が認めていた金使迎接儀礼は、全体として一貫した秩序のもとに定められたわけではなかった[35]。

いずれにせよ金は、劉豫に対して金使を迎える際の礼を指定し、また西夏王の金使対面時の礼を問題視して議論しているように、金皇帝の詔を伝える使の礼遇に関しては、明らかに相手国に干渉する姿勢を示している。これは南宋皇帝に対しても同様であり、金皇帝からの国書を受け取る際の受書礼を免除せず、長く金宋間の外交問題として残されたことはよく知られている[36]。高麗の金使迎接礼に関しても、『金史』張汝弼伝・劉豫伝で語られていたように、高麗王と金使が「抗礼」するそのあり方は、称臣した藩王としてふさわしいと金側が認めていたものであった。これが遼使迎接儀礼を継承したものと考えてよければ、「迎北朝詔使儀」で規定された高麗王と遼使の面位について、「遼朝に対する臣礼を忌避する姿勢であり、それが高麗側の一方的な姿勢の表明ではなく、遼朝も認めていた礼遇であった」と解釈することは難しくなる。儀式中で示された面位が、金成奎氏の主張するように遼の方位概念によるものか否かは、筆者は現状判断するすべを持たないが、少なくとも金は、この儀礼を君臣関係の示された儀礼と認識しており、だからこそ高麗に対して継続を求めたのである。

（二）　遼・金による高麗外交儀礼への介入

次に、遼・金が、高麗に赴いた自国使節の参加する儀礼に関して干渉を行った事例について、見てみることにしたい。まず遼が主導したり高麗に指示したりした内容としては次のようなものがある。九九六年にはじめて冊封使を派遣し高麗成宗を冊封した際、使張幹らが開京の西郊に至り、壇を築造して授冊の儀礼を行った。

（三月）契丹遣翰林学士張幹・忠正軍節度使蕭熟葛来冊王曰……。幹等至西郊、築壇、伝冊、王備礼受冊、大赦。（『高麗史』巻三世家三成宗一五年）

これにより、いったん西郊が高麗国王受冊の儀礼の場として設定されたと推測される。しかし一〇四九年には左のように南郊で受冊するようになり、その後遼との冊封関係が断絶するまで、南郊が受冊の儀場として定着した。[37]

（正月乙巳）契丹遣蕭惟徳・王守道来冊王。……丙午、王受冊於南郊。（『高麗史』巻七世家七文宗三年）

また一〇五八年には、遼から派遣された賀生辰使王宗亮の意見をうけて、遼使節に対する宴礼は昼に催すこととなった。左の崔尚の上奏によれば、帰路、夜間に金郊駅に至った王宗亮一行のために餞別の宴が催されたが、これに対して王宗亮は、「炬火を持つ召使たちの衣服が薄く気がかりであるから、今後は早朝に出発するべきである。聞いたところによると、高麗で客使を引見する際には夜に至るまで酒を勧めるという。いま高麗の礼楽をみると、非常に中華の礼に似ており、その点は賛美してやまないが、王府の宴に三度赴いた際には、必ず灯燭を設けていた。わが遼朝では夜間にのみ花燭を用いることを許可し、人臣が客と会する時には夜になっても灯燭を用いてはならないのである」と述べた。この意見を受けて崔尚は、灯燭が民の負担にもなっていることを挙げながら、宴礼は昼間を選んで行い、遼使節が帰国する際の辞帰の礼も朝会の時に行うように建議し、受けいれられた。

(一二月)戊午、内史舎人知東宮侍読事崔尚奏、昨伴送丹使王宗亮、夜至金郊駅。宗亮見列炬曰、郊餞被酒、所以犯夜、燃炬徒隷衣単可悶、後宜侵早啓行、嘗聞、貴朝引見客使、勧酒至夜、今観礼楽、一似中華、歎美不已、然三詣王府宴、必張灯、我朝之法、惟昏夕許用花燭、人臣会客、雖至侵夜、不得燃燭。臣亦念、王者向明而治、宜於大昕接見賓客、況灯燭亦民膏血、費用太多、恐虧倹徳、……乞自今宴好之礼、止令卜昼、辞帰之礼、宜用会朝時。従之。

(『高麗史』巻八世家八文宗一二年)

遼使の意見によって、遼使節の宴礼と辞帰の礼の時間帯が改定されており、「遼朝では人臣の会客には灯燭を用いてはならない」という遼使の指摘が、遼皇帝の臣である高麗王に対する圧力となったとも推測される。

これらの史料からは、高麗が「中華」の礼楽を取り入れ模倣することについては問題視しないが、受冊礼の儀場や遼使節の参加する賓礼に関しては、指示して従わせることがあったという遼朝の高麗外交儀礼への干渉姿勢がうかがわれる。

金朝の場合、外交儀礼にかかわる要求はより多く確認される。そのはじめは、前述のように、遼との間の旧儀をそのまま用いるよう求めたことである。その後一一四二年に高麗が正式に冊封を受けた際には、金朝廷の指揮により、南郊で行われていた受冊礼の儀場を王宮内に移し、宣慶殿で受冊し、大観殿で宴礼を催した。

(五月)庚戌、金遣大府監完顔宗礼・翰林直学士田瑴来冊王。戊午、王受詔于宣慶殿。……故事受冊命必於南郊、今宗礼等奉朝廷指揮、始於王宮頒詔。……(六月)辛未、宴金使于大観殿。

(『高麗史』巻一七世家一七仁宗二〇年)

この一一四二年以降に行われた受冊礼のうち、儀場が判明する一一七二年・一一九九年・一二〇六年の事例をみると、明宗即位後の一一七二年に金の冊封使を迎えた際には昇平門外で迎詔、大観殿で受冊・宴礼[38]、神宗即位後の一一九九年には昇平門外で迎詔、大観殿で受冊礼が行われた[39]。そして一二〇六年に来朝した金の冊封使は、次のように宣慶殿で受冊、大観殿で宴礼、昇平門外で望詔するよう高麗側に指示している。

夏四月甲子、金遣大理卿移剌光祖・小府監馬黯来冊王。宣慶・大観両殿倚屏久為塵汚。王命忠献・将軍瑀、書洪範于宣慶殿、無逸于大観殿、以迎北使。癸酉、王将受冊、遣左承宣鄭叔瞻、議行礼所於金使。答曰、受冊宣慶殿、設宴大観殿、行望詔拝於昇平門外。王以問忠献、対曰、前王時、宣慶殿災、故受冊於大観、而望詔於昇平門外、今正殿已成、豈可苟循一時之制、而便失旧規耶。遂従之。（『高麗史』巻二一世家二一熙宗二年）

熙宗の相談を受けた崔忠献は、前回神宗が金の冊封使を迎えた際に大観殿で受冊したのは、宣慶殿が焼亡していて使用できなかったためであり、すでに再建されているのであるから宣慶殿を用いるべきであると意見し、王はこれに従った。

金側が受冊礼の儀場として指定した宣慶殿は、一一三八年の殿閣・宮門の改称前には会慶殿と称した、宮闕内で最も壮麗で規模の大きな殿舎である。宴礼の儀場とされた大観殿は、宣慶殿より規模が小さい常用の正殿で、改定前の称は乾徳殿であった[40]。宋使来朝の際には会慶殿が受詔や宴礼の場として用いられ、遼使来朝の際には、主に乾徳殿で受詔・宴礼が行われた。金使の迎接にあたっては、冊封使以外の詔使の場合、基本的に大観殿で受詔・宴礼を行うこととなっており[41]、その点は遼使迎接の旧例を踏襲しているといえる。

これと関連して、奥村周司氏は、宋使迎接の場として用いられた会慶殿よりも格式の低い乾徳殿で遼使の迎接を行っていた高麗の外交姿勢の背景には、根強い遼朝に対する蔑視感があったと述べている[42]。説得的な見解であるが、一方で、少なくとも冊礼の儀場については遼、および金側が指定し、高麗が受けいれている事実も看過できない。宋使と遼・金使の迎接に用いる殿舎の違いが、高麗側で斯様に意識されていたにしろ、遼・金側がそれを問題視して変更を迫った形跡は見られないし、遼・金側に介入の意図があった冊礼の儀場に関しては、高麗はそれに従っている。高麗の自尊意識はどこまで外交儀礼の場に反映されえたのか、また高麗は外交儀礼をめぐって遼・金とどのような折衝を行いえたのだろうか。

こうした観点から見たとき、検討に資する史料は多くはないが、金使節に対する礼遇をめぐる以下のような記事も参考になる。まず一一七八年、高麗王の誕生日を祝賀する賀生辰使として来訪した僕散懐忠は、宴礼にあたり、旧制では殿門外で賜酒され、門内への参入は許されていなかった中節・下節の人員について、賜宴後に殿庭に入り拝謝することを求め、高麗側がこれに従った。

（明宗八年正月）己丑、宴金使。旧制、中下節人於殿門外賜酒、不許親参。至是、使臣請令赴宴後、入殿庭拝謝。従之。

（『高麗史』巻六五礼志七賓礼）

右の場合は、金使節の要求を高麗側がそのまま受けいれているが、やりとりの末に金側が譲歩する例もあった。一一八三年に明宗の母恭睿太后任氏が死去すると、翌年、金の祭奠使完顔royalties・弔慰使大仲允・起復使完顔三勝等が来朝した。(43) 高麗では彼ら金使節に対し喪中の礼をもって賜宴しようとしたが、金使は、すでに起復の詔書を受け起復したのであるから、彩棚を設け楽を演奏し花を頭に簪して花宴の形式で行うべきであり、そうでなければ参加しないと抗議した。高麗側は、起復の詔を受けたとはいえ未だ練祥の期間があけていないのに、吉礼に則って行うのはいかがなものか、と抵抗したが、金使は認めず宴に参加しなかった。しかし一一日後、ふたたび宴礼を催した際には、彩棚・奏楽・挿花を除いたものの、金使は参席したという。帰国の日程が迫り、金使側が妥協したということであろうか。

（明宗十四年五月）丁巳、王宴金使。使不入曰、今日之事、是謂花宴、況王既起復、礼宜従吉、結彩棚、奏楽、挿花可也、不則不受享礼。王使人答曰、雖受起復、練祥未闋、可従吉礼乎。金使怒、不赴宴。六月戊辰、宴金使、竟不結棚・挿花・奏楽。

（『高麗史』巻六四礼志六凶礼 国恤）

この時はまた、祭奠使完顔辜が王太后の肖像画が坐像であったのを問題とし、坐した諸侯王の母に天子の使臣が拝するということができようか、肖像画をかくしてからでなければ行事をおこなわないと告げた。明宗は幾度も説得の使者を派遣し、結局、完顔辜は肖像画を掲げたまま行うことを了承して、儀式の際は、王が庭下に立ち、金使が魂堂に上って再拝し奠爵したという。

仁《ママ》〔恭〕(44)睿太后之喪、金遣太府監完顔辜来賜祭。将祭辜問曰、太后画象坐耶立耶。対曰、坐。辜曰、諸侯王母坐而天子使拝可乎、必蔵影幀、乃入行事。王遣人、陳諭再三、辜従之。王立庭下、辜登堂、再拝奠爵。

（『高麗史』巻六四礼志六凶礼 上国使祭奠贈賻弔慰儀）

一二〇二年には、ふたたび喪中の礼のありかたについて金使側が拘り争点化した。明宗の死去後間もない時期に来朝した金の賀生辰使に対し、高麗側は、未だ殯の期間であることを告げて迎詔・宴礼における楽の停止を申し出たが、金使が許可せず楽が演奏された。その後、おそらく帰国に際して催された宴礼では、高麗側が正殿である大観殿の使用を避けたいと申し出、いったんは拒否されたが再度の交渉により許可されている。

（神宗五年十一月）己巳、金遣戸部侍郎李仲元、来賀生辰。十二月朔辛未、王受詔于大観殿。先遣左承宣于承慶、謂金使曰、前王在殯、迎詔及宴、不敢挙楽。金使曰、迎天子之命、豈可以私喪徹楽乎。遂用之。（閏十二月）丙辰、宴金使、先遣人告曰、前王在殯、未敢宴於正殿。金使不聴、再告乃許之。（『高麗史』巻六四礼志六凶礼 国恤）

さらに、モンゴルの侵攻や耶律留哥の叛乱等により金が苦境に陥った一二一二年には、康宗の冊礼を行うために来朝した冊封使完顔惟基との間で、使用する門をめぐって衝突が生じた。李奎報が撰した琴儀の墓誌によると、この時、完顔惟基は儀鳳門の正門から入場しようとしたが、高麗側はそれを拒否し、通訳を通して説得しようとしたものの惟基は受けいれなかった。儀式にのぞむ群臣たちが雨に濡れて佇む中、康宗は琴儀に説得を命じ、儀は「もし金の皇帝が我が国に立ち寄られた場合、どの門から入るであろうか」と問い、惟基が「天子が出入りするのは中門をおいてあるまい」と答えると、「ならば人臣が君主の正門から入ろうとしてもよいものか」と返し、惟基はその言葉に感服して西門を用いたという(45)。

逮壬申大金使介至、欲入自正門、我朝不許、使重舌人往復詰難、客人猶不肯之。是日大雨、群臣皆霑服立待、上命公往諭。公先問曰、天子之巡狩侯甸、自古有焉、若爾国皇帝枉蹕小国、則当入自何門耶。曰、天子所出入、捨中門何自耶。曰、然則人臣而欲入自君之正門可乎。彼大服其言、遂入自西門。其臨機設方略、出人意表皆類此。上大嘉賞之。……

正門言兮、人莫敢廁、戎使迹穢兮、欲蹈其閾、公則往諭兮、一言中的、彼雖獣心兮、豁然自釈

（『東文選』巻一二二壁上三韓大匡金紫光禄大夫守太保門下侍郎同中書門下平章事修文殿大学士判吏部事致仕琴公墓誌銘）

墓誌という史料の性質上、琴儀の功績を誇張している可能性もあるが、金の衰勢を背景に高麗側が積極的な交渉を行い、成功したように見受けられる。また右に引用した銘では、「高大なる正門に、あえて踏み入る者はない、しかし異民族の使臣は穢らわしい足で、そのしきいを踏もうとした。そこで琴儀公が行って諭し、その的を射た一言で、獣のように野蛮な使臣も、豁然と自らさとった」と、謳っている。儀の死亡した一二三〇年には、すでに冊封関係が断絶していたこともあろうが、金に対する根強い反発がうかがわれる内容である。

以上の史料をみれば、喪中の高麗王に対して、慶事の礼に則って迎詔や宴礼を行うよう要求したり、中下節といった下級の使節人員に高麗王に拝する機会を与えるよう求めたり、あるいは高麗王の母が（肖像画であっても）坐して金

使と対面することを拒否するなど、金使節が直接かかわり参加する外交儀礼については、細部にまで干渉する姿勢を読み取ることができる。もちろん、高麗側の抵抗が金の譲歩を引き出した場合もあり、交渉の余地がないわけではなかったが、こうした要求は全て金使節すなわち金朝の威信を傷つけまい、あるいは誇示しようとするものであって、このような状況をみれば、高麗の自尊意識が反映された儀礼を金が承認するとは考え難い。高麗にそのような意図があったとしても、あくまで金側が関知しない事項において可能であったと考えるのが妥当であろう。

むろん、このことは中国を中心とする天下秩序に包摂されない自国中心の天下観の存在と矛盾するものではない。たしかに高麗前期には、制度的な面・非制度的な面の双方において高麗王を皇帝に擬した用語の使用が散見され、また独自年号を制定したり太廟に七廟を備えた時期もある。ただしそれは「体制」と呼ぶような国をおおう一貫したものというよりは、高麗人の自国意識の一つとして様々な場面で表出するものであり、ゆえに何を以てその発現とみなすかは、各事象の背景論理を含めた考察の積み重ねに依るほかないのである。

結びにかえて

以上、高麗王権儀礼の形成について、個々の儀礼の成立期や背景、およびモデルとなった中国儀礼の影響関係を明らかにし、さらに当時の文化伝播の一媒体であった外交使節の体験を復元することによって、その全体像への接近を試みた。加えて、北東アジアの国家間関係の推移や、宋・遼・金の文化に対する高麗人の意識といった視点から、高麗儀礼形成の背景について論じた。ここで取り上げた儀礼は『高麗史』礼志が載録するものの一部であり、今後さらに一つひとつ検討対象を広げていく必要のあることは言うまでもないが、右の課題に対して一定の見解は示せたものと思う。

また、本書の議論は、中国王権儀礼の伝播と高麗的展開を主軸としてきた。しかし高麗王朝が挙行した儀礼全体を見渡せば、中国から導入されたものばかりではなく、儒教を思想基盤とするものばかりでもない。特に、仏教儀礼や道教的色彩の濃い醮礼は、外勢の侵入や自然災害など国難に際しても挙行されてきたその重要性や、頻度に鑑みても、軽視できない比重を占めたことが明らかである。高麗人がよりどころとしていた思想は、仏教や道教、太祖信仰、山川信仰など多様である。儒教を含め、これらの思想を王権はどのように支配体制に組み込んでいたのか、翻っていえば、これらの思想が王朝の支配体制の中でそれぞれどのような位置を占め、またどのように補完し合っていたのか。高麗王朝を論ずる上で関鍵となるテーマでありながら、模糊として具体的な手がかりの乏しい問いのようでもある。しかし、各思想に基づく儀礼を王朝がどのように整備し催行してきたのか、そのあり様を明らかにすることは、有効な解法になりうるだろう。本書をその布石の一つとして、さらに研究を進めていきたいと思う。

注

（1）「高麗における八関会的秩序と国際環境」（『朝鮮史研究会論文集』一六、一九七九年）で、外国人朝賀によって表現される「八関会的秩序」が顕宗から靖宗に至る時期に形成されたと論じ、「高麗における謁祖真儀と王権の再生」（『早実研究紀要』三七、二〇〇三年）および「高麗における燃灯会と王権」（『福井重雅先生古稀・退職記念論集　古代東アジアの社会と文化』汲古書院、二〇〇七年）において、顕宗元年の燃灯・八関会復活以降、一〇三八年頃までには、祖真謁見儀礼を含んだ儀礼構成が完成していたと述べている。

（2）礼儀詳定所〈睿宗八年置〉。（『高麗史』巻七七百官志二諸司都監各色）

（3）睿宗九年六月、礼儀詳定所奏曰、近来、朝廷之間所行表状書簡、称号不正、非所以正名之義。臣等欲望、凡上表者称聖上陛下、上箋称太子殿下、諸王曰令公、中書令・尚書令曰太師・令公、両府執政官曰太尉、平章・司空・参政・枢密・僕射各随時職称之、三品以下員寮並不得称相公、宜直呼官名。

（『高麗史』巻八四刑法志一公牒相通式）

（四月）庚辰、御乾元殿受朝賀、下制曰、……且国風欲其倹朴、而今朝廷士庶衣服華侈、尊卑無等、宜令礼儀詳定所、拠祖宗代式例、沿革制定、以聞。（『高麗史』巻一四世家一四睿宗一一年）

金徹雄『韓国中世의 吉礼와 雜祀』第一章「高麗時代의 吉礼」景仁文化社、二〇〇七年、ソウル、二一～二五頁においても言及されている。

(4)『高麗史』巻三世家三成宗二年五月甲子。
(5)『高麗史』巻四世家四顕宗七年是歳・九年一〇月是月。
(6)『高麗史』巻四世家四顕宗一三年四月。
(7)『高麗史』巻五世家五徳宗即位年一一月辛丑・同元年正月乙酉。
(8)『高麗史』巻六靖宗四年四月是月・同八月乙丑。
(9)『高麗史』巻六世家六靖宗二年七月是月。
(10) 宣宗八年九月庚戌、礼部奏、国学壁上図画七十二賢、其位次依宋国子監、所讃名目・次第・其章服、皆倣十哲。従之。

（『高麗史』巻六二礼志四吉礼中祀 文宣王廟）

(11) 六章では、一一一六年に宋に派遣された高麗使節が、一〇月七日から翌年三月にかけて、およそ五か月のあいだ都開封に滞在し、その間、外交儀礼以外の儀礼にも参加が許され、景霊宮や国子監大成殿、あるいは道観等々、様々な施設に出入りしたことを明らかにした。一方で、傅楽煥氏が『遼史叢考』「宋遼聘使表稿」（中華書局、一九八四年、北京）ですでに指摘しているように、遼都における宋使節の滞在は一〇日間前後であったとみられ、また本書七章で検討したように、金都における外交使節の滞在期間も一〇日程に設定されていたと考えられる。一一一六年の入宋高麗使節の事例は、特に麗宋関係が密であった時期のものであるから、この例をもって一般化させて論じることには慎重でなくてはならない。ただし、そもそも高麗使節が宋を往復するには海路を用いたから、陸路を用いる遼・金への使節に比べ、航海に適した時期に出港するために長く宋に滞在することが多かった。故にやはり遣宋使節と遣遼・金使節では、体験した儀礼や見聞した施設等、滞在期間中に得た情報量にかなりの差があったと推測される。こうした外交使節を通して得られた情報の質・量の違いも、高麗における儀礼整備の姿勢に影響を与えたかもしれない。

(12)（元祐）六年、……十二月五日、高麗国遣使入貢。（『宋会要』蕃夷七・四一）
『高麗史』には発遣記事がないが、本文で引用した『高麗史』の宣宗九年八月乙丑条で、子威が宋での失敗により引責辞任してから数か月も経たずに宰相に返り咲いた、とされているのであるから、宋側史料に残る右の一〇九一年の高麗使入貢記事が該当すると見て問題ない。

(13) 毅宗朝、平章事崔允儀、裒集祖宗憲章、雑采唐制、詳定古今礼。（『高麗史』巻七二輿服志一）

(14) このほか一〇五八（文宗一二）年には、王が儀礼で着用する服の色について唐史や『開元礼』を参考にしつつ議論されている（『高麗史』巻七二輿服志一冠服 視朝之服）。

(15) 周藤吉之『高麗朝官僚制の研究―宋制との関連において―』法政大学出版局、一九八〇年、矢木毅『高麗官僚制度研究』京都大学学術出版会、二〇〇八年など。

(16) 一章の注（33）で述べたように、太祖訓要については、太祖の作ではなく顕宗末年に崔沆等によって偽作されたものという見解が今西龍氏によって提示されている。いずれにしろ、高麗王朝初期の契丹に対する意識を物語っているという点では、有用な史料である。

(17) これと関連して、宋と高麗、および宋と遼、西夏間の外交上の礼遇について拙稿「宋外交における高麗の位置付け――国書上の礼遇の検討と相対化――」（平田茂樹・遠藤隆俊編『外交史料から十～十四世紀を探る』汲古書院、二〇一三年）で論じたことがある。

(18)『高麗史』巻一二世家一二粛宗八年六月壬子・巻一三世家一三睿宗五年七月戊戌。

(19) 宋は、はじめ西夏王を「西平王」の号で冊封していたが、遼も「夏国王」の号で冊封していた。そして一〇三九年以来の宋・西夏間の紛争状態を収拾した一〇四四年の慶暦の和議以降、宋は「夏国主」、遼は「夏国王」の封号で冊封した（岡崎精郎『タングート古代史研究』第二編「西夏建国前史の研究」、東洋史研究会、一九七二年：陶晋生『宋遼関係史研究』第五章「北宋慶歴改革前后的外交政策」、聯経出版、一九八四年、台北：李華瑞『宋夏関係史』河北人民出版社、一九九八年、石家荘：金成奎『宋代の西北問題と異民族政策』第二章「宝元用兵と戦後の国境問題」、汲古書院、二〇〇〇年：毛利英介「一〇九九年における宋夏元符和議と遼宋事前交渉――遼宋並存期における国際秩序の研究――」〈『東方学報』八二、二〇〇八年〉を参照）。なお、山崎覚士氏は五代における「国主」について、上下関係としては皇帝より下るものの、対等に近似する立場であり、中原主の容認できる最上級の待遇であることを論じている（『中国五代国家論』第四章「五代における「中国」と諸国の関係」思文閣出版、二〇一〇年。および前掲毛利論文の注〈23〉を参照）。

(20) 官歴の詳細は分からないが、一〇一九年に礼賓卿になっていることは確認できる（『高麗史』巻四世家四顕宗一〇年三月甲子）。

(21) 『高麗史』巻二八世家二八忠烈王元年一〇月庚戌・壬戌。なお、元との関係の影響によって変化した高麗の王朝体制について、森平雅彦氏が「元側の意思の直接的ないし間接的な作用が現時点で看取される事項」を整理している（『モンゴル覇権下の高麗第九章「事元期高麗における在来王朝体制の保全問題」名古屋大学出版会、二〇一三年）。

(22) 『高麗史』巻二八世家二八忠烈王二年三月甲申。

(23) 『高麗史』巻三一世家三一忠烈王二七年四月己丑。

(24) 『高麗史』巻七二輿服志一儀衛・法駕衛仗・忠烈王二七年五月、同巻・冠服・視朝之服・忠烈王二七年五月。なお服色については、元廷から明確な禁令が出ていないことを確認し旧に復している（『高麗史』巻三一世家三一忠烈王三〇年二月丙申）。

(25) （六月）甲戌、張子温還自京師。帝賜本国朝賀儀注一冊及金龍紵絲・紅熟裏絹各二匹。

（『高麗史』巻四二世家四二恭愍王一九年）

(26) 「高麗末期の儀礼と国際環境―対明遥拝儀礼の創出」（『久留米大学文学部紀要（国際文化学科編）』二一、二〇〇四年）。

(27) 『高麗史』巻六七礼志九嘉礼 元正冬至上国聖寿節望闕賀儀 恭愍王二一年一一月丁巳。

(28) （七月）壬寅、帝遣秘書監直長夏祥鳳来。詔曰、……今命依古定制、凡岳鎮海瀆、並去其前代所封名号、止以山水本号、称其神、郡県城隍神号、一体改封、歴代忠臣烈士、亦依当時初封、以為実号、後世溢美之号、皆与革去。其孔子善明先王之要道、為天下師、以済後世、非有功於一方一時者可比、所有封爵、宜仍其旧、庶幾神人之際、名正言順、於理為当、用称朕以礼祀神之意、所有定到神号、開列于後。……

（『高麗史』巻四二世家四二恭愍王一九年七月壬寅）

(29)（九月）辛未、金宣諭使同僉書枢密院事高伯淑・鴻臚卿烏至忠等来。金主勅伯淑等曰、高麗凡遣使往来、当尽循遼旧、仍取保州路及辺地人口在彼界者、須尽数発還、若一一聴従、即以保州地賜之。

（十月）戊戌、王餞金使于大明宮、附回表謝、一依事遼旧制。

（『高麗史』巻一五世家一五仁宗四年）

(30) 奥村周司「高麗の外交姿勢と国家意識――「仲冬八関会」および「迎北朝詔使儀」を中心として――」（『歴史学研究』別冊、一九八二年）、「使節迎接礼より見た高麗の外交姿勢――十一、一二世紀における対中関係の一面――」（『史観』一一〇、一九八四年、三四・三九頁）。

(31) 例えば盧明鎬氏は、「時期別の変化はあるが、宋・遼・金などは高麗の称帝を完全に肯定したのでも完全に否定したのでもなかった。これら大陸諸国は、高麗の称帝を部分的に認めながら妥協する形式の関係を成立させた。高麗でつくられた大陸諸国の使節を迎接する儀礼には、水平関係の賓礼が含まれていて、上下関係の事大礼のみから成ってはおらず、これを遼・金・宋が受けいれたことにも、そうした高麗と大陸諸国との関係が象徴的にあらわれている」としており（「高麗時代의 多元的天下観과 海東天子」〈『韓国史研究』一〇五、一九九九年、ソウル、一六頁〉）、「迎北朝詔使儀」「迎北朝起復告勅使儀」が、高麗の主観的な国際秩序を反映したものとみている。一方、北村秀人氏（『法制史研究』三五、一九八五年）は、奥村一九八二論文の書評において、「著者が指摘するように、冊封関係における被冊封国での詔使迎接の礼法も宗主国側で決められたとすると、高麗王の西向面位も遼・宋側の方針に基づいているに過ぎず、高麗側の積極的な意志表示とはいえないことになろう」と奥村氏の見解の齟齬を指摘している。

(32) 金成奎「高麗 外交에서 儀礼와 国王의 姿勢」（『歴史와 現実』九四、二〇一四年、ソウル、三八五～三八九頁）。宋使の迎接儀礼における皇帝・皇太后の面位については、同「宋의 国信使가 契丹의 皇帝・皇太后를 謁見하는 儀礼」（『東洋史学研究』一二〇、二〇一二年、ソウル）での考察を土台としている。なお、その後さらに박윤미《パク・ユンミ》氏と鄭東勲《チョン・ドンフン》氏が、「迎北朝

詔使儀」における面位について異なる見解を発表している。박윤미氏は、「迎北朝詔使儀」の次第には脱落した部分があり、全体的に類似する「王太子称名立府儀」（『高麗史』巻六六礼志八嘉礼）で冊使が南面、王太子が北面して受冊することから、「迎北朝詔使儀」においても高麗王は詔書を受け取る時点では北面していたと結論づけた（「高麗 前期 外交儀礼에서 国王〝西面〟의 意味」〈『歴史와 現実』九八、二〇一五年〉）。「迎北朝詔使儀」の次第が完全でないとみることには同意するが、その再現に「王太子称名立府儀」を援用できるとする根拠が不足している。また氏の考えでは『高麗図経』巻二五拝詔においても宋使・高麗国王の面位を南面・西面と記述している理由が説明できない。一方、鄭東勲氏は、高麗と遼の方位概念の相違を背景として、遼使は高麗の基準で君礼をとり、高麗国王は遼の基準で臣礼をとったと理解できるとする。また宋使に関しては、高麗と宋は方位概念を共有しているものの、宋使は自らの方位概念に基づいて君礼をとって南面し、高麗国王は西面して臣礼を回避したと述べている（「高麗時代 使臣 迎接 儀礼의 変動과 国家 位相」同上、一一〇〜一一三頁）。この可能性を検討するならば、遼使が何故に高麗の方位概念に基づいて南面するのかを考える必要があろう。儀式に参加した高麗人に示すために南面するのであれば、高麗国王が北面しなくては意味がないことになる。

(33)　「受書礼に見る十二〜十三世紀ユーラシア東方の国際秩序」（平田茂樹・遠藤隆俊編『外交史料から十〜十四世紀を探る』汲古書院、二〇一三年、二二五〜二二七頁）。本文であげた『金史』張汝弼伝および劉豫伝の史料解釈についても参考にした。

(34)　使臣就伝命位、向南、立定、王西向、再拝、問皇帝体。使臣答伝、王拝舞拝。舎人喝、宰臣以下侍臣、拝舞拝。訖使臣称、有命、王再拝。使臣伝詔於王、王授宰臣、宰臣跪授於持函員、王拝舞拝。

（『高麗史』巻六五礼志七賓礼 迎北朝詔使儀）

(35)　このことは、筆者がかつて宋の外交使節迎接制度や国書上の礼遇を検討して指摘したことと重なる（前掲注〈17〉拙稿）。宋の高麗・西夏・遼の外交使節に対する待遇や、これらの国々におくる国書の形式や国書中で使用される文言を比較してみると、一つの序列基準が、さまざまな外交場面で一律に適用されていたとは言えない。例えば、政和年間初めの宋の高麗・西夏に対する待遇を比べてみると、国書の礼遇では西夏が上、使節に対する待遇は基本的に高麗が上、ただし儀礼における序列では西夏がやや上か同等程度、となる。

(36)　この問題に関しては、趙永春氏による一連の研究「関于宋金交聘〝国書〟的闘争」(『北方文物』一九九二年第二期)、「宋金関于〝受書礼〟的闘争」(『民族研究』一九九三年第六期)、「宋金関于交聘礼儀的闘争」(『昭烏達蒙族師専学報』一九九六年第三期)があるほか、金成奎「金朝礼制覇権主義」(『中国史研究』八六、二〇一三年)や井黒忍前掲注(33)論文でも論じられている。

(37)　一〇四九年以降の、全ての遼使による高麗国王の冊封記事では、南郊において受冊したことが記されている。一〇五五年(『同』巻七世家七文宗九年五月辛酉)・一〇五七年(『同』巻八世家八文宗一一年三月乙酉)・一〇六五年(『同』巻八世家八文宗一九年四月庚子)・一〇八五年(『同』巻一〇世家一〇宣宗二年一一月己未)・一〇九七年(『同』巻一一世家一一粛宗二年一二月癸巳)・一一〇四年(『同』巻一二世家一二粛宗四月甲子)・一一〇八年(『同』巻一二世家一二睿宗三年二月丙午)。なお遼は宋と異なり、高麗王のみならず王位継承予定者に対する冊立も行った。一〇二三年に顕宗の子欽(徳宗)を輔国大将軍検校太師守太保兼侍中高麗国公としたのち(『高麗史』巻五世家五顕宗一四年四月庚子)、一〇五五年に文宗の長子を冊立した際には閤門庭で迎命しているが(『同』巻七世家七文宗九年五月癸亥)、その後の全ての冊立記事では南郊において受冊している。一〇五七年(『同』巻八世家八文宗一一年三月乙酉)・一〇六五年(『同』巻八世家八文宗一九年四月癸卯)・一一〇〇年(『同』巻一一世家一一粛宗五年一〇月乙卯)・一一〇四年(『同』巻一二世家一二粛宗四月庚午)。『高麗図経』巻一七祠宇にも「自王氏有国以来、依山築城於国之南、以建子月、率官属具儀物祠天、後受契丹冊、与其世子亦於此行礼焉」とあり、遼の冊封を受けていた時期に、南郊において高麗国王と王位継承予定者の受冊礼が行われたことを記している。

(38)　『高麗史』巻一九世家一九明宗二年五月壬申。

(39)　『高麗史』巻六五礼志七賓礼 神宗二年四月辛丑。

(40)　(五月)庚戌、改諸殿閣及宮門名御書額号。会慶殿改宣慶、乾徳改大観、……。

(『高麗史』巻一六世家一六仁宗一六年)

会慶殿在閶闔門内、別有殿門。規模甚壮、基址高五丈餘、東西両階、丹漆欄檻、飾以銅花文彩、雄麗冠於諸殿。……常礼不敢居、惟人使至、則受詔拝表於庭下。

(『高麗図経』巻五宮殿一会慶殿)

乾徳殿在会慶殿之西北、別有殿門。其制五間、視会慶差小。（『高麗図経』巻五宮殿一乾徳殿）

(41) 李資謙の乱により荒廃した宮闕を再建し、殿閣・宮門の名を改めた一一三八年以降、金使来朝の際の受詔・宴礼はほぼ大観殿で行っている。次の一一九六年の記事によれば、一一七一（辛卯）年に宮闕が焼亡した後には、金使の迎接のために、まず康安殿と大観殿を再建し、金使が来朝すると王は康安殿に入御して大観殿で金使を引見する慣例になっていたという。

（八月）壬申、王自寿昌宮、移御延慶宮。自辛卯、宮闕災、為接金使、先創康安・大観両殿。金使至、則入御康安殿、引見于大観殿、忌其新創、未嘗留御、礼畢即還御寿昌宮、至是、乃御延慶宮。（『高麗史』巻二〇世家二〇明宗二六年）

なお、大観殿は本文で述べたようにはやくも一一七二年には金冊封使の迎接に用いているが、康安殿が再建されたのは一一八〇年である（『高麗史』巻二〇世家二〇明宗一〇年一一月壬子）。

(42) 前掲注（30）奥村一九八四論文三九頁。

(43)『高麗史』巻二〇世家二〇明宗一四年五月甲午・丙申・戊戌。

(44) 影印本では「仁」睿太后とあるが、明らかに一〇九二年に死去した仁睿太后ではなく、恭睿太后の誤りである。

(45)『高麗史』巻一〇二列伝一五琴儀にもこの一件が記されている。

あとがき

私が朝鮮史の勉強をはじめたのは二〇〇二年、すでに十五年近く経った。歳月の流れのはやさに驚愕すると同時に、自らの怠惰を痛感している。

二〇〇二年といえば、日本では韓国ドラマのヒットやワールドカップ・サッカー大会の日韓共同開催などで、韓国に対する関心が急激に高まってきたころだった。韓国文化にふれる機会も拡大し、思えば、この年に朝鮮史・韓国語の勉強を始めたのは幸運であった。何より、この年には東京大学の大学院に韓国朝鮮文化専攻が創設され、私はその一期生として学ぶことを許されたのだった。学部で日本史を専攻し、大学院では平安時代の儀礼文化を研究しようと考えていた私は、ハングルは一文字も読めず、『高麗史』を手に取ったこともなかった。しかし、日本史学専攻の大学院入試に不合格となった際、無謀にも同時代の朝鮮半島の儀礼文化を研究してみようと思い立った。今、かつての自分に客観的な助言を求められれば、そのような漠然とした意識で大学院を受験してはならぬ、と戒めるであろう。このような野良学生を韓国朝鮮文化研究専攻に受けいれていただいたこと自体、奇跡に近かったが、大学院での学問生活は、さらに感謝に堪えない恵まれたものであった。

当時、専攻には八名もの先生が在籍されており、指導教授を引き受けていただいた村井章介先生からは、研究者としてやっていくためには何をすればよいのか、折に触れ様々な教えを受けた。現地調査にご一緒させていただくと、史料の世界と現地を結びつけ歴史空間を頭の中に再現するかのような洞察力にあこがれ現地感覚の大切さを感じ、またお忙しいなか拙い論文に的確な助言をいただくことで、なんとか研究を軌道に乗せていくことができた。

村井先生が韓国朝鮮文化専攻の兼任を退かれ日本史学の専任に戻られた後には、六反田豊先生が指導教授となって下さった。先生の史料や先行研究に対する非常に緻密な分析と、ストイックな研究姿勢を間近で拝見し、指導を受けたことは、私の研究人生の糧になった。

そして朝鮮史に専攻替えした不安を一掃して下さったのが吉田光男先生であった。授業のはじめに挿入される（長い）序論や、両班ツアーと題した現地調査を通じて、朝鮮史研究の面白さを身に沁みこむように伝えて下さった。

そのほか、考古学の早乙女雅博先生、思想史学の川原秀城先生、文化人類学の本田洋先生、さらに言語学の福井玲先生の授業でも、文字通り末席を汚させていただいた。門外漢の素人であっても各学問分野の先生方の授業に参加し、各分野の研究方法を垣間見る機会が与えられたことは、大変に恵まれていたというほかない。その機会をきちんと活かせなかった自らには忸怩たる思いである。それでも、川原先生の『礼記』楽毅篇を講読する授業で中国思想文化の院生たちの優秀さに衝撃を受け心が折れかけたこと、早乙女先生の授業で朝鮮半島の遺物を手に取りきれいな拓本のとりかたを教えていただいたことなどは、良い思い出である。

交換留学生として派遣していただいたソウル大学大学院国史学科での留学生活が、楽しかったことは言うまでもない。指導を受けた盧明鎬先生の授業では、毎週大量の論文を読んできて、先行研究の整理と批判をすることが求められ、要領の悪い私は毎週穏やかな口調で厳しいコメントを頂戴したが、こうした授業に出席できること自体が喜びであった。高麗時代を研究する同年輩の研究仲間と議論できる環境も新鮮であったし、彼らの学問に対する姿勢や、東大の院生との違いなどを肌で感じたことも興味深い体験であった。

ところで、進学当時の最大の悩みは、高麗儀礼の先行研究が極端に少ないことであった。『続日本紀』の記事一行あたり約六十本の論文がある（私の学部生当時。現在はさらに増えていることだろう）といわれた日本古代史の研究状況を「普通」と思っていた私は、高麗儀礼研究のあまりに手薄な状況に直面し、途端に不安になった。何も研究できることがないのではないかと考えたからである（実際、進学直後に研究テーマを高麗の科挙制度に変更したいと申し出て、村井先生に止めていただいたことがある）。しかしそのような中、奥村周司先生や桑野栄治先生が取り組んでおられた『高麗史』礼志の儀式次第を丹念に読み込んだ研究によって、『高麗史』礼志が決して何の手掛かりもない不毛な史料ではないことを確認し、また李範稷先生の著書によって、韓国でも高麗儀礼を分析対象としている研究のあることに勇気づけられた。

その時、初心者なりに考えた高麗儀礼研究を続けるための方法は、必須である高麗史料の分析にとどまらず、中国儀礼との対照や、関連性の考察を徹底することと、直接論文には結びつかなくても日本との比較の視点を持ち続けるということであった。いまだその当否はわからないが、そのために中国思想文化の小島毅先生のゼミや、史料編纂所の吉田早苗先生のゼミで継続して学ばせていただいたことが、きっと何がしかの血肉になっていると信じ、今後の研究につなげていきたい。

本書は二〇〇九年に提出した博士論文を土台として、その後執筆した論考をあわせ、加筆・修正したものである。本書の刊行にあたり、勤務校である神田外語大学からの出版助成を受けることができた。ここに記して謝意を表する。また汲古書院の小林詔子氏には、初めての著書出版で右も左もわからない私を刊行まで導いていただいた。深く御礼申し上げる。

最後に、研究生活を含め、人生そのものを支えてくれているのは家族である。昨年誕生した娘の存在は、喜びと癒しを与えてくれると同時に、家族の大切さを改めて感じさせてくれている。これまで、常に見守り、信じて応援してくれた両親に、心から感謝している。そして、あわただしい日々をともにし、支えてくれる夫に感謝をささげたい。いつも惜しみない愛情を注いでくれた祖母は三校中に旅立ってしまったけれども、きっと本書の刊行を喜んでくれていると思う。

初出一覧

序　章　新稿

第一章　「高麗開京の都城空間と思想」
『中国――社会と文化』二七、二〇一二年七月

第二章　「高麗前期 后妃・女官 制度」
『韓国中世史研究』二七、二〇〇九年一〇月

第三章　「高麗前期の冊立儀礼と后妃」
『史学雑誌』一一四―一〇、二〇〇五年一〇月

第四章　「高麗の宴会儀礼と宋の大宴」
『「宋代中国」の相対化』宋代史研究会研究報告第九集、汲古書院、二〇〇九年七月

第五章　「高麗時代의 文廟」
『韓国思想史学』四〇、二〇一二年四月

第六章　「一一一六年入宋高麗使節の体験――外交と文化交流の現場――」
『朝鮮学報』二一〇、二〇〇九年一月

第七章　「金朝の外交制度と高麗使節――一二〇四年賀正使節行程の復元試案――」
『東洋史研究』七三―三、二〇一四年一二月

終章　新稿

著者紹介
豊島　悠果（とよしま　ゆか）
1979年生
2009年、東京大学大学院人文社会系研究科博士課程修了
博士（文学）
現在、神田外語大学外国語学部アジア言語学科准教授

論文
「高麗時代の婚姻形態について」（『東洋学報』88-4、2007年）
「宋外交における高麗の位置付け――国書上の礼遇の検討と相対化――」（平田茂樹・遠藤隆俊編『外交資料から十～十四世紀を探る』汲古書院、2013年）
「『黙斎日記』にみる十六世紀朝鮮士大夫家の祖先祭祀と信仰」（小浜正子編『ジェンダーの中国史』勉誠出版、2015年）

高麗王朝の儀礼と中国
二〇一七年三月十六日　発行
著　者　豊　島　悠　果
発行者　三　井　久　人
整版印刷　富士リプロ㈱　窮狸校正所
発行所　汲　古　書　院
〒102-0072 東京都千代田区飯田橋二-五-四
電　話　〇三（三二六五）九七六四
ＦＡＸ　〇三（三二二二）一八四五

ISBN978-4-7629-6585-2　C3022

KYUKO-SHOIN, CO., LTD. TOKYO.

Koryŏ Court Rituals
and
the Influence of the Relationship with China

by Yuka TOYOSHIMA

2017

Kyukoshoin

索　引

＊配列は五十音順とし、また、同じ漢字ごとにまとめた。

事項索引

か　行

た　行

な　行

は　行

ま　行

や　行

研究者索引

か　行

さ　行

た　行